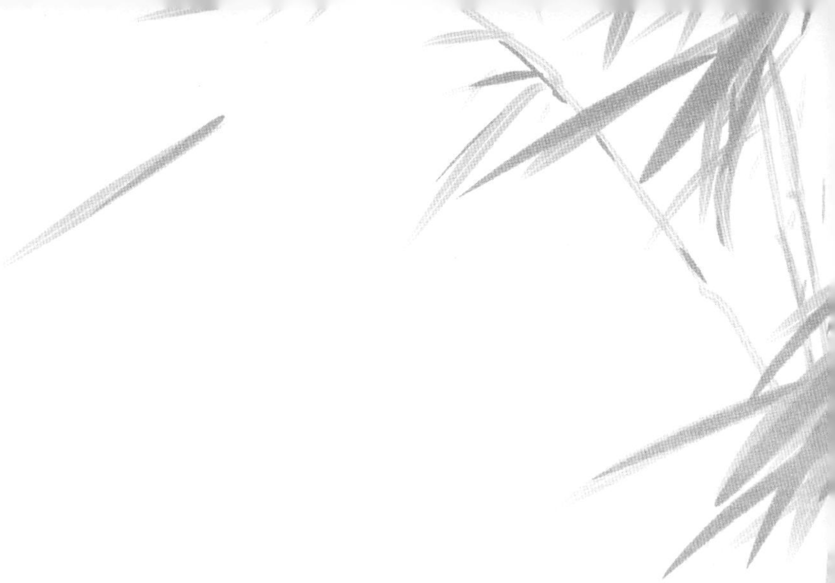

浙江文化研究工程成果文庫

浙江文獻集成

李慈銘日記

第五册

同治五年十一月初一日起
同治八年八月二十九日止

[清]李慈銘 著
盧敦基 主 编
何勇强 副主编

浙江大學出版社
ZHEJIANG UNIVERSITY PRESS
·杭州

本册目録

同治五年十一月初一日至同治八年八月二十九日
（1866年12月7日—1869年10月4日）

受禮廬日記上集

受禮廬日記中集

受禮廬日記下集

受禮廬日記上集

同治五年十一月初一日至同治六年七月十五日(1866年12月7日—1867年8月14日)

自八月十四日侍疾村居，十七日痛遭大故，荒迷苫塊，幾忘旦晝，忽忽及今。若駟之過隙者，將已一時矣。中間迫于它故，亟營窀穸。前月孟冬九日，謹啓先大夫殯殔，與太恭人合葬項里山。赴葬赴虞，即于次日挈弟妹等移廬城中卧龍山下黄花巷。古者，未葬讀《喪禮》，既葬讀《祭禮》，知在縗絰不廢讀書，先業所存，何敢久輟？爰于哭泣之暇，温理書傳，仍以筆札識之，惟韵語、樂章則屏而弗講焉。同治丙寅十一月朔日，㤅伯識。

十一月丙辰朔　申初二刻二分大雪十一月節。陰。以朔日祭太恭人几筵。

閲謝藴山氏《西魏書》，體例謹嚴，自爲佳作。惜其紀傳疏略相仍，亦有彼此不相照應者，固由其時記載散亡已盡，别無它書可資掇拾，故其五考如禮樂、刑法等，僅存大略。然細求之《册府元龜》《太平御覽》《通典》《通考》諸書，當有更可搜脊者。惟《封爵》《百官》兩表，最爲精覈可傳。其《曆法考》《百官考》，亦補綴細密。至謂文帝以柔然告警，賜文后死，其英斷有足難者，則大謬之言。魏之結援蠕蠕，本爲失策，觀其與鄴中高氏交隙之故，利害已明。究之周武滅齊，何嘗藉其掎角之力？文帝始則廢賢后以結狄親，繼則因邊氛以除故劍，忍心害理，冤酷異常。黑獺以操、莽之姿，粉飾《周禮》，而令武王廢其邑姜，請昏獯鬻，古今可耻，孰甚于斯！　文帝逼于强臣，蓋非得已；以此稱之，無識甚矣！

友人孫蓮士以前月十七日殁，有自輓一聯云：『與諸君總有相逢，却先爾斷絶貪癡，脱離苦惱；知此身今將焉往，應容我隨緣風月，選勝江山。』其病中又有輓先太恭人一聯云：『示寂動高閭，駭前宵綺節中秋，月爲之蝕；承歡去郎署，痛越歲錦袍上壽，風不肯寧。』自注云：『是歲中秋，月食既，後二夕而太恭人殁。』蓮士讀書警敏，文章精麗，而性輕脱無威儀，好爲浮薄之行，喜譏議人，人皆以是嫉之。然才鋒横厲，無能及之者。年僅四十二而死。與予交最久，故予輓之云：『期許共千秋，太社名山，幾商略寰中事業，豈料膏蘭易竭，既誄傳周朗（雪甌），琴副王微（孟調），數平生爛漫題襟，轉眼已悲同調盡；締交逾十載，燕雲粤海，隔蒼凉劫後星霜，祇今卭距偕歸，遽我泣皋魚，君傷賈鵩，剩後死搜羅殘錦，嘔心留與世人看。』予初與蓮士、孟調、雪甌及汝南二生爲文酒之會，今諸人一時無在者。去年予返自都，蓮士適自粤東歸，以前參浙撫軍事被劾聽勘，予頗爲之盡力，得復其知府故官。予固不欲自以爲德，而蓮士亦絶不稱謝，此蓋有古人風云。傅節子來，談至晚去。夜作致馬中丞牋。

初二日丁巳　晴。作書致高次封太守，託代寄中丞函。

作書致節子借書，得《紀載彙編》兩册，凡十種，皆記鼎革間事。

曰『燕都日記』，題曰『莫釐山人增補，馮夢龍本』。夢龍，字猶龍，吴縣人。崇禎時，以貢選壽寧知縣。所記自崇禎甲申三月初一日昌平兵變起，至五月十五日我大清攝政王登武英殿受朝賀、出示官民剃頭易服止，中多誣妄之辭。如言李明睿疏請南遷，懿安后青衣蒙頭徒步走入朱純臣第，吴三桂得父襄招降書，怒欲殺來使，因裨將言而僞示降意，賊令唐通送定王至三桂營，又令張若騏奉太子赴營，及太子在三桂軍中傳諭至京，皆傳聞誤説。其尤謬者，言三月十四日，崇禎帝密旨收葬魏忠賢遺骸，以曹化淳嘗事忠賢，奏言忠賢若在，時事必不至此，上惻然傳諭收葬。無論當日兵事倉猝，不暇爲此，莊烈於逆閹，銜恨次骨，所定逆案，終帝之世，持之甚堅。化淳出王安門下，又爲錢牧齋教習學生，故素附東林。錢、瞿之獄，深藉其力，何得云嘗事忠賢耶？此不特厚誣莊烈，并誣化淳矣。

曰『董心葵事記』，僅三葉，乃《花村看行侍者談往》中之一則。心葵，名廷獻，周宜興門客也。此記廷獻一生遭遇及宜興納賄事。

曰『東塘日劄』，即《嘉定屠城紀略》也。《明季稗史彙編》《荆駝逸史》中皆載之。

曰『江上遺聞』，江陰沈濤次山撰。記閻、陳兩典史拒守江陰事。較許重熙《江陰守城記》爲詳，而略于韓文懿之《江陰城守記》。

曰『閩事紀略』，無錫華廷獻撰。《荆駝佚史》中收此書，題作『閩游月記』，凡二卷。此僅摘録數條耳。

曰『安龍紀事』，安龍江之春撰。記永曆居安龍時十八先生獄事，計六奇已采入《明季南略》。

曰『戴重事録』，爲吾鄉章實齋進士學誠修《和州志》時傳稿。重，字敬夫，嘗奉明宗室通城王起事者也。節子據黄梨洲《行朝録》載王期昇在太湖起兵，奉簡州知州宗室朱盛徽，始稱通城王，繼稱皇帝者是也。

曰『過墟志』，記常熟任陽女子劉三季事。劉初嫁同邑富人黄亮功，生一女，已嫁人，而亮功死，無子。劉爲李成棟標將所虜，旋没入旗，選入貝勒博洛府。博洛後晉端重親王，册劉爲妃，生二子。其女夫錢沈堃亦成進士，官部曹，而黄氏竟絶後，居宅爲李兵所焚。故云『過墟』者，取昌黎《圬者王承福傳》語，爲黄氏慨也。其書敘次曲折詳盡，情事如見，雖不免纖俗，要是小説家常耳。據卷首蓬池山人跋，謂曾見一刻本，上卷載黄、劉事，下卷記直塘錢氏事。以康熙戊子冬，案：當作順治戊戌，或在庚子，蓋即己亥鄭成功攻江寧先後之時。太倉錢寶聚衆通海，奉永曆年號，錢某與焉。事敗，錢某遁入高麗，而直塘錢氏以叛黨籍没。直塘錢氏，即劉婿沈埜家也。所云錢某者，不知沈埜之何人？是則此本雖分二卷，實非全書也。

曰『金壇獄案』，無錫計六奇撰。記順治己亥金壇紳士通海之獄。僅寥寥五葉，遠不及姚文僖《邃雅堂集》中所載之詳。

曰『辛丑紀聞』，記順治辛丑蘇州諸生抗糧之獄。時吴令任維初自盗常平倉米三千餘石，徵比嚴酷，生員倪用賓、薛爾張等哭于文廟，適章皇帝哀詔至，撫按以下臨于府治，諸生欲因是逐維初，群往投牒，隨之者千餘人。巡撫朱國治大怒，遂以諸生聚衆倡亂入告。朝命侍郎葉尼等會勘，於是斬決没入妻子者，用賓、爾張及金聖歎等八人；斬決者，張、韓等十人；蘇州在籍吏部員外郎顧予咸亦被羅織擬絞决，没入妻子，以特旨免。而維初竟復任，又以特旨落職。國治後撫雲南，爲吴逆所殺。代國治撫蘇者韓心康，亦以别案斬維初于市。是時江南士民，若鎮江、金壇、無爲諸處，羅俗别作『罹』，非。大禍者共十案，凡殺百二十一人，皆國治所爲。此我朝第一酷吏，甚于吉網羅鉗矣。計六奇《明季北略》謂明季江南諸生極横，無錫諸生每歲有免糧銀，無田可免者則與之米，謂之『叩散米』。知縣龐昌胤因米不時發，諸生杜景耀等約同學逐昌胤出城，撫臣止逮五六人，黜其籍。調昌胤於嘉定，其姑息如此。不二十年而屢構大獄，衣冠塗炭，勢極而反，蓋天道然也。

得高太守復書。

初三日戊午　晴寒。

初四日己未　晴。

初五日庚申　晴。

初六日辛酉　晴。作書致柯山弟姪，告以今年斂租之則，西路諸田皆九分七釐。傅蓮舟來。作書致傅節子。

初七日壬戌　晴。再作書致節子。延張春帆診脉撰方。

初八日癸亥　晴。族祖母紀安人卒，季弟之繼祖母也。安人于族中子姓，最愛予季，故自去年冬至今年春，數請于太恭人以爲孫。不許，則邀族人共爲請之；又不許，則數哀泣請之不已。予既不得已，亦爲數請于太恭人，而許之。乃既有成言，則族人群起嘩之。安人懼，好言謝之，益逞；與以錢，則相率索之無厭；不能給，則益嘩，且漸及于予。安人嬛嬛奔走愬告，卒無助者，故憤恚成疾，遂以不起，可哀也已。外祖母節孝孫孺人忌日，設祭于寢門之外，太恭人遺命也。五弟來。作書致高太守。早得節子書，借《玲瓏山館叢書》。晡後作復書，借之。

初九日甲子　薄晴。五弟饋鳧二，舒鳧一。作書致輝廷，致節子，致三弟。傭媪徐以今日畢工，付番錢六圓，又錢三百五十二文。作書致族叔石湖。石湖者，不知其名。初，族祖教習釗無子，其妻紀必欲撫年幼者子之，而教習無昆弟，有從父昆弟子一人，則年老，又家富，因不肯爲人後。乃擇于從祖昆弟子中，有諸生治者，少而甚貧，遂立之。而予家自太高祖横川府君以下，分爲八房，予系第一房，教習系第七房，治系第八房，屬鈞而指繁，多無賴者，則群起争之。然教習固立愛，且屬尊，本無患也。而教習素懦，懼甚，乃多出錢以賂之，始止。而治旋死，無子，教習更擇諸從祖昆弟子中，有名淞者，立之。淞系出第五房，素習賈，爲教習所愛，然年長于紀，而第八房之子姓又群攻之。時教習已病甚，則益出錢與爲市。而教習卒，治妻黄及淞亦相繼死。淞有一子，治卒無後。石湖者，治之兄也，亦僅一子。紀乃擇于諸族孫中，賢予弟惠銘而立之。石湖初亦爲之來請，及事定，乃欲占其弟所遺田，紀不許，遂怒不肯署名，紀屢請不能得。昨知紀卒，益無忌，揚言將逐予弟，故先作書以理諭之。得輝廷復，并告其太夫人病。

初十日乙丑　陰寒。

十一日丙寅　陰寒，有雪意。作書致蓮舟，請爲紀安人書主，并送訃狀。得節子書，并還《玲瓏山館叢書》。作輓紀安人聯語云：『鵠操儷宗英，自頻年荼酷洊鍾，百口歸仁巴寡婦；燕詒屬予季，冀此後穀鷄并盛，九原下慰謝鄉君。』末句用《南史·謝弘微傳》語，于情事甚合。

十二日丁卯　晴。沈瘦生來。蓮舟來，止宿齋中，出所購《孝經圖》長幀共閲，筆法細密，蓋出南宋畫院本，鞠跽盥饋，衣冠儼然，令永感之人對之流涕。蓮舟饋生鳧三。

十三日戊辰　晴。

閲明人葉秉敬《字孿》，凡兩卷。其書依據《説文》，于字體疑似，辨别豪釐，各以類從，四字爲句，協以韵語，取便初學記誦也。在前明中，惟此書最爲有功小學。然過信戴侗《六書故》之説，又好自出新意，故時有與許氏背者。如謂『鬥』从厈匊丮戟，象兩手各有所執，不从兩『士』相對；『進』从隹辵，『隹』爲翼飛，『辵』爲步走，非从藺省；『身』象人形，非从丿聲；『父』从又一，『又』者人也，『一』者乾也，非从持杖。皆解頤近理，而往往亦病穿鑿。説敎學等字，尤涉支離。此《説文》一書，所以不可輕議也。（此處塗抹）説『𡕩』字从夲从丮，『埶』字从坴从丮，是矣。而云另有『蓻』字，从幸从丸，音子習反，茅芽也。按《説文》艸部：『蓺，艸木不生也。一曰茅根，从艸，𡕩聲。』正與埶、墊、褻、蟄等字从『𡕩』者一例。若云『从幸从丸』，是何字乎？『从幸从丸』，别無意義，又何取三字合體乎？此所謂失于眉睫者矣。所閲爲玲瓏山館本，最稱精審，頗亦不免誤字，暇當用朱筆一校正之。

夜撰《祭紀安人文》。蓮舟信宿齋中。

十四日己巳　晴。以後日冬至，先祭屋之故主及先世外親。《禮》：喪三年不祭，自天子達于庶人一也。而《左傳》有云：『卒哭而祔，祔而作主，特祀於主，烝嘗禘於廟。』則諸侯喪不廢祭矣。與《儀禮》《禮記》皆不合，恐非三代之達禮也。然今日因喪廢祭，則何敢乎？聖善之痛，未逾三月，則祭而不敢灌奠，備禮而已。

十五日庚午　晴，微有暖意。祭高祖父母、曾祖父母、祖父母。族弟竹樓來。

閲洪北江《春秋左傳詁》，其書務爲杜難，搜耆古訓，具見苦心。然杜氏大病，在于貶孔父、仇牧諸人，誤會《春秋》之旨，又好傅會左氏『稱國以弑，稱人以弑』之言。其它年月小差、地理小失，俱不能以一眚之誤，遂廢全書。賈、服之義，又盡零落，刺取諸義疏中所引單詞片語，或轉不足以勝杜説。洪氏惟述前賢，罕下己意，所詁經傳，僅得十一。蓋亦尚待增訂，非成書也。

作書致節子，還《紀載彙編》。

十六日辛未　巳初一刻四分冬至，是日晴和如春初。祭先大夫、先太恭人。祭外王父倪公、外王母孫孺人、外舅馬公、外姑馬氏姑及陳孺人，其後嗣皆微，故爲之祭。有分紹委員蘇人鄭傑來謁，不見之。得節子書。閲《左傳詁》及《正義》。

十七日壬申　晴。祖母倪太恭人生日。祖母生乾隆丁酉，今九十年矣，俗謂之冥壽，延戒珠寺僧七人禮懺資福。表兄倪鳴皋、妹夫鄭子霞、表妹夫鄭海槎、族弟穎堂皆送燭楮。

十八日癸酉　晴和如春中。以朱筆校勘《字孿》一過，凡是正二十餘條，并系以跋。蓮舟來告，以二十二日赴都。

十九日甲戌　晴。再校《字學》，又是正十餘條。蓮舟來，止宿齋中。族弟竹樓來。作書致潘伯寅都中。夜雲晦，四更後雨。自八月十五日後至今日，惟得小雨二三次。越中多山，又地下濕瀕海，難得久晴，今年三江口烟水流邕閼，幸而不雨，民賴以生。

二十日乙亥　晨小雨，終日陰。作書問高次封疾，得太守復。

作致陳邁夫淮安書云：『邁夫老弟足下：都門之剮，慘戚逾恒。忽忽兩年，訖未通問。近想尊公台候萬福，闔門順静，吾弟出入藹然，烝烝惟孝。官事何如，需補久次，得真除否？俱不勝念念。德夫棺柩，今停何所？大嫂居嫠，嬛嬛孤獨，寡婦之賦，哀感路人，是在足下，善調護耳。兄去年五月，亦出國門，由海道返里，百憂備集，無可復言。逆惡滔天，遂臻極變。老母素有羸疾，重以窮餓，今年之夏，浸致沉劇，醫藥禱祀，百不一供，無使令之婢媪，無調治之食飲，呼謈楚痛，日積月盈，至中秋後日，竟以不起。痛哉痛哉！誰非人子，誰有百年？然撫育之劬勞，操作之艱苦，衣食粗惡，疾患踵連，貧老憂傷，賫恨而殁，蓋未有甚于我母者。嗟乎邁夫，尚何言哉！兄自束髮，蒙先人教以詩書，意氣奮踔，頗亦不在人後。比家事日落，益自淬厲，冀得一第，以爲禄養。既志不遂，乃屏棄生産，入貲爲郎。所值屯邅，卒于不振。年交四十，寸禄未沾，而吾親已以窮死矣。（此處塗抹）追念辛壬之歲，全家陷賊，吾母夏不得一食，冬不得複衣，忍死支持，以待游子。及賊既復，慈幸得歸，而困益甚。窮年旅食，城鄉異居，母疾已危，猶未得侍，寒暖湯藥，扶持抑搔，俱不一親，蒼黄未設。嗚呼！我祖我父，何不幸而生此逆子，不自速死，而促盡其親之年，終天無以極其哀，入地無以贖其罪，偷息日月之下，自儕鳥獸之倫，長爲鮮民，以没世矣。嗚呼！昔與德夫，同居輦下，人讎鬼嫉，祝詛糾紛，惟我兩人，自爲邛駏，均寒分熱，俯仰窮愁。往往對榻讀書，慷慨舉酒互勸，各以上有老親，下有諸弟，出雖無侶，入有所歸。身世之願既乖，骨月之情可託。故屢克歸期，以相慰勉。詎知一轉移間，而德夫奄化異物。輿櫬出關，載骨歸覲。兄則麻衣削杖，白髮毵毵，已爲永感之人，無望椎牛之祭。嗚呼邁夫，尚忍言哉！德夫儻未返葬，乞以隻鷄斗酒，爲我酹旅殯而告之也。兄去歲之歸，本由告貸，至今負累，日見淩偪。老母棄養以後，附身附棺，俱極陋薄。買山一畝，逾月而葬。負土掩虆，拮据集事。先世七棺，尚在野殯；一妹年將三十，尚未字人。家無一瓦一壠，賃廡而居，歲三四徙。兄本多病，近更咯血，加以咳逆，支惙僅存。去秋納一姬，亦未有子。越中自昔夏大水，饑荒洊臻，鄉俗蠢頑，螭蝄成市。兄好持清議，積忤于人，群狺反攻，不容立足。側身天地，日暮何之？嗚呼邁夫！何以相處？德夫既無允嗣，已以愛子紹其祀否？雉文有後，所望于叔齊；黿郎繼宗，是在于行簡。上慰尊公虛阼之痛，次順令原泉下之情。足下至性過人，事當已辨，無待僕言。相隔千里，音信多阻，儻有便郵，還希報我。兄居無定所，若有書遞，但致郡衙，無不達也。苫土荒迷，語無倫次，臨楮覼縷，神情飛越。不宣。』

二十一日丙子　晴暖如暮春。作致陳丈伯海先生書，德夫之尊人也，名學浩，今官淮安新興場鹽課大使，年六十餘矣，以貧無可歸，羈滯下秩，作此慰之。書不具載。予作箋札，從不起草，雖有佳者，輒即緘發，不復録之，故鮮存稿。今録致邁夫書者，以見交契，不忍棄耳。作書致蓮舟，送其行，并以致陳氏書託寄。族人石湖叔明日三娶妻，賀以番銀一圓。

二十二日丁丑　晴和。得蓮舟書，饋隻鳧、兩蕘魚。徵租于某市，高祖之祔田也，得米二十五石，穀六石，可以輸今年税矣。閲《柳河東集》，隨筆校之，畢其行狀、誌銘共六卷。

二十三日戊寅　晴和。校讀《後漢書》隗囂、公孫述傳一卷。以米一石饋資福庵優婆尼。

二十四日己卯　晴暖如春夏之交，此有生來所無者也。校讀《後漢書》齊武王、北海王、趙孝王、城陽恭王、泗水王、安成孝侯、成武孝侯、順陽懷侯傳一卷，李通、王常、鄧晨、來歙、來歷傳一卷。

二十五日庚辰　晴暖如昨。校讀《後漢書》鄧禹、鄧訓、鄧騭、寇恂、寇榮傳一卷，竇融、竇固、竇憲、竇章傳一卷。節子來。

二十六日辛巳　雨寒。以明日距太夫人之痛百日矣，延戒珠寺僧十三人理梁皇懺三日，于今日始。《禮》：『三月卒哭，受服。』無所謂『百日』也。《後漢書·明帝紀》：『遺詔：過百日，惟四時設奠。』『百日』之名始見于此，先儒以爲爾時佛法始入中國，帝蓋首用其制者。嗚呼！其來固已久矣。人子事親，一生不得幾日，而居廬歲月，又速易如此。長夜冥冥，昊天罔極，痛哉！

二十七日壬午　陰寒。太恭人百日設祭，鄭氏妹、張氏妹、詩舫弟、楚材弟、錦甫弟、鄭妹夫皆來哭，親族遺燭楮者十四家，上海王莜畦觀察來吊，孫蓮士之兄琴士州牧致奠儀四番金，琴士之從弟濤亦致兩番金。夜延僧七人，設八關齋。

二十八日癸未　晴。張氏妹回去。

二十九日甲申　晴。蓄髮百十二日矣，今日始剃之。此斬斬者，猶爲我母所及見者也，而今除之，忍乎哉！然弗敢過也。痛哉！仲弟回去。

三十日乙酉　早晴，上午陰。鄭氏妹回去。雜校《後漢書》，凡是正五十餘條，附注十餘條。

十二月丙戌朔　丑正一刻三分小寒十二月節。上午晴，下午陰，夜雨。雜校《後漢書》。季弟爲買燕窩、杏仁、冰糖。

初二日丁亥　晴。校讀《後漢書》耿弇、耿國、耿秉、耿夔、耿恭傳一卷，吴漢、蓋延、陳俊、臧宫傳一卷。作書招仲弟，并催輸米税。

初三日戊子　上午晴，有風，午後晴和。校讀《後漢書》銚期、王霸、祭遵、祭肜傳一卷，任光、李忠、萬修、邳彤、劉植、耿純傳一卷，朱祜向作『祐』，誤。景丹、王梁、杜茂、馬成、劉隆、傅俊、堅鐔、馬武傳一卷。始脱麻屨，易白屨。買緇布作袍裼襲各一領。古者三月受服，冠七升，衣六升。後世蓋無縗服三年者矣。今大清禮律，雖皆有斬縗、齋縗之文，而國制則百日内白服，無纓冠；百日外玄色紬衣，冠加纓，無所謂縗絰者也。八旗人及漢人之在官者，皆百日白冠服，過此則漢人易以緇布，冠加紫綏。嗚呼！冠服者，居喪之末節也，而古今變易尚如是，人道不以幾希乎？然制所在，不敢易也。謹以百日縗，今易以緇布。古無木綿，麻葛之粗者縗，細者布，吉凶一物也。今則以麻爲縗，葛之不灰鍛者爲大功縗，而以木綿之布爲素服。尤奇者，古以玄緇爲吉，朝祭之服皆用之；今以玄緇爲凶，而以古之間色紺者爲朝祭之服。此事之不可解者也。

初四日己丑　晴和。校讀《後漢書》馮異、岑彭、賈復傳一卷。

初五日庚寅　晴。整比書籍。雜校《後漢書》，比屆卒歲，廬居窮甚，借此度日，以代哭泣之悲。

初六日辛卯　陰。校讀馬援、馬廖、馬防、馬嚴、馬棱傳一卷。夜雨。

初七日壬辰　雨。雜校《後漢書》，遣人詣縣上南米。

初八日癸巳　陰間薄晴。校讀《後漢書·董卓傳》一卷。

初九日甲午　陰。生高祖妣傅太孺人生日設祭，始具素冠服。校讀《光武紀》兩卷。夜雨。

初十日乙未　雨至午爲雪，比夜積五寸許，終日風。校讀卓茂、魯恭、魯丕、魏霸、劉寬傳一卷。

十一日丙申　雪霽，大寒，滴水皆凍。校讀《後漢書》，寒甚，筆研皆冰，不能作字。

十二日丁酉　晴寒，大冰。雜校《後漢書》，夜燈下研冰稍釋，可作字。遣人詣縣輸税錢四十番金。

十三日戊戌　晴，午後寒威稍減。索債人畢集，適前日賣去石堰村先疇五畝有奇，得錢一百五十千文，以半完國課，以半還人逋。付西迤濮氏都中匯款十二金，通計以前共還過番金漆拾漆。付沈雨巖山塋地價十二金，付王福工食二金，付項里守墓人培土傭直二金。遂終日不讀書。夜間料理文簿出入，數一過，此甚無益，聊示家人有所鉤稽而已。

今官私文簿記數之『七』字皆寫作『柒』，錢竹汀氏《養新録》謂『柒』不成字，宋、元皆用『桼』字，當改『柒』作『桼』。予按唐玄度《九經字樣》開成石刻原本，其書『大和漆年』及『凡漆拾陸部』皆作『漆』；兩宋以後碑碣存者多作『柒』。蓋唐人本借用『漆』，宋或去『水』作『桼』，後人遂誤作『柒』。『桼』者，木汁也；『漆』，水名也。今人皆用『漆』爲木汁字，而『桼』字無識者矣。

十四日己亥　陰。

十五日庚子　晴和。戌初二刻四分大寒，十二月中。節子送來孫蓮士遺詩一册，蓮士之子星華新寫出者也。

十六日辛丑　晴，又暖如春日矣。三日來雜校《後漢書》，多附以小注，又兼訂錢氏大昕、王氏鳴盛、洪氏頤煊諸家之説，禿筆細書，目昏指繭，疲茶殊甚，似非病中所宜，當少輟之，以息日力。剃頭。

十七日壬寅　陰寒。校讀《馬融傳》一卷，《西羌傳》一卷。付居停毛氏屋租六番金，付草錢三番金。從此春伯通之廡，黔墨子之突，可以過年，不憂此兩事矣。

十八日癸卯　小雨，地津潤溢。

節子書來，詒我宋槧《愧郯録》及《漢三老碑》拓本。《三老碑》于咸豐壬子新出餘姚客星山土中，今藏縣人周氏家。其碑九行，凡二百十七字。前五行分四層横隔之。第一隔云：『三老，諱通，字小疑，庚午忌日。祖母失諱，字宗君，癸未忌日。』第二隔云：『掾諱忽，字子儀，建武十七年，歲在辛丑，四月五日辛卯。案：《後漢書·光武紀》『建武十七年二月乙亥晦』，據此推之，則四月五日非辛卯。如三月是大盡，則此日當是庚戌，十六日始值辛卯。忌日。母諱捐，字言君，建武廿八年，歲在壬子，五月十日甲戌忌日。』第三隔、第四隔記其九子、二女名字。後三行總曰『三老德美喆烈』云云，字多漫漶不可辨。自來以『建武』紀元者，晉元帝僅二年，齊明帝僅五年，後趙石虎至十四年，然于越無涉，西燕慕容忠、後魏元朗皆僅數月，皆于越無涉，更不必論。惟漢光武至三十二年，其十七、廿八兩年，正值辛丑、壬子。其曰『三老』者，漢時鄉各有三老，見于前後《書》者不一。曰『掾』者，漢晉自公府至令長，其曹佐皆曰『掾』，此單言『掾』，則非公卿州郡可知，蓋縣掾也。《禮》云：『内諱不出門。』西漢及六朝史家間書婦人之名，然不悉出。惟范氏《後漢書》則皇后紀皆書后諱，其餘婦人亦多書名。《獻帝伏皇后紀》載廢后詔云『皇后壽』云云，可知當時詔策皆書婦人之名。故此碑于婦人皆記諱字，其兩女亦有名，是爲東漢之制無疑。其字法由篆入隸，古拙可愛。所記諸子，有名提餘，字曰伯志，名持侯，字曰仲雁者，亦可證當時民間固已多用二名。據稱其母之忌日在建武廿八年，則此石當是中元永平間所立。浙中石刻，向以嘉慶間會稽跳山新出建初元年《大吉買山題記》爲最古。建初爲漢章帝年號，成李特、後秦姚萇、西涼武昭王皆號『建初』，皆于越無涉。此石蓋更在其前，其出土乃更後。碑額已斷，無由考其姓氏。其文字體制，非表非誌，疑是碑陰所題，故稱之曰

『三老碑』，漢無貴賤碑碣之分。爲兩浙第一石爾。下午作復節子書，以宋刻《愧郯録》還之。此書既非甚要，且近有鮑氏知不足齋刻本甚佳，何必購此宋槧？留爲收藏家骨董可耳，予性不耐雜，故非所喜也。

夜雨有聲。

十九日甲辰　雨霏雷，終日夜有聲。得馬中丞書。

二十日乙巳　小雨有風，寒，津潤畢收。

二十一日丙午　薄晴。祖母余太恭人生日設祭。校讀《後漢書》伏湛、伏隆、侯霸、宋弘、附宋漢。蔡茂、馮勤、趙憙、牟融、韋彪、韋義傳一卷。

二十二日丁未　晴。下午出門，至王杏泉、王菽畦、徐介亭、鄭晴山、姚寶卿、余輝庭、秦鏡珊、傅節子家謝吊，晚歸。饋介亭酒一石。

二十三日戊申　晴，夜雨。

二十四日己酉　雨。鍾沓齋、王杏泉兩司訓俱自金華歸，來相存問，沓齋惠賻四番金。夜雨。

二十五日庚戌　陰濕，下午見日景。沓齋來。

校讀《後漢書》宣秉、張湛、王丹、王良、杜林、郭丹、吴良、承宫、鄭均、趙典傳一卷。蔚宗作傳，雖略依時代，而仍以類敘，故往往先後雜揉，自非史法。此卷所區，蓋以清節，然自宣秉至承宫，皆世祖顯宗時人，惟鄭均肅宗時人，而均一出即歸，立朝日少，與諸人迴異。又其平生以至行稱，故與毛義並蒙旌顯。范氏既于劉平、趙孝諸人傳序附見義事，則均亦宜入之彼卷，以著同風，今厠此中，已爲不類；尤可異者，趙典生當桓世，行事迥殊，且籍在黨人，名列『八俊』，謝承書中言『以閹禍自殺』，而范書曰『病卒』。章懷之注頗致疑詞。然思『八俊』中，如李膺、杜密、王暢、劉祐，皆致位公卿，聲氣蓋世；朱寓、荀昱、魏朗，亦皆位二千石，卓爲名臣；典既麗名，夫豈録録？乃蔚宗于《典傳》絶不及其被黨錮，于《黨錮傳》則但云趙典，名見而已，致令讀者疑爲兩人，近儒如錢氏大昕、洪氏頤煊皆沿斯説。考典傳言『父戒，爲太尉』，注引謝書亦謂『戒之叔子』，叔子者，第三子也。其它出處參證皆同。謝書言與竇武、王暢謀誅宦官，而范書《皇甫規傳》稱規于桓帝末訟言典與劉祐、尹勳等正直多怨，流放家門。證以范書典傳，時方以諫争違旨，免官就國。又傳言典爲大鴻臚時，以恩澤諸侯無勞受封，奉請一切削免爵土，是皆其素忤宦官之明證，何得謂非一人耶？如以其先卒爲疑，則王暢、劉祐亦皆先卒，謝書言暢亦下獄自殺，而范書暢傳以爲病卒，又得謂並時有兩王暢耶？如謂謝書所稱别一趙典，然則趙戒之子有兩名典者耶？蔚宗此事可謂失之眉睫。羼入此卷，彌爲不倫。

夜分小雨，四更起祀門户之神。

二十六日辛亥　晴，風甚寒。午出門，至郡齋視高太守疾，風眩失音，狀甚可憂。出詣謝青芸總戎謝吊，歷親族十餘家而歸。得節子書，還我書三種，取回三種。

二十七日壬子　晴，晡時陰。是日不肖孤生日也，鮮民永感，追念泫然。遣人往兩妹家饋歲。

二十八日癸丑　晨小雨，終日陰，夜雨。

二十九日甲寅　終日風雨凄冷，夜雨不止。校讀《後漢書》申屠剛、鮑永、鮑昱、郅惲、郅壽傳一卷。

歲除日乙卯　未初三刻七分立春。終日陰霿，未時見日。剃頭。鄭傑委員來謁，不見。會稽令詹儀桂書來，并送到番錢六十枚。此君愿而闒陋，不識賢愚，所延幕賓，皆輕險無行之士，招摇賄賂，無所不爲，猾吏奸胥，因緣恣肆，民受其害，蓋不勝言。予與故交，以好直言，遂浸疏闊。舍弟去歲以楊太守薦，爲司書記，而幕中人尤不便之，因以辭歸。今日忽有此饋，既云補賻，又云束脩，進退枝梧，究不知其何謂也。

同治六年（一八六七）

同治六年歲在丁卯春正月元日丙辰　晴。孤子慈銘生年三十有九矣。倚廬削杖，俯仰悲摧。

初二日丁巳　微雨多陰，夜小雨。

初三日戊午　晴和。

初四日己未　晴和，下午暖如暮春，晡後有風。

初五日庚申　陰潤，晚溦雨漸零，夜雨聲瀧瀧作寒。作書致徐介亭，致傅節子。王杏泉片招明日午飲，辭之不得。得節子復。

初六日辛酉　陰寒，薄晴。鄭甥周晬，饋以牲醴，錫之冠履，所費共十番金。午赴杏泉飲，并見其令子孝廉繼香等。晡後至西亭諸宗人家，叩謁先世自七世祖伯和府君以下神像。晚歸。節子來，不值。

初七日壬戌　陰寒，晡後小雨雜霰，夜爲雪。得節子書，即復。得介亭書。閱《三國志》。夜復介亭書。

初八日癸亥　雪晴。得杳齋書。作書致杏泉。

初九日甲子　晴和。午步至龐公池看水。下午校讀《後漢書》《三國志》各數葉。傍晚至倉橋書肆，以一番金買得顧亭林氏《五經同異》、萬季野氏《石經考》、惠松崖氏《周易本義辯證》《古文尚書考》《九經古義》，以上皆常熟蔣氏省吾堂刻本；《老子道德經》王弼注、《傅子》、張淳《儀禮識誤》、袁文《甕牖閑評》、元代《農桑輯要》，以上皆浙江翻刻武英殿聚珍版初、二、三單本。夜雨。

初十日乙丑　雨晝夜不絶。

閲張岱宗子《有明越人三不朽圖贊》，分立德、立功、立言三門，三門中又各分子目。立德門『理學』八人：餘姚王文成守仁、山陰王龍谿畿、山陰劉忠端宗周、山陰錢緒山德洪、緒山本名寬，以字行，此贊獨稱其名，非是。《明史》及《紹興府志》皆云緒山餘姚人。餘姚徐曰仁愛、山陰季彭山本、山陰張文恭元忭、嵊周海門汝登；《明史》言汝登官止南京尚寶卿，此云至工部侍郎。『忠烈』三人：餘姚孫忠烈燧、會稽沈忠愍錬、弘光時又謚貞肅。山陰陸忠烈夢龍；忠烈爲國朝乾隆中賜謚。《贊》言陸公手朐不能戴幘，爲它書所未見。徐氏秉義《忠烈紀實》及《越殉義傳》皆稱明謚忠烈，而《明史》不載。『忠節』十人：山陰陳節愍性善、節愍亦乾隆中賜謚。弘光時謚忠節。餘姚毛忠襄吉、山陰郁少卿采、餘姚黄忠端尊素、號白庵。山陰吴節愍從義、節愍亦乾隆賜謚。《越殉義傳》言魯王贈謚襄敏。餘姚施忠介邦曜、上虞倪文貞元璐、弘光時謚文正。山陰周文忠鳳翔、文貞、文忠，一作文介，皆順治中賜謚。弘光時謚文節，號巢軒。山陰祁忠惠彪佳、忠惠乾隆中賜謚。魯王贈謚忠毅，唐王贈謚忠敏。會稽余忠節煌；忠節乾隆賜謚。『忠諫』十人：山陰韓副憲宜可、號五雲。山陰陳侍郎思道、號行父。會稽陶莊敏諧、號南川。山陰汪青湖應軫、汪先生字子宿，官終江西提學僉事，《明史》及府、縣志皆有傳，至旋里後縣令爲置綽楔，名清風里，及其號青湖，皆僅見此書。上虞徐大理學詩、徐公字以言，自刑部郎中削籍後，起爲通政司參議，未至官卒，贈大理少卿，《明史》及府志皆有傳。此書言分宜擅政，徐首疏參之。又言越中四諫，自公首難。案：《明史》言謝瑜、葉經、陳紹與徐稱『上虞四諫』。謝首疏劾分宜，在嘉靖十九年分宜爲禮部時，次疏在二十一年分宜初入閣時。葉疏在二十年分宜爲禮部時，陳疏在二十一年謝疏之後，而徐疏直至二十九年俺答入犯時，是『四諫』徐最在後，此書所云皆誤。其稱徐號曰龍川，亦僅見也。會稽沈梅岡束、《沈梅岡贊》謂其在獄時磨斷釘片鐵造成一匣，張文恭爲作銘曰：『十九年中郎節，十八年中郎匣，節耶匣耶同一轍。』此它書所未見。（此處塗抹）餘姚趙端肅錦、《明史》及府、縣志皆云字元樸，此稱麟陽，蓋其號。餘姚孫光禄如法、燧曾孫，《贊》謂其長不滿五尺，廣顙碧眼，見者駭異。餘姚姜光禄鏡、案：《明史》萬曆十四年二月户料給事中姜應麟首請建儲，自是繼請者百餘人，獨無姜鏡名。此稱鏡字翼龍，爲禮部郎中，首請册立得罪，後光宗踐祚，晉光禄寺卿。考國本之得罪者，有禮部郎中于孔兼、員外郎陳泰來、董嗣成，亦無稱及鏡者，蓋可疑也。眉批：案：鏡與應麟爲萬曆癸未同年進士，見《明進士碑録》。又鏡子逢元，崇禎時爲禮部尚書加太子太保，甚有清望。逢元子天樞，爲明工部郎中。天樞子希轍，爲國朝順天府丞。累世清顯。所稱鏡請建儲得罪事，必由其子孫附會，陶庵與姜氏交好，因而載之。蓋鏡雖籍餘姚，而世居郡城，今後觀巷姜氏，其後人也。前山西冀寧道名校者，由翰林爲御史，頗有聲。上虞徐檀燕如翰；如翰官大同副使時劾方從哲，見《明史》從哲傳。此書稱其後官陝西參政，而《乾隆紹興府志》言其巡按江北，以疾乞歸。稱其所著《檀燕山集》多逾等身。『孝烈』五人：蕭山何孝子競、山陰徐孝子允讓、允讓死于元末胡大海圍越之兵，事見《保越録》，當系之元人，不應厠入。《保越録》作徐本道，蓋允讓之字。山陰陸孝子尚質、山陰孝女諸娥、新昌石孝女；『義烈』九人：會稽高節愍岱、號白浦。節愍爲乾隆中賜謚。案《明史》及府、縣志皆言岱當魯王監國時官兵部職方主事，此書亦同，而入之義烈，不入忠節者，蓋因其末爲中朝官，與葉汝楦皆乃以舉人視之，故與王、潘諸君子等列，而目之爲義士。又言其爲瀝海所人，號白浦，皆諸書所未見。至岱實殉魯王，而《勝朝殉節諸臣録》厠之福王殉節之類，則誤。《明史》附《朱大典傳》。高義士朗、節愍子。會稽王正義毓蓍、山陰倪舜平文徵、會稽葉節愍汝楦、此依《明史》及縣志，本書作汝楦，府志作汝箮，亦作汝蘇，《勝朝殉節諸臣録》作汝蘅，注『一作楦』。節愍亦乾隆中賜謚。《明史》亦附《朱大典傳》。諸暨傅義士日炯、《明史》亦附《朱大典傳》。山陰姚長子、縣志曰獨山人。山陰周義士卜年、山陰潘義士集；二人《明史》俱作會稽人，亦附見《朱大典傳》，府志亦云集會稽人，惟《越殉義傳》及此書皆云山陰人。又皆云集聞王正義死，袖石自沉渡東橋，是其死在魯王監國之前，而《明史》謂在魯王敗後，當是史誤。《殉義傳》言集死時年二十五，此書云年十九。『節烈』四人：山陰徐烈婦潘氏、允讓妻，事亦見《保越録》，亦當入元。餘姚貞烈姜寶氏、瑞州府通判姜榮之妾，正德六年江西華林盜攻城死節。事詳沈德符《萬曆野獲編》。諸暨余烈婦吴氏、會稽章烈婦金氏；孫忠襄部將章欽臣之妻，事詳全紹衣《鮚埼亭外集·大金夫人廟碑》。章官都督，結寨南鎮。《南疆繹史》作章憲，蓋其名。『清介』六人：餘姚陳恭介有年、餘姚孫清簡鑨、燧之孫，如法父。會稽陶文僖大臨、諧之孫。案：文僖有拒奔女事，可入盛德。會稽陶恭惠承學、會稽陳新化治安、山陰朱泰州公節；『剛正』九人：蕭山魏文靖驥、會稽董文簡玘、會稽韓侍郎邦問、諸暨駱副使問禮、案：駱問禮《明史》有傳，其在隆慶時官南刑科給事中，其著風節，以上面陳十事忤旨，貶楚雄知事，是當在忠諫之列。此云禮科，與史小異。又言其字纘亭，《明史》亦失載。蕭山張尚書嵿、山陰蕭副使鳴鳳、會稽羅文懿萬化、會稽胡通政朝臣、會稽周光禄應中；案：府志應中字正甫，止官湖廣僉事。《萬曆野獲編》卷二十言其一字寧宇，會稽人，由順天籍中進士，宰直隸之真定，以强項爲巡撫孫丕揚所劾，江陵知其賢，右之。後歷官山西、湖廣僉事，升光禄少卿。『盛德』十一人：餘姚孫文恪陞、燧之子，鑨之父。會稽陶巡撫大順、太臨兄。餘姚孫參政汝洵、汝法弟。山陰諸文懿大綬、會稽王尚書舜鼎、山陰劉布政毅、山陰金府丞蘭、會稽姚崇明希唐、案：府志希唐字德欽，官崇明主簿，事母甚孝，孫應嘉崇禎時官至大理卿，會嘉官御史。會稽王御史以寧、山陰金伯星樞；蘭子。舊本此下有山陰胡幼恒像及贊。『隱遯』七人：上虞許半圭璋、山陰王蜕巖野、會稽陶石梁奭齡、會稽章侍郎正宸、格庵，當魯監國時官吏部侍郎。會稽余孝節增遠、煌之弟，私謚孝節。府、縣志及《思復堂集》俱作山陰人。山陰何御史弘仁、諸暨余司理綸；『生孝』三人：山陰劉孝子謹、會稽夏孝子千、會稽趙孝子萬全。立功門『勳業』三人：諸暨定西侯蔣武勇貴、山陰吴尚書兑、山陰朱忠定燮元；『相業』二人：餘姚謝文正遷、山陰朱文懿賡；公節子。『功業』四人：新昌楊恭惠信民、山陰張副使天復、元忭父。新昌何尚書鑑、新昌吕尚書光洵。立言門『文學』七人：諸暨楊鐵崖維楨、諸暨王元章冕、山陰陳海樵鶴、山陰徐天池渭、會稽陶文簡望齡、山陰王侍郎思任、山陰張參議汝霖；元忭子。『博學』五人：餘姚孫尚書鑛、陞少子，鑨季弟。山陰周雲淵述學、會稽董日鑄懋策、玘曾孫。上虞陳府尹絳、蕭山來馬湖斯行；此書不言其何官，《明史・畢自嚴傳》稱其爲兵部主事，《趙彥傳》稱其爲天津僉事，《魯欽傳》稱其爲監軍按察使，以疾歸，《紹興府志》言其官終福建右布政使，《南疆繹史》稱其爲膠萊兵備，蓋其所歷官。馬湖一生以戰功著，亦不得以博學目之。『畫藝』三人：會稽朱太僕南雍、府、縣志作山陰人。山陰張郡丞爾葆、諸暨陳老蓮洪綬。

共一百八人，皆先繪其像，次撮舉其生平大略，而系以贊。據《自序》言與徐野公沿門祈請，得其遺像，則所繪固皆真容。然其中如徐孝子、潘烈婦、諸娥、姚長子、章烈婦等，未必尚有遺像，或不免以意爲之。潘義士死時尚少，何以便有髭須？蔣定西《明史》言是江都人，並非越産，其像何由得？此亦皆可疑。其所位置，頗多未妥。陽明理學不能掩其功業，龍谿學術蓋無足言，石簣、石梁與王髣髴，而一列隱遯，一列文學，其所抑揚，深所未喻。倪、施諸公殉國之烈，豈讓孫、陸；而忠烈、忠節，何以區分？餘姚陳、孫兩冢宰，正色立朝，非僅清節；章格庵風力甚著，不得以隱遯概之；金伯星小善沾沾，孫月峰塗抹之學，何足不朽？至于張氏内山之功，天復。肅之之文，汝霖，一字雨若。蓋尤不足比數。陶庵欲顯其先，概與斯目，知其它所稱舉，或以婣戚之故，不無濫登。而山陰徐甫宰之戰功，會稽錢文貞之相業，章侍郎敞之清節，上虞潘太常府之學行，何以反見遺漏？義興侯鄭遵謙雖行事不甚醇，然糾旗舉族，首倡義師，欹嶇海隅，卒于夷滅，是亦豪傑之士，生氣凛然，陶庵闕之，或有所諱。觀其《葉節愍贊》，于義興頗有微辭，是殆有意没之者。其不及陳元倩太僕，蓋以爲杭人故。

又考其《序》題『庚申八月』，時爲康熙十九年，滇亡已久，而越人之殉永曆者，若中湘王何忠誠、大學士嚴忠節，皆功烈甚偉，陶庵或以道遠，未得其詳，故皆不見著録。其所敘述，亦頗有誤。如韓宜可官止副都御史，而以爲左都御史；姜鏡事無可考，當時首請正儲者慈谿姜應麟，昭昭在人耳目，而歸之於鏡；趙端肅官左都御史，以憂歸，召拜刑部尚書，未至卒，其先在南京則歷刑、禮、吏三部尚書，而以爲歷官刑、禮二部尚書；孫汝法贈光禄寺少卿，而以爲贈光禄寺卿。朱南雍于萬曆八年官太僕寺卿，其罷歸當在是時，而謂因太子出閣講學，玩其畫扇不聽書，爲講官所言罷官。神宗即位幼冲，時方講學，安得更有出閣之太子？蓋觀扇者即是神宗，而鄉俗誤傳以爲太子，陶庵因而載之耳。

要之是書搜羅潛曜，具費苦心，先正衣冠，儼然可接，較之《會稽先賢傳》《會稽典録》諸書，尤爲有功桑梓。先君子嘗欲續爲之，未果。予十餘年前聞是書板藏南街余氏，已多殘缺，其家貧其待售，曾屬孫子九、徐葆意兩君訪購之。而余氏有無賴子，已竊以償博負，遂不得。今亂後不知何如矣。

十一日丙寅　雨至午稍止，下午又雨，霏霤入夜。太夫人生日，嗚虖痛哉！去年是日，不肖趨省于柯山，時太夫人已卧疾，遂不稱觴，豈知此後遂無此一日乎？几筵之設，縱其來歆，何飲何食，無由得見，况未必來耶？歐陽崇公謂『祭而豐，不如養之薄』，况祭亦不豐耶？痛哉痛哉！鮮民疏祭，没世而已矣。大妹、二妹俱來與祭。夜雨，風甚。

十二日丁卯　晨雨，上午稍止，午後又雨，入夜有聲。

十三日戊辰　霃陰，寒甚。

十四日己巳　早雪，終日陰晦，嚴寒，時有雨雪。

十五日庚午　巳初三刻十二分雨水。正月中，終日霃陰，微雪。午出門，至日輝橋余氏，捧外曾王父母像。又詣鄭氏妹家而回。夜爲節子撰《花延年室金石録》序，别存稿。

十六日辛未　晨雪，上午陰，下午日景中有雪霏霏下，晚晴。坐舟出西亭，至單港楚材弟家，叩謁本生王父母像。又至澄港捧祖姑像，夜歸。王菽畦觀察柬請十八日夜飲。

十七日壬申　晴。下午步詣節子，晚仍步歸。慎齋、杏泉來，不值。得蓮舟十二月五日揚州書。

十八日癸酉　晴和，晡後陰。祭三代祖妣，收像，奉先大夫、先太恭人室上影堂。去年歲事，自懸像至收像，一一皆太恭人所躬親也，今日乃亦以神事之耶？悲夫！慎齊來，共午飯。晚赴王菽畦之招，同席爲孫瘦梅、余輝亭、王眉叔、王蓮伯。二更歸，便道過杏泉。

十九日甲戌　晴。作書致節子，言《三不朽圖》謬誤數事。慎齋來，借去徐方虎《全唐詩録》。

二十日乙亥　上午晴，下午陰。偕季弟至項里省先父母墓。歲月已易，封樹未完，傷哉貧也，躑躅流涕。晚至柯山瘦生家夜飯，二更後歸。

二十一日丙子　雨至晚益密，夜檐溜聲達旦。作書致節子，論《明謚考》可疑者數事。得節子復書，并以陳仲魚《論語古訓》見贈。

二十二日丁丑　雨不絶聲。姚葆卿招夜飲，固辭不往，以肩輿來迎，勉赴之，饌設頗精，更餘歸。

得節子書，以沈德符《野獲編》載張景明爲興府左長史二十年而歿，世宗即位，贈太子太保、禮部尚書兼文淵閣大學士，謚恭僖，足證徐元梅《山陰縣志》所載非誣。又解縉，《明史》不言贈謚，而乾隆間，其後人刻遺集稱『解文毅公集』，其末載傳贊一首，不著誰作，言縉于神宗時追謚文毅，俱屬予審定。即復。以景明之謚亦見王氏世貞《弇山堂別集》卷九《異典述》及卷七十二《謚法考》，惟『太子太保』作『太子少保』。解大紳謚，據鄒忠介所作《祠記》，謂萬曆時忠介爲請謚於朝，時于文定長禮部，已有成言，而忠介旋以讒出都，事遂寢。而《明史・禮志》載萬曆、天啓時補謚諸臣中，亦無解縉名。今《四庫書目》稱縉集爲『文毅集』，蓋亦據其後人所稱稱之，當再考。

二十三日戊寅　終日霒陰。

二十四日己卯　寒雨。得沈蘅夫書。鄭委員來求作書致王觀察營鹽務中一小差幹，予與此君既非素識，又不便越俎妄言，而其求不已，詞甚哀苦，又不得不勉應之。生不喜多識人，正爲此等。昔鄉先正王龍谿居官不諱請託，以爲無累良知之學，然卒以此被議。况士夫里居者，尤以閉門絶客爲美事。而予蹤蹟，近人遂不能無浼。自活甚難，乃代人干乞，輒作文字，取輕于人，此遺群獨立之可貴也。夜雨聲不絶。

二十五日庚辰　陰曀，時有小雨。作書復沈蘅夫。作致蓮舟都中書，别存稿。杏泉來，便乞其診脉撰方。窮甚，絶食矣。夜乃買舟赴杭州，爲干謁計。然繚服敻敻，走將焉往？此所謂『飢來驅我去，出門將何之』者矣。

二十六日辛巳　薄晴。早至西興，午顧肩輿渡江入省城，舍羊市街旅店中。閲惠松崖氏《古文尚書考》。

二十七日壬午　陰寒，微雨。午謁穀山中丞，晤談少時，歸寓。閲惠氏《九經古義》。

二十八日癸未　晴寒。閲惠氏《周易本義辯證》。中丞約明日午飯。作致吕定子都中書，託中丞轉寄。

二十九日甲申　晴和。閲惠氏《九經古義》。中丞來催飲，下午赴之，同席爲前杭州守薛君時雨、前翰林杭人劉某。夜歸。

二月乙酉朔　辰正一刻十一分驚蟄，二月節。薄晴。前越守楊君叔懌來。從楊君借近日京報閲之，知督相官文以楚撫曾國荃疏劾被勘，有狀交部嚴議。兵部左侍郎胡家玉以事相連及，革職留任，斥出軍機。潘伯寅升工部右侍郎。商城相國以修《實録》勞，賜其子文令舉人。作書致中丞，以中丞議開局刻書，因勸刻《文獻通考》及重刻胡本《文選》等書。閱《三國志·吴志》。中丞約明日過談。是日驚蟄節。

初二日丙戌　晴，下午大風，入夜雨。作書致豫庭。中丞來，不晤。作書致中丞，即束裝渡江。時東風狂甚，夕陽濁浪，拍浮際天，四山莽蒼，愁來無極。薄暮抵西興驛，下舟。

初三日丁亥　雨。上午至家。

初四日戊子　雨。作書致高次封太守。致傅節子，得復。

初五日己丑　陰。曾祖妣倪太君忌日設祭，中表陳鳳樓兄來。

初六日庚寅　晴。晡後步至倉橋書肆閲書，見有會稽陳蝶園《同姓名録》十册。蝶園名棻，初名鶴林，字士莊，由諸生官天台訓導。其書分韵編次，采取極博，前有齊息園侍郎序及自序各一首，寫本未刊。據其序云，所著尚有《名物譜》，卷帙浩繁。書賈云，咸豐己未、庚申間，曾得其所著《古今識小録》一巨帙，高至尺餘，亦是寫本，後爲吾族弟開先購去，蓋即《名物譜》也，時予已入都，未得見。今開先既殁，所藏書經兵亂盡亡，此書亦不可問矣。士莊先生與予家有戚屬，先本生王父常稱道之。因歎吾鄉先正樸學潛精，著書等身，而姓名闇晦者，蓋不可勝道。今大亂之後，故家書籍焚掠一空，凡已刻未刻之本，鮮有孑遺，深可悲也。書賈又言，近得澤存堂本《廣韵》一部，是柯溪李宏信小李山房物，經段懋堂氏以朱筆細校，真希世之珍，數日前爲蕭山湯太常之子買去。予居近倉橋，而未得一寓目，悵惜于懷，曷能自已。前日節子爲予言，蕭山克復時，至濠湖陳氏家，見有盧抱經氏手校殿本《十三經》《二十二史》及馬氏《繹史》，已散亂有佚者，近不知何如矣。此皆人間至寶，在在當有神物護持者也。

初七日辛卯　晴和。上午暴先世遺像及行看子。節子來，談至日入，復偕過倉橋閲市，以三百錢買得孔傳鐸詩禮堂所刻韋注《國語》一部。傳鐸字振路，襲封衍聖公，龏軒檢討之祖父也。《國語》經明代坊刻，譌脱甚多，此本雖無所校訂，較之後日吴中黄蕘圃所刻，相去懸殊，然誤字尚少，亦近刻之佳者。蓋孔氏自振路好爲古學，聚書甚多，至其子户部主事繼汾，與其從子户部主事繼涵，皆研精著書，各有師法。至其孫檢討，遂爲漢學大家。繼涵號葒谷，所刻《微波榭叢書》中有宋庠《國語補音》，蓋以補是刻之所未及者也。予家舊藏明刻《國語》中有宋元憲《補音》，其誤至不可讀。微波榭所刻單行本校勘甚精，予都中曾有之。

初八日壬辰　風陰，溦雨。剃頭。得馬中丞書。校録《明謚》。夜雨。

初九日癸巳　上午薄晴，下午陰涼，晡後溦雨即止。校眘《明謚》。夜讀《國語》。詩舫弟來。

初十日甲午　晴。楚材弟來，邀至謝墅祭掃六世祖天山府君及妣樊太君墓，晚歸。新署守李君壽榛來，不值。

十一日乙未　晴和。校眘《明謚》。

十二日丙申　晴。校録《明謚》粗畢，作書致節子。孟生慶琛來。得節子復。

十三日丁酉　晴暖。孫生星華來。傍晚偕彦僑、瘦生近步至龎公池，尋倉帝祠及詩巢故址。劫火餘燼，垣礎僅存，池外菜花滿疇，春水泛溢，蛙聲閣閣，氣候忽殊，不勝過駒之感。月出樹杪而歸。

十四日戊戌　晴暖。作書致節子，借《萬曆野獲編》《五藩實録》諸書。得節子復，借得《五藩實録》。作書致高太守，勸服陳丹穌藥。

閲《五藩實録》，不著撰人名氏，其首葉有曰：『原本藏于元和顧氏，今活字版排于京都琉璃廠。』然序首及書中實題曰『明末五小史』，而首葉及板心皆稱《五藩實録》。蓋以『實録』之名僭，有所避也。五藩者，第一册、第二册爲福藩上、下，第三册、第四册爲唐藩上、下，第五册爲唐王聿鐭及魯藩，第六册、第七册爲桂藩上、下，凡七册。其書蕪穢龐雜，全無體裁，然頗有它書所未見者。于唐藩事尤詳，多載其書詔批答，蓋以出思文手製，而特存之。其序極貶有明諸帝，至于五藩，則曰：『江南實奴隸之質，閩中亦輕薄之子。』雖覺過當，而議論殊佳。

夜爲穀山中丞撰《杭州輔仁局碑記》，不存稿。

十五日己亥　晴。喫藥。作書致中丞。程委員來，以貧甚絶炊，乞爲言之當事，告以杜門日久，謝之去。夜月佳甚。

十六日庚子　巳初三刻二分春分，二月中。晴暖可脱綿。喫藥。夜二更風起，旋雨。閲《明史》。

十七日辛丑　黎明尚雨，辰初日出，極暖。傍午烈景如夏初，午後忽陰，有雨。晡後日景復見，晚雨。出門答拜李太守，不晤。詣余輝亭賀其子及弟入縣學，晚歸。夜人定後，急雨驟至，屋俱穿漏。

十八日壬寅　晴，微寒。剃頭。作書致節子，論《明謚》宜補宜訂者各數條，又借葉葆堂所刻《表忠録》。得節子復書。

閲《表忠録》，本名《東林同難録》，崇禎初，死閹禍者諸孤輯其先人履歷事略，凡十七家，如齒録之式，桐城左氏刻之，前有鹿忠節公序。至國朝雍正中，江陰繆文貞後人名敬持者，又輯《列傳》二十一篇，《附傳》六篇，及周忠介《五友紀略》五人傳合爲一册。道光初，其邑人葉廷甲又冠以《南都請謚疏》刻之，因爲今名。

十九日癸卯　晴寒有風。終日閲《明史》。

二十日甲辰　晴和。是日爲先祖考及節孝張太太忌日，早具舟邀鄭氏大妹夫、三表妹夫及弟輩，詣亭山祭掃殯宫，又至上塘漊祭掃畢，泊舟興教寺前飯，入寺中留雲且住軒喫茶，又小憩凡上人募雲精舍。回舟經西亭故居，敗礫埋址，荒池半存，徘徊躑躅，日冥而歸。中夜忽風雨。

二十一日乙巳　風雨，甚寒。作書致節子借《明史》，得復。

二十二日丙午　晴暖。鄭委員又來求經營，力辭之。

二十三日丁未　霎䨜，晡後微雨。閱《明史》。夜雨。

二十四日戊申　微陰，驟暖。得蓮舟正月都門書，知壽陽祁相國寯藻得謚文端，錢塘許太宰乃普得文恪，武陟李宗伯棠階得文清，江都曹大司馬毓瑛得恭慤，常熟翁中丞同書得文勤，五公皆去年薨逝者也。作書致節子借沈德符《萬曆野獲編》及《明進士題名碑録》，爲輯録《明謚》也。

二十五日己卯　晴暖，地潤。閱《野獲編》。夜雨。

二十六日庚戌　燠熱津潤。校録《明謚》。

二十七日辛亥　暖甚，連日俱不堪綿衣。作片致介亭，薦一小奚。

二十八日壬子　晴暖，風横甚，晡後轉西北，頓凉。偕中表陳鳳樓及季弟詣漓渚金釵隴，祭掃曾祖考妣墓，夜歸，旋雨。介亭來，不值。夜半大雷雨。

二十九日癸丑　密雨有雷，寒如深冬。

閲《萬曆野獲編》，秀水沈德符著。德符字景倩，萬曆戊午舉人，其書成于萬曆丙午，時尚爲諸生也。景倩祖、父皆以甲科起家爲監司詞林，故《自序》謂『生長京邸，習聞朝廷事，今所記者，僅得百一』。又謂『編中强半述近事，故以「萬曆」冠之』。然綜覈有明一代朝章國故及先輩佚事，議論平允而考證切實，遠出《筆塵》《國榷》《孤樹裒談》《雙槐歲鈔》諸書之上，考明事者，以此爲淵藪焉。其中如言世宗朝張桂之横肆，霍文敏之險忮，汪榮和鋐之邪諂，徐文[文]貞之獻媚，穆宗朝高文襄之縱恣，萬曆朝言路之嚚張，給事中王元翰之貪戾，皆《明史》所不詳。所載典制，多足以補史闕云。

三十日甲寅　陰晦，夜雨。

閲《野獲編》，是書本有初編、續編，予在都中見明刻大字本，每條各有目甚詳。今所閲本爲康熙間桐鄉錢枋所輯，割裂排纂，分四十八門，共爲三十卷，瑣屑猥雜，殊失其真矣。朱竹垞極稱此書，而《四庫》不著録，未知其故。《明史》中若《張永明傳》所載各官之謁吏部，《孫鑨傳》所載冢宰之避閣臣，《陳有年傳》所載冢宰之起爲它官，皆出于是書。而萬曆中廢遼府、勘楚獄二事，與《明史》稍異，而尤加詳。其記海忠介之被彈，郭文毅之見扼，皆由自取，亦足徵公論深可信也。

三月乙卯朔　未正二刻二分清明，三月節。終日風雨。具舟率弟妹等詣項里上先君子及太恭人墳，雨甚，幾不克祭。九泉千里，冷粥一盂，密雨凄風，俯仰嗚咽。猶憶予年十四時，隨先君子祭掃祖墓，歸舟中舉宋人高菊磵詩，謂不肖曰：『「日落狐狸眠冢上，夜歸兒女笑燈前」，此十四字兒曹以爲常語耳，豈知古人虛墓之間其悲無限。』嗚呼！先君子雖早棄不肖，而殯肂久停，每歲時展祭，雖懼以久淹爲罪，亦竊以得見棺柩爲幸。今一抔永閉矣。太恭人去年猶欲自主上冢事，不肖力止之。及不肖祭先君子日，雨甚，太恭人悽然曰：『泉下人一年望得此一祭，而雨淋几案，何得有一粒享耶？』不意今年遂祭我母，而又值此風雨，是不肖之罪滔天，爲我父我母所不饗耳。痛哉！甲夜歸。夜雨瀧瀧不斷。

初二日丙辰　上午雨少止，下午雨又甚。

初三日丁巳　晴，風。偕群從詣木客山祭掃高祖考妣墓。墓在山之羊小湖，右爲明大理少卿商燕陽先生墓。

燕陽名爲正，會稽人，隆慶五年進士，由吏科都給事中稍遷大理寺少卿，被論罷。《野獲編》載其罷官之由，謂南禮卿陶四橋承學素負人望，又江陵同榜進士素相重，及江陵奪情，陶稍非之。時江陵邑人傅作舟爲南給事，方爲江陵爪牙，横行留都，陶又不禮之。適辛巳大計，江陵募人劾陶，無所得，傳密疏陶罪狀譖於江陵，江陵大憙，以授諸給事御史，令入糾劾疏中。商燕陽在臺中資最深，爲陶姻家，又江陵門人也，力救不能得，陶遂爲科道秦燿等所糾，致仕去。商後轉廷尉，將大用，亦以言罷。商敏練有能名，本非附江陵者，以此事被議，謂其畏禍坐視，遂不免。眉批：朱竹垞《明詩綜》載，會稽商爲正，萬曆初巡按福建，與巡撫龐尚鵬協心共事，百廢俱興。福建語云：『恤我甘苦，龐父商母。』案：陶公即石簣先生之父，所至有清名，其知徽州日，惟取宧米半升作食，人稱爲『半升太守』，後卒，謚恭惠。燕陽則石簣婦翁也，爲太宰周祚之祖父。今其墓前石人羊虎之屬，規制甚偉，而無碑表，土人皆呼爲『商天官墳』。其山下有一祠，石簣題曰『商公祠』，自署曰『子婿』，可考知其爲廷尉墓耳。太宰後於萬曆季年亦爲吏科都給事中，有浙黨之目，頗與東林爲難。至崇禎時爲太宰，以會推事去官。由此負清望，末路不振，至今鄉里婦孺猶訕笑之，轉不如乃祖之終保令名矣。石簣萬曆時爲南祭酒，駸駸有相望。時東林中人方盛攻浙東沈、朱二相，因集矢李晉江以并及于石簣，不特絶其揆路，且不容一日立朝。石簣未幾亦謝世，而雅望迄今不衰云。吾越鄉誼之惡，王仲寶已言之。明世如王文成之勳業冠世，歿後議褒贈，而董文簡疏尼之。文簡亦賢者，且猶如此，它可知矣。商、陶之事，雖扼于權相，《春秋》責備，燕陽其能免乎？

得沈曉湖正月廿五日都中書。

夜閲《李養一先生文集》。養一名兆洛，字申耆，亦號紳埼，陽湖人。其先本王姓，冒李氏，嘉慶十年進士，由庶吉士改知安徽鳳臺縣。丁父憂歸，遂不出，主講江陰暨陽書院者二十年。其人粹然儒者，宰縣有惠政，歿祀安徽名宦祠。所著有《鳳臺縣志》十二卷，《地理韵編》二十一卷。所輯有《皇朝文典》七十卷、《大清一統輿地全圖》、《駢體文鈔》三十一卷、《舊言集》三編、《江干香草》若干卷、《所見帖石刻》六卷。所鑄有天球銅儀一，日月行度銅儀一。又嘗刊定顧祖禹《讀史方輿紀要》。又著有《海國紀聞》《史略》《研坑記》《游記》《日記》諸書。其門弟子蔣彤，又述平日所聞，爲《暨陽問答》二卷。是集凡二十四卷，亦其及門所編輯。卷一至卷四，爲詩及詩餘，而冠以賦二首；卷五至卷二十三，爲雜文；卷二十四爲雜考，而末附以《石經考》一卷。

申耆之學，本出于抱經盧氏，頗研精于考據訓詁。後交魏默深、劉申甫、莊卿珊諸人，則薄東漢而尊西京。再後交陳碩士、姚石甫、方植之諸人，則又薄漢學而尊宋學。自謂兼綜虚實，不分門户，而究之出主入奴，泛濫無歸。其《與方植之書》謂『曩時讀書甚不喜康成，而于朱子亦時時腹誹，今當痛改前失』云云。植之誕妄不學，其文章蕪鄙，蓋無足言。而勦竊語録餘唾，自謂聖學復興，詆毁漢儒，恣肆無忌。申耆性素拘謹，故雖好其學，而尚不敢昌言攻擊，同其倡狂。其文亦頗欲溯原兩漢，氣格自矜，而才弱辭枝，又不知義法。其持論謂古文當宗兩漢，不當僅宗唐宋，而欲宗兩漢，非自駢體入不可。其旨趣盡見所選《駢體文鈔》兩序中。莊卿珊謂太史公《報任安書》、諸葛武侯《出師表》不當入選，而申耆復書盛言其不然，謂『秦、漢子書無不駢體也，推而至《老子》《管》《韓》等皆駢也，何獨爲司馬、諸葛諱駢之名』。然文章自有體裁，既名駢體，則此二篇皆單行之辭，自不得厠之儷耦。且由《老》

《韓》推之，則《尚書》《周易》，亦有近駢體者，申耆何不竟取《堯典》《禹貢》等篇，以冠卷首乎？近世言古文者，僅取裁于村塾之所謂『唐宋八大家』，固爲固陋，然學者但能菑畬經訓，沉浸《史》《漢》，則所作自高古深厚，不落腔調小技，亦非必自駢體入手也。惟文之有偶，與有韵同，皆文章本質，事由天造，東晉以後從而靡之，遂以月露紫白爲世所輕，而後人至薄駢體不屑爲，則不知眉睫之論耳。申耆頗服膺桐城姚氏，而其譏古文家謂『一挑一剔，一含一詠，乃正中姬傳之失』，則又何也？

集中誌傳文頗夥，如《東湖縣知縣洪飴孫孟慈墓志》《江西巡撫吴光悦星一墓志》《明經葉廷甲保堂墓志》《湖南巡撫左輔仲甫墓志》《顧澗薲墓志》《禮部左侍郎江蘇學政辛從益謙受行述》《光禄寺卿前安徽廣東廣西湖南等省巡撫康紹鏞鑄南行狀》《泰州知州葉維庚兩垞行狀》《附監生考取州吏目莊綬甲卿珊行狀》《桐城姚氏薑塢惜抱兩先生傳》《莊珍藝先生傳》《河北兵備道莊振龍見家傳》《舉人董祐誠方立傳》《禮部主事劉逢禄申受傳》《館陶縣知縣張琦翰風傳》《吏部文選司郎中薛淇應霖家傳》《訓導黄汝成潛夫家傳》，皆足徵一時文獻。惟牽于酬應，不能别擇，敘次蕪冗，苦少剪裁。其壽人之文，至盈二卷，大率馬醫夏畦之流，尤令人厭。其卷首《凡例》，言『生平所作，散失甚多，殁後多方蒐輯，或有率爾應酬，宜從簡汰，以待選者』，則概可見矣。集前有小像，有趙振祚序，有包世臣所作傳，及薛子衡所作行狀，文皆不佳。安吴自負其古文，而所作率拉雜，與申耆相似。嘗譏惲子敬文太破碎，然實不足爲子敬作輿儓也。

初四日戊午　晴暖。余輝庭來。

初五日己未　晴暖。下午偕季弟走視孫氏從姊，途經寶珠橋水則亭，有明代所立山陰新聞碑，武進王文肅與撰文，南大理卿致仕仁和夏時正書。夜二更歸。

初六日庚申　晴，暖甚。

初七日辛酉　晴，比日日中已炎炎漸有夏景矣。偕群從詣謝墅，祭掃先本生王父母殯宫，晚歸。

初八日壬戌　上午晴，下午陰。夜四更後大風。

初九日癸亥　薄晴，風凉。

初十日甲子　薄晴，下午雨，旋止。上午出門，詣王鹺使、徐郡丞，俱不值。詣秦鏡珊，吊送其尊人友芝觀察之葬。詣謝青芸總戎、華迪初邑令、宗滌樓師，俱晤談。午後歸。作書致節子，還《明史》及顧亭林《聖安本紀》《李養一文集》諸書。晚步詣族弟小帆，送其江西之行。過族弟蘭如家，夜飯，四更餘歸。

十一日乙丑　密雨數作，入夜稍止。

十二日丙寅　上午漸晴，夜又雨。小帆弟來辭行，薄餞之。

十三日丁卯　雨，至午後漸密。慎齋來。

十四日戊辰　晴熱。得節子書。杏泉、慎齋兩君來。夜大風有雨，頓寒。

十五日己巳　陰寒如冬中。得王眉叔司訓書，言近攝篆金華，已於十二日就道，深以予羸病爲念，屬善自調護。予與眉叔交誼甚疏，而勤拳如此，可感也。得杏泉片，屬書便面。族弟竹樓及五弟來，夜月甚好，竹樓携具就聽事小飲，五更始散。

十六日庚午　薄晴，晡後陰，傍晚小雨，入夜漸密。亥初三刻十四分穀雨，三月中。宗滌樓師來，尚卧不能見。李太守來。點定孫蓮士詩文集。夜爲高太守作書致陳丹愫求醫。

十七日辛未　雨積黴濕。爲杏泉書扇訖，即作片送去。

蓮士集中，有書故提督張忠愍事二則。蓋忠愍爲肇慶之高要人，蓮士客肇慶時，從其里人得之者也。予在都時，曾見有常州蔣某所作《忠愍行狀》，文蕪冗而事多不覈，平景蓀諸君嘗勸予更爲之，以未得其詳，未敢遽下筆也。今蔣《狀》已不能記其略，蓮士所述又僅其逸事，然殊可憙。其夫人事尤奇，因稍改定之，而易其題目曰『太子太保故提督張忠愍公逸事狀』，且録其第二則於此：江寧之師未潰時，忠愍遣其孥歸里，屬鄉人李參將送之。里中故無家，以五千金付其夫人置宅、給衣食。臨行拔一齒，授夫人爲别，曰：『予必死賊中，恐骨不能歸，它日可以是葬。』其語洵然丈夫哉！未幾竟驗。今以所拔齒葬里中。其夫人，桂林人也。忠愍未貴時，一日，爲村堡人所擒，夫人亟馳至，劫之以歸，人無敢動者。既自江南還，築室羚羊峽故里，與妾四五人居。會當受一品夫人，封詔將至，謂李參將曰：『諸妾與予同事軍門，今予受封極品，彼悉不得沾，恐怏怏多不歡。若讀詔，可口增某氏某氏也。』新興、高明等縣，有嘉應客民屢與土人鬭，避難者多入羚羊峽，道殣相望。夫人急貸千金于人，立散之。觀此數事，夫人亦婦人之傑也，益可以見忠愍矣。

十八日壬申　晴，下午陰，晚微雨。删定蓮士《河西草堂詩文集》竟，作書與子宜，令其更録清本。又以去年所借粤刻《毛詩箋》及昔年見贈之《班馬字類》，爲系一跋，并付子宜守之。作書致節子。始見櫻桃，以薦先寢。

十九日癸酉　晴暖。子宜來，以予舊藏《筠廊偶筆》《二筆》見還，蓋猶是丙辰年爲蓮士借去者也，竟脱劫火，亦異矣。得介亭書。

宋犖牧仲《筠廊偶筆》二卷，《二筆》二卷，皆僅百許則。牧仲故不讀書，所記無足觀者。其『關侯祖墓碑』一條，以杜撰荒唐之事而深信爲真；『壽亭侯印』一條，乃不知侯所封者爲漢壽亭，尤爲可笑。

又云『壯繆』非佳謚，不知古『繆』『穆』字通，此又沿楊升庵《秦繆公論》之妄説也。弇陋如是，它可知矣。其體例亦甚蕪雜，在説部中最爲下乘。惟所載『雪堂墨品』及『徐巨源友評』兩則可資談柄；『萬曆補謚諸臣』一條，足備掌故耳。

復介亭書。

二十日甲戌　晴陰相間。鄭妹夫來，言大妹今早又舉一子。始見豌豆，以薦于寢。

二十一日乙亥　晴暖。剃頭。李郡守柬招後明日夜飲。

二十二日丙子　雨，終日燠熱，地潤。遣人詣郡署辭飲，復來請。當事往還，禮不可廢，然干謁頻煩，君子所耻，而近日士大夫則以此爲性命，予以居喪稀出，聞兩縣君頗怪其偃蹇，皆有後言。李公謬以虚聲，時一通問，至於酒醴之設，本不容以縗服相干，而折柬再來，遂亦不敢復却。今年三赴人飲，都非得已，古道難行，是亦深可慨者也。

二十三日丁丑　晴熱。作書致秦鏡珊，借單布衣表裏一襲。近至不能具此事，景狀可想。鄭妹夫來，竹樓弟來。晚赴李太守飲，更餘歸。

二十四日戊寅　晴。高祖忌，偕群從弟詣西亭族弟小帆家祭奠，午歸。作片致介亭，薦僕人張安。

二十五日己卯　風雨，頓凉。閲《明史》。夜雨止，大風。

二十六日庚辰　薄晴。

二十七日辛巳　晴和。得節子書，并以新輯張忠烈公蒼水遺集屬校正。作書致蓮舟都中。午後過竹樓齋頭久坐。傍晚偕過藺如家，就其庭下樹石間小憩，嘗含桃苦茗。此憂居後坐禪第一境也。

三更時歸。謝青芸總戎來，不晤。

二十八日壬午　陰，傍晚雨。再得節子書。午後詣節子商榷明遺事，入夜未竟。二更歸。

二十九日癸未　上午晴雨不定，下午清朗，頓覺胸府洞然，宿垢盡去。午坐小舟詣介亭，不值。

夏四月甲申朔　晴。作書致馬中丞，言近狀。即作書致李太守，屬爲郵寄，并告以仙臺通寶錢原始，以前日飲間言及之也。此錢鐵質方亭，鑄于日本天明四年，當中國之乾隆四十九年，民間向來罕行。前年乙丑閏五月，越郡大風，吹墮大善寺塔頂，于承塵間得此錢二千，遂行于世，而知其故者少矣。

初二日乙酉　陰，下午小雨即止。剃頭。下午又詣節子，談至更餘歸。借得鈔本《野史無文》一殘册，閲之。

初三日丙戌　辰正二刻十三分立夏，四月節。晴暖。

早起閲《野史無文》，自題『淝水奈村農夫輯』，不知其姓名。此册僅第十三卷至第十六卷，共四卷，而首尾又不全。第十三卷爲鄭成功、鄭經、鄭克塽、鄭鴻逵傳、《寧静王朱術桂傳》、《陳永華傳》、《陳夫人傳》、克臧妻，永華女。閩中四隱君子王忠孝、辜朝薦、沈佺期、李茂春傳。而末總計云：『前後通計大傳四十八，小傳紀名六十四。』則其傳甚夥矣。所載鄭氏事，多有它書所不詳者。而朱術桂爲遼王支屬，初授輔國將軍，莊烈帝崩，偕長陽王術雅赴南京，進鎮國將軍，居浙之寧海。唐王立于閩，時術雅已逾嶺不知所往，乃命術桂嗣封長陽王。頃之，術雅至，唐王紹封爲遼王。而術桂疏請以長陽王封還術雅次子，而己仍守故將軍禄。乃更封爲寧静王，使監方國安軍。浙、閩破，至浯嶼依鄭鴻逵。

聞桂王立于肇慶，浮海至粤上謁，桂王命還居閩。及鴻逵卒，成功取臺灣，乃依成功。成功以王爲宗室之冠，有大事，坐王于左，宣而行之。每大清使至，王西向坐，宗人從王坐，成功西坐東向，其敬禮多如此。及鄭經嗣立，禮待遂衰，衣食無所資，乃墾種竹港田數頃自給，經徵其賦，輸之無怨言。及克塽降，王衣冠佩綬，自縊死，時癸亥八月癸丑也。王妃羅氏先卒，有姬五人，皆先王一日死。王無子，以益王諸孫儼鉁嗣爲子，時方七歲，隨鄭氏降于大清。此諸書皆所不載者也。大節凛然，足爲明季天潢生色。儼鉁降後，徙于河南許州，予以玉女店荒田給墾種。時魯世子朱桓亦徙于山西，皆僅見是書。惜每傳下皆有《奈村論》一首，謂其事皆本于望江進士龍光二韋所言，而寧静王事，又林芝嵋所次者。惜不得盡讀其諸傳耳。第十四卷爲張煌言《北征録》《答總督郎廷佐書》，及《放歌絶命詞》等共六首。第十五、十六卷爲《余瑞紫友聖流賊陷廬州紀》。瑞紫即州人爲賊虜者，其事皆所目擊，故較《明史》及《明季北略》諸書爲詳。《明史》言廬州守道蔡如蘅，城陷時縋城走。而此書言其城陷時，與妾王月同避井中，賊以繩引上，遂被執見張獻忠，詰問不屈，被殺。王月大駡，亦被敕死，屍立不仆，移時方倒。皆其所親見。蔡字香君，四川舉人，善詩詞。王月者，南京舊院妓也。是事關系甚鉅，可補史闕。其記賊陷舒城事，亦與諸書言參將孔庭訓迎賊而里居編修胡守恒固守者，情事稍異。《明史》載守恒死事甚略，而全謝山特爲守恒作傳，極稱其烈。此書則謂其奔出城三里被殺者也。又言賊破襄陽時，襄王翊銘年已七十餘，須髮盡白，向賊跪呼『千歲』，叩首乞命。皆它書所未見。

初四日丁亥　晴熱。

初五日戊子　陰，午後溦雨。

《明季北略》二十四卷，《南略》十八卷，無錫計六奇用賓所輯。《北略》自萬曆遼事起，至崇禎帝殉難、闖賊敗亡止，而結以門户、黨禍諸論；《南略》自福王監國起，至永曆被害止，而終以《洪承疇行狀節略》。予向嫌其所載多憑傳聞之詞，是非失實，然采取頗廣。當時鼎革紛紜，滄桑百變，讀此則已得其梗略。今兩日來重閲一過，《北略》之最舛者，如言袁崇焕之通敵，毛文龍之冤死，李明睿之主南遷，李國禎之伉慨殉節，懿安后之得旨不肯死；又謂張獻忠後禪位于孫可望，被酖而死，李自成幼能作詩，有《詠蟹》七律，皆極謬妄。其可笑者，如謂萬曆間有道士至天門，見神將俱不在，云已降輔新朝，惟關壯繆以受明朝恩不去；又有道士至天門，見包拯奏帝命殺星降凡，遂生闖、獻諸賊。此皆村巷委談，不足致辨。它若陳繼儒，陋士也，而大書其卒；程源，僉人也，而屢載其言。其餘歲月互訛，死生倒置，尚難悉指。如謂賊陷廬州，知府鄭履祥死難，提學御史被殺之類。而大致詳覈，可取者多。《南略》則以聞見較親，故大端無誤。惟其書依年敘次，而標目紛雜，全無體例，又掇拾既多，不免自相矛盾耳。

初六日己丑　晴和。終日讀書。近儒解經，日精日密，然有一見似可信，而實不可通者，略舉一二言之。

梁曜北據《白虎通》引《禮》有『八十曰薹，俗作『耄』，借作『旄』。《説文》：『薹从老蒿省聲。』若如俗作『耄』，則『老』既从『毛』，『耄』復从『老』加『毛』，不成字矣。考篆作『[illegible]』。九十曰悼』語，因極稱姜氏《湛園劄記》之説。謂《曲禮》此節文皆舉十年爲成數，不容獨將八十、九十併言，又忽出『七年曰悼』四字，人方童幼而目以『悼』，亦爲不祥，二句明有誤文。不知《白虎通》引此二語在《考黜篇》，其文曰：『君幼稚，唯考不黜者何？君子不備責童子也。《禮》：「八十曰薹，九十曰悼。」「悼」與「薹」，雖有罪，不加刑焉。』其意欲明幼稚者之不黜而引《禮》，乃僅言老者之不加刑，成何文義？是明是版刻傳寫之誤，非其本文。況謚法『年中早夭曰悼，享國不永曰悼』，從無以『悼』字加老人者。耆、耋、薹等字皆从『老』，『悼』字則何取乎？抱經盧氏刻《白虎通》，據《曲禮》考正其文，爲得之矣。

姚姬傳據《儀禮》解《左傳》『及旅而召公鉏，使與之齒』二句，謂飲酒之禮，旅酬以前有賓主介僎升降揖獻之節，臧孫先命北面重席絜尊降逆悼子，已儼以主人待之。及旅則獻酬已畢，通行旅酬始以長幼齒序而坐飲。臧孫至是始召公鉏，令與悼子依長幼之齒而坐，故曰『使與之齒』。説似確矣，然如是，則悼子仍列公鉏之下，下文何以云『季孫失色』乎？若謂季孫恐公鉏怒其及旅始召，則『使與之齒』四字又爲贅文矣。故知杜注使從庶子之禮列在悼子之下者，爲不可易也。

朱武曹解《尚書》『文王受命惟中身，厥享國五十年』二句，謂『中』與『終』同，『中身』即『終身』，言文王自受命至終身享國五十年也。然古無以『中』『終』通用者，亦未有訓『惟』爲『至』者，是不若從舊解爲得矣。

武虚谷解《論語》『傷人乎？不問馬』二句，引揚子雲《太僕箴》『廄焚問人，仲尼深醜』爲證，謂當從《釋文》一本讀至『不』字爲句，言以問人爲醜，則不徒問人可知。漢人授讀，必有所自，尤見聖人仁民、愛物，義得兩盡。不知《釋文》此讀，唐李涪《刊誤》已駁之。謂先問人而復問馬，常情所同，亦何足爲夫子異。若以揚子《箴》辭言之，則正謂仲尼之問人者，深以廄焚傷人爲醜耳。武氏誤解以問人爲醜，失之遠矣。況《論語》文最平正，如謂讀『不』作普默切，則無此句法也；即依李濟翁《資暇録》讀作『否』，謂『不者，人對夫子之辭』，則『不』上宜添一『曰』字，而『問』上亦宜加一『又』字。翟晴江《四書考異》引《鹽鐵論》證古本讀『乎』字爲句，是也。

作片致余輝庭，爲高太守祖帳事，得輝庭復。

初七日庚寅　陰凉，傍晚西風甚勁。下午坐小舟至東咸歡河視高太守疾，以其歸期在即也。予與太守嘗同官户部，爲僚友。然部中舊例，每曹以滿員一人掌印，漢員一人主稿，皆積資久及科甲出身有力者充之。次則滿有幫掌印，漢有幫主稿，户部則更有正稿上行走、幫稿上行走各名目，其餘曰散行走。事皆決于掌印、主稿二人，其次者雖名參決，實不得與可否，吏具牘上畫諾而已。下此者，惟視吏意，令畫諾，則署惟謹，不敢問何事。或掌印、主稿者持牘白堂上官，命之偕，則稱娖隨其後行，上堂屏息，魚貫立俟。前者白事畢，則側行隨之退，不出一語。堂上官亦不知爲誰某誰某也。雖庶吉士散館，或中書舍人積資升者，凡新入曹皆如是，貲郎任子無論矣。予以貲得官，初觀政于廣西司，後兼屬陝西司，素懶多病，稀入曹。每入，輒忤人，僚友至吏役皆惡之，以是益少入曹。而太守者，先予二十年以進士高第入者也，於曹中資最深，主兩司稿，兼督寶源局諸曹，皆嚴事之，日過從唯諾無敢怠。予既不事事，遇之曹中者，歲不一二也。故雖同曹，至未嘗通姓名。一日，予偶至曹，適署空無人，時寒甚，命小胥熾火，予倚鑪看書，而太守至，則各不相識，既問訊，始各色然笑。會吏送是日邸鈔至，見有兩曹郎出爲知府者，太守告予曰：『此二君皆京察上考，吾儕惟送人作郡耳。』予戲應曰：『吾將歸矣，得君爲吾郡，當相待同去。』太守笑曰：『紹興未嘗闕知府也。』予曰：『紹興必將易守，即日奏當至矣。』時吾越固久無真守，然特一時戲言，皆無心也。次日閱邸鈔，則撫浙者果奏至。又次日，則太守竟得命矣。然予實未作歸計，亦不詣太守賀，太守亦未嘗過予也。乙丑正月，太守出都，同曹者餞之，吾郡人之宦于都者餞之，獨予皆不與。惟太守來告行，予往送，各一刺相聞而已。及五月，予請急歸里，太守亦甫抵浙。而太守之所以禮予厚予者，無所不至。太守年長于予者倍，而致敬致恪，以師友待予。太守素貧，及爲守，悉裁陋規，絶饋問，不取人一錢，而猶念予貧，時周恤之。予雖固辭，然其意不可忘也。去年冬，以三江閘口雍遏，太守晝夜督役疏濬，積瘁感寒，遂得疾不癒，竟以是去位。予謂太守治越未久，故無赫赫名，然識與不識，無不以爲慈父母，而惜其去也。獨取予兩人之交情本末論之，亦可謂有古人之風者矣。將作一序送其行，姑舉其略于此。作書致節子，還《南北略》《表忠録》諸書。

初八日辛卯　晴，寒如初春。

初九日壬辰　陰寒，下午微雨。得節子書，還《山陰志》，并以所撰《保越録跋》兩通屬考定。夜雨。

初十日癸巳　晴。高太守之子鳳岡秀才，及其戚王子聞縣令來辭行。傍晚偕五弟步詣資福庵，問沈表姑母疾。路聞墻䕷香清絶可愛，恍然十年前村居時夏初風味。夜閲臧玉林先生《經義雜記》。

十一日甲午　晴。瘦生來，爲予于梅市購得香雪酒兩壜，即作書致高太守，饋之。竹樓來，共夜飯。

十二日乙未　晴陰相間。賒得華涇農人稻秸千束，計直錢四千文。作書致蓮舟都中。竹樓來。作書致節子。夜諧五弟、瘦生詣竹樓家飯。以敝裘四領付質庫，得錢廿三千。

十三日丙申　微晴。早起至咸歡河送高太守行，則已于五更時出城矣。晤其子鳳岡及王君。晡後微雨。夜雨有聲。

十四日丁酉　雨晨止，終日薄陰，時有微雨。

十五日戊戌　晴。剃頭。

十六日己亥　陰。始制疏布單衣表裏一襲，襯一領。

十七日庚子　雨。

十八日辛丑　晴燠蒸潤，午後有雨，入黴天矣。是日亥正初刻十一分小滿，四月中。

十九日壬寅　雨，傍晚大雨有雷，夜雨聲徹曉。

二十日癸卯　黴雨垢瀆，夜風大作，宿滯盡收。

二十一日甲辰　晴凉，大風。

二十二日乙巳　晴。閲《養新録》。比日讀書紛雜，略無次第。

二十三日丙午　晴，微陰。閲《九經古義》。

二十四日丁未　雨，下午甚密。閲《九經古義》。

二十五日戊申　陰。閲梁氏《人表考》。

二十六日己酉　薄晴，晡後小雨。閲《人表考》。梁氏于此書致力甚深，引證宏奥，幾出馬三代之上，卓然可傳。惜好著議論，多涉迂腐，又往往雜引鄙倍之文，不知别擇，自累其書。蓋尚不免學究習氣也。剃頭。

二十七日庚戌　微陰。是日以三妹許字後觀巷王氏。得馬穀山中丞書及文移一通，以開局修書，屬予總校勘之役。

二十八日辛亥　雨，至午止。

二十九日壬子　晴。坐舟詣單港五弟家，祭本生王父忌日。晚歸。

五月癸丑朔　得節子書，并借我徐彝舟太守所撰《小腆紀年附考》十二册，即復。晡後詣余輝庭，傍晚歸。孫生子宜來，不值。

初二日甲寅　小雨，午後漸晴，傍晚有風，涼。

閲《小腆紀年附考》，共二十卷，六合徐鼒撰。鼒字彝舟，道光丁未進士，以翰林檢討家居辦理團練，加贊善銜。後授福建福寧府知府，卒官。此書專紀明末福、唐、桂、魯四王及臺灣鄭氏事，自甲申正月起，至癸亥八月王師取臺灣止。每年大書國朝年號，而附注弘光、隆武、永曆諸號，遵純廟《欽定通鑑輯覽》例也。其體例全仿朱子《綱目》，有事蹟錯出者，爲附考以折衷之。有須發明者，則系以論斷。詳贍簡質，有條不紊，足稱佳史。

所載如謂(此處塗抹)魯王自辛卯順治八年。九月舟山失守後，次年正月次廈門，依朱成功。癸巳三月去監國號。鄭芝龍遣其私人招降成功，令先獻魯王，成功乃送王至粵中行在避之。王不欲行，成功强之出海，遇風回居南澳，凡七年。至己亥秋，永曆帝手敕命仍監國，成功迎居金門。壬寅，聞永曆雲南之訃，諸遺臣謀復奉王監國。會延平王新薨，島上多事，未果行。是年十一月二十三日辛卯，王殂于臺灣，諸舊臣禮葬之。足證《明史》諸書言王以鄭氏禮懈，將往南澳，成功沉之海中者，其誣有因。

眉批：魯王前妃張氏，會稽人，監國時册爲妃，生世子。丙戌，江東師潰，毛有倫護宫眷出海，被劫北行，張妃自殺，世子或言爲義士申毅潛挾以去。王更立鄞縣張嬪爲妃，號元妃。辛卯，殉節于舟山，無子。及王薨後二月，陳妃生子名桓，育于臺灣，後隨鄭氏降，命居山西。而温氏《南疆佚史》于己丑八月王次健跳時，大書『八月壬辰，世子生』，徐氏遂以申毅挾世子去一事系于辛卯九月舟山失守之時，而不知其非也。又永曆帝之二年戊子閏三月壬午，皇子慈烜生，皇后王氏出，即後于康熙元年壬寅四月與永曆同被害于雲南者。而《南疆佚史》于順治四年丁亥爲永曆元年，大兵九月下武岡時(時永曆駐武岡，改曰奉天府)，言大學士吴炳扈世子以行，中道被執。《明史・吴炳傳》亦言桂王奔靖州，令炳從王太子走城步，遇大兵被執。而蔣良騏《東華録》亦載，順治四年十二月，孔有德等奏師抵武岡，僞永曆僅以身遁，獲永曆太子朱爾珠。是則永曆亦先已有子矣。至隆武帝二年五月在建寧，皇后曾氏生元子琳源，未幾薨。餘無聞也。琳源名見瞿共美《東明聞見録》。

[隆武帝親征時，監守福京者有鄧王器塤。書中誤作『鼎器』，蓋仍《南疆佚史》之誤。案：瞿共美《粤游見聞》載，亦名《東明聞見録》，蓋即《天南逸史》也。唐王即帝位封叔某爲鄧王，而《明史·諸王世表》唐王下有德安王器塤，爲端王庶十一子，以萬曆四十二年封。史不著其薨年，蓋後由德安進封鄧也。]此當列在下辨誤諸條中，以『器塤』誤作『鼎器』也。

黄道周死於江寧，諸書皆言隆武帝聞之大哭，贈文明伯，謚忠烈。時又贈官太師，惟見《黄漳浦集》首所載《文明夫人行狀》，而諸書皆失載。而李世熊《寒支集》有《請褒恤孤忠疏》，則謂：『輔臣死已閲月，通政司鄭鳳來猶駁云未有確報。士大夫無有頌輔臣之烈以祈帷蓋之恩，將來必有構輔臣之短以熒日月之照。一則曰「輔臣懵不知兵，迂愚自用」；一則曰「輔臣失律輕生，無補于國」。原草初膏，身名遂盡。俗作「燼」。』其詞甚激烈，可以見當日之國是紛呶，朝無定論。且其時權歸鄭氏，漳浦素爲鄭氏所惡，帝亦有不能自主者。世熊字元仲，號寒支子，福建寧化人。隆武時，以道周及何楷、曹學佺等薦，由諸生召爲翰林院博士，疏辭不赴。嘗上道周書，論出師之非，亦僅見是書。眉批：黄梨洲《明文授讀》載有李世熊所作《畫網巾先生傳》。鄭成功於隆武時封忠孝伯，至戊子十月，永曆帝晉封爲威遠侯。成功以是年八月始通表粤中。己丑七月，進廣平公。此當從黄氏《行朝録》作延平公，成功無封廣平之理。癸巳六月，更封漳國公。戊戌正月，册封延平王。亦較它書所紀爲詳。

弘光時，工部右侍郎劉士楨，江西龍泉人，於乙酉七月在籍起兵，復泰和、廬陵，及贛州破，匿南田。金王之變，復出募兵援南昌，敗績，匿龍泉，絶粒死。其子稚升，戰死南雄之長橋鋪。眉批：士楨，崇禎末爲應天府尹。弘光即位，改通政使。時北都陷賊諸臣如侍郎吴履中、巡撫郭景昌、御史汪承詔等，皆相率南歸，紛紛自理。行宫前章奏雜投，少詹項煜于弘光登極時，溷入朝班。士楨請嚴封駁參治之令，凡北歸諸臣，静聽朝臣處分，不得紛然奏辨。後朱統鑚劾大學士姜曰廣，并及士楨。士楨疏言：『曰廣勁直不阿，統⿰金類何人，飛章越奏，不由職司，此真奸險之尤，豈可容于聖世？』不聽。旋改士楨工部右侍郎。隆武時，贛南巡撫劉同升子季鑛，從其父起義，此見瞿共美《粤游見聞》。閩中授翰林院待詔，閩亡，入廣西，官至兵部右侍郎。戊子五月，率兵復鄗縣。八月至樂昌，爲盜所殺。二人事俱《明史》及《勝朝殉節諸臣録》諸書所不載。

誠意伯劉孔昭自南都破時，掠糧艘出海，至順治十年永曆七年。三月，張名振入長江，孔昭偕其子永錫率衆依之。偕破京口，尋同回廈門。次年正月，復偕名振入京口，登金山。此事它書多紀之，名振有留題詩，末亦及孔昭，而前一年事則諸書皆未見。眉批：孔昭于丙戌駐兵處州，隆武嘗命其偕楊文驄同援衢州，敗回。丙申八月，爲順治十三年。大兵再下舟山，永錫偕英義伯阮駿迎戰，死。永錫，世所稱郁離公子也。其事史亦不著，而《南疆佚史》謂甲午正月朱成功兵敗于崇明，永錫戰殁者，亦誤。張名振部將蕩湖伯阮進，于辛卯九月王師下舟山時，獨當定關。其姪阮美、阮驥扼南師，阮駿、阮騂斷北洋。此皆據汪光復《航海遺聞》。阮進先加爵太子少傅，美、騂、驥俱以英義將軍爲左都督，惟駿不言其何官，當亦與美等同也。進旋于横水洋逆戰，敗，投水死。同死者有岐陽王裔孫李錫祚。至乙未冬，駿以英義伯與陳六御圍舟山，大清守將巴成功降。明年八月，王師復至，駿亦於横洋拒戰，敗死。同死者有誠意伯子劉永錫。而諸書所紀，多進、駿互訛，此等皆關係甚鉅。

它所辨正者若：南都亡時以死節聞者爲工部尚書何應瑞，而《南略》誤作何瑞徵，瑞徵乃從賊六等罪中人也，無由爲尚書。瑞徵，河南信陽人，甲申之變，以少詹降賊，授弘文院掌院學士，其從逆之跡甚著。應瑞先爲南太常卿，福王監國，升工部右侍郎，與徐石麒同日拜尚書。南都之變，自縊不殊，爲其子所持而止。案：《明史·高倬傳》所紀南都殉節者，亦不及應瑞，而《勝朝殉節諸臣録》載工部尚書何應瑞，曹州人，甲申聞京師陷，不食死，乃據《山東通志》之言。應瑞遂得賜通謚忠節。應瑞死固未確，而謂聞甲申之變而死，尤繆。總兵降賊之左光先，當從馮夢龍《燕都日記》及某人《四王合傳》作祖光先。明季武臣多祖姓，若祖大壽、祖寬之類。左光先乃左光斗之弟，爲浙江巡按者。激許都變之東陽知縣，當從《南略》作姚孫棐，諸書皆作姚孫棨。朱氏《明詩綜》：姚孫棨在崇禎時，已由知縣擢御史，謫上林典簿，遷主事，歷郎中、尚寶卿，自别是一人。朱氏稱孫棨桐城人，而諸書紀許都事者，亦謂左光先與姚同鄉，是皆爲桐城人，蓋其兄弟行也。眉批：案李清《南渡録》：甲申九月己丑，革東陽知縣姚孫棐職爲民，仍命追贓。戊戌升行人司副姚孫棨尚寶司丞。其爲兩人甚明。惟孫棨歷官與《明詩綜》所言小異，蓋朱氏有誤。隆武時死節之新城知縣爲李翱，字颺舉，邵武人。《明史》諸書皆誤作李翔。贛州死節者有在籍河南同知盧觀象，《明史》諸書皆作兵部員外郎。或誤作象觀，遂與象昇之弟以中書舍人死太湖者相溷。《明史》及《勝朝殉節録》已作觀象，而諸野史多作象觀。此等亦足徵其審訂之功。

其舛誤者如：謂李明睿建議南遷，而不知出吴偉業、鄒漪之飾説；謂因起復曹化淳而詔收葬魏忠賢，不知化淳非忠賢黨，此出《燕都日記》之誣辭。辨已見前閱《燕都日記》下。謂倪元璐于甲申二月罷户部尚書任，還講筵，後記殉難諸臣及南都賜恤，皆僅稱爲翰林院學士，不知文貞先以尚書兼學士，充日講官，後以陳演等言其不習錢穀，乃命以原官專直日講。《明史》所載甚明。蓋當日僅命吴履中以侍郎管部事，而文貞之爲尚書如故。所謂原官者，即其尚書之官。文貞但解部務，非解部任，故《明史·七卿表》中不列吴履中名，諸書皆仍稱文貞爲户部尚書。南都故有太保之贈，若翰林院學士，明世雖爲極清要之職，稱曰光學，然其秩止五品。自中葉以後，皆以尚書侍郎兼之，無單授是職者。《明史》本傳又謂十六年十月元璐兼攝吏部，則誤，當從《七卿表》作禮部。時禮部尚書林欲楫致仕，故須兼攝，若吏部則尚書李遇知故在，未嘗缺人也。眉批：明自天順以後，不特光學爲兼官，即侍讀、侍講學士亦爲禮部侍郎之兼官。蓋皆以詞林宿老充之。故《明史》諸臣傳中，凡官翰林坊局者，庶子即擢少詹事，無擢講學、讀學者。而正詹事亦多以禮部尚書或侍郎領之。謂吴麟徵甲申正月尚爲吏科都給事中，旋升太常寺卿，不知麟徵殉難時尚爲太常少卿。《明史》諸書皆同。明制掌科優擢者，始爲常少，不得遽爲卿也。此沿錢䎖《甲申傳信録》之誤。謂御史趙撰殉北京之難，而南都無贈謚，不知撰已得謚恭節。謂攝政王入京時，謚崇禎周皇后爲烈皇后，不知烈皇后乃南都所上謚。我朝先謚崇禎爲端皇帝，后亦謚端皇后。謂弘光元妃黄氏後更謚孝哀哲皇后，不知此乃懿安皇后之謚，故從熹宗之哲皇爲稱。黄妃謚曰孝哲皇后，未嘗改也。此沿李瑶《繹史摭遺》之誤。是書于乙酉三月，亦書上懿安后謚爲孝哀哲皇后。謂乙酉二月弘光二年。改崇禎帝廟謚思宗烈皇帝爲毅宗正皇帝，從禮部余煌請。據江東旭《臺灣外紀》載有余煌疏。然隆武後又改毅宗爲威宗，而烈皇帝之謚如故。諸書亦未有稱正皇帝之謚者，蓋煌建此議，而當時僅改廟號，未嘗并改其謚。謂甲申十一月，弘光命遼王居台州，而缺其名。按《野史無文·朱術桂傳》言弘光命長陽王術雅居寧海，至隆武立于閩，始紹封術雅爲遼王，則此時未有遼王也，當是長陽王之誤。謂乙酉四月，弘光命周王恭枵移駐江西，不知恭枵已卒于甲申之春，此乃其世孫，《明史》及《北略》諸書所載甚明，非恭枵也。謂南都亡時，潞王常淓在杭州，弘光太后及諸臣皆請監國，終不受，與巡撫張秉貞決計迎降。不知王曾監國三日，以秉貞爲兵部尚書，議發羅木營兵拒守，不決而降。黄梨洲《弘光實録》、顧亭林《聖安本紀》諸書所載甚明。此蓋仍《明史·馬士英傳》之誤。眉批：案《明史》之誤，蓋由于《南渡録》。謂永曆初尊端王繼妃王氏爲慈寧皇太后，生母馬氏爲皇太妃，及王太后崩于田州，始尊馬太妃爲昭聖皇太后，而謚王太后爲孝正皇太后。又駁黄氏《行朝録》謂尊太妃王氏爲孝正皇太后，生母馬氏爲慈寧皇太后之誤。不知《瞿忠宣集》有《謝寧聖昭聖兩皇太后御奠疏》，則當日固兩宫并尊，而王太后之號是寧聖，非慈寧。謂隆武所命留守福京之唐王聿釗，當是聿鏄之訛。不知聿釗後朝隆武于建寧，遂留行在，大兵至，遂代帝死，與立于廣州者别是一人。謂永曆于戊戌歲授魯監國兵部右侍郎張煌言爲兵部左侍郎，己亥八月，順治十六年，永曆十三年。煌言自江南敗回，遣使告于緬甸行在，專敕慰問，晉兵部尚書。不知煌言自撰《北征録》，言戊戌年以兵部尚書奉命同延平王朱成功北伐，則煌言于戊戌已由侍郎拜尚書甚明。案：時滇中晉朱成功王爵，其部將皆封伯，監國諸遺臣如徐孚遠，亦以左僉都升左副都，則煌言自宜以侍郎晉尚書矣。永曆自入緬後，滇中諸臣皆文報不通，海南萬里，何由往返？此蓋沿全祖望《鮚埼亭集》之誤。謂孫嘉績以江上師潰後蹈海死，不知嘉績實以病卒海上。謂王鳴謙武寧侯王之仁子。爲黄斌卿所誘殺，不知鳴謙亂後嘗爲僧，未嘗死也。眉批：鳴謙釋名宣在，字友聞，見《鮚埼亭集外編》。徐君蓋僅見《鮚埼亭集》而未見《外編》。謂梧州五虎之獄，劉湘客時爲侍讀。不知湘客已先由少詹事兼侍讀學士擢副都御史，改禮部侍郎掌詹事，仍兼副都御史侍讀學士，非尚爲侍讀矣。

其自相矛盾者如：張獻忠以陳演女爲皇后，既謂其未幾失寵誅死，又謂獻忠死後，孫可望等陷重慶，奉僞后陳演女爲主，居桃花洞，後焚殺之。桂端王薨在弘光時，已書于甲申之十一月，而記丁魁楚等奉永曆帝監國事，又謂南都之亡，陳子壯將奉端王監國，聞隆武帝立而止。不知南都亡時，議監國者乃端王長子由㰒，永曆之兄，初封安仁王，弘光時襲封桂王者也。永曆即位時，已書追上端王尊號曰興宗端皇帝，而于丁酉夏四月順治十四年，永曆十一年。永曆在滇都，即雲南府。又書上弘光帝廟謚曰安宗簡皇帝，隆武帝曰紹宗襄皇帝，王考桂端王曰禮宗端皇帝。端王號禮宗，諸野史所記皆同，惟劉湘客《行在陽秋》誤以爲興宗。興宗乃懿文太子廟號，必無相犯之理。此書先曰興宗，亦自相乖誤者。此皆謬錯未正，其餘小小違失，尚難悉指，要于大體無疵耳。眉批：如謂爲桂王將兵戰三水之林佳鼎，諸書皆言其敗死，據《臺灣外紀》則佳鼎後依成功，實未死。不知依成功者，乃爲廣州將兵禦佳鼎之總兵林察。成功因察來歸，始知肇慶有君，乃請淮王去監國號，而通表于粵，非佳鼎也。謂商丘伯侯性遠，以南寧迎駕功晉封祥符侯。不知性遠此時僅爲古坭口總兵，未有封爵，桂王感其功，口授祥符伯，見《鮚埼亭外集》引萬季野語，此蓋沿《行朝録》之誤。其前有《自序》，述所采野史共六十二種，而各省府縣志及諸家詩文集不悉數。又言別著《小腆紀傳》，鎮寧宋光伯跋，謂紀傳卷數倍於是書，其它所著，尚有《周易舊注》《四書廣義》《讀書雜釋》《度支輯略》諸書，亦近來詞林中僅見之士矣。

有新任府照磨朱某來見。

初三日乙卯　薄晴，燠煩。族長某以逋租事來告，爲之詣西亭宗人家，與群從共議完之。夜歸。孫生子宜來。初更後大雨徹曉。

初四日丙辰　雨至午後稍止。孟生慶琛饋酒兩罋，醃豚兩肩，固却之不得。夜詣水澄巷，送族伯母孫太安人斂，徹曉始歸。

初五日丁巳　未初二刻芒種，五月節。晴熱。平水金生饋茶葉兩苞，笋鐵兩苞。下午偕季弟步登龍山，至望海亭。予生未嘗登此，近日賃廡山下，一徑可通，而越俗皆以五日爲登高會，群屐麇集，故俟夕陽人散後，以麻衣菅屨一躋其顛。下視城市破殘，燒痕歷歷，政不勝家國丘虛之感。得節子書。

初六日戊午　晴。作書致節子，再得節子書。仲弟來。

初七日己未　晴。

初八日庚申　晴。剃頭。

初九日辛酉　上午陰，午晴，下午陰，晡後雨。詣水澄巷族人家陪吊，下午歸。夜雨有聲。

初十日壬戌　密雨時作。

十一日癸亥　晴，下午天氣甚清朗，黴天所難得者。夜月暈。

十二日甲子　埃𩞄，《通俗文》作𩟊𩟔。濕熱，下午雷雨，夜雨不斷聲。以敝裘兩襲，質錢三十緡，從此篋中皆空矣。浮生未盡，何以過此？

十三日乙丑　密雨，至下午止，晚晴。作書致節子，還《小腆紀年》《野史無文》《明進士題名碑録》諸書，得復。

十四日丙寅　陰曀，下午微雨，數點即止，晚晴。節子來，午飯後同詣宗越峴師，小談歸。夜買舟赴西興。

十五日丁卯　晴。午抵西興，以新城、富陽等處山水大發，江流驟長數丈，不得渡，止宿旅舍。

十六日戊辰　雨。以江水未退，仍買舟歸。至蕭山城，值賽會者爲浮梁阻不得進，晚始出城，終夜行。

十七日己巳　晴。晨抵家，剃頭。

十八日庚午　晴，熱甚。作書致節子，借《瞿忠宣集》《堵文忠集》及吴興楊鳳苞《佚史諸跋》。陳鳳樓表兄來索前所屬書便面，爲匆匆書兩件予之。得節子復，并所借書。五弟、竹樓弟來，夜分時去。

十九日辛未　晴，下午微雨，小零即止。連日蒸溽鬱煩，南風甚怒，百物黴爛，須日入時稍得清氣耳。

《瞿忠宣公集》十卷，道光乙未歲刻于常熟，武進李兆洛申耆所編。卷一、卷二爲《掖垣疏草》，卷三至卷六爲《留守封事》，卷七爲《耕石齋詩》，皆其讀徒家居時所作也。卷八爲《桂林詩》，其留守時所作也。卷九爲《浩氣吟》及《家書》五首。《浩氣吟》者，其被執臨難時，與江陵張忠烈所唱和，故附以《別山遺稿》也。卷十爲雜文。忠宣身任危疆，百折不悔，明詔褒謚，無容贅辭。其文侃直周詳，悉由忠愛，固不當以優劣論。詩頗淺率，未爲當家，而亦時有清新之作。

嘗見魯可藻《嶺表紀年》，頗譏稼軒標榜五虎，不免動鎮習氣。今觀是集，亦有不可解者。如《任人宜責實效疏》中，力薦王永光之秉銓，吕純如之任中樞。《直糾貪昧閣臣疏》痛劾來宗道、楊景辰，而謂施鳳來、張瑞圖各有本末。《黔事速賜處分疏》痛劾張鶴鳴，則以楊鶴與傅宗龍、朱燮元並薦。夫永光乃力護逆案之人，純如則逆黨矣。今《明史》本傳但載其薦永光而不及其薦純如，蓋爲之諱。瑞圖之附會逆閹，豈與宗道輩有殊？而乃謂其各有本末，原不相掩，其不相掩者何在耶？鶴貽誤疆事，禍烈于張，乃與朱、傅並稱，奚止老、韓同傳乎？至其在桂林時，屢疏稱鄂國公馬進忠之功，而進忠終壞楚事，此則當日優崇悍鎮，無可奈何也。薦兵部左侍郎程源經理黔、蜀，此蓋恐其濁亂朝政，欲假事權以出之，非得已也。而當五虎下獄時，連上三疏申救，全謝山謂嘗上七疏。且謂『臣與五臣夙稱莫逆，殺五臣即所以殺臣』，至後專上一疏引咎乞罷，此則可藻之所謂動鎮習氣，不止于標榜矣。

當南都之亡，忠宣本欲奉桂端王長子安仁王監國，以隆武既立而止，故其家書中屢津津言之。至云『余之不服靖江王而甘受逼辱者，非爲唐王，爲安仁王也，以是安仁母子兄弟直視余爲患難交』。計其時爲丁亥正月，永曆已正位數月，此亦似非臣子所宜言。其丙戌九月所寄書則云『今隆武三年曆已頒，太子慶詔已發，只要復得江浙南直，見得孝陵，便成得個天子』。是時隆武帝已於汀州被難，而粤西尚未知也。其後則于隆武之變，言之甚若漠然，反以己之不入閩爲幸。至云『此是天佑善人，巧留我于粤地擁立桂王，真是時會通逢，機緣巧湊』。夫此何事也！國家巨變，三年之中連喪三君，一綫海隅，苟延殘喘，尚何時會機緣之足云？且其時漏舟覆巢，危亡俄刻，凡爲太祖子孫者，苟可以利社稷、資號召，即爲明朔之所系，亦何論莊烈之昭穆，神宗之子孫？斯時即無桂王，豈別無可立者？而又何功何巧之足言耶？

其述紹武擁立事，乃直稱蘇觀生曰蘇賊，陳際泰此別一陳際泰，三水人，登崇禎庚辰特用榜，非臨川陳大士也。三水之兵曰賊兵，其于同事諸臣，無不致斥。丁光三魁楚、何象岡吾騶無論矣，如述靖藩之變，曰：『裏邊見東方聲張，逆王聲勢太很，竟認西撫已無生路。曾二雲櫻急急舉薦其鄉同年晏日曙代吾。日曙時在家中，突然一開府從天而降，豈能按捺得住？隨星馳從間道至永州，牌來擇十二月廿五到任矣。吾作一書，告以不能即日交代之故，彼初意怹然，已而勉强延過一月，至正月廿六，則已到任矣。』此指隆武初召忠宣爲兵部右侍郎時也。爾時事勢，真所謂是何天子，是何節慶使，而尚爲一廣西巡撫如此張皇乎？

述永曆初枝卜之事，曰『李孝源永茂儘有相才，今竟已加閣銜，但以守制爲辭，堅不赴召，其人蓋絶頂乖巧，當時事艱難之會，落得借守制推辭，儻將來真見清寧，做相公豈無日子？況今業已宣麻，又落得做一山中宰相，此所謂討盡便宜者也。眉批：李映碧《南渡録》載，甲申十一月，升工科右給事中李永茂右僉都御史，巡撫南贛、汀、潮等處。時永茂忽忽謂先巡京營，與諸弁争庭謁禮，故阱使外。然因阱得擢，殆非也。皆謂閣臣王鐸以同鄉私之云云。此亦見其乖巧之一端。吕東川大器每事決斷，不肯模稜，第其性氣太剛，度量太窄，若識其性而與之同心共事，還勝光三多多，以其本體乾净，不似光三之齷齪耳。楚中有姚崑斗明恭，滇中有王崑華錫衮，蜀中有王非熊應熊，粤中有何象岡吾騶、黄玉崙士俊、陳秋濤子壯，皆舊相也。何逃難而歸，即陳亦身家念殷，未必肯離故土，黄已老，非熊人多畏其愎，第其人實有才學，老詞林中所罕匹者，將來擬起姚崑斗，用文鐵庵安之，然亦非濟變之才』云云。

其論吕文肅、王巴縣二人優絀固當。陳忠簡初之不赴閩召者，以崇禎時駁議換授之嫌；繼之不朝永曆者，以丁魁楚獵捧首輔之嫌，卒之攲嶇起師，屢敗不恤。子先戰殁，身罹極刑，夫豈身家念殷者？即其逆億孝源，亦似過刻。若蘄水瑣瑣，蓋不足譏。與文夷陵涇渭素判，亦不得以一概論。

其《報中興機會疏》中，載錢謙益所寄書，力陳進兵之策，謂：『中興之基業事功，惟我皇上今日爲最易。今日之要著，宜以重兵徑由遵義入川，皇上則駐沅州或常德，爲居重馭輕之勢；今日之急著，宜先招降辰常鎮將馬蛟麟，王師則亟北下洞庭，以圖入長江爲處處響集之計。』案其時在永曆三年九月，爲我朝順治之六年。時江左久平，謙益已以秘書院學士告病回籍，而猶潛通書牘，以示不忘故朝，此真反覆之尤。忠宣乃極稱其『忠驅義感，言不及私』，是全謝山所謂『爲其師太過』者也。語見《鮚埼亭集外編・浩氣吟跋》。

其永曆元年三月十二日《飛報首功疏》，自謂『心堅似鐵』，又謂『可以告無罪于皇上』。六月初一日《破□大獲奇功疏》，十一月十六日《飛報大捷疏》，有謂『督率諸鎮，成此大功，皆督輔臣何騰蛟一人之力，而輔臣嚴起恒、憲臣劉湘客、科臣萬六吉、督臣于元煜、按臣魯可藻與臣式耜，調停措置，備極苦心，左右贊襄，不遺餘力，殆未可謂因人成事者也』。皆似未免矜張太過。

其《報其孫昌文入粵疏》，謂『昌文少聰穎，長有血性，其出門之日，不告父母，不謀師友，至誠感神，終遂其志』；又謂『爲忠臣難，爲忠臣之子若孫抑又難』，亦似失對君之體。其詩中又屢稱其孫爲文孫，尤古今所僅見。忠宣一代偉人，其文字所存，當與日星不晦。末學小生，何敢吹索。然是非自在，要不得謂非君子之過耳。

其集中可證史事者，如崇禎元年六月爲原任刑部尚書王紀請謚，得旨『王紀忠節可嘉，准與他謚』，乃知天啓朝名臣如吏部尚書周嘉謨、張問達，户部尚書汪應蛟，工部尚書鍾羽正，皆不得謚，而紀獨得易名『莊毅』者，以忠宣爲之奏請也。永曆三年十一月，爲楚宗通山王藴釪請晉爵承襲大宗，其疏謂『楚恭王子定王四子：世子、監利、鍾祥、興國。世子生三子，俱死獻賊之難。今之應繼大宗者，止興國、監利、鍾祥之親枝』。所云定王，蓋即華奎，爲張獻忠沉于江者，故疏謂其新謚定王。疏中備載昭王以下傳授世次云『愍王被殺，次子襲封，是爲恭王，恭王新謚定王，定王四子』云云，文不可通。蓋恭王下有脱文，當云『恭王二子，長子襲封，與德化俱死賊難，新謚定王』。眉批：案李氏《南渡録》載，弘光元年二月辛酉，謚楚王華奎曰『貞』，與此又異，此謂『新謚定王』，豈由永曆改贈耶？ 而定王支子，又有監利、鍾祥、興國三郡王之封。今《明史》表傳既不著定王之謚，而表所載華奎支下有一漢陽郡王藴鑨，爲華奎庶一子，萬曆二十四年所封，又與此不合。疏又云昭王生十子，莊王嗣封而外，巴陵、壽昌、岳陽、景陵無後，崇陽以罪除，其傳國永安、通山、通城、江夏四郡。案《明史・諸王世表》，楚昭王子自莊王外，止巴陵、永安、壽昌、崇陽、表作榮陽蓋誤，楚封不得涉河南。通山、景陵、岳陽、江夏八王，無通城。惟明末在江南起事者，有通城王盛澂，計其名之世次，爲華奎之孫行，藴釪之子行，不知楚藩中果有此一支否？ 蓋無可考。若通山一支，則《世表》所載，已傳十世至容枘，太祖命名楚宗下曰『孟季均榮顯，英華藴盛容』。而藴釪則爲容枘之祖行矣。疏中力訟藴釪之功，謂其『當郝搖旗來奔，力請督師彈壓，今夏楚師入粤，親冒鋒鏑，調停主客』。又謂『自元年十一月十四日，督輔何騰蛟以齒序昭明，題請奉旨，藴釪且嗣封通山郡，爵其大宗，稍俟平定舉行』。是則藴釪以永曆元年紹封通山王，而何、瞿二公以其有功，爲之請紹楚封，故瞿疏云『時平則先嫡長，世亂則先有功』也。後有詔謂『藩封大典，譜系攸關，著宗人府同禮部會議妥確具奏』。其年三月，又爲靖江王亨歅請更封靖王。其疏謂『亨歅自前王肆虐，備極荼苦，檻車既邁，幸襲舊封。當皇上正位端州也，即欲虚舊府以備行宫；迨皇上移蹕當作迻趩。桂林也，又復捐私囊以充御餉。可謂乃心天室，克盡宗子之誼。伏察藩封體統，一字與二字迴殊，而獨靖江與親王無異。蓋因開國功高，假此以明優異；而嶺嶠絶徼，尊之以示彈壓也。今乞皇上亟因舊寵，特降新封，易兩字而爲一字，錫名靖王，在亨歅，不過安其崇顯之常；而在朝廷，已式廣其時庸之誼。』蓋隆武初，亨嘉謀反被擒後，即紹封亨歅爲靖江王，忠宣更爲之請進一字王。亦有詔令禮部會同宗人府、九卿科道確議具覆。此二事，後俱不知得請與否？皆可以裨《明史》之闕。吾鄉何中湘之謚，《明史》諸書或作『忠烈』，或作『文烈』。中湘雖以乙科起家，而致位督輔，歿晉王爵。明世自嘉靖以後，宰輔雖或不由翰林，其謚無不用『文』字者。然至末造，輔臣殉國者，則以『忠烈』之謚爲重。如黄石齋固以詞臣起者，而隆武帝謚之曰『忠烈』，不用『文』字。永曆帝之於中湘，政不異隆武之於漳浦，其謚『忠烈』，蓋無可疑。至『文烈』之謚，永曆朝得此者三人：張尚書家玉、張侍郎同敞、楊閣部畏知，其尊崇皆下中湘數等。今閲《瞿忠宣集》，有《哭何中湘文節王》詩，『文節』之謚，當時所輕，中湘不應得之，此蓋誤也。魯王謚史道鄰亦曰『忠烈』，可知二字之重。亞此者爲『文忠』，明季得此者，弘光時謚孫閣部承宗、賀閣部逢聖、孔閣部貞運、馬庶子世奇，隆武時謚劉侍郎同升、夏考功允彝，魯王時謚高閣部弘圖，永曆時謚陳閣部子壯、瞿閣部式耜、吴閣部貞毓。

《浩氣吟》末附張忠烈《别山遺稿》，其和忠宣詩，自署銜名曰『兵部侍郎兼翰林院學士門生張同敞』，則别山固未晉尚書也。今野史中有稱『柱國、少師、兵部尚書』者，蓋其歿後追贈之官。詩中有自注一條云：『先曾祖居正謚文忠，先祖敬修謚孝烈，先叔祖允修謚忠烈。』案：敬修爲太岳長子，官禮部主事，以籍没時自縊死。允修爲太岳第五子，崇禎時廕尚寶司丞，死張獻忠之難。二人皆不應得謚。蓋永曆時，以别山故追贈者。

丁幼香來，饋糟魚兩瓻。

二十日壬申　上午陰凉有風。下午風益甚，積濕稍乾。晡後雨，有雷。晚後大雨數作，終夜有聲。王福來，饋楊梅一籃。

閲《堵文忠公集》，凡十卷，一至三爲奏議，四爲書啓，五爲論著，六爲傳誌，七爲序文，八、九爲辭章，十爲附録。牧遊之謚，《明史》本傳及王氏《史稿》皆作「文忠」，今按其集附録墓表及家傳皆云贈鎮國公，《明史》作潯國公。謚文襄。後上蹕雲南，念公忠勤，改謚忠肅。表乃其同年進士永曆時兵部尚書孫順所撰，順，綿州人，後降清。傳乃其幕客胡某所作，當必不誤，豈後又改謚文忠耶？然表、傳皆作于其歿後十餘年歸葬之後，順之降我朝，亦已在大兵下滇、永曆入緬之時，設有改謚，不容不知，卷中又附滆湖外史所作傳，亦云謚文襄，改忠肅。是蓋正史之誤矣。

詩文皆直抒胸臆，工拙可不必言。忠肅負才略，而不甚醇，頗近權譎，然其最被世訴者，以常德之役疑馬進忠而召忠貞營，激變棄地，致何中湘執而楚事遂不可爲。今據孫表、胡傳所言，則忠肅未嘗疑進忠，亦未嘗召李赤心等，而赤心等之請并取長沙、假道常德，忠肅且力阻之。嗣以高必正輕騎突至，有奸人鄭可愛構于進忠，遂焚城而走。是則諸書言忠肅欲令進忠以常德讓赤心輩者，非也。且諸書皆言何中湘以諸營悉去，自衡州携三十人追赤心等，至湘潭僅存空城，遂被執。據表及傳，則中湘已與忠肅會師長沙城下，馬進忠之兵亦復至，同次湘潭。何公以楚事自任，議令進忠攻長沙，忠肅率忠貞營援江右。赤心等乃擁忠肅東行，不旬日，而清師襲湘潭，進忠走，何公死之。是則諸書言中湘駐衡州，未與忠肅遇者，非也。以情事度之，進忠方燒船走武岡，豈能遽返？中湘方期大舉攻長沙，豈便欲分兵東救？此蓋孫、胡曲筆，爲忠肅諱者。然謂忠肅必欲用忠貞營以分十三鎮之功，因而撓敗者，恐不然矣。胡傳又言，忠肅卒于潯州時，有妾葉氏，遺娠生男，匿南寧山中。孫可望將常榮入南寧，以兵脅葉，葉大罵曰：『吾宰相妾，豈污若手？』遂抱兒投邕江死。此足爲忠肅增色，而諸書皆失載也。

二十一日癸酉　卯正三刻一分夏至，五月中。自昨夜密雨連曉，至午稍止，下午漸霽，乍涼。祭曾祖考妣、王父考妣、先君子、太恭人。去年今日，太恭人居資福庵，命慈至黄花街卜賃地，即今所居者也。詎料吾親之竟不及居此，而今日僅有几筵耶？痛哉！皋復之呼，終天而已矣！

二十二日甲戌　早雨，終日陰涼。作書致節子，還瞿、堵兩集，更借李世熊《寒支子集》。得節子復，言近日方輯《殘明宰輔表》。

二十三日乙亥　微陰，甚熱。閱《勝朝殉節諸臣録》，是書去年節子所贈，缺通謚烈、愍諸臣兩卷，今日于倉橋街得一殘本補完之。傍晚作片招竹樓，同就季弟西頭廚夜飯。

二十四日丙子　晴熱。作片致族叔梅坡，借殘本《文獻通考》六十九册。

久不聞朝廷黜陟事矣，今日偶從梅坡叔處借得《夏季搢紳録》閱之，則中外大僚更調已多，略一記之。大學士：官、賈、倭、周、瑞、曾六公如故。尚書：吏部則文祥、朱鳳標，户部則寶鋆、羅惇衍，禮部則全慶、萬青藜，兵部則載齡、董恂，刑部則綿森、齊承彦，工部則瑞常、單懋謙。都御史則靈桂、汪元方，理藩院尚書則存誠。眉批：理藩院則載鷟、奕慶弘德殿行走，盛京則户部額勒和布，禮部清安，兵部延煦時已調内，刑部志和，工部桂清。侍郎：吏部則皂保、載崇、毛昶熙、吴存義，户部則崇綸、延煦、譚廷襄、畢道遠，禮部則察杭阿、綿宜、龐鍾璐、賀壽慈，兵部則崇厚、伊精阿、胡家玉、彭玉麟，刑部則思齡、英元、鄭敦謹、桑春榮，工部則魁齡、恩承、黄倬、潘祖蔭。倉場則鍾岱、宋晉。内閣學士則瑞聯、時已升盛京兵部侍郎。銘安、寶珣、訥仁、麟書、廣壽、杜聯、王祖培、朱蘭、殷兆鏞。九卿則宗人府府丞胡肇智、安徽績溪拔貢。副都御史温葆深、由宗人府丞轉。鮑源深、通政使于凌辰、副使劉有銘。大理寺卿童華、太常寺卿石贊清、由湖南布政使内轉，少卿王維珍，旋調爲大理少卿。太僕寺卿鄭錫瀛、少卿丁紹周。光禄寺卿胡瑞瀾、少卿張澐卿。鴻臚寺卿程祖誥、少卿朱學勤。國子監祭酒寶森、車順軌。時已丁憂。詹翰則詹事夏同善、少詹景其濬、庶子邵亨豫（時已升祭酒）、周壽昌，洗馬黄體芳。侍讀學士紹祺、鄂芳、楊秉璋、梁肇煌、馬恩溥、侍讀平步青，上書房行走。侍講學士常恩、孫毓汶、錢寶廉，侍講翁同龢、徐桐（時已升侍講學士），皆弘德殿行走。而前四川總督曾望顔起爲内閣侍讀學士，胡肇智以宗丞兼署順天府尹。總督：直隷則劉長佑，布政使鍾秀，按察使張樹聲，安徽合肥廪貢。兩江則曾國藩，閩浙則吴棠，兩湖則李鴻章，陝甘則左宗棠，四川則駱秉章，布政使江忠濬，按察使楊重雅。兩廣則瑞麟，雲貴則張凱嵩。巡撫：江蘇則李瀚章，鴻章之兄，由湖南巡撫調江蘇，與其弟相代，而鴻章方督師山東，即以瀚章署兩湖督，此自來所罕見者。江寧布政使李宗羲，四川開縣人，丁未進士。江蘇布政使丁日昌，廣東豐順廪貢。按察使李鴻裔，四川中江舉人。安徽則英翰，布政使張兆棟，山東濰縣進士。按察使吴坤修，江西新建監生。江西則劉坤一，湖南新寧附生。布政使文輝，按察使王德固。浙江則馬新貽，布政使楊昌濬，按察使王凱泰。福建則李福泰，山東濟寧進士。署布政使周開錫，湖南益陽監生。按察使康國器，廣東南海俊秀。湖北則曾國荃布政使何璟，按察使李榕。湖南則劉崐，由大理卿出撫。布政使兆琛，時在貴州軍營，以道員翁同爵署理。按察使李廷樟，廣西陸川進士。河南則李鶴年，布政卞寶第，由順天府尹外調。按察使李宗燾。山東則丁寶楨，布政潘鼎新，按察盧定動。山西則趙長齡，山東利津進士。布政劉秉璋，時在徐州軍營，特詔以内閣侍讀學士胡大任署理山西布政。按察陳湜，湖南湘鄉文童。陝西則喬松年，布政林壽圖，前以事降調，今復任。按察英奎。甘肅布政林之望。按察張岳齡，浙江桐鄉舉人。廣東則蔣益澧，布政吴昌壽，以河南巡撫降調，時署理廣西巡撫。按察郭祥瑞。廣西則郭柏蔭，時署理江蘇巡撫。布政蘇鳳文，按察佛爾國春。雲南則劉嶽昭，湖南湘鄉俊秀。布政岑毓英，廣西西林苗人。按察宋延春，江西奉新進士，時護理雲貴總督。貴州則張亮基，以前雲貴總督，加總督銜署任。布政嚴樹森，以前湖北巡撫降調，起爲廣西按察使。按察葆亨。漕運總督則張之萬，東河總督則蘇廷魁，奉天府尹則恩錫，而前三品頂帶署理廣東巡撫郭嵩燾，仍爲兩淮鹽運使。

二十五日丁丑　上午晴熱，下午大雨，傍晚日出，晚又大雨。秦鏡珊來，言新見邸鈔，商城相國于四月間薨逝，官其子文令主事，蔭一孫舉人。相國容容保位，無它可稱，而清慎自持，終不失爲君子。其于鄙人，亦不足稱知己，然三年設醴，久而益敬，且時時稱道其文章，頗以國器相期。常謂其門下士曰：『汝輩甲科高第，然學問不能及李君十一。』予甲子京兆落解，爲之歎惜累日，是亦可感者矣。追念平生，爲之黯慘。仲弟回去。剃頭。晚買舟赴杭，夜出西郭門，遇急雨。

二十六日戊寅　密雨數作，餔後尤甚。上午抵西興驛，午渡江，下午停輿涌金門外，問書局所在。湖際諸山，濕烟如冒。回輿入城，甚雨及之。晡後抵蕭吟巷書局，傍晚訪譚仲宣，夜宿局中。

二十七日己卯　終日密雨，如深秋。

閲李世熊《寒支初集》，共八卷，先詩，後雜文，前有釋本嶢序、彭士望序、葉穎序，道光間寧化知縣餘姚陳塏以活字版印行者也。寒支以一諸生，固守其志，不應徵命。自言受學于黄漳浦最晚，而終身服膺。觀其與漳浦辭薦書及止其出師書，識議侃侃，不啻諍友。故漳浦復書，亦未敢以門人視之。其詩文皆幽折奇奥，與並時彭躬庵、傅青主相似。蓋滄海横流，商聲孤唱，鬱伊善變，其勢然也。其文如《閩社采風録序》《贈林君若序》《紡授堂曾弗人堂名。集序》《畸人傳序》《妖祥志序》《藝文志序》《反恨賦》《明光禄寺署丞李公墓志銘》《鄧秀才顯卿墓志銘》《雷孝廉墓表》《答葉慧生書》，皆思溢物表，俶詭萬狀，讀之令人心怖。雖非正宗，固天地間不可朽之文也。它若《黄槐開傳》《羅宣明傳》《傅相公冠傳略》《畫網巾先生傳》《乞免廷試疏》上隆武帝。《明浙川知縣愚山揭公春高墓志銘》《寧化縣知縣徐公日隆墓志銘》《貴州鎮遠府知府李公世輔，即元仲之從兄。墓志銘》《雲南永昌府通判劉公廷標墓表》《監紀推官吴公世安墓表》，俱可以考見桑海間事，而文亦皆忼壯可傳。其餘佳篇尚夥，惟有《擬閩督院與海上》一書，則似可不作耳。旅館凄辰，寒雨如晦，百憂坌集，無可晤言，幸得讀此異書，差堪自遣。而驚喜悲惋，交迭相乘，正如濁酒楚騷，祗益悽結，惜不得并其二集讀之。

夜雨達旦。

二十八日庚辰　早雨如注，至午稍止，晡後漸晴。以錢一千八百九十文買粗葛袍一領。

二十九日辛巳　晴。出謁巡撫馬公、方伯楊公、臬使王公、杭守譚文卿、前杭守薛慰農，皆晤。午歸，付轎錢四百文。作書至季弟。

三十日壬午　晴熱。中丞來辭去。王廉使來晤。

六月癸未朔　晴熱，夜小雨。從同局嘉興張拔貢鳴珂借閲杭大宗《祠科掌録》一過，即還之。張君又爲從比鄰薛慰農太守處借得李元仲《寒支初集》元刻本及其《二集》，杭人汪士瑔家故物也。《初集》較新本僅多《狗馬史記序》上中下三篇，然有目而去其文。『狗馬史記』不知所謂，或以喻明季誤國降賊諸臣，有所觸諱去之耳。《二集》凡六卷，前有《寒支歲紀》。寒支生于萬曆三十年壬寅，卒于康熙二十五年丙寅，年八十五歲。眉批：寒支以丙戌祝髮僧服，名曰寒知，見《歲紀》，後改寒支，蓋取東坡詞『揀盡寒枝不肯栖』意也。見釋本嶢所作集序。據其子權跋言，《歲紀》自丙戌以前，寒支所自書，丙戌以後，權所續録。中載試文之甲乙，交遊之廣遠，想見明季士不務學，標榜聲氣，以社稿爲釣弋，以奔走爲耕畬，雖賢如寒支，亦不免也。集凡詩一卷，文五卷。其晚年所作，多平易無警拔者矣。所載張煌言、郭之奇、楊畏知諸傳，亦頗疏舛。郭傳言其任福建提學副使時，鄭成功方應歲試，求食餼不得，僅置二等。又言巡撫張肯堂欲庇其私人莫遠，遂誣劾郭。巡按陸清源不平，亦疏糾張。此則它書所未見。鯢淵賢者，何至于是？寒支蓋感郭試擢第一之恩，故甚其言耳。眉批：案顧亭林《聖安本紀》載，甲申九月，升福建提學副使郭之奇爲詹事府詹事，謂之奇由庶吉士改禮部郎，出爲副使。自來庶常既散館，無再入翰詹者，亦無有以監司入爲翰詹者，之奇以副使四品入爲詹事三品，尤事所未有，此著其亂制也。又案李映碧《南渡録》，言之奇以庶吉士散館爲禮部轉提學，至是因按臣陸清源薦，忽批轉詹事，閣臣王鐸所擬也。乙酉二月丁卯，停福建巡撫張肯堂俸，命剿賊自贖。巡按陸清源候考核調，新升正詹郭之奇外任，用明旨責其玩視地方，專構小隙也。之奇忽內忽外，有同兒戲。觀此可知其事本無分曲直者矣。

楊方伯來，不見。

初二日甲申　晨薄晴，上午陰，小雨，午雷雨，下午漸晴。作片致譚仲修，屬其轉借王西莊《蛾術編》。夜凉。

初三日乙酉　上午陰晴相間，下午晝晦，大雨，雷，夜止。剃頭。作書致傅節子，以《寒支二集》寄閱。始喫藕及新蓮子，是日凉如秋中。

初四日丙戌　晴熱。孫琴西侍讀來。王元回紹，再作一紙致季弟，告以初十前後當歸也。杭守譚君來，不見。

初五日丁亥　晴熱。

初六日戊子　上午薄晴，下午大雨，晚止。

初七日己丑　子正一刻八分小暑，六月節。上午晴熱，下午大雨，雷辟歷數作。琴西侍講以所作《遜學齋詩鈔》見詒。

初八日庚寅　上午晴，下午雨，傍晚又大雨，入夜瀧瀧，至初更止。是日孫大守尚紱來言，曾協揆拜體仁閣大學士、四川總督駱宫保秉章協辦大學士，（此處塗抹）已見邸鈔。連夕凉，不宜草席，今夕尤蕭寥，竟可擁衾而瞑。

初九日辛卯　晴。薛慰農持其《烟雲過眼圖》十幅來乞題。局中送薪水銀三十兩來。

初十日壬辰　薄晴，多陰。早起顧肩輿，渡江抵西興駐。上午買舟還郡，晚至柯橋市中飯，甲夜抵家。是日凉飔襲人，終日可著袷衣。聞初三日越中大風雨雹，南池壞民屋數十家，挾去十四人，數十里始墮地，死者六人；皇甫莊拔去大石坊一，飛墜賀家池中，又挾去一小舟；城中大木多拔，予所寓門前屏墻亦吹圮。又前月二十八日及是月初六、初七、初八日，皆大雨，平地水積尺餘，湖水驟長，十倍杭州。

十一日癸巳　上午陰雨，下午稍止，傍晚密雨。閲《九經古義》。

十二日甲午　陰，小雨。剃頭。夜雨。閲《周易本義辯證》。

十三日乙未　終日密雨，凉如深秋，晚有虹見于東，重珥，旋又大雨，徹夜有聲。閲《卷葹閣集》。

十四日丙申　密雨連晨，及午稍止，傍晚烈風大雨，有雷，終夕雨不斷聲。閲《養新録》。

十五日丁酉　密雨侵晨，至午稍歇，下午又雨，入夜不止。比日霪霖積潦，氣凉如秋，禾頭没湛，黍熟者皆仆。幸三江閘已大通，水流甚疾，不則巨浸又如昔年矣。湯公之德，百世永賴，越人食飲必祝可也。終日閲《經義雜記》。乙夜有晴色，旋星月皆見，戊夜又大雨。

十六日戊戌　雨至上午漸止，下午霽，夜月，大晴。節孝張太太生日，以素食祭。以果餌并銅錢四百問遺張氏妹。木客山高祖墓守視人楊姓來告，前日大風吹墮一松。族弟竹樓、品芳來。

十七日己亥　晴。呼匠人樹凉棚，與以直一千三百錢，猶不足。近日工匠高價居奇，結夥要挾，幾增平時數倍，至煩上官定價，明布章條，而猶抗不奉行，更張其直，稍不饜者，即弗受庸，郡縣屢禁不得，此亦世變之一矣。作書致族弟蘭如。蘭如續娉張氏女，近方議納幣，而先納一姬，故作此詢之。沈瘦生來言，西澤人陳丹愫于前日病歿。丹愫雖業于醫，然亢直尚氣誼，亦今之君子也。與予非素故，而結慕甚至，常若以予之貧爲憂者，是可傳已。因作長聯輓之云：『嘔血究丹經，恨三十載垂簾設肆，未有成書。君憂世之嗜雅片烟，欲撰一方絶之，精思數年，遂病歐血，以至于死。但平生抗志古人，儋石無儲，高士豈慚方術傳；游神歸碧落，想九萬里捉麈凌雲，差堪一笑，祇頻日傷懷知舊，寢門致哭，相公争及布衣交。』時新聞商城相國之訃。

十八日庚子　初伏，晴熱。

十九日辛丑　上午晴，下午風雨，有辟歷，旋晴。

二十日壬寅　薄晴，雲鬱，暍悶殊甚。具舟屬六弟、九弟詣木客山高祖墓告慰，并以木與守人。以輓聯及代氂錢四百寄陳丹穌家，作書唁其子。

二十一日癸卯　晴，熱甚。得嘉興張公束拔貢書，并惠贈縵雲閣花箋兩匣。作書致傅蓮舟都中。作片致節子，得復。閲《述學》。

二十二日甲辰　晴，有風。酉初三刻三分大暑，六月中。付賃屋三番金，又可得數日安枕也。

二十三日乙巳　晴陰，有風。得仲弟書，即復之，并以《孫琴西詩集》及新刻《詁經精舍諸生經解文論詩賦》寄閲。爲薛慰農撰《烟雲過眼圖序》，苦熱時輟。閲《杜樊川集》。

二十四日丙午　上午陰，午後晴。剃頭。終日多風，頗快，遂成所作序，計得儷文九百字，別存

稿。（此處塗抹）

二十五日丁未　晴，大熱，今年第一日。閲《樊川集》。作書致張公束，并以薛君圖册屬轉致。

二十六日戊申　晴，酷熱。曬篋中書。

閲焦袁熹《春秋闕如編》，猶困學樓舊藏物也。寇亂時，弟輩偶携出，遂以得存。是書凡七卷，止于成公八年，而後附以《讀春秋》十一則，共爲八卷。《四庫書目》極稱之，謂近代説《春秋》者，以此爲最。然《春秋》舍《左氏傳》則無從下手，袁熹意欲一空附會穿鑿之説，而不信《左傳》，謂其多誣，概以聖人修《春秋》，不過仍舊史之文，直書而義自見，無所褒貶，則當日亦何所容其筆削，又何以游、夏莫贊一辭乎？子曰『吾猶及史之闕文』者，謂於事本闕者，則闕之耳，非謂史必以闕爲美也。故曰『於其所不知，蓋闕如也』，袁熹以此命名，便爲不知《春秋》之義。其中議論多景俗作影。附遷就，自相鑿枘。於三傳之説忽信忽疑，進退無據。蓋憑私自用，而又濟以學究迂腐之識。觀其孫鍾璜之跋，謂袁熹嘗言《春秋》以啖助、趙匡、陸質三家爲最優，則其識趣可知矣。袁熹本以時文小題名家，其書固無足取。《四庫書目》雖紀河間總其事，然爲之者非一人。河間於經學本疏，今《提要》所論三《禮》極精，皆出於戴東原氏之手，餘經館臣分纂。如此書提要，蓋由不學之人所爲，不足爲定論也。

二十七日己酉　酷暑。曬篋中書。閲唐人樊綽《蠻書》武英殿聚珍本，首有邵氏晉涵二雲印記，蓋南江故物也。前年八月中得之倉橋街，近日讀書凌雜荒忽，略無次第，所謂猶賢博弈者。始浴。

二十八日庚戌　中伏，酷暑。再校《樊川集》。

二十九日辛亥　酷暑。讀《公羊春秋通義》。還西迤村濮氏京責三番金。作書致傅節子借書。以醃豚一肩饋三弟，作一紙致之。得節子復，不得書。聞張香濤充浙江副考官，朱修伯充江西正考官。修伯名學勤，杭之塘西村人，今官鴻臚少卿。浙江正考官爲光禄寺少卿張澐卿，與朱皆五品官也。自嘉慶以來，浙江正考官五品者，惟道光庚子成觀宣爲通政司參議，咸豐己未鍾啓峋爲翰林院侍讀，及此而三。

秋七月壬子朔　酷暑。閲洪氏《左傳詁》，其書頗多誤字，爲隨筆校正數條。稚存好攻惠松崖氏，屢舉其《左傳補注》之失。然惠氏湛深古學，實非稚存所能及。此如虞刺鄭違，劉規杜過，雖可各存其説，終難遽掩前賢。

初二日癸丑　酷暑。閲《左傳詁》，暑甚，不能竟業。

再校《樊川集》。《樊川集》中《上池州李使君書》有曰：『今之言者必曰，使聖人微旨不傳，乃鄭玄輩爲注解之罪。僕觀其所解釋明白完具，雖聖人復出，必挈置數子坐于游、夏之位。若使玄輩解釋不足爲師，要得聖人復生，如周公、夫子，親授微旨，然後爲學，是則聖人不生，終不爲學。假使聖人復生，即亦隨而猾《全唐文》作『汩』。之矣。』此等議論，唐中葉以後人所罕知。樊川文章，風概卓絶一代，其學問識力，亦復如是，予向推爲晚唐第一人，非虚誣也。宋子京深憙樊川之文，《新唐書》中傳論多取其語，其自作文字亦力仿之，故于啖助等傳論末學之弊，其識議亦與樊川同，非韓、歐文章家所知也。

初三日甲寅　酷暑不可堪。剃頭。

閲五、六月間邸鈔：

五月二十三日，上諭：以捻匪由河南歸德等處竄山東，撲運河，至泰安，直逼濟南，切責李鴻章命戴罪馳赴山東討賊，并責山東巡撫丁寶楨不守河墻，交部嚴議。後詔降三級留任。湖北巡撫曾國荃摘去頂戴，與河南巡撫李鶴年俱交部議處。

六月初一日，上諭：前因天時亢旱，詔求直言，兹據都察院代奏候選直隸州知州楊廷熙奏請，撤銷同文館以弭天變一摺，呶呶數千言，甚屬荒謬。同文館之設，歷有年所，本年增習天文算學以裨實用，歷經御史張盛藻、大學士倭仁先後請罷，因其見識拘迂，迭經明白宣示，兹該知州所陳十條，不過摭拾陳言，希圖自炫，原可置之不論，惟中有關于風俗人心者甚大，不得不再行明示。楊廷熙因同文館之設，并詆及各部院大臣，試思楊廷熙以知州微員，痛詆在京王大臣，是何居心？且謂『天文算學，疆臣行之則可，皇上行之則不可』。普天之下，孰非朝廷號令所及，豈有疆臣可行，而朝廷不可行之理？至所稱『西教本不行于中國，而總理衙門請皇上導之使行，及專擅挾持，啓皇上以拒諫飾非之漸』等語，肆口詆誣，情尤可惡。推原其故，總由倭仁自派總理各國事務衙門行走後，種種推託所致。楊廷熙此摺，如系倭仁授意，殊失大臣之體，其心固不可問；即未與聞，而黨援門户之風從此而開，于世道人心大有關繫。該大學士與國家休戚相關，不應堅執己見，著于假滿後，即到總理各國事務衙門之任，會同該管王大臣等，和衷商酌，共濟時艱，毋蹈處士虚聲，有負朝廷恩遇。楊廷熙草莽無知，當此求言之際，朝廷寬大，姑不深責。恭親王寶鋆請將楊廷熙所奏十條，派大臣核議，并請將該王大臣及現任各大臣，均暫開總理衙門差使聽候查辦。自係爲楊廷熙摺内有『專擅挾持』等語，當此時事多艱，該王大臣等當不避嫌怨，力任其難，豈可顧恤浮言，稍涉推諉？所請毋庸議。草土臣兹銘曰：當咸豐末之設總理各國事務衙門也，兹私謂其非體，宜以理藩院兼轄，而添設侍郎一人，以恭邸總理之，不宜別立司署。嘗爲一二當事者言之，而不聽也。及考選六部内閣屬官爲司員，又竊謂士稍自好者，當不屑之。而一時郎吏奔走營求，惟恐弗得，則已大駭。知好中有爲之者，未嘗不力止，止而不可，則未嘗齒及之矣。然大僚之與此事者，固一二唯阿寡廉鮮耻之人也。至今年開同文館，以前太僕卿徐繼畬爲提調官，而選翰林及部員之科甲出身年三十以下者，學習行走。則以中華之儒臣，而爲醜夷之學子，稍有人心，宜不肯就，而又群焉趨之。

蓋學術不明，禮義盡喪，士習卑污，遂至于此。馴將夷夏不別，人道淪胥，家國之憂，非可官究。朝廷老成凋謝，僅存倭公，然謀鈍勢孤，無能匡正。而尚見嫉于執政，鉏鋙于宫廷。以宰相帝師之尊，兼蕃署奔走之役，徒以小有諫争，稍持國體，遂困之以必不能爲之事，辱之以必不可居之名。嗚呼！誰秉國成而損威壞制一不以爲念乎？五月中，内閣侍讀學士鍾佩賢上疏，以天時久旱，請求直言，有曰：『近者夏同善諫幸惇親王府第，而諭旨稱循舊章以折之。倭仁諫設同文館，而諭旨令酌保數人另立一館以難之。當朝廷開言路之時，而迹似杜言者之口；在大臣盡匡弼之義，而轉使有自危之心。誠恐敢言之氣由此阻，唯阿之習由此開。請飭在廷諸臣，于時政得失，悉意指陳，毋避忌諱。』詔從其言。于是四川盧州人楊廷熙之疏應詔上。乃重違時旨，深被譙訶，牽及輔臣，疑爲指使。夫楊疏外聞，未見其所云天文算學疆臣可行之語，蓋爲湘鄉督輔地，瞻顧枝梧，辭不達意，可知其全疏亦不能實陳西法之無足用，夷心之不可啓，國制之不可不存，邪教之不可不絶，深切著明，令朝廷聳聽。其致詰責，亦非無由。特是指使者，惡名也；朋黨者，大害也。皆君上所深疑而至患者也。國家二百餘年絶無門户之禍，一旦以選人小吏不經之單章，遽加舊位大臣以非常之重咎，逆億爲事，其禍將滋，杞人憂天，是爲戚矣。識者謂湘鄉之講習，奉西技算，實爲禍端。至于繼畬，蓋不足責爾。又曰：行走者，驅使之稱，簡賤之辭也。文言之曰直，質言之曰辨事。國朝之待大臣也，直軍機處，直南書房、上書房，皆曰行走。然軍機則曰大臣上行走；上書房官至尚書者，則曰總師傅，不更名行走矣。惟南書房則大小臣皆曰行走，然其結銜，皆稱南書房翰林。近世亦鮮有以宰相直南齊者。今何地也，而以宰相爲行走乎？

平景蓀授江西督糧道，李芍農充四川副考官。

初四日乙卯　酷暑因風少減。『暑』與『熱』，渾言則一，析言則二。《釋名》云：『暑，如水煮物也』；『熱，如火爇物也。』段氏玉裁曰：『暑主濕，熱主燥。故《詩》毛傳曰：「温温而暑，蟲蟲而熱也。」』予案：《書》言『暑雨』，《禮》言『溽暑』，是暑有濕義也。凡盛夏時，水土蒸鬱，其氣毒煩，則謂之『暑』；風日暴烈，其氣槁竭，則謂之『熱』。若今日者，暵而弗鬱，歊而弗滯，是熱，非暑也。　晡後風愈盛，晚生微凉，聞郡之西偏有雨，夜需薄被。

初五日丙辰　晴，熱甚，下午風，有雷。閲汪氏《述學》。

初六日丁巳　晴，熱甚，有風，夜凉。下午浴。明日先君子六十冥壽，晚懸像，設燈燭于堂，跪進果茗。

初七日戊午　上午陰晴相間，下午大雨，晚涼。先君子生日，召光相寺僧九人禮懺一日，二弟、五弟、九弟、阿僧、大妹、二妹、大妹夫及諸甥皆來。

初八日己未　晴熱。感凉不快。夜涼甚。

初九日庚申　巳正初刻七分立秋，七月節，末伏。晴熱有風。得傅節子書，并以抱經堂本《逸周書》見贈。傷風齅涕，下午憊甚。

初十日辛酉　晴，酷熱。

閲汪氏《述學》，近儒中文章精卓，蓋無出其上者。惟意不僅以文傳，亦不屑屑于家數文法，而所據必經義，所澤必古辭，簡栗謹嚴，故能自成一子。其餘力所及，若《狐父之盜頌》《吊黄祖文》，出于憤盈，語諧而益痛，亦太史公傳貨殖、游俠意也。至若《老子考異》，以孔子問禮者爲老聃，乃周守藏史，其言行見于《曾子問》者是一人；著《道德經》授尹喜者，爲周太史儋，秦獻公時人，據《史記》本傳有『或曰儋即老子』語。其子宗爲魏將，封于段干者是一人；與孔子同時者，又有老萊子，亦稱老子，乃楚之苦縣厲鄉曲仁里人，嘗師殷之商容，爲隱君子者，又是一人。《史記》誤合三人爲一。《瞽瞍説》謂『瞽』乃世官，非盲者之謂，《史記》易『瞽子』爲『盲者子』，失之。此皆可備一説，不足以爲深據。其《先考靈表》通篇皆稱其父曰『君』，雖古有之，然未免意過其通矣。

感風中朓，又患咳嗽。朓从𠦒，今隸變作『朩』，『朩』乃朩冕字也。肺府字，《漢書》作『胏附』，此乃假借字。胏，食所遺也，从𠦒，本應作『胐』，凡姊、沛字皆如此。今作朩，皆隸變也。肺府，俗作『肺腑』。

十一日壬戌　晴，酷熱。咳嗽，飲杏酪、枇杷葉露。

十二日癸亥　晴兼薄陰。

閲六月初七至十六日邸鈔：倭仁奏病未得痊，請開缺調理。詔：倭仁不必給假，一俟氣體可支，即以大學士在弘德殿行走，其餘一切差使，均毋庸管理。十二日報。瑞常充翰林院掌院學士，穆騰阿補授廂白旗蒙古都統。皆倭仁所遺。十四日報。彭祖賢補授太僕寺少卿，章鋆補授左春坊左庶子。初九日報。

是日酷熱，夜尤不可堪。

十三日甲子　晴，酷熱而暑。下午浴。

十四日乙丑　晴，酷熱，下午陰。釋氏説明日爲中元節，人家皆祭其先，此甚非禮，稍有識者知笑之。然予家行之久矣，不能遽廢也。以明日是先君子忌日，故今日先以素食祀三代及屋之故主、外親之無後者。

十五日丙寅　先君子諱日，晴，酷熱，下午陰。上午設祭，以乾豚蹄、冬菜、鳧鰕、肉丸、扁豆糕、薄荷冷餉、西瓜爲薦，皆平生所嗜也。以姬人金紗指二枝質得錢四千五百文。

閲六月十七日至二十二日邸鈔：五城團防局添派侍郎毛昶熙、龐鍾璐、徐樹銘會同賈楨辦理，分日至局，實力操練，如有團勇不法者，即照軍法行事。從尚書朱鳳標等議奏也。福建署理布政使周開錫患病未痊，以原授福建布政使鄧廷枏署理。從總督吴棠、巡撫李福泰奏請也。曾國藩代奏浙江提督鮑超因病懇請開缺，詔許其回籍調理，以記名提督婁雲慶統其所部各軍，以江南蘇松鎮總兵楊鼎勳爲浙江提督。以畿輔亢旱，發倉米二十萬石，户部銀二十萬兩，令萬青藜、胡肇智同劉長佑分振順天府屬及京東飢民。

受禮廬日記中集

同治六年七月十六日至同治七年三月三十日（1867年8月15日—1868年4月22日）

前册以丙寅十一月朔日起，訖于丁卯七月十五日，削杖之痛，將及一期，迫于飢寒，不免奔走，且亦時及宴飲文字之事，于古人居喪之禮，百無一存。嗚呼！蓋自忠孝衰，而假借之説起，凡藉口于不得已者，其心皆可誅也。以予之夜氣漸亡，名實俱廢。心役役于文史，而何有于禮；身勞勞于江湖，而何有于廬？嗚呼！雖手口之卒瘏，時仰天而號呼。知我者，其古之窮人歟！其古之窮人歟！同治丁卯秋七月望日，悉伯識。

七月十六日丁卯望　酷暑。讀《逸周書》。剃頭。連夕月明。

十七日戊辰　晴，酷熱，下午陰有風，且雷，旋復晴。（此處塗抹）郡縣以求雨斷屠，今竟未雨，農田可念。自夜來中凉，患利似帶，俗作癤，亦呼痢。下午腹時作痛。誤服薑曲湯，晚忽歐吐暴下，四肢冷厥，胸府閉塞，身熱于火。生來中暑之苦，無如此甚者。呼比鄰劉醫生診脉，夜分後始漸平。四更時服劉生藥。

十八日己巳　晴，酷熱。病不能興，服劉生藥。

十九日庚午　上午晴，午陰，有雷，下午復晴，終日熱甚。早能强起，飲食如故。族弟竹樓來。

二十日辛未　晴，酷熱。讀《國語》。

二十一日壬申　晴，酷熱。撰《鄉賢倪先生宗賢贊》，别存稿。

二十二日癸酉　晴，酷熱，夜尤不可堪。

二十三日甲戌　上午晴，下午大風，雲合，有雷，竟不雨，晚稍涼，得孫琴西侍講書。

閲六月廿二日至廿七日邸鈔：劉有銘充江南正考官，任兆堅補授太常寺少卿。

二十四日乙亥　上午晴，日中忽有辟歷甚厲，聞城中有震死者。午風雷，有零雨數點。下午陰，晚晴。書前日所作贊于扇，以鄉人將爲婆娑之舞，樂先生之神，故作此助之。先生軼事，即所傳夜見盗穫寡婦稻，指己田易之，而不自名。此節已足千古，不必以醫神也。先生字涵初，康熙時諸生，殁葬古城山中，頗著靈驗，禱疾者尤有應，里人祠祀之。下午詣竹樓，同至蘭如家夜飯。屬竹樓轉購陳仁錫《皇明世法録》，得其首册閲之。凡爲卷九十二，爲總綱十：曰維皇建極，曰懸象設教，曰法祖垂憲，曰裕國恤民，曰制兵敕法，曰濬河利漕，曰衝邊嚴備，曰沿海置防，曰奬順伐畔，曰崇文拔武。每綱下各爲總目五，總目下又各分子目。前有文莊自序及李子木模序。王菽畦觀察來，不值。

二十五日丙子　子正二刻七分處暑，七月中。上午陰，午晴，温隆爞爞，傍晚大風雨，入夜涼。得王菽畦書，言爲二舍弟已議定松下釐局司會計。復書謝之。

二十六日丁丑　晨雨，午稍止，下午日景時見，夜小雨。再得王菽畦書，即令人至柯山告仲弟。讀《逸周書》，此書斷爛最甚，自抱經盧氏集數十家本校之，然不可讀者尚十之六七。傍晚步至張神廟前看稻田。

二十七日戊寅　微晴，傍晚大雨，入夜有聲，比頗苦旱，得此可憙。剃頭。得孫生子宜書，即復之。竹樓來。作書致傅蓮舟。

二十八日己卯　晴熱。作書致琴西侍講。竹樓來，約明日同舟赴杭。族弟小帆在江西，以書來乞道地彼中監司，今日作書，告以不足與謀。家居此等不情事最可厭。

二十九日庚辰　晴熱，午忽雨，下午陰，夜大雨數作。質衣一襲，偕竹樓買舟赴杭。晚同葆虛過竹樓家飯。夜解維行，涂中遇暴雨，舟漏，擁衾涼甚，凄然有江湖之恐。生既善病，又坐奇窮，出處騷然，進退維谷。勞薪泛梗，何時已乎？

八月辛巳朔　雨，至午初止。上午抵西興駐，午渡江，午後抵書局，晤張玉珊、陳藍洲豪、王松谿麟書、張子虞預、胡嘯梅鳳錦、汪洛雅鳴皋、朱西泉昌壽諸君。有黃巖王子莊優貢棻，亦寓局中，王君專精經典，浙之篤學士也。

晡後偕松谿詣譚仲修談，從仲修借得烏程嚴鐵橋氏可均《四録堂類集》三種：一《説文聲類》上下篇，一《説文校議》三十篇，一《唐石經校文》十卷。《聲類》以聲爲經，以形爲緯，借《廣韵》二百六部爲之標題，分爲十六類。《校義》首題『歸安姚文田、烏程嚴可均同撰，陽湖孫星衍商訂』，其書成于嘉慶丙寅。自序謂『先爲《説文類考》四十五册，又輯鐘鼎拓本爲《説文翼》十五篇，將撰爲《説文疏議》，先就汲古閣初印本別爲《校議》，專正徐鉉之失』；又謂『同時錢氏坫、桂氏馥、段氏玉裁亦爲此學，僅得段氏《説文訂》一卷，它皆未見』。是其致力專精可知。雖引證未博，尚多惑于俗本，不及段氏所見之精，而依據謹嚴，時有獨得，亦不似段氏之武斷。《石經校文》前有歸安丁溶序，謂其『大恉有二：一以存《石經》之真，一以正版本之誤，一以糾顧氏炎武之非』。其自作《序例》亦謂：『顧氏始略校石經，然其所作《金石文字記》，剌取寥寥，是非寡當，又誤信王堯惠之補字以誣石經，顧氏且然，况其它乎？今隨讀隨校，凡石經之磨改者，旁增者，與今本互異者，皆録出，輒據《注疏》《釋文》，旁稽史傳及漢、唐人所徵引者，爲之左證。』又謂：『石經以嘉靖乙卯前搴本爲勝，今絶不可得，而士大夫家所藏舊搴本都補綴可疑。今所據，則新搴本之未裝册者，不至受王堯惠等所欺。』其書每條標舉正文，或損闕，或避諱改字闕筆，皆仿原本。其中改刻者分爲五事：有未刻之前曠格擠格以改者，大和時鄭覃所校定也；有隨刻隨改者，開成時唐元度所覆定也；有文義兩通而改者，韓泉所詳定也；有磨改繆戾及未磨而遽改者，乾符時張自牧所戡俗作勘。定也；有『城』字、『信』字缺筆者，朱梁時所補刻也。又舉萬曆國子監注疏本、汲古閣注疏本及宋、元舊本之與石經異者以折衷之，後附以《石臺孝經》，共爲三千二百廿六條。校訂精密，寫刻亦甚工致，世之考唐石經者，固莫善于此書矣。惟于字體頗參以漢隸，不純主《説文》。如謂『燥溼』之『溼』可作『濕』，『本末』之『本』可借『夲』，『誠敇』之『敇』可作『勑』，謂『勑』从來聲，古音在之類。『修飾』之『修』可借『脩』，『僝功』之『僝』當作『㑄』，『皋陶』之『皋』可作『臯』，『鐘鼓』之『鐘』可作『鍾』，『垣墻』之『墻』可作『廧』，『柰何』之『柰』可作『奈』，『極至』之『極』可作『㮇』，此下校五經文字。『桑梓』之『桑』可作『桒』，『衡量』之『衡』可作『衜』，『閒暇』之『閒』本作『閑』。或輕信漢碑，或拘泥古本，而于監本、毛本之字，又多繩以許書，進復無據，是其失也。

局中送七月分薪水錢。

初二日壬午　上午霎靆，時有小雨，午晴，下午陰，晚晴。作書告穀山中丞，以闈事方殷，不往謁。閲《説文校議》。胡嘯梅、汪洛雅兩孝廉來。中丞以剌來答候。孫子佩太守來。晡後仲修來。傍晚偕仲修、玉珊、松谿步至豐樂坊書坊閲書。晚同玉珊歸寓。遣僕王元至清河坊爲家人買藥丸、菸草。秀水趙桐孫銘、嘉興李子長宗庚兩明經來。夜作書致季弟。大風。

初三日癸未　晴，大風。閲《説文校議》。下午偕玉珊、子虞、子莊步訪王松谿，同至青雲街書坊閲書。傍晚至仙林寺竹樓寓小坐歸。楊方伯以刺來候。夜與趙桐孫談駢文，與王子莊談《説文》。二君皆深于是學者。

初四日甲申　晴熱。作書答候石泉布政。作片致孫子佩，屬其督責刻字人。閲《唐石經校文》。夜與子莊談經史。子莊以所撰《柔橋王氏家譜》見示，體例謹嚴，近代之佳譜也。其首卷《王氏得姓考》及末卷《辨舊譜之誤》，援證皆爲博洽。

初五日乙卯　晴熱。閲《唐石經校文》。下午偕玉珊至鄰寓訪趙桐孫、李子長，不值。

初六日丙戌　晴熱。孫琴西侍講來。王子莊出示定海黄元同秀才以周《儆季雜著》兩册，稿本未成，多所塗改，中皆考據之作，（此處塗抹）實事求是，多前賢所未及。據其自敘，所著有《周易十翼後録》輯歷朝諸儒《十翼》舊注，并及各經注疏、史文、史注、諸子、文選，以發明聖傳。《經義通詁》采經典中詁訓性理之語，分類纂之，凡二十四目：曰命，曰性，曰才，曰情，曰欲，曰心，曰意，曰道，曰理，曰仁，曰禮，曰智，曰義，曰信，曰忠，曰恕，曰静，曰敬，曰剛，曰中，曰權，曰誠，曰聖，曰鬼神。《經禮通詁》取經、傳所載典禮之類，仿《五經異義》例，廣采諸説以折其同異。《讀書小記》分九類：曰《易説》，曰《書説》，曰《詩説》，曰《禮説》，曰《春秋傳説》，曰《論語説》，曰《孟子説》，曰《國語説》，曰《雜説》。《經句釋》輯群經古注，考其句讀之異同而釋之。《經詞釋》。取王氏《經傳釋詞》所列諸訓，爲之權廣補正。聞其書皆已成，洵一時之樸學矣。又聞其父薇香先生，名式三，號儆居子，亦諸生。所著有《易釋》《春秋釋》《尚書啓幪》《論語後案》《周季編略》《儆居集》《經外緒言》。卒時年七十餘，尚著書不輟。儆季稟承家學，自己酉落解後，窮經十年，不應試。近寓湖上，肄業詁經精舍中。聞今年可得優貢，浙東經生蓋無與比。以並世二百里内之人，而姓名泯然無人樂道，可謂不求聞達者矣。此韓昌黎見殷侑《公羊注》，而自謂非復人類者也。

初七日丁亥　晴熱。

仲修持示《説文解字注匡謬》，元和徐承慶謝山著，匡金壇段氏《注》之謬者也，書共四册，凡分十五科。一曰便辭巧説，破壞形體。如：改皇作皇，而謂从白；改朔作朔，而謂从月；以兆爲即兆字，删『八，别也』，亦聲之訓，而謂卜部之𠧞、兆皆後人所增；以鎦爲即劉字，改其篆作鐂，而謂當從小徐因勿訛田之説；以及改殸爲磬，改德爲悳，改萬爲苐，改楝爲欄，改本爲夲，改末爲末，改臾爲臾，改刃爲刄，改錫爲鍚，改餧爲餒，改暈爲暈，改卒爲卒，改魂爲䰟，改詞爲䛐，改恬爲恓，改懦爲愞，改愧爲忕，改繼爲𢇍之類。二曰臆決專輒，詭更正文。如：上之古文丄改作二，而以丄爲篆文；下之古文丅改作一，而以丅爲篆文；以及改牛之説解爲事也，理也，改鶯之説解爲鳥有文章貌。案：段此據《毛傳》，其説甚辨。徐謂古有鶯無鸎，鸎爲後出字。《毛傳》隨文釋義，鶯爲鳥名，又爲鳥羽文，故鳥有文者，亦謂之鶯。《説文》引書，有稱其辭而非即上文説解之義者，此例甚多。如芼、哼、嘒、詵等字下引《詩》，皆與上解義不貫是也。其説較段爲通。改讀之解爲籀書也，改鞭之解爲歐也，改裙之解爲繞領也，改卧之解爲伏也，改髮之解爲頭上毛也，徐謂原作根也，意恉甚深。改縊之解爲絞也之類；又如隹部增雔，以大徐增入鬼部爲非，而訓爲如小熊。肉部增𦚧，以大徐增膌爲非，而訓爲膏肥兒。兔部增免案：段訓免爲逸，又云从兔不見足，其説穿鑿。徐引錢氏大昕説，謂兔有免音，《廣雅》：兔，脱也，《論衡》：免，去皮膚。免與脱同義。《説文》無免字，免即兔也。兔善逃失，借爲脱免字，有兩音而非兩字。漢隸偶闕一筆，世人遂區而二之。其説明通。若如段解，與逸下之訓何異？此并訂正段失。之類。三曰依它書改本書。凡它書引《説文》與本書不同者，不加審察，必以本書爲誤，改從它書。四曰以它書亂本書。據它書異義改原解。又黄公紹《韵會》所增易者，概指爲小徐原本而深主之。五曰以意説爲得理。如蘇，桂荏也，莧，莧菜也之類，謂許氏原本篆文下又複寫隸字，後人皆删之而或未盡。又如蘧，蘧麥也之類，謂《説文》有三字一句之例。六曰擅改古書，以成曲説。如改齵下齒不正也爲鰕齵也，輧下輜車也爲輜輧也之類。謂凡字之聯綿者，許氏皆當連文爲訓，因一律改之。七曰創爲異説，誣罔視聽。如羿下謂伏羲、文王作羿，孔子作巽，羿爲卦名，巽爲卦德之類。八曰敢爲高論，輕侮道術。如謂參下商星也當作晉星也之類。九曰似是而非。如謂昏字本不从民，妒字本不从户，文章之文當作彣，芰薢之薢當作雉；以及岵，山有草木也，當依《毛傳》作無，岵之言瓠落也，岵有陽道，故以言父；屺，山無草木也，當依《毛傳》作有，屺之言，荄滋也，屺有陰道，故以言母之類。十曰不知闕疑。如謂鎮，博壓也，博當作簙，簙壓者，如今賭錢者之有椿也之類。十一曰信所不當信。十二曰疑所不必疑。十三曰自相矛盾。十四曰檢閲粗疏。十五曰乖於體例。如以所作《音韻表》十七部之音載入《説文注》中，每字下用大徐切音之後，系以某部。分條抉摘，段氏之書幾無完膚。而亦稱其訂正可依據者，篆文如：灆、趨、𨘢、謚、臬、磤、柴、𥨍、頪、㲋、璣、中、𤼘、𣋘、畀、曆、鼓、鼏、瀎、闔、䀞、螾、堀、䨰等二十四字，删謚、肇、踞三字，增鼏字。説解如：嘵、趍、遣、詾、䨏、對、莫、雇、盬、篝、簙、中、𦱂、亂、邁、逢、夆、善、釜、犛、纍、叒、蘄、羑、邮、邕、郇、鄭、邵、郯、㯏、林、辟、緁、鍊、舒、妥、䏧、𪗾、矦、榦、夤、柘、毀、槃、鬎、烓、洓、契、愃、溱、涿、頻、韇、蹴、戟、緱、蜎、颮、瞑、斞等六十一條，謂其考索訂定之功，卓爾可稱。又詆其説轉注用其師東原戴氏説之謬，且并詆其所作《古文尚書撰異》爲僞書訟冤，而頗稱其《六書音韻表》，謂此書作于中年，極爲精覈，不似注《説文》時老將至而耄及之也。

段氏之學，博綜深思，本休寧之精而廣之。或恃其獨到，往往失之堅僻。其《説文》之注，宏通博奧，兼苞衆經，縱横不窮，爲考名物訓詁者之淵藪，非僅爲功于許書也。其專輒自用，動事更易，誠亦乖訓注之體，當時竹汀錢氏已屢規其失，自後鈕匪石等著書詆之者不一，然皆未甚其辭。徐氏篤守許君家法，不薄視南唐二徐，義據確然，特爲嚴謹，凡所攻擊，皆中其疵。書中屢稱錢少詹事云云，蓋是竹汀弟子，故説經皆有師法。惟必分立名目，類求其短，且多加以惡謔毒譏，一若訐訟切齒之辭，此則吴縝《糾繆》、陳耀文《正楊》之餘習，著書者所宜深戒也。

得季弟書，并專人持衣被等物來。剃頭。作書復季弟，并寄去番銀、藥丸、菸草等。作書致節子寓中。步詣王杏泉寓，（此處塗抹）傍晚歸。今日杏泉及節子皆言陳珊士已於五月間病歿京邸，鄉人有新自都中歸者云目睹之。予在家時初聞其耗，以爲越人多忌嫉妄言，或不審也，今則確矣。嗚呼！予與珊士同歲生，其初珊士家貧甚，艱苦倍于予，然早掇科第，入翰林，暨予以貲郎入都，珊士亦改官刑部。壬戌以前，予窮于珊士。癸亥以後，珊士以家累，貧甚于予。躬執勞苦之役，衣履垢敝，日徒步出入，至雨行淖中。及予南歸，聞其補官，旋擢外郎。昔年冬，又聞其隨綿尚書勘事湖北，駸駸通顯，方以其太夫人年高桑榆爲憂，而不料其竟止于是。命之不長，亦復何言。獨念其垂白之母，未齔之兒孥累十人，長安萬里，將何以爲歸計，歸又何以爲生耶？才多不壽，其家何罪，可爲流涕者矣。珊士頗好治《説文》及經學，皆無成書，所著有《青芙閣詩鈔》《青芙閣詞》《鑑曲一音證》。其詩詞已三易鈔，皆予所删定，高警秀出，可傳于世。其長郎娶婦已數年，年亦已長，然頗不慧，恐未能寶其遺書。都中有潘侍郎、翁侍講諸君，皆與珊士爲師友相引重者，或能梓其集而行之也。夜間當事來，于寺中設壇祭社稷山川（此處塗抹）諸神，并借局中地爲公所。予早寢以避之。王補帆臬使以刺來問。得節子復書，約明日同閲市。

初八日戊子　晴熱。閲《段注匡謬》。下午過節子寓，同至青雲街閲市。夜飯于節子寓，二更後歸。

初九日己丑　晨陰，上午後晴熱。

閲《段注匡謬》，其中亦有過爲吹索，而實不能勝段者。如：玉部改瑱作玉而解爲朽玉；衣部衫上增袀，而訓爲玄服；改而下頰毛也之訓爲須也，改竣下偓竣也之訓爲居也。改馽篆作彈，謂从馬繫其足；改聊篆作聊，謂从丣得聲；謂侮之訓當作傷也，傷者慢易字，而傷也乃字誤；謂患之訓當作从心毌即今貫字。聲，串即毌字，而心上貫吅之説非；謂苞下解云麤履，即喪服蔍屨之蔍；謂駫下引《詩》駫駫，即《魯頌》駉駉牡馬之駉；以及磺下卝卝，箇下增个。此皆義據精深，非由臆測。而徐氏概斥爲謬，然恐其説終不可易也。閲黄秀才《儆季雜著》，其説《禮》之作，依據鄭義，尤爲明通。

王臬使東訂十二日午飲。

初十日庚寅 早陰，上午小雨，午晴，下午又雨，晚晴。閲《段注匡謬》。作書致節子。子莊、玉珊諸君出闈，知今日『四書』題，首爲『子曰吾自衛反魯』一節，次爲『宗廟之禮所以序昭穆也』，三爲『左右皆曰賢』一節。今年張香濤編修以名士來主浙試，可謂鄉邦之幸。吾浙自嘉慶戊寅、道光辛巳，王氏引之再典試事，自後惟咸豐辛亥，旌德吕文節以經儒繼之。（此處塗抹）然高郵兩試，皆不以考據之學爲題。蓋其時浙人尚多研經，不必專以此較優劣，且經策亦尚致力，故不亟亟于首場。至旌德則以典制命題矣。《論語》題爲『必也射乎，揖讓而升，下而飲』，《孟子》題爲『子男同一位』至『元士受地視子男』。然是科副之者不得人，故所取仍多濫惡，闈牘既出，學者失望。近自己卯、戊午兩科試文，蕪穢尤不可堪。主司皆白蠟之徒，謬種流傳，士益不肯爲學。己未所取，又皆怪誕之文，勦襲類書，塗飾庸目。旋經大亂，膠庠高等，多不讀『四書』。前科乙丑，混屯主文，狗屎牛溲，見者歐吐。原伯魯之遺種，遂布滿于浙東西，而吾越爲其大宗。秀才中有自號爲『五虎將』『六才子』者，其人姓名予皆不知，當事諸公曾爲予言之若切齒。此曹者，蓋皆桓東少年也。文襲周鎬，數語便詡奇才；詩偷袁枚，七言即稱名士。以《虎韸集》爲枕中鴻寶；以《味根録》爲懷裏兔園。《虎韸集》《味根録》皆近時坊刻惡書，一爲時文，一爲『四書』也。號召朋徒，妄立名目。予嘗謂山、會兩邑，宜勒停鄉會數科，擇它郡縣之村老儒熟悉經書及時文原流者，添設兩學訓導各四人，取舉人之年少生員之有志者，群而教之。一年課以『四書』，但讀朱注。五年課以『五經』『三傳』《爾雅》，又經但讀徐立綱《旁訓》本，《禮記》《左傳》却須全讀，此外有餘力，則節讀《儀禮》。又一年課以唐宋八家文但取儲欣選本。及摘讀《文選》中賦、論等二三十首，又一年課以天、崇、國初制藝及乾嘉以前時文，又一年課以《通鑑綱目》，如是九載，蓋過三科。聰明者，可漸涉經史諸書；駑下者，可致力帖括八股。以之應試，或亦猶賢。雖慚秀孝之名，稍異童氓之質。時無中正，誰申此言？而惟是關節之翰林，奮筆於穢志；鬼道之御史，抗席於名山。科第盛而書種亡，搢紳多而學徒絶。嗟乎！趙桐孫州牧來，以所著《琴鶴山房文》《北征詩》各一册見示。夜與子莊談學問事，至鷄鳴始寢。

十一日辛卯　午正二刻六分白露，八月節。終日霒靆，多熱氛。閲趙君《琴鶴山房文》，其駢體新秀熨帖，一時能手。《舜妹嫘始作畫賦》及《夏論》《衛出公論》《祭馬頭娘文》諸篇，皆才情横溢。《夏論》尤推奇作，《衛出公論》讀書得間，亦發前人所未發。後附讀《漢書》《三國志》各數則，考證亦俱詳明。

十二日壬辰　晴，熱甚。王臬使來催飲，午赴之。同席爲鄞人凌户部，及浙中監司馮都轉、唐觀察等。下午出訪楊理庵庶常。庶常歸自粤東，今送其兩郎省試至杭者，晤談久之。更詣楊豫亭太守，不值。

十三日癸巳　晴，熱甚。得節子書。玉珊出闈，知『五經』題，《易》爲『變動不居，周流六虚』，《書》爲『戊辰，王在新邑，烝祭歲，文王騂牛一，武王騂牛一，王命作册，逸作册，惟告周公其後』，眉批：《説文》馬部無騂字，惟土部：『垶，赤剛土也。从土，觲省聲。』《周禮》注『騂』故書爲『挈』，杜子春讀『挈』作『騂』。《詩》爲『鋪敦淮濆，仍執醜虜。截彼淮浦，王師之所』，《春秋》爲『公及諸侯盟于臯鼬』，《禮》爲『君親禮賓，賓私面私覿，致饔餼，還圭璋，賄贈饗食燕』。局中送八月分薪水來。

十四日甲午　晴，熱甚，下午東風甚勁，稍陰，有雷。早渡江，上午自西興駬放舟行，晚至錢清，訪慎齋，留夜飯。二更解維，至高橋泊。

十五日乙未　晴，熱甚。晨入西亭門，至光相橋，水涸不能進，登岸步至家。李太守、謝總戎、徐郡丞各遣人饋節禮。王菽畦署嚴州來辭行。午懸先君子、先太恭人像，設祭。晡後詣菽畦觀察送行。又詣宗滌樓師，俱久談。至晚歸。

十六日丙申　晴，熱甚。

十七日丁酉　晴，熱甚。是日太恭人小祥之日也，大妹、二妹、五弟、九弟、大妹夫、沈瘦生表弟、阿僧皆來哭奠，延僧七人禮懺資福。

十八日戊戌　自夜大雨至晨，有雨，上午稍止，日出，下午又雨，頓凉。剃頭。夜雨不斷聲，自此田水沾足矣。

十九日己亥　終日密雨。感凉小病，卧閲《大雲山房集》。大雲文自足傳，惜其標置過高，好自爲例，乃時失之紛雜，此包慎伯所以病其破碎也。又喜説經，而議論無根據，令人有蛇足之歎。夜雨。

二十日庚子　終日陰雨，多風，晚後雨聲瀧瀧，徹夜霡霂。閲《經傳釋詞》。族父柏塍三伯于前日病卒來赴，年七十矣。梅谿公房，伯爲最長，輓以一聯云：『飲酒寓憂時，從兹坐上虚尊，宗黨漸悲耆老盡；課兒如望歲，保得亂餘插架，詩書留與後人菑。』

二十一日辛丑　終日雨。

閲六月二十八日至七月初十日邸鈔：直隸總督劉長佑以梟匪竄渡滹沱河被嚴旨詰責，交部嚴加議處。總兵劉雲鶴革職留營效力。梅啓照補授直隸長蘆鹽運使。原任運使克明告病。七月初旬，京師屢得雨。

夜雨聲不斷，湖水長一尺有餘。

二十二日壬寅　終日密雨。先王父鏡齋府君九十歲冥壽，延戒珠寺僧七人禮懺資福，上午設祭。得節子書，言將克日赴湘，來約話別，即作復書，并借以新刻衢本《讀書志》。

二十三日癸卯　晴，稍熱，下午雨，旋止。新差榷鹽茶畢通判世模來，前安徽布政使承昭之子也，不晤。作書致節子。鄭委員傑來言，王臬使升廣東布政使，前四川按察使蔣志章補浙臬。閲第三場策題，第一道問經義，多刺取注疏僻義及所不詳者。第四道問算學，皆推求古法，隱闢西人。第五道問選學，亦多舉奥文疑義，爲學者所罕知。

二十四日甲辰　晴。

閲李清映碧《南渡録》，共五卷，鈔本失去序目。其書起于崇禎十七年四月丁亥福王至自淮安府，訖于乙酉七月唐王即位于福州改元隆武，遥上帝尊號曰『聖安皇帝』，二年五月，帝遇害于燕京。每條皆先大書爲綱，而後系以事。映碧服官南都，事多參决，故所記較它書爲詳。其追謚建文太子諸王，及革除殉節諸臣、開國名臣、正德死諫諸臣、天啓死獄諸臣，皆爲所建白，故所載尤明備。如李善長之謚襄愍，諸野史皆不載，惟《明史稿》載之，實采于是書。解縉之謚文毅，程通之謚貞直，宋瑄之謚果節，樊士信之謚莊愍，顔伯瑋子有爲之謚孝節，亦皆僅見于此。當日南都追謚之舉，人頗譏之，以爲非急，然有功世教，終非淺鮮。全謝山謂『赧王立國，事事憒憒，惟補謚一節，足快人心』，誠篤論也。優恤北都殉難諸臣之請，始于御史陳良弼；追補靖難諸臣謚蔭之請，始于太僕少卿萬元吉。是《録》亦備載之。它如沈子木、沈儆炌父子之得謚，以儆炌子胤培官禮科都給事中所請；張邦紀之得謚，以爲高弘圖房師；孔貞運之謚文忠，初擬爲文恭、文恪，皆它書所不詳。又言貞運卒于甲申七月，足證《明史》言貞運因哭臨致疾而卒者，其事未審。李標卒于乙酉三月，足證《明史》言標于崇禎三年予告歸，六年病卒者，蓋誤。又言上命予謚，以國亡不果，則史言標謚文節者，蓋唐、桂諸王所贈。魏國公徐弘基卒于甲申十二月，謚莊武，足訂李瑶《南疆繹史》據《魏國公傳》言弘基于南都亡後避居吴江，謀起兵被殺者，其事蓋出于門客妄言，絶無依據。此録又于乙酉二月書『兵部尚書練國事卒』，下云『國事與魏國公徐弘基先後卒，幸也』，可知弘基之卒在國亡前甚明，《明史》諸書未嘗有誤。甲申十二月，再贈侍讀學士丁乾學禮部右侍郎，仍命與謚蔭一子，謚竟寢。足證《紹興府志》《山陰縣志》等書言乾學贈禮部尚書謚文忠者，事出有因。此或是魯王時所贈，由禮侍加贈，故得禮尚，文忠之謚，蓋亦申請所得。

映碧拳拳故君，爲弘光辨釋甚至，如謂倫序則潞王不當立，而深斥主立潞議者之非。論北來太子一案，則力言王之明之僞，高夢箕爲所欺，而外間歸罪馬士英之非。論童氏一案，則言始由劉良佐妻之誤信，而不知其自供實爲周王妃。案：此説蓋誤。童氏爲周府宫人，遇福世子于曹州，遂留侍寢，載在《南略》甚明，必非周王妃也。又謂閣臣士英聞童氏至，曾擬疏欲上言皇上元良未建，奸黨宗藩尚懷覬覦，若事果真，當迎童氏歸宫，密令河南撫按設法迎致皇子，以消奸宄。若謂童氏流離失散，不便母儀天下，則當置之别宫，撫育皇子。昔漢高祖開基英主也，吕后爲項羽所獲，置軍中者數年。唐德宗母爲亂兵所掠，終身訪求不得。宋高宗母韋氏、后邢氏皆爲金虜，韋氏終迎歸，邢氏亦遥加后號，古帝王遭時不造，如此等事多矣。况童氏寄居民家，何嫌也。疏成，以從龍諸臣皆云詐僞，且潛邸宫人無生子者，遂止。襄衛伯常應俊隨上藩邸一疏，言童氏皇嗣，絶無影響，然外疑愈甚。士英復刊其疏欲自明，人終不信也。上慈仁寡斷，内外群小日横，致流言喧民間。故一聞太子至皆喜，而二三民望，言足徵信，如高弘圖、徐石麒、劉宗周輩，又無立朝者，故愈疑愈辨，愈辨愈疑。上不得已，發士英初聞太子至議保全留中一疏，昭示臣民，然亦無信者。此所紀較諸書爲得實。又力辨其變童季女之非實事，宮中捕蝦蟆之爲舊例。且屢稱其寬仁慈愛，初謁孝陵，即問懿文太子陵而往拜，語及大行輒哭失聲。會審王之明時，召對群臣，言出淚落，連不成語。有曰：朕今日側耳宮中，惟望卿等奏至，若果真，即迎入大内，仍爲皇太子。誰知又不是，慨傷久之。于異議立潞諸臣從不追咎。僧大悲之獄，張孫振疏語挑激，欲興大獄，阮大鋮又欲借《三朝要典》興黨人之獄，上皆不允。于姜曰廣之廷推，則仍點用。于徐石麒之乞休，則予温旨。此謝山所謂當時不忘故主者無幾人耳。

映碧雖主東林而不傍門户，其祖思誠，亦以禮部尚書麗名逆案，照不謹例閑住。映碧疏辨復官，故此書雖痛斥阮大鋮。有云士英富貴已極，惟包攬交結，思永固福禄而已。貪庸誤國不殺人者，士英也；貪奸誤國又思殺人者，阮大鋮也。其言最確。而謂其先在天啓初以科俸補吏都，同邑左光斗等疑惡之，迫使去，用魏大中代，罪大鋮者亦偏也。若陰行贊導，亦無實據。又謂傅櫆連糾左光斗、魏大中等雖謬，然糾狎邪汪文言，自快人意。況以糾逆璫故，致服闋後終璫世不出，何云逆案？又謂薛國觀性執，復與門户相仇，故爲吴昌時所阱，然無黷聲，追贓爲過。其于東林諸人，則言周鑣榷税蕪湖時之不飭，章正宸嘗告劉念臺謂鑣言有餘而行不足，念臺默然。念臺所上糾馬士英及四鎮一疏，實鑣所激。又屢言吕大器之横，顧錫疇之短，蓋皆平心參决，不爲過甚之言。惟以楊維垣、張捷之殉節爲真，以潞王杭州之降爲未嘗監國，以僞太子爲北朝所使，則皆傳聞之誤耳。

王杏泉來。

二十五日乙巳　晴，晡後陰，凉。

二十六日丙午　亥初二刻九分秋分，八月中。自晨至上午晴，午後雨屢作。族兄哲庵秀才以書來，言患聵疾，思習卜筮，乞小爲經營。節子來辭行，言以月盡日赴湘。買得南池山人禾秆貳千一百斤，賒錢二千。

二十七日丁未　終日微晴，晚小雨。後觀巷王氏來納幣，且告期，以十月壬午來親迎。《禮》：女子成人者，有旁期逆降之文。《記》云：大功之末可以嫁子。今太恭人之痛甫逾小祥，于禮必不可行，而世俗嫁女，多不遵制，絶恩傷教，積習相沿，莫知爲非。予初力拒之，而王氏固請，不得已。則念季妹年已二十六，笄醴久失時，且再期之喪，加隆焉爾，姑强附于逆降之義，以慰太恭人之心。一室之内，吉凶異制；同氣之親，采素殊服。迫于事會，内疚而已。今日受其幣十束，穠錢二百番金，酒四壜。字出《玉篇》。返其娉銀二百兩，犒以二十番金，并以酒食、銅錢款其使。

二十八日戊申　社日，凉，雨，入夜有聲。得節子書，屬書扇二柄。族孫壽昌來謝吊，年僅十一，知問鄉試題目，亦可憙也。夜密雨徹曉。

二十九日己酉　雨，至午稍止，西風甚勁。終日鈔書。傍晚偕季弟、三弟、大妹夫出飲酒家，夜詣大妹閑話，更餘歸。

三十日庚戌　晴。桂花盡開，時聞遠香。張梅巖訓導來。爲傅艾臣、節子兄弟書便面。晡詣節子送行，談至更餘歸。節子準以明日行，必欲得予文爲贈，不得已爲撰一小序送之。

九月辛亥朔　晴暖。剃頭。作書并序致節子。下午偕三弟、季弟詣觀音橋候二姊，傍晚，自東雙橋買舟歸。程委員來，不晤。族弟竹樓來。夜初更後，族弟蘭如、竹樓來邀，同舟赴曹娥。

初二日壬子　晴，暖甚。晨抵東關，上午至曹江登岸，緣江塘行至孝女祠。孝女自宋世累封靈孝昭順純懿夫人，元世加封慧感夫人，《元史·順帝紀》加封曹娥慧感靈孝昭順純懿夫人，下六字仍舊號書之也。凡加封神號，例以新號冠舊號之前。國朝嘉慶初加封福應夫人。近以粵賊之亂，孝女屢著靈異，故市里獨完。里人朱海門太守以御史回籍，曾倡紳耆言之邑令，爲請加封號，未得達。前年海門自都寓書于予，爲言之中丞，去年中丞入奏，得俞旨，下部議，加封靈感夫人。今年明綸始下，里之人乃大爲賽會以樂。神自昨日始至，明日盛設導從儀衛奉神出游，越人奔走，皆集于祠下。予生未嘗謁孝女祠及墓，故往觀其盛。祠東廡下有宋元祐八年蔡卞所書邯鄲淳碑，祠堂西壁刻近人錢泳隸書。邯鄲文後有行書兩行，辨魏武、楊修讀碑事之謬。墓在祠之左，前有雙檜亭，亭東壁刻有明總督楊鶴五律詩五首。其第四首頗譏邯鄲文之失體。鶴，武陵人，嗣昌之父。此其爲浙江副使時所作也。晚泊祠後上沙宿，二更微雨。

初三日癸丑　晨陰，上午雨，旋止，下午又雨。早泊東關，下午抵天花寺，登岸小憩。放翁《東關詩》所謂『天花寺西艇子橫』也。寺門扁曰『天花古刹』，陶石梁、石簣兄弟所題。扁題『佛弟子陶與齡、奭齡、望齡、祖齡立』。寺內彌勒龕有余忠節所題『當來補處』四字。殿後楹有董文敏所題『海靈東映』四字，其下系款曰『邑人吴從越立』。從越，蓋襄敏公從魯兄弟行也。後院有樓，祁止祥先生題『香光藏』三字，樓下扁曰『□□□□』，款書『壬辰蓋萬曆二十年。□月七十外老人章鳳羽書』，其後列名皆道墟章氏，而格庵先生之名在第二行。旁聯爲蒿山和尚智楫所書：『曾知此法無人與，深謝高賢特地來』，十四字筆法直逼華亭深處。方丈有羅二峰儀所書『散木真傳』四字。寺屋樸陋，略無可游，而得諸老翰墨相映，覺清風穆然，麈杖可接。晡後回舟，至白塔洋，雨作而暝。二更入城，夜分自西亭更買小舟歸。夜小雨不止。

初四日甲寅　雨至晡更密，地氣潤溢，作桂花黴。慎齋來，以金華豚腊一肩、浦江白棗兩包見惠。

閱長洲陳氏奐《詩毛氏傳疏》。奐字碩甫，金壇段若膺氏弟子也。故所疏，一以段注《説文》爲宗，于名物訓詁獨詳。近儒之爲《毛詩》學者，汪氏龍有《毛詩申成》，胡氏承珙有《毛詩後箋》，段氏有《毛詩小箋》，皆竟申毛説，不主鄭箋。陳氏亦屢引《後箋》《小箋》之説，而略不及《申成》。蓋汪氏此書行世絶少，予亦未嘗見也。陳氏書分爲三十卷，總爲十册，前有《自序》及《凡例》各一篇。

夜雨聲斷續達旦。

初五日乙卯　雨霪黴濕，内外霑濡。閱《詩毛氏傳疏》。夜閱《越中金石志》。

初六日丙辰　日出鬱悶，晡後陰，有風，濕氣漸收，傍晚小雨。閱《越中金石志》。杜氏兄弟，尺莊徵君以詞翰名，禾子孝廉聲譽闇寂，而學問淹洽，實過其兄。此《志》考覈精嚴，尤爲傑作。世多耳食，樸學難知，僅以膏粱舉人目之，爲可歎也。夜小雨，風大起。

初七日丁巳　凉雨。

初八日戊午　風雨凄冷。

初九日己未　上午晴，下午陰。步答張梅巖，不值。徹凉棚。

初十日庚申　晴暖。

閱七月十一日至二十九日邸報：

張亮基奏請前貴州糧儲道金鈞、前貴州興義府知府馬應鏜暫緩送部引見，留辦科場及地方軍務；并請俟引見後，各以原官仍發貴州差遣。詔責其冒昧奏留，意存見好，傳旨申飭。署貴州提督副將趙德光奏請將貴州候補道署按察使鮑桂生破格擢用。詔責其越職密保文員，不安本分，傳旨申飭。俱七月十三日。

張亮基奏前因少詹事景其濬奏署貴州興義府知府鄭訓逵殉難，請旨優恤、建祠、予謚，當奉旨令該省督撫詳查死事情形，據實覆奏，兹查明同治元年，興義府失守時，署知府鄭訓逵身陷賊中，於上年十二月潛行回省，旋經病故。詔責景其濬於失守城池陷賊數年潛行回省之員爲之鋪張事實，率行奏請，實屬冒昧，交部議處。七月十四日。

吏部議奏請將劉長佑革職，詔加恩改爲革職留任。侍郎魁齡奏香山櫻桃溝等處新修石渠被山水冲汕。詔責工部左侍郎魁齡、通政使司通政使于凌辰、大理寺少卿王維珍、内閣侍讀學士文碩辦理草率，均交部議處，仍照例賠修。俱七月十七日。

兆琛奏與李元度軍援解思州城圍，並瑪瑙山等處之捷。詔兆琛、李元度迅將貴東積匪掃除，毋留餘孽。副將周東江擢總兵，前記名總兵降補游擊李喜溢等開復原官，陣亡副將劉烈、副將銜參將陳安昇均照總兵陣亡例議恤，其餘升賞優恤有差。七月十八日。

朱鳳標奏病難速痊，懇請開缺調理。詔賞假一個月，安心調理，勿庸開缺。劉長佑奏七月初九日永定河水漫溢，壞堤三十餘丈。詔責劉長佑督率無方，交部議處，永定河道徐繼鏞革職留任。俱七月廿一日。

吏部奏遵議湖北動用竹木商捐各員處分。詔前任湖北巡撫現任貴州布政使嚴樹森、前署湖北巡撫前直隸布政使唐訓方、前任湖北巡撫現任刑部左侍郎鄭敦謹、前任湖北布政使厲雲官、前署湖北布政使前任按察使唐際盛、前兼署湖北按察使前任鹽法武昌道盛康、兼署湖北按察使現任督糧道丁守存應得降一級調用處分，加恩改爲降四級留任。七月二十五日。

丁寶楨奏本月二十日捻逆全股由北路海神廟等處撲犯濰河，官軍馳往迎戰，衆寡不敵，被匪竄渡。詔：覽奏殊深憤懣。李鴻章總統諸軍，未能先事豫防，又未迅赴前敵，妥籌堵禦，以致逆匪竄渡，實難辭咎，著交部議處。山東布政使潘鼎新帶隊堵剿，未能得力，一併交部議處。丁寶楨在防守禦，未能嚴密遏截，致賊飽颺，糜餉殃民，厥咎尤重，著即革職留任，並摘去頂戴。仍責令該大臣等，督率兵勇，實力追剿，以贖前愆，毋謂寬典可再邀也。凛之。七月二十九日。劉崐奏新授兩淮鹽運使郭嵩燾病難速痊，懇請開缺。詔准其開缺。同日。

孫生子宜來。始食菱。

十一日辛酉　晴。有安昌市人陳教諭樹棠來，面交仙居王月坡手書，言月坡嘗寄予十三書，然達者兩函而已。以無便郵，亦未作報書，今日得此甚感其意。且聞其已保舉爲縣令，仍發廣東。作復月坡書，即託陳教諭轉致。竹樓來，五弟來。夜月甚佳。

十二日壬戌　寅初一刻十四分寒露，九月節。終日多陰。五弟新造一小舟，形如鯿魚而長，頗安隱，俗稱穩。宜坐卧。爲題兩聯云：『載鶴亦分席；浮鷗時在窗。』又云：『穿花直似果騮馬；就岸便似瓜牛廬。』

十三日癸亥　晴，暖如春夏間。閲《詩毛氏傳疏》。夜于燈下作字，頗苦蚊擾，連夕月色微翳，睡甚遲。

十四日甲子　晨陰，上午日景甚暄，午陰，有雨數點，下午晴。閲《東華録》，此書絶無觸礙，而所記大事往往不具首尾，錯雜漏略，全無體裁，真斷爛朝報也。姚寶卿來請午飲，不往。程晴山縣丞書來，饋龍井茶、松紋鴨卵，復以書，固却之。剃頭。夜月甚佳。

十五日乙丑　晴，熱如夏初。下午步至倉橋書肆，買得上海彭氏刻惠半農氏《禮説》一部，後附

《大學説》一卷;蕭山陳氏湖海樓刻汪校《列子》八卷,附《釋文》二卷;汪輯《尸子》二卷,《尹文子》一卷;胡鳴玉廷佩《訂譌雜録》十卷;全氏《經史問答》兩殘册。付以番錢一圓。又賒得王瑬《國朝文述》一部,殘本《湖海文傳》十一册。又借得艾至堂經解四種而歸。

閱《大學古本注》一卷,《中庸古本拾注》一卷,《論語别注》四卷,《孟子補注》二卷,東鄉艾暢撰。暢字(梲)〔至〕堂,道光庚子進士,官臨江府教授。所注兼采衆説,多出新意,不主漢宋,而于宋儒駁難爲多。

其詮《大學》『格物』,謂:『物乃性德之實有者,格者體也,古人于無可名而爲之名,則曰物。格物、致知,乃静中體認,無可言説,其機緘皆于意見之故直揭誠意,而不復明格物、致知之義,固非缺簡。』反復辨論,盡翻舊説,至數千言。然曰『静中體認』,則仍涉于杳冥荒忽之談,不出語録窠臼。而自謂聖賢奥義微言,隱晦數千年者,至是昭然無所復蔽,則亦言大而夸矣。

其它詮解亦多孤證臆造,不足據依。惟謂《康誥》之『康』,乃周圻内國名,故康城在許州陽翟縣西北三十五里,爲今禹州。當時周、召、虞、虢、管、蔡、霍,皆以地名,無稱謚者。案:郕叔、郇季、郇侯、唐叔、魯公禽父、晉侯燮、宋公稽皆然。且康叔之子稱康伯,不合父子同謚。謂『宗廟之禮,所以序昭穆』者,指大饗時,凡同姓之無爵者,分昭穆序立于阼階下;『序爵』,則謂同姓大夫以上,所謂三命不齒者也。謂『女爲君子儒,無爲小人儒』,『小人儒』者,如『言必信,行必果,硜硜然小人哉』之類。『不有祝鮀之佞,而有宋朝之美』,謂『佞』者,才也。佞,訓口才,亦可專訓才,如自謙『不佞』,謂不才也。『有』者,以之爲有也。此感衛靈公事,以見世當用賢,言爲國者,若不知有祝鮀之才,而但知有宋朝之色,難乎免于今之世矣。『難乎免』,即奚而不喪之意。班固《人物表》列鮀于中上,而列朝于下下,明鮀非朝比也。謂『謂之吴孟子』者，乃時人謂之，昭公既諱姬爲子，必不冠子以吴。《坊記》『春秋猶去夫人之姓曰吴，其死曰孟子卒』可證。謂『啓予手』之『啓』，當作『晵』，説文：『晵，省視也。』言省視予手足。謂『割不正，不食』者，古人禮食常食，割皆有正法，不正者，不合法也。割有宜縱横平割者，非取必于方正。謂『去兵』『去食』，『去』者，非已有而去之，蓋勢不暇勵戎講武，姑置足兵之政；勢不及務農積粟，姑置足食之政。謂『必也正名乎』，當從舊説『正百事之名』。《祭法》：『黄帝以正名百物。』而倉頡制字即在其時，『名』即文字，『物』即事也。《韓詩外傳》：季孫之宰告季孫曰：『君使人假馬。』孔子曰：『君取臣，但謂之取，不謂之假。』季孫悟，謂宰：『自後君有取，但曰取，毋曰假。』孔子于冉有退朝，荅以『有政』，而正其爲『事』，皆正名之謂也。《春秋》所書，于字名尤嚴，如書『侵』，書『伐』，書『圍』，書『克』，書『取』，書『竊』，書『弑』，書『殺』之類，字名各當其物，而大義自見。《春秋》即正名字之書也。謂『夷逸』當據《尸子》爲夷詭諸之後。此據《廣博物志》卷四十七引《尸子》『夷逸者，夷詭諸之裔，或勸之仕，曰吾譬則牛』云云。謂『方命虐民』之『方』，古『方』『放』字通用。《堯典》『方命圮族』，《漢書》王商、史丹、傅喜、薛宣、朱博等傳俱引作『放命』。是『方命』者，放棄先王之命也。謂『蹶者趨者』，《説文》『蹶，跳也』，『跳，躍也』；《廣雅・釋詁》『蹶，跳也』；《曲禮》『足毋蹶』，鄭注『蹶，行遽貌』；《越語》『蹶而趨之，惟恐弗及』；《吕氏春秋》『狐援聞而蹶往過之』。是『趨』爲疾行，『蹶』爲行且躍，皆作氣使然，故曰『是氣也，而反動其心』。謂『決汝、漢，排淮、泗，而注之江』者，當洪水泛濫時，南條諸水混合不分，禹以江在南，地勢處下，故決排諸冒地之水注江以入海，迨水落地出，惟漢入江，汝、泗由淮入海，始各自爲瀆，而不相通。後儒紛紛謂汝、泗不通淮，淮不通江，此據禹既治後，水由地中行言之也。若本如是，又何須禹治之？《孟子》文自不誤。案：此與何氏義門説略同，而更明顯。錢氏竹汀渭朐山以南、餘姚以北之海，皆江之委，淮口距江口僅五百里，實爲江之下流，是淮乃先入江後入海者。其説似迂曲。謂『頑夫廉』，『頑』同『忨』，貪也。凡此諸條，皆考證確鑿，具有精義。

至解『五畝之宅』，謂趙注以宅二畝半在田，二畝半在城，故爲五畝，雖與《穀梁傳》《漢·食貨志》合，然皆不足信。五畝宅，蓋俱在井邑中，田間衹有憩息草廬，無宅，所謂『中田有廬』也。《詩》言『十畝之間，桑者閑閑』，正以宅各五畝，兩宅相比爲十畝，中間以墻，各樹以桑，故爲『十畝之間』，無所謂『二畝半之宅』也。其説《詩》甚解頤。然愚案《説文》：廬，寄也，秋冬去，春夏居；廛，二畝半也，一家之居。《公羊傳注》云：一夫受田百畝，公田十畝，廬舍二畝半，凡爲田一頃十二畝半。八家而九頃，共爲一井。在田曰廬，在邑曰里，春夏出田，秋冬入保城亭。許、何之義並同趙氏。此蓋古説相承，恐終不可易耳。

是日浙江鄉試揭榜，今年爲丁卯科，兼補行甲子科。共放二百三十三人，山、會兩邑得二十七人。解元富陽人朱彭年，第二山陰人胡壽頤，第三會稽人孫德祖，大半皆浮浪少年及不知姓名人也。所喜王子莊、譚仲修俱得雋，亦足爲學者勸。夜月尤佳。

十六日丙寅　晴熱如夏。

閲《訂訛雜録》，青浦胡鳴玉著，前有沈歸愚序，共十卷，凡三百七十四條。其書隨事考證，多限于聞見，尚沿誤説，惟持論平慎，無憑私逞辨之談，一知半解，亦時有可取。其後有自跋，謂：『是編之成，僅五閲月，即付棗梨，未暇點勘。其中有襲前人成説而不必存者，有事近于俗而不足辨者，字音字畫亦多疵纇。訂訛而仍蹈于訛，每一展卷，内愧于懷。』則固虚心自知之士也。鳴玉，字廷佩，號亭培，乾隆時諸生。蕭山陳春以此書與宋人王觀國《學林》並刻入《湖海樓叢書》中，其學識亦正相亞。

是日烈景逼人，幾不勝單衣，下午澡身洗足。傍晚步至錦鱗橋看晚霞，是夕望，月輝皎出。夜飯後步詣西亭宗人家，晤竹樓，小坐而歸。

十七日丁卯　陰，下午霡霂，有微雨如塵，傍晚雷電睒霍，有辟歷，夜雨旋止。得蓮舟四月十三日太原書。蓮舟近在署山西布政使胡學士大任幕中。坐肩輿答拜畢通判，不值。族弟竹樓、蘭如來。

十八日戊辰　陰涼小雨。閲吴人王鎏所輯《國朝文述》。其書分闡道、明倫、經世、考典、敘事、論人、游藝、雜體八門，編輯頗無倫次。夜雨有聲。

十九日己巳　雨。遣人送三妹嫁具至後觀巷王氏。夜赴西興。

二十日庚午　上午薄晴微雨，午晴暖。上午抵西興，午渡江，下午抵杭州，仍寓書局中。晤孫琴西、譚仲修。

二十一日辛未　雨。出詣王廉使，賀其擢廣東布政，不值。詣楊布政，不晤。詣琴西侍講，賀其子詒讓新得鄉舉。侍講居紫陽山房，頗擅泉石竹樹之勝，因留午飯。飯畢詣孫子佩太守，小坐。出謁馬中丞，久談。回至柴垛橋，訪張香濤編修，編修病尚未愈，即其卧内談逾時而歸。

二十二日壬申　陰。王補帆方伯來晤。

二十三日癸酉　晴暖。薛慰農觀察來晤。夜步詣香濤編修談。

二十四日甲戌　涼雨。穀山中丞來，久談。孫子佩太守來。爲趙桐孫駢文加墨一過，并系以小跋。夜雨聲滴歷達旦，涼甚。

二十五日乙亥　晨小雨，終日陰寒。作片致李子長優貢，屬轉還桐孫文稿。楊石泉方伯來，久談。作書致琴西侍講。琴西侍講來。張子虞孝廉來。夜過鄰寓，從慰農觀察談，晤仁和董純甫明經慎言。

二十六日丙子　秋陰，微景。剃頭。

二十七日丁丑　卯正初刻七分霜降，九月中。早晴，終日陰寒。得琴西侍講書，即復。譚仲修贈獨山莫子偲所著《唐本説文木部箋異》一册，湘鄉相國爲刊行者。木部自『相』至『揭』凡一百八十八字。連重文。傳是唐人寫本，篆楷俱工，間有殘缺。末有宋米友仁題『右唐人書篆法説文六紙，臣米友仁鑒定恭跋』行楷十八字。莫氏跋言原紙合縫有紹興小璽。後又有『寶慶初年四月三日妝池松題記』行楷十三字。莫氏跋言原紙題記左有俞松心畫及壽翁二印。俞，嘉禾人，官承議郎，淳祐甲辰著《蘭亭續考》者。子偲，名友芝，道光辛卯舉人，以薦特詔，以知縣發江南，不赴。此本得之黟縣知縣陝西張仁法，因爲之摹寫重刻，而别撰《箋異》一卷。其中與二徐本篆體不同者五，説解不同者百三十有奇，而時有與段氏注暗合者，足見金壇之學，不可妄議矣。莫氏鉤校細密，據其中梧、桓、恒字缺筆，柳、卬不缺筆，以《開成石經》不避御名例，定爲穆宗以後人書。儀徵劉毓崧跋謂『古無不避御名者，此當是元和十五年，穆宗登極之歲所書』。又辨其不避虎、世二字之由，其説甚辯。後又有南匯張文虎、桐城方宗誠及友芝之子彝孫共三跋，皆有所考訂。前有曾相國題簽篆書及題辭七古一章，皆佳。此書刻于同治甲子之夏，而是年冬，予在都中已見之，未及買歸。今日燈下，始得略讀一過。

香濤編修欲邀予至楚北襄校文事，予以家人爲累，琴西侍講勸挈之以行。昨穀山中丞有書相留，同人亦多阻止。今日作一書致香濤，告以故，而香濤出游西湖。夜復作書言之，聞尚未歸，明日將東渡，不勝耿耿。張子虞來，訂明日于江船餞行，辭之。

二十八日戊寅　陰。侵晨仲修來，得香濤書，言必欲邀予偕行，且約今日少留。李子長來。香濤學使來。天台縣令李爽階來，都中舊識也，以分校鄉試至省者。夜二更後得香濤書，并送書幣來，還其幣。

二十九日己卯　晴暖，下午風，陰，傍晚有微雨。晨起作書，致香濤，致琴西。詣譚仲修，即返。日加辰度江，傍午，抵西興，買小艇還越城，初更抵家。

閲八月初一日至九月十四日邸鈔：

護理廣西巡撫布政使蘇鳳文奏署巡撫廣東布政使吴昌壽於七月初九日病故。詔：廣西巡撫郭柏蔭未到任以前，著蘇鳳文署理。初一日。以浙江按察使王凱泰爲廣東布政使，以前任四川按察使蔣志章爲浙江按察使。初一日。以安徽徽寧池太廣道李元華爲兩淮鹽運使。初一日。

以禮部右侍郎賀壽慈爲順天學政，詹事夏同善爲江蘇學政。署吏部右侍郎内閣學士殷兆鏞爲安徽學政，編修張家驤爲山東學政，于建章爲山西學政，楊慶麟爲河南學政，周蘭爲陝甘學政，祭酒邵亨豫爲福建學政，候補侍郎徐樹銘爲浙江學政，修撰徐郙爲江西學政，編修張之洞爲湖北學政，温忠翰爲湖南學政，修撰鍾駿聲爲四川學政，光禄寺卿胡瑞瀾爲廣東學政，編修楊霽爲廣西學政，雲南學政翰林侍讀學士梁肇煌、貴州學政編修黎培敬均留任。太常少卿任兆堅爲奉天府府丞兼學政，奉天府府丞王映斗調補太常寺少卿。初二日。

駱秉章奏四川按察使楊重雅丁母憂。以湖南鹽法長寶道翁同爵爲四川按察使。初三日。

以大學士賈楨爲順天正考官，協辦大學士吏部尚書瑞常、工部尚書單懋謙、左都御史汪元方爲副考官。初六日。

兵部議奏盛京將軍都興阿處分。詔加恩仍改爲革職留任。初七日。

詔貴州學政黎培敬會同貴州巡撫辦理剿撫屯田一切事宜，並准其專摺奏事，從太常寺卿石贊清請也。十一日。劉長佑奏已革總兵劉雲鶴于七月十九日由臨清追賊至威縣，二十日追至館陶縣之前石莊，遇伏陣亡。詔：已革提督銜記名總兵劉雲鶴開復革職處分，照提督陣亡例議恤。十一日。

張亮基奏記名提督署貴州提督趙德光于七月初五日剿賊安平縣之蘆荻哨，中槍陣亡。詔：趙德光加恩照提督陣亡例從優議恤，並于死事地方及貴州省城暨原籍郎貸廳建立專祠。十五日。

總督銜署理貴州巡撫張亮基交部嚴加議處，先行開缺，聽候部議。伊子道員張臚壽及同知直隸州知州王應昌等俱革職。以少詹事景其濬劾其玩兵侵餉，縱暴殃民，詔令嚴樹森查辦，樹森奏其侵漁餉款，雖不至過半，而銀兩由内署存發，不由司局核放，且袒護劣員，縱容子弟濫保家丁，俱有實據也。十九日。貴州布政使嚴樹森革職，發往雲南交張凱嵩差遣委用。以樹森奏請開缺北上，詔責其沿途逗留，藉詞巧飾，且奉特旨交查事件，並不親臨其地，安坐鄰省即行查覆，又見貴州事務棘手，極思規避也。樹森疏言：藩司一官，爲巡撫屬吏之首，一切行政、理財、用人，皆須禀承巡撫之命，不准專擅定制。然也同城共事，朝夕相見，必須芥蒂毫無，乃于公事有益。臣上年二月，奉旨查辦貴州署撫臣張亮基劣蹟，其時臣官廣西臬司，雖名位卑于巡撫，究係廣西之官，例不歸其統轄，則無所存其瞻顧之心。上年十月，蒙恩擢換貴州藩司，因查辦之事未經覆命，兼之賊梗道阻，到任無從。即使能到，見面之後轉難爲情。蓋以職分較之，固居然貴州巡撫之屬吏也。夫以本省之藩司，查本省之巡撫，以下劾上，理固有所未安。今日所參之疆吏，即異日親臨之上司，覥面趨承，義亦有所不屑。且溯咸豐三年，張亮基署理湖廣總督時，臣以湖北東湖知縣調署江夏縣首邑，事務親承教訓者半年有奇，又曾爲其屬吏者也。伏思人臣事君，以不欺爲主，以無私爲用，臣荷殊恩，特簡任以糾察之權，於該署撫款跡，自應據實臚列，不敢顧戀私恩。但以故吏而直彈舊帥，以新藩而首參署撫，曾不稍爲徇隱，功令所係，在聖主或能曲諒其苦心，而形迹之間，在群下豈能不加以指摘，不以爲矯激自異，則以爲排擠相尤。如是而仍爲貴州之官，臣復何顏自立于群僚之上？況朝登白簡，暮聽銜參。臣翼翼小心，固不敢稍懈寅恭之誼；而張亮基面面相覷，未必不懷逼處之嫌。撫藩同城相處，因有前隙，易生意見；又當危難之時，恐于通省公事，嚴疆大局，諸多窒礙，則微臣負疚滋深。輾轉思維，既不敢存畏難之見，亦不敢有自利之心，進退維谷，無所適從。

惟有籲懇鴻慈，鑒臣孤直，開貴州藩司之缺，另簡賢員，庶于微臣職分，貴州大局，兩全其美矣。臣上年十月二十二日謝恩摺内陳明，俟差使完竣，再趨闕廷。奉旨：知道了，欽此。現在查辦事竣，即遵旨北上，恭覆恩命。藉得叩謁天顔，跪聆聖訓，紓積年犬馬之忱。臣拜摺後，暫駐綦江，恭侯諭旨。臣無任戰慄隕越之至。道員曾璧光署貴州布政使。賞給二品頂戴，署理貴州巡撫；黎培敬賞給四品頂戴，署理貴州布政使；以編修廖坤培爲貴州學政。十九日。

劉長佑奏誅掠取民物之都司陳希協。二十日。又奏已革副將歐陽繼盛追賊至獻縣閻家村，被團勇誤殺，并害弁勇八人。二十日。

吴常奏劾福建補用道福州府知府丁嘉瑋，一味軟熟，善伺意旨；延平府知府李慶霖，著名巧滑，極善趨承。請俱革職，勒令回籍，不准在閩逗留。從之。二十一日。

江蘇學政夏同善丁母憂，以大理寺卿童華爲江蘇學政。二十六日。吏部尚書朱鳳標以覆試宗室鄉試舉人擬題錯誤，交都察院議處。二十六日。

于建章調任山東學政，張家驤調任山西學政。二十七日。黄少春調補浙江提督，楊鼎勳調補湖南提督。二十七日。

左宗棠奏誅與哥老會匪結盟之游擊馬福喜、副將陽明貴、千總唐思福及入會勇丁十餘名。九月初三日。

左宗棠奏官軍攻克安塞縣屬橋扶峪、馬家莊等處賊巢，僞大元帥張福滿携其家屬投河死，擒斬僞副元帥李雄安等三十餘名。初五日。張亮基照部議革職。初五日。

冬十月庚辰朔　晴暖。作書致香濤學使，告以楚游有三願、四難，約六百餘言。作書致李爽階縣令。託鄭妹夫借錢五十貫，爲三妹出閣酒食之用。

初二日辛巳　晴暖。祖母倪太恭人忌日。晨得孫琴西侍講書、譚仲修書及香濤闈書，皆力勸入楚。即作書復學使及仲修。上午行教婦禮，下午王氏來逆婦，夜四更送三妹上輿，五弟、季弟，族弟蘭如、竹樓送之去。

初三日壬午　晴暖。上午三妹及婿來反馬。得沈蘅甫書。

初四日癸未　晴暖。

初五日甲申　陰，下午微雨乍零，夜密雨。

初六日乙酉　上午密雨以風，入夜不止。祖母余太恭人忌日，設祭。夜雨大風，頓寒。

初七日丙戌　晴，風，寒。曾祖妣倪太君生日，設祭。

初八日丁亥　晴寒。下午陰。閱石襄臣太常《條奏黔事疏》，約萬餘言，文雖不工，而明白曉暢，洞悉機事。其請以川督駱協揆仿康熙間鄂文端故事，總督川、滇、黔三省，尤爲要著，而朝議竟不行。它所請亦多格是，可惜也。疏中言選將則以趙德光爲最優，言飭吏則以嚴樹森爲可任，而今已一死一黜，惟所薦黎培敬得以不次用耳。然太常此疏，終爲可傳。族弟竹樓來。閱《順天鄉試題名録》，族兄國彬得雋。夜作書致琴西侍講，致譚仲修。

初九日戊子　上午薄晴，午後陰。剃頭。令王元赴杭，送孫、譚兩家書，并作書致王松谿、陳藍洲。

初十日己丑　晴。感寒小極。

十一日庚寅　晴。王元自杭歸，得琴西書、仲修書、藍洲書、玉珊書，并香濤所留程儀四十金。

十二日辛卯　晴，黄昏大風，驟寒。連日小病，不怡。曹文孺縣令壽銘、王眉叔司訓詒壽來。曹君以所著《曼志堂詩集》屬予點定。予與曹君，初同爲郡邑弟子員相識，而曹君年輩較予稍長，名亦噪甚，然應制帖括以外，未嘗留意也。自予入都，曹君亦以優貢來赴都試，曾遇之京兆闈中，各相歎南北奔走，老無所成也。既曹君以教習得知縣，遂别去，七年不相見。予歸自都，聞其自力爲古學。今觀其詩，遂已駸駸有作家意。舊雨新篇，深談燭跋，窮途此夕，喜可知已。夜三更後，二君别去。夜霜濃寒勁。今年霜甚少，得此，楓柏可盡紅矣。

十三日壬辰　卯初二刻十三分立冬，十月節。晴霜有風，寒。張梅巖來。

十四日癸巳　晴。

十五日甲午　晴。爲季弟書卧内楹聯，爲人書直幅四紙。

十六日乙未　晴。擬是日束裝赴楚，已戒舟矣，以曆言今日不宜出行中止。作書致仲弟。爲資福庵書佛殿柱聯云：『受葪歷三涂，不須參悲首十方，便成知識；結蒲規寸地，但猛下金剛一杵，立見清凉。』又方丈楹聯云：『棕櫚明月參諸相；鐘磬西風共下方。』以是庵之西，又有臨河一庵也。又爲人書楹聯四副。

十七日丙申　晴和。曾祖考忌日，九弟詣漓渚墓所送寒衣，又至先王父母亭山殯宫送寒衣。下午訪李太守、徐郡丞，俱久談。

十八日丁酉　晴和。作書致文孺、眉叔兩君。步詣宗滌甫師，知其病甚。

閱曹文孺詩，爲之評識。其詩秀健，工設色，時有雋句。五言如：『露氣入深竹，池光上緑荷。』『櫓聲隨雁遠，花氣帶霜寒。』七言如：『十里炊烟團野色，滿山寒葉擁潮聲。』『細雨兼旬燈事了，梅花如雪

酒人來。』『夢回南浦聞鷄唱，潮落西陵有雁聲。』『日落門寒湘浦雪，客來帆帶浙江潮。』『春衫驛路雙柑

酒，孤枕潮聲七里灘。』絕句如：『夕陽柳色南塘路，一櫂春波過短橋。枇杷花下重簾雨，想對沉薰寫楚

騷。』《題馬湘蘭畫蘭》『春色兩家分占處，綠楊簾幕雨中燈。』『忽憶去年殘雪裏，疏燈寒月賣珠橋。』皆可入

摘句圖。其尤佳者，《得子九閩中書喜賦一律》云：『雲樹隔江關，霜高夢百蠻。朝聞南雁下，忽報一書

還。會發甌寧道，言尋邵武山。因依誠得地，所惜鬢毛斑。」起結旋折，純乎大家，可稱四十賢人矣。

李太守來，不晤。

十九日戊戌　晴陰相間。作書致徐介亭郡丞，請爲花燭祝賓，以季弟明日行婚禮也。季弟行先

太恭人之服，既以斬縗三年，降爲斬縗，期當十三月而禫。今已十四月矣，禮宜除服廬居，心喪終制。

而世俗難曉，多以婚姻失時爲憂。予亦以將有遠行，季弟既爲人後，不能同居，彼之宗親多非素習，室

無主饋，彌爲深憂，故權宜行之。晚近婚禮各自爲俗，沿訛襲謬，鄙倍不經。越人好機，尤多怪誕，予

一切禁之。惟古者冠禮有筮賓三祝之儀，昏禮則但有贊者。而越俗于新婦初至時，必筮宗黨中齒、德

兼尊者一人，三祝以辭，或攝以貴客，雖曰非禮，然義備戒勖，猶不近誣。予家三族無尊行，初以戒宗

滌甫師，以病辭；再戒李太守，以事禮辭；乃戒郡丞，將明日宿之。得王訪梅書，即復。得介亭書。夜

月甚清寒，爲季弟撰花燭青詞。

二十日己亥　霜日晴寒。晨起祭告于祖禰之寢。午使使將命導輿至道墟余氏迎新婦。夜二更

介亭來。四更余氏送女至。五更花燭合巹。新人年二十四歲，季弟年二十三歲。

二十一日庚子　微晴。親族僚友來者數十人，適王氏妹亦偕其婿來。午刻新婦行見舅姑廟中

禮，以次遍見宗黨。予以緌冠白屨與此几筵，顯詩禮經，彌滋長慟。

二十二日辛丑　晴和。閲九月十五日至廿二日京報。副都統明興署理杭州將軍。二十一日。

二十三日壬寅　晴和。王訪梅來，以送行詩二律書摺扇上，并畫梅一枝爲贈，詩畫俱佳。又録示其自去年至今年詩一册，賢女仲昭詩二十餘首。

二十四日癸卯　陰。作書致訪梅。偕季弟詣項里先君子、先恭人墓送寒衣，夜歸。聞王菽畦病卒于嚴州。

二十五日甲辰　晴。曹文孺、王訪梅來。文孺惠送行詩二律，詞格高秀，不讓訪梅也。是夜季弟置酒召客，姑夫屠夢翁及群從兄弟皆來，遂邀二君同飲。更闌各散。

二十六日乙巳　晴。妹壻王寅生建辰柬訂二十八日午飲，辭之。夕陽時偕屠姑夫、季弟閑步，由王公池出常禧門，回至池旁人家。修竹數叢，炊烟半起，禾稼甫納，鷄鳬自游，水色碧寒，環岸若鏡，城陰𨺗闍，映山而冥。蓋有濠濮之觀，已極田園之趣。立稻篷紡車間，與老農相答問，遠勝與士夫周旋矣。池水極深，旱潦不改，俗訛爲龐公池。平生至此僅三度，與寓廬相去才半里耳。晚歸。寅生再具書柬招飲。

二十七日丙午　薄晴，多寒氣。作書辭寅生飲。得張玉珊、陳藍洲書，并孫琴西所寄聯件。宗滌甫師來詢行期。作復仲修、玉珊、藍洲書。閲九月廿三、廿四、廿五三日邸鈔。

二十八日丁未　丑正二刻十二分小雪，十月中。晴寒。屠姑夫去。姑夫今年六十二矣，戚黨尊行在者惟此一人，尚健步、豪飲如少年，可喜也。寅生三來邀飲，夜偕季弟赴之，陳設甚盛，呼其子國器、國華及女二人出拜，謂吾舅者，吾謂之甥也，予以儹儀各一番金。三更歸。

二十九日戊申　晴有風，甚寒。作書致沈蘅甫。夜爲訪梅評點其女仲昭詩，并系以三絶句。仲昭名綺，年僅十六，其詩頗有工者。如：『流螢一點池塘影，來照階前笑語人。』『銀塘水滿紅闌静，時有花隨燕過墻。』皆有意致。

三十日己酉　晴寒，水始冰。作片致秦鏡珊。作書致王訪梅。

十一月庚戌朔　晴，午又風勁，寒甚。得眉叔復書，約千餘言，詞藻殊麗。陳珊士之子穀孫來見。作書致子蕁、蓮舟兄弟。剃頭。聞宗滌甫師于昨夕病卒。越中耆舊，存者惟師，失此典刑，彌深愾歎。陳穀孫再來見，始知珊士病狀，并得賈琴巖刑部書，言珊士臨殁時，屬其轉告鄙人，以墓銘相託。死者已矣，寂寞千秋，窮交之文，何益身世？悲夫！從弟蓮舫來送行。

初二日辛亥　晴，大風，寒。得沈蘅夫書。作書致妹壻王寅生，爲蘅夫明年謀館事。

初三日壬子　晴。作書致介亭。下午步往滌甫師家送斂，晤王蓮伯贊元。

初四日癸丑　晴和。蘭如、竹樓、穎堂、品芳、少梅諸弟邀飲小雲栖。午同舟出城，木葉盡脱，水波不興，村落竫深，山色如醉。五里到寺，茶憩于替我居，遍歷齋廡，日景漸西，始命肴酌，迫暮而散。纖月在門，解維入城，更飲于竹樓家。二更後歸。三妹歸寧。

初五日甲寅　晴和如春。

閲九月廿六日至十月初二日京報：

以國子監祭酒邵亨豫爲詹事府詹事，以翰林院侍讀學士紹祺爲少詹事。九月二十九日。

李瀚章奏八月間湖北襄水氾溢，襄陽、安陸等府及均州、光化、襄陽、穀城、宜城、鍾祥等處均被水淹，天門、漢川被灾尤重，鄖陽府城因雨河漲，衙署民房均被淹没。詔：均妥爲撫恤，毋令流離無所，其應钃綏錢漕之處，仍查明迅奏。十月初二日。

以將楚游，始戒舟楫。

初六日乙卯　晴。稍處置家事，以先世祭祀事屬季弟，令内子居次妹張氏家，姬人居三妹王氏家，屬季弟以屋還毛氏。鄭妹夫賮番金四枚，固辭之；更饋糕餌采卵，不得已受之。王妹夫賮番金十枚，固却之，不可，受其四枚。五弟饋醃鴨鹽卵，受之。季弟新婦忽病，延醫張春帆診脉。春翁言予瘦甚往時，因屬其視脉，撰兩方。王眉叔來送行。王妹夫、蘭如、竹樓、穎堂、少梅諸弟來送行。五弟來送行。結束行李，携書兩大篋而行。夜别家人及諸來送者，開船行，出西郭門，就寢。

初七日丙辰　晴。上午抵西興，午渡錢江，下午至小營巷，仍寓書局。

初八日丁巳　晴。出謁馬中丞，不晤。詣杭守譚文卿、臬使王方伯，俱晤。方伯談次，知新臬使蔣君已擢四川藩司，四川藩司江忠濬調廣西藩司，以陝西糧道閩人劉齊銜爲浙江臬使。又知總憲餘杭汪公元方於十月初六日病故，吾鄉譚侍郎擢總憲，皆未見邸鈔者也。下午歸。王松溪邀同張玉珊、胡肖梅、陳藍洲夜飲酒家。

歸寓，閲祥符周稚圭中丞之琦《金梁夢月詞》兩卷，又《懷夢詞》一卷，纏綿諧婉，深入南宋大家之室。《金梁夢月詞》自題『自嘉慶壬申至道光辛巳十年中所作』，皆其官京師時與屠琴隖倬、錢衎石儀吉、劉芙初嗣綰及吾鄉布衣陳小雲致熼等相倡和，共百五十四首。《懷夢詞》皆其爲浙臬時悼亡之作，共四十五首，時爲道光己丑，其詞悽麗妍約，情不自勝，令人誦之，回腸結氣，幾欲掩過納蘭容若。昔人謂《飲水詞》過于哀抑，决其不壽。若中丞者，富貴壽考，又將何説耶？是集刻于杭州，寫槧精絶，惜今不多覯耳。

聞汪左都卒後，以齋禁故，至十四日方上遺表，贈恤優渥，即日命郡王銜治貝勒領侍衛十人往奠。以譚竹崖户左爲左都，毛旭初吏左爲户左，吴和甫吏右轉吏左，胡宗丞吏右擢。

初九日戊午　晴。趙桐孫來。服張翁方藥。夜作書致季弟。

初十日己未　晴和。松谿介汪小米先生之孫子用秀才來局，言其家所刻書，若《國語》三種、《咸淳臨安志》、《漢書地理志校注》、《湖船録》、《清尊集》等板葉，皆已補完；《列女傳注》《左傳通釋》《道古堂集》《詞綜》等，皆殘缺待修，餘多不可問矣。因買得《國語三君注輯存》四卷、《國語發正》二十一卷，《國語明道本考異》四卷、《漢書地理志校注》二卷，四種皆小米所自撰者也。又閻氏《古文尚書疏證》一部，其板今亦在汪氏，蓋自淮上購得者。付以書直番金兩餅。譚文卿太守來。定海黄元同秀才以周來。

十一日庚申　晴和。玉珊出示所藏梅谿山房《禪餘雜録》寫本一卷，明遺民禾中孫梅谿先生肩所著也。首題『甲乙雜著』四字，中皆雜文，而尺牘爲多。據其《告大參勳卿兩府君文》及《生棺銘》云『勳卿孤子僧勝，名肩』，則其祖、父嘗爲參政、光禄卿。又自言『爲銅臭貲郎』，則明末嘗官中書舍人者。鼎革後削髮爲僧，其文幽怨蕭逸，是霽山、皋羽之流。剃頭。王方伯來，適散髮，不見。

作片致李子長，借得《胡文忠公遺集》閲之。集凡十卷，皆奏疏、稟牘、批札之文，嘉興錢卿鉌等新刻之吴中者，冠以國史本傳及年譜。文忠老謀深識，燭照不遺，固中興第一流人。其行文亦辭意嚴正，絶無枝葉。往往援證古事，深摯凱切，國朝言經濟者，莫之或先。其集在天壤間自不可磨滅。惜校刊不善，體例蕪雜。聞楚中近日又有刻本，較此更多數倍，前日曾索之楊方伯，尚未得也。

十二日辛酉　晴和，下午風，亥初二刻七分大雪，十一月節。上午坐肩輿出錢塘門，訪薛慰農太守于湖上。自寇亂後，未曾至此。輿人由裏湖山際行，燼土荒葑，全非昔境。迂道至孤山，憩放鶴亭，拜林處士墓。慰翁適櫂舟游此，已返櫂，因迹之，共飯于崇文書院。晡後詣詁經精舍訪黄元同。元同出其尊人薇香先生《論語後案》兩部，一贈予，一屬轉贈香濤。適慰翁亦來，遂同登望湖樓。時夕陽滿樓，湖光如雪，四山映發，空明不寒。十餘年來，無此遐賞矣。又與慰翁同游蘇公祠，登横翠樓而别。暮入城。夜飯後，穀山中丞遞來吕定子是月初四日書。

十三日壬戌　晴和如春，晡後陰。作致妹夫張文溶書，又爲二妹代作家書一通，更作書託王補帆方伯寄至廣州。下午詣穀山中丞，久談。詣楊豫庭，不值而歸。

夜閲黄氏式三《論語後案》，其書共二十卷，先列《集解》，次列《集注》，而後引諸儒説以補益證佐之。不專主漢、宋，而悉心考據，務求至當。其詮釋義理，亦深切著明，絶去空疏詰曲之談。于經文之異文古字，皆隨文附注，近世漢學諸家之説采録尤多。以之教授子弟，既不背于功令，又可以資實學，誠善本也。書尚未梓，以活字版印行之。前有薇香自記《印行小引》，後有《自序》及其弟式穎、穉生序各一首。

作書致薛慰翁。二更後風起，三更後雨。

十四日癸亥　晨溦雨，上午晴，大風。是日以將由上海坐輪船至鄂，擬簡省行李，遂更料理書籍，以習見者七十八種，共三百零六本，置頓一大篋寄回家中。以初、二、三單本《甕牖閑評》兩册與張玉珊，易范蘅洲先生《夏小正輯注》一册。聞李宫保大捷于濟寧，陣斬捻首任某。

十五日甲子　晴。寫所留書目一紙，并系以四言韵語一首，致珊姬，屬其善視之。趙桐孫來。得薛慰翁書。下午偕張玉珊過李子長館中，不值。作書致季弟，致三妹，致張姬，致竹樓，致品芳，致王寅生，致慎齋，致李樹堂太守，將以明日令王元齎回紹興。

十六日乙丑　晴。得季弟書，鄭妹夫又寄惠毹脯兩肩。再作書致季弟，令王元并齎之歸。楊豫庭來，不晤。於張玉珊處見近時桐鄉陸費春帆中丞瑔《真息齋詩集》、長洲陳梁叔孝廉克家《蓬萊閣詩集》、長洲江弢叔縣丞湜《伏敔堂詩集》、嘉興楊利叔孝廉象濟《南歸草》。中丞詩學晚唐，頗有秀句。梁叔爲姚春木弟子，與潘四農交好，其古詩頗刻摯，亦與四農相近，後從張忠武軍，歿于賊。弢叔詩有勁氣，而多病粗率，捧檄吾浙，阨塞而死。又近有甘泉李肇增冰叔者，亦以卑官需次浙中，能爲駢文，頗高古。夜閱《方望谿文集》。予不閱此者近十年矣，其文終有本領，而義法未純，由讀書未多，情至處彌爲佳耳。

十七日丙寅　晴。閱《望谿文集》，其敘天倫悲苦處，棖觸生平，時爲泫然廢卷，痛莫切于傷心，鮮民之謂矣。薛慰翁來。得香濤是月初五日金山書。

十八日丁卯　晴和。仍服張叟方藥。從趙桐孫借閱吳翌鳳枚庵所輯《國朝文徵》，搜眘雖博，而去取頗未盡善。作書致薛慰翁，借李次白氏《春秋左氏傳賈服注輯述》。次白名詒德，字天彝，號杏村，嘉興人，嘉慶戊寅恩科舉人。是書凡二十卷，剌取賈、服古注，而廣證以釋之，間亦補正其失。較之洪氏《左傳詁》，體例略同而申辨爲多。去年之冬，餘姚朱閣學蘭爲刻于金陵，寶應諸生劉恭冕叔俛爲之校勘。前有閣學劉君兩序及平湖徐侍郎士芬所撰傳、嘉興錢侍御儀吉所撰墓志銘，後有儀徵劉毓崧後序及叔俛跋，俱頗有發明。

十九日戊辰　上午陰，下午晴。閱《春秋賈服傳注輯述》。下午，詣馬穀山中丞，久談。訪無錫秦澹如都轉緗業，小峴侍郎之子也，不值。詣薛慰翁，小談歸。黃元同來。

同鄉孟蘭艇孝廉沅來，以《浙江采訪忠義册》兩帙見示。内載山陰人之照四品官以下陣亡例給雲騎尉世職，襲次完時，給予恩騎尉世襲罔替者，道銜員外郎前任户部主事何惟俊等五十一人，其得從九品未入流虚職者皆與焉，惟開化縣訓導薛芳、從九品銜阮江二人獨得從優于恤典外又加贈一官。薛得贈國子監學録銜，阮得贈鹽運司知事銜。 照舉貢生監新章傷亡例，給雲騎尉世職，襲次完時，毋庸給予恩騎尉世襲罔替者，貢生王璋，廪生薛鳴鳳、王培章、任起元，生員俞蔭堂、王憲章、金纓、朱炳榮等二十七人。 照本品官殉難例加贈官銜，並蔭一子入監讀書，六月期滿，分别注官者，揀發甘肅知縣周治潤、揀選知縣鈕思庸，二人俱贈知府銜，蔭子注官知縣。 廪貢生金之策等十七人。贈布政司都事銜，蔭子注官縣主簿。 會稽人之照四品官以下陣亡例給雲騎尉世職，襲次完時，給予恩騎尉世襲罔替者，揀選知縣朱球、徐墉等二十七人。 照舉貢生員新章傷亡例給雲騎尉世職，襲次完時，毋庸給予恩騎尉世襲罔替者，廪生潘炳煃等十六人。 照本品官殉難例加贈官銜，並蔭一子入監讀書，六月期滿，分别注官者，前任慈谿縣教諭諸星杓等十七人，贈國子監助教銜，蔭子注官縣主簿。 内生員張韵璚、孔廣鎔等八人，均照九品官例，贈鹽運司知事銜，蔭子入監。 而又有一候選訓導孔廣鎔，照訓導殉難例贈國子監學録銜。 又有候選同知趙鴻，其姓名册中凡四見，兩係照四品官以下陣亡例，世職雲騎尉、恩騎尉罔替；兩係照五品官殉難例，贈道銜，蔭一子入監讀書，六月期滿，以知縣注銓。 蓋奏執紛岐，未暇覈實，故一人而三四見者，往往皆然。又以朝廷寬恩，特破成格，凡冗職末流，皆邀曠典，遂致人希冒濫，不特長平之殤，概名忠義，且有受賊僞署後，或以病死，或以兵死者，咸得禭加異等，孤備羽林，轉令華衮失榮，英魄羞伍，是可歎也。

予族人得照四品官以下陣亡例，給世職罔替者二人。 然有衆目共睹之生員肇丙者，予族父行也，素患心疾，而賊至時，獨不肯去，持斷木挺身與賊鬥，連踣三人，賊麇至，遂被攢刺死，大罵不絶口。 其子弱，竟無爲申報者，豈非予之責乎？又吾友諸生魯燮元，闔門死節，郡人皆知之，而恤典亦弗及，其他蓋可知矣。

蕭山人之得照四品官以下陣亡例給世職罔替者，工部主事黄慶珍、金華府教授蔡召南、候選國子監學正楊鳳藻、國子監學録來嗣尹等五十餘人。照舉貢生員新章傷亡例給世職不給恩騎尉世襲者，廪生王冕藻、瞿祁元等六十人。照本品殉難例贈官蔭子入監者，舉人來桷、來其鑑，貢生任式膺等二十餘人。二來照七品例贈都察院經歷銜，蔭子縣丞。任照八品例贈布政司都事銜，蔭子縣主簿。諸君多予舊識，王先生冕藻則予受舉業師也。餘姚候選員外郎謝敬照道員陣亡例從優給騎都尉世職，襲次完時，給予恩騎尉罔替。論以平情，參之公論，則惟此君不愧優典，次則蕭山楊君耳。上虞就職直隸州州判徐虔復，既照四品官以下陣亡例給世職世襲罔替，又照州判殉難例贈知州銜，蔭子入監，注官縣丞。徐君即吾友葆意明經也。

服藥。王松谿饋建紬兩匣。

二十日己巳　晴。薛慰農、秦澹如兩觀察招同楊豫庭、李總戎、許益齋、蔡通判等飲錢唐江船中，上午輿出鳳山門赴之，晚歸。夜三更時大風。服藥。

二十一日庚午　晴寒有風。始服素羊裘，以將遠涉江海，病軀畏寒，權宜用之。秦澹如都轉來。孫子佩太守來。夜，松溪、玉珊、藍洲、肖梅諸君及嘉興沈蒙叔拔貢景脩共置酒餞予，并邀孟蘭艇、李子長同飲。二更始散。

二十二日辛未　晴和。黄元同來，不晤。王元來自越，得陳邁夫是月初八日吴門書及舍弟書。詣薛慰翁談，慰翁以李次白《春秋左氏傳賈服注輯述》見贈。馬穀山中丞贈行資二十四番金。夜作書致楊豫庭。作致季弟書。張玉珊爲鈔補《國語發正》中缺簡三葉。得豫庭復。

二十三日壬申　晴和。令王元至北關視舟，將以今日下午離杭。爲松谿、藍洲兩君題《校經圖》。松谿得五律兩章，藍洲得五律一章，皆匆匆不暇存稿。慰翁來送行。鍾慎齋弟自越來送。學使吴和甫少宰來局晤談。豫庭來送行，以番金二十圓爲贐，且言行後弗憂家事，儻牽蘿炊玉，旦夕不支，但一信相通，即當佽助。予與豫庭兄弟，交誼本越尋常，然炎盟易寒，翻覆何限，況比年蹤蹟，亦甚闊疏，乃臨别殷勤盡心如是，深可感也。傍晚至萬安橋下舟，玉珊、肖梅、蒙叔、蘭艇及黄質文俱送至舟次。仲修適自湖州歸，亦來送。藍洲同舟送至城闉，松谿偕出武林門。暮靄遥山，它鄉執友，去程千里，離愁萬端。回望城陰，蒼然惜别，不忍更憶越東矣。夜至湖墅，松谿爲覓得蒲鞋頭船一隻，頗新潔。又邀至市家夜飯，飯畢復送至舟，然後别去。新交得此，甚感其情。坐舟中，更處分家事三紙，作書致張姬，致鄭妹夫，致王妹夫。三更就寢，五更舊疾大動。是日地震。

二十四日癸酉　晴和如春。晨起作書，致薛慰翁，致楊豫庭，致李爽階，致孫子宜，致書局中諸君。剃頭。午令王元回去，開船出北關，榜人焚爆鳴鉦，旅情震蕩，殆不自勝。既無倚閭，爲誰負米勞薪？脚折寸草，心枯衰柳。河干荒墟日景，羈魂迸碎，寒色增欷。行六十里，夜至塘西宿。

二十五日甲戌　晴暖如春中。五更解維，行六十里，過石門縣。其城新修，齒齒可觀。二十里，過石門灣，有村鎮。五十里，至嘉興斗門宿，聞居人教笛度曲。是日復去裘。終日調印泥，以印章遍鈐新所購書。夜忽不快。

二十六日乙亥　晴和如前。早解維，行三十里，過嘉興府城外，漸有店舍，烟雨樓亦起數間矣。四十里，過嘉善縣。二十里，至楓涇宿。所過雖敗礫枯林，荒凉相屬，然民居漸集，較之昔年，頓然改觀。

終日讀《尚書古文疏證》，閻氏此書，致力最深，雖時病冗漫，又氣矜自滿，動輒牽連它書，頗失體裁，而雄辨精到處，自不可及。惟既以《史記》所載之《泰誓》爲僞，又不信《書序》，因而並力攻《詩小序》，以及《左傳》《檀弓》，俱遭駁詰，逞私武斷，亦往往而有。全謝山笑爲陋儒，非無因也。其中因專類及諸條，前人已間采入《潛丘劄記》，予謂當悉去之，盡刻于《劄記》中，則其浩博自在，而此書之體例不致紊矣。

二十七日丙子　晴有風，稍寒。申初初刻十分冬至，十一月中。此中氣時刻，據浙江言也。予向在京師，記節氣、中氣時刻，必兼及浙江。今里居，則不復記京師，以生限偏隅海濱，不宜連京國言之。若今日者，已入江蘇界，則當兼記江蘇時刻，以申初初刻四分矣。以後值小寒節，又當兼記湖北，此亦身世漂流，可慨之一端爾。昧爽開船，行一百二十里，至江蘇華亭縣之閔港鎮宿。終日閱《古文尚書疏證》，午忽發肝氣，入夜稍瘥。

二十八日丁丑　晴。晨大霧，俟散開船。行十餘里，泊黄浦江中候潮，久始行，約五十里，抵上海。晡後泊洋涇二擺渡。終日閱舊日記，稍稍塗改之。夜仍宿舟中。

二十九日戊寅　晴和。上午訪上海道應廉訪寶時，不晤。午移行李至大馬路許太昌燭鋪中。下午鋪中鄉人許承寬陪予遍行夷場中，高樓矗霄，檣櫓相望，窗户洞啓，粲如列星。其下衢巷分明，竹樹疏瑟，蔚然異境，迥絕華風。且百肆咽填，游觀畢聚，錦障油壁，路曜便娟。華人習夷，積漸至是，固風土之極變，寰域之殊聞矣。小飲新新樓，游曲里人家。夜宿常熟王氏樓中，暖如春暮，衾枕低窄，輾轉達旦。

三十日己卯　晴和如昨。應敏齋廉訪來，不值。午回許氏寓樓熟睡。

閏十月初三日至十五日京報：

詔：徐樹銘現在出差，五城練勇局務派胡家玉會同賈楨管理。初三日。馬蘭鎮總兵兼總管内務府大臣景霖丁憂，詔寶珣内閣學士兼禮部侍郎。署理。初三日。

兵部奏遵議李瀚章奏保鄂省防剿捻匪並克復雲夢、應城、天門出力員弁一摺。總兵李濟清等十五員均交軍機處記名，遇有提督缺出，請旨簡放；記名提督張定魁等十二員均賞給一品封典；副將張春煦等三十九員均交軍機處記名，遇有總兵缺出，請旨簡放；提督萬奇益等十五人俱賞給巴圖魯名號；餘升賞有差。初五日。詔：察哈爾都統色爾固善由行伍出征十餘載，轉戰江南數省，屢立戰功，擢任都統。兹以積勞成疾，在任病故，殊堪憫惻，著加恩照都統例賜恤，伊子俟百日孝滿後帶領引見。初五日。文盛補授察哈爾都統。初五日。桂清調補理藩院右侍郎，在弘德殿行走；奕慶調補盛京工部侍郎。二人對調。初五日。

張廷岳賞給副都統銜，爲庫倫辦事大臣。初七日。詔：前因勝保奏參已革陝西布政使吴春焕坐擁厚資，漠視軍務，請勒限一月，令交銀五萬兩以濟軍需，當經諭令照擬辦理。兹據左宗棠奏稱，吴春焕自報捐一萬五千兩後，僅在四川續繳銀三千兩，尚欠銀三萬二千兩，宕延數年，實屬狡猾。該革員現在寄寓四川省城，著駱秉章就近勒提，監追勒繳。如再抗延，即將寄籍財産查封備抵，以儆貪墨。初七日。

詔：劉崐奏援黔官軍日久生玩請將統領各員懲辦一摺。湖南布政使兆琛駐劄八弓地方，任令苗匪出竄，毫無布置，奏報粉飾，貽誤地方，著先行開缺，交部議處。記名提督周洪印始勤終怠，廢弛邊防，著降爲參將，隨營效力。開復布政使銜李元度攻圍荆竹，圍賊巢尚能耐勞，惟頓兵日久，未能攻拔，亦難辭咎，著降爲三品頂戴，仍責令扼要進取，以觀後效。初九日。以湖北按察使李榕爲湖南布政使，以安襄鄖荆道王文韶爲湖北按察使。初九日。

都察院左都御史軍機大臣汪元方病故，詔旨褒惜，賞銀二千兩，贈太子少保，照尚書例賜恤。子恩監生樹屏賞舉人，監生樹堂賞員外郎，監生樹廷俟及歲時帶領引見。十五日。以户部左侍郎譚廷襄爲左都御史，毛昶熙調補户部左侍郎，吴存義轉補吏部左侍郎。

十二月庚辰朔　晴，風稿暴，地氣溦潤。早卧未起時，慰農勸察片來，言昨日至滬，約今午過談，并得玉珊書。以銀三十兩，交洋儈定輪船赴鄂。作復玉珊書。慰翁來邀飲汪氏蕊君西樓，以近作《五十自述》五古七首見示。真摯老成，百餘年來僅見者也。樓中翡几筆床、猩屏鏡格，位置都妥。時晴日滿窗，看蕊君梳頭鬢景花黄，相爲消受。慰農謂蕊君頗有烟水氣，喜近文士，貌雖不揚，固可賞也。晡後别慰農返寓，即發裝至江岸，上輪船。船名『江龍』，頗寬潔。夜宿艙中。

初二日辛巳　晨大霧，終日霿霴。輪船不開，終日枯坐，閲書自遣。

初三日壬午　五更雨，有風，晨至上午微雪，下午薄晴，終日西北風勁，驟寒。五更開船，行三十六里，過吴淞口。百五十里，過狼山。屬通州。百九十里，過江陰縣，屬常州。縣治依山，城亭沍雪，人家竹樹，彌望增寒。百九十里，過西山，日已暮矣。又行百二十里，夜半至鎮江府，小住即行。六十里，至儀徵縣。九十里，至江寧府。

初四日癸未　陰，有溦雨。行九十里，過采石磯。屬安徽太平當塗縣。五十里，過東西梁山。四十里，至蕪湖縣。九十里，過荻港，屬繁昌縣。浦溆深縈，帆檣如織。九十里，過大通鎮，屬池州銅陵縣。見九華及銅陵諸山，峰領秀發，碧隱丹紆，有絶似吾鄉秦望、鵝鼻諸山者。九十里，過樅陽，此漢舊縣，屬廬江郡，今人烟一簇而已。九十里，至安慶府，時夜已二更，亭俗作停。船炊許，不得一見龍眠諸山，可惜也。又行九十里，至東流縣，屬池州。碇宿江中。是日剃頭。

初五日甲申　微陰，甚和。早開船，行八十里，過小孤山，屬安慶宿松縣，設一巡檢司治之。直峙江中，翠竦翹削，有亭亭玉立之象。山半有廟，山顛有亭，寒竹森環，殘雪皚積。左爲彭郎磯，右側爲鞋山，烟水映帶，孤秀益出，舟行既轉，明鬟儼然。四里，至彭澤縣，屬江西九江。城帶兩山，中窪若釜，人家高下，萬瓦比鱗，時直晨炊，烟樹相接。九十里，至湖口縣，城倚石鍾山，上有功臣廟，今兵部侍郎彭玉麟新建，以祀楚中將士者也。自安慶至此，磯渚相錯，灘淺溜駛，舟行多礙。六十里，至九江府，見匡廬山，相距僅舍半餘，而青翠隱現，如在天際，惟香爐一峰，約略可辨而已。泊舟城下，城右枕山，外有小阜，阜上有塔。停兩時許。行九十里，過龍坪鎮，屬湖北黄州廣濟縣。天已暮。九十里，過蘄州，夜見西塞山，壁立江上，山側人家，燈火數星，明滅蘆葦間。想其苫蓋板扉，漁釣相守，檀欒隱俗作穩。卧，豈知門外長江，客行萬里乎？爲慨然久之。六十里，至道士洑屬武昌大冶縣。碇宿。

初六日乙酉　小雨，風寒。早行九十里，至黄州府，對岸爲武昌縣城。九十里，過葉家洲。三十里，過陽邏鎮，屬黄岡縣。金宋交兵處也。六十里，至漢陽府漢口鎮泊船。夜別以紅船渡江，入武昌府城，湖北省治。抵張孝達學使署，宿西偏桐蔭書屋，庭外有朱藤一架。

初七日丙戌　陰雨，夜霰，終日大風。江聲撼城，孤館多憶。孝達編修邀同吴子高兵部、黄簣山禮部等夜飲署齋。夜作書致季弟，致張姬，致王寅生妹婿，致薛慰農觀察，致馬穀山中丞。

初八日丁亥　陰寒有風。令王福渡漢，以家書等託旗昌洋賈施善昌寄去。施字少欽，震澤人，贈予縵雲閣箋兩匣。與孝達夜談，知近日都中頗尚史學，書價頓倍。

初九日戊子　陰寒，薄晴。

初十日己丑　晴陰相間。閲《十七史商榷》。夜與孝達太史談，間及禍福報應事，備知其家世循史。其遠祖淮明，正德中官河南道御史，率同列争馬昂妹事，載《武宗實録》及《皇明從信録》。予記《萬曆野獲編》中亦載此事。又今漕帥子青，侍郎之父，工部君監修西陵時，以開渠須壞人冢墓，力争于諸大臣，得改道。此其食報所由也。夜疾大動。

十一日庚寅　陰雨凄然，入夜雨聲不絶。終日不怏，閲歐、蘇諸家七古。

十二日辛卯　辰正初刻八分小寒，湖北辰初二刻十四分。十二月節。雨雪雜下，夜雨。

閲十月十五日至十一月十二日邸鈔：

以宗人府府丞胡肇智爲吏部右侍郎。十五日。

前山西巡撫沈桂芬署理禮部右侍郎，在軍機大臣上學習行走。十六日。

曾國藩奏甄别府縣等官。徐州府知府郜雲鵠開缺察補升用。知府金鴻保革職。新陽縣知縣戴元鼎改教職。寧國縣知縣張志學革職，永不敘用。署宜興縣知縣鄭猗菉、荆溪縣知縣張喬林、署南陵縣知縣蔚元昆俱革職。十七日。曾國荃奏患病未痊，懇請開缺。詔：湖北巡撫曾國荃准其開缺，回籍調理。郭柏蔭調補湖北巡撫，未至任以前，何璟護理。蘇鳳文補授廣西巡撫，江忠濬調補廣西布政使，蔣志章補授四川布政使，劉齊銜陝西督糧道。補授浙江按察使。十七日。眉批：李瀚章旋奏鄂省各營軍餉及庫款，向係何璟經辦，頃届歲暮，未便遽易生手，藩司印務暫不委員署理，巡撫緊要事件，臣隨時商同辦理。詔：何璟現在護理巡撫，未便兼理藩篆，湖北布政使著王文韶署理。都察院左都御史靈桂、鑲白旗蒙古都統穆騰阿均加恩在紫禁城騎馬。十七日。王榕吉補授順天府府尹。十六、七二日。

李瀚章、曾國荃奏參湖北候補道何元普猥劣庸鄙，詔即革職。十九日。左贊善趙新補授陝西督糧道。十九日。丁寶楨奏九月十三日總兵楊飛熊與捻賊戰于蘭陵，千總楊長華斫斃賊首僞鄂王牛碎子。詔：擢楊長華守備加都司銜，賞戴花翎。又奏十四日副將銜參將徐金聲率常武中營兵追賊，于泇河遇賊，于黃山下力戰，殺賊六七百人。天晚大雨，被圍力竭，賊以洋槍環擊，合營官弁兵勇三百餘人同時授命。賊復將金聲及哨官晁文忠等支解，并焚金聲之屍。詔：徐金聲照總兵例從優議恤，晁文忠等照都司守備例議恤有差。十九日。

駱秉章奏新授四川鹽茶道順慶府知府恭鑫因病自縊。十二日。先於是月十二日奏至，詔以吏部考功司郎中傅慶貽爲四川鹽茶道。

馬新貽奏酌保堪勝道府人員，杭州府知府譚鍾麟潔己率屬，秉正無阿；候補知府准補台州府同知李壽榛于署紹興府知府任内升救災黎，興修水利，殫心民事，輿論翕然；借補海寧州知州靳芝亭守潔才明，實心任事。另片奏署中防同知錢塘縣知縣蕭書升、用同知准補江山縣知縣陶鴻勳皆清操自勵，無愧循良。詔：譚鍾麟等均送部引見，候旨擢用。二十五日。

穆勝阿奏梟匪北竄。詔：直隸總督劉長佑統兵剿辦，日久無功，前任雲南提督傅振邦輕率收降，至令肆擾，均咎無可辭，摘去頂帶，以示薄懲。二十七日。

李鴻章奏十月十七日劉銘傳擊賊于安丘、濰縣之交，迭次獲勝，逆匪賴文光一股殲除殆盡。該逆潰趨諸城，劉銘傳追擊之，日照縣境逆首任柱受傷奔至贛榆。二十四日，劉銘傳督軍追及，與善慶、溫德勒克西等分路衝殺，將賴文光、牛遂兩股擊敗，槍斃任柱于陳，追殺二十餘里，擒斬無算。詔：逆首任柱即任化邦，積年巨捻，竄擾數省，罪大惡極，此次身被顯戮，洵足伸天討而快人心。直隸提督劉銘傳忠勇耐勞，追賊迅速，加恩賞給白玉柄小刀、火鐮、大小荷包；副都統善慶賞穿黄馬褂；已革副都統温德勒克西開復原官。十一月初三日。喬松年奏病難速痊，懇請開缺。詔：賞假一月，毋庸開缺。初三日。

詔：近據穆騰阿奏報，梟匪日漸北趨，由涿州竄擾永清、霸州等處，雖經官軍團練小有斬擒，而以數百烏合之衆縱横奔突，且漸增至千餘，實屬不成事體。劉長佑身膺疆寄，有負委任，即行革職，交官文差遣委用，責令帶隊自效，以贖前愆，直隸總督著官文署理。初五日。劉嶽昭奏攻拔貴州平遠州牛場屯苗巢，生擒首逆潘先森等正法，平遠州境一律肅清。詔：剿辦尚爲得手，在事出力道員蔡錦青賞加布政使銜，餘升擢有差。前雲南布政使蕭浚蘭俟服闋後送部引見。初五日。

李鶴年奏按察使銜河南候補道辦理糧臺陶福恒于九月初四日病故。該員老成持重，辦事實心，在營有年，卓著功績，積勞致疾，盡瘁行間，身後蕭條，尤堪憫惻。請照軍營病故例議恤，以資觀感。從之。左宗棠奏陝西捻逆竄擾宜川，記名提督安徽壽春鎮總兵李祥和由中部追剿，突遇回逆于大賢村，李祥和率親軍衝擊，戰馬中礮，身受十創，復被賊矛中喉，遂殁于陣。詔：李祥和爲羅澤南舊部，此次力戰捐軀，殊堪憫惜，交部照提督陣亡例議恤，加恩予謚，並附祀羅澤南湖南專祠。初七日。

郭寶昌補授安徽壽春鎮總兵。初九日。李鴻章奏十月二十四日贛榆之戰，降人潘貴升混入賊陣，乘任逆督戰不暇後顧，施槍將該逆擊斃。詔：潘貴升深明大義，著以千總補用，賞加游擊銜，賞戴花翎，並照李鴻章所懸賞格，賞銀二萬兩，以示優獎。初九日。

左庶子章鋆補授國子監祭酒。十一日。曾國藩、郭柏蔭奏請以准補海門廳同知田祚署理吴縣知縣，候補知府錢德承署理蘇州府知府。二人皆吾鄉人，故記之。

十三日壬辰　寒冽，小雨。評點阮亭《古詩選》中歐、王、蘇、晁諸家詩。

十四日癸巳　晴。自至武昌，始見日景。夜月殊佳，署後有小阜，橫亘里許，土人呼爲燕支山，三更後，略一登眺而返。

十五日甲午　晴。剃頭。夜與孝達談小學，具有名理，此昔人所云娓娓可聽者耳。是夕三更後，有風甚寒，而月甚佳，計客中兩度蟾圓矣。地下思親，天涯望弟，俯仰之下，歸思黯然。

十六日乙未　晴寒。爲孝達作書十餘函。

夜閱十一月十三日至十六日京報：

詔：廣東巡撫蔣益澧濫支帑項，違例任情；署布政使按察使郭祥瑞顯違定例，見好上官。均交部嚴加議處。鹽運使方濬頤會銜詳送蔣益澧公費，亦有不合，交部議處。蔣益澧所提軍需局代還廣西欠餉銀六千六百七十餘兩，著如數繳出歸款；違例代理之肇慶府知府郭式昌、羅定州知州戈聿安均徹回浙江原省。瑞麟于郭祥瑞等籌送蔣益澧公費及郭式昌等代理員缺，均先後批准，蔣益澧咨商補署武職各缺，亦皆如咨照辦，均未能當時拒絕，亦屬不合，著交部察議。從吴棠、慶春請也。上諭：前因兩廣總督瑞麟奏參廣東巡撫蔣益澧任性妄爲，藩司郭祥瑞朋比欺朦，當諭令吴棠馳赴廣東，會同慶春查辦。茲據吴棠等覆奏：蔣益澧擅提廣東軍需局款，代廣西清還舊欠，並于藩、運兩司籌送公費，批准辦理。又於總督專政之補署營缺，越俎咨商，及會銜入告之案，並未與瑞麟商定，率行列銜。郭祥瑞于蔣益澧札提軍需局款，擅動籌解，並違例文給幕友脩金，詳委不合例之人代理府州員缺，籌送蔣益澧公費，于會詳後，又另詳巡撫增入，奉有總督面諭字，于運司方濬頤運庫之款，又復會詳，實屬遷就迎合云云。十三日。

詔：英翰奏現丁父憂，懇請開缺。現值捻匪南北奔竄，皖軍協守運防及出境援剿，一切均關緊要，未便遽易生手。英翰毋庸開缺，賞假一月，經理喪事，假滿後作爲署理安徽巡撫，俟軍務告竣，再行扶樞回旗，補行穿孝。十六日。翰林院編修林天齡仍在上書房行走，照料孚郡王讀書。十六日。李雲麟賞給副都統銜，爲新設布倫托海辦事大臣；現任副都統銜科布多幫辦大臣明瑶調補布倫托海幫辦大臣，眉批：布倫托海本伊犁地，兼管塔爾巴哈台地，近以伊塔俱陷回賊，故於布倫托海創築新城，設辦事大臣一員，幫辦大臣兩員。福濟賞給頭等侍衛，爲科布多幫辦大臣。十六日。

十七日丙申　晴寒。又爲孝達作十餘書。夜作書致沈曉湖，致傅子蓴兄弟。五更疾又動。

十八日丁酉　陰寒。終日疲困，閲李杏村《春秋左氏傳賈服注輯述》，其于名物訓詁，皆推究古義，務極精嚴。若發明經傳之旨，求其文從字順。則賈、服舊解奇零不全，它書所存，往往上下蒙屬，遽難别白。或有本非賈、服而剌取誤及者，以證經義，多不可通，故轉不如杜氏也。夜與孝達談山水，孝達言其尊人觀察公守黔之興義最久。興義本明之安隆所，永曆駐蹕，升爲安龍府。國初改安籠，又改南籠。嘉慶二年，以苗變圍城，力守得全，仁宗賜今名者也。城南有大湖，衆水交會，四山環之。湖頻有堤，總兵招某所築，土人呼爲『招堤』。兩旁植楊柳，湖中皆種蓮，風景絶似浙之西湖。觀察嘗於山椒構一亭，盡攬全湖之勝。又于城中高爽地建提學試院，因山爲屋，備極幽奇。曲澗高臺，花木森繞，亭館之制，皆仿江南。更即署偏爲祠堂，以祀明季吴文忠等十八先生。蓋文忠等向未有祠也，其墓在城外，所謂十八先生成仁處云。

十九日戊戌　晴。午後登署後小阜，望前面它山赤土陂陀，横亘里許。自去年冬寓居卧龍山下，終日隱几，蒼然在前，亦頗厭之。以較今日，又有仙凡之别矣。夜早睡。

二十日己亥　陰。

二十一日庚子　上午陰，下午晴。揚州人郭心犀贈普洱茶一餅。是日見陽湖女史張綸英所臨雲峰山摩崖一通，筆力超勁，備篆隸法，真善學北碑者。張爲翰風大令之女，字婉紃，嫁于同縣孫氏，今年七十餘矣，隨其子需次武昌，賣書畫以自給。名士之女，令人想林下風流。夜洗足。

二十二日辛丑　晴和。剃頭。

二十三日壬寅　上午晴和，下午陰。昨夜忽患咳嗽，今日體中不適，減食服藥。爲孝達作書二十函。夜聞四鄰送竈，爆竹咽填，孤館一燈，映書危坐，恍然年前春明風味。猶憶乙丑之冬，偕姬人賃廡新河，先太夫人居柯山，至是日，予欲歸祭竈，爲債家所逼，擾擾達夜，遂即寓廚設坧奠脯而已。念七年在外，幸得歸省，瓦盆此祭，仍隔天涯。既對杯盤，欷歔輟舉。是夕，曾作書致傅孝澤，有云：『比歲在都，未嘗一爨，每至今夕，聞居人爆竹，爲之心碎，往往推食而起，此孝澤所親見也。今幸得歸，又成寄食，零丁數口，分析各居，臘祭黃羊，仍離膝下。雖餳盤略具，粗蔌勉供，椎髻之姬，亦知勸酒，而停觴不舉，悽悵逾恒，較之昔年，所處雖異，然俯仰蕭槭，窮愁益深。想孝澤擁孺人、抱稚子，餦餭滿側，樺燭檀欒，歡笑當何如也。此書存叢稿中，前後尚有文字。烏虖！豈知逾歲遂離大憂，乃悟爾日之悲，其來有自，百年此夕，永無見期。今者江漢孤蹤，景堂萬里，出固可已，歸亦何爲？』適孝達饋祭盤飴餌來，睹之哽咽。因賦四十字，題爲《送竈夕客武昌書感》云：『十載營微祿，飄零感歲華。倚閭今地下，乞食又天涯。臘鼓江城急，音書故國賒。妻孥居未定，司命醉誰家？』二更後有風。

二十四日癸卯　上午陰寒有風，午刻雨，晡後霄霰雜作。

二十五日甲辰　陰，下午微見日景。

二十六日乙巳　陰，天氣甚和，夜雨，二更後，雷聲瀧瀧達鷄鳴。

二十七日丙午　丑初一刻八分大寒，十二月中。湖北子正三刻十四分。予生日，明年四十矣。生涯如此，用此何爲？銜恤遠游，南望一慟。是日寒，溦雨至午後止，夜晴。校注《續漢書·郡國志》四卷，計二十五葉，僅正其大字一二而已。比日旅館甚寂，頗可讀書。昨孝達饋百金，辭曰脩脯。予以明正將歸，謝之不受，今復送來。予生不妄受人一錢，亦不輕爲人作文字，以與孝達問學相知，取非不義；且近日爲草四十餘書，雖甚不文，亦平生之破例，是即拜貺，亦非難安。惟提學之官，本非膏腴，孝達自奉清約，頃又尚未按部，予既將歸，不遑襄校，枉此捐惠，終覺傷廉。

二十八日丁未　陰，午後日景屢出。校讀《續漢書·郡國志》粗畢，所據汲古本甚漫漶，旅中更無它本，訛脱相仍，不足云校，然已眼花手胝，精力憊矣。夜風起忽雨，其聲淒厲如秋時，三更後，霄霰雜下。聞駱宫保薨于蜀。

二十九日戊申　自晨至午，雪稍雜雨，晡後雪大作入夜。

閲十一月十七日至二十五日京報：

以太常寺卿石贊清爲宗人府府丞。代胡肇智。十七日。

直隸帶兵官總兵余承恩、劉景芳均革職留營，責以戴罪滅賊自贖。御史范熙溥劾其剿捕梟匪畏葸趨避也。十九日。詔：湖南、江西、安徽各巡撫，飭屬嚴拏在陝潛逃之副將潘楚棠，參將汪得勝、胡俊升，游擊程天錫、鄭祖虎、李獻廷等，務獲正法。從左宗棠請也。十九日。

賈楨奏病難速痊，懇請開缺。詔賞假兩月調理。二十五日。詔：廣東巡撫蔣益澧轉戰數省，尚著勞績，照部議降四級調用，加恩改爲降二級調用；署廣東布政使按察使郭祥瑞，照部議降四級調用；鹽運使方濬頤，降一級留任；兩廣總督瑞麟，罰奉九月。二十五日。

三十日己酉　雪霽，寒甚。是日歲除矣，孤旅無憀，賦詩自遣。題曰《丁卯除夕》云：『雪晴楚郭醲寒新，爆竹聲中百感身。骨肉無多誰念遠，年華如此尚依人。滔滔江漢尊前水，漠漠鄉園夢裏春。絶憶朝雲今賃廡，凄涼分過一冬貧。』夜孤坐守歲，仿汪容甫集中《自序》之作，撰《四十自序文》一篇，務述平生有五悲、五窮，凡一千六百言，存《越縵堂集》中。天明始睡。是日剃頭。

閲十一月二十六日至三十日京報：

以福建巡撫李福泰爲廣東巡撫，以河南布政使卞寶第爲福建巡撫，以河南按察使李宗燾爲河南布政使，以内閣侍讀學士胡大任爲河南按察使，仍署理山西布政使。二十六日。

以長蘆鹽運使梅啓照爲廣東按察使。二十七日。

直隸天津道恒慶擢長蘆鹽運使，天津府知府周家勳擢天津道，安徽鳳陽府知府李文敏調補天津府知府。二十八日。詔：本月二十六日未刻，敬事房、下司房不戒於火，經王大臣等督率官弁趕緊撲救，旋即止熄。軍機大臣恭親王等均賞加三級，隨後趕到之吏部尚書朱鳳標等賞加一級。救火未到之大學士倭仁等及各部院衙門堂官到者寥寥，未免疏懈。朝廷意存寬大，姑置弗論。該大臣等，問心何以自安？將此通諭知之。二十八日。

兵部員外郎王家璧以五品京堂候補。二十九日。

十二月初一日至三十日京報：

英翰奏請賞假百日，扶其父柩歸葬。詔：仍遵前旨，俟此股捻匪滅後，再行回旗。初一日。以汪柱元爲陝西延綏鎮總兵。初一日。

詔：直省學政于按考各屬時遍諭生童，如有能默誦五經、通曉經義者，准其報名，即於考古場中按名面試，拔之以爲研經者勸。其未經報考者，亦令認習某經，於下屆按册試之。初二日。

左宗棠奏陝西回匪崔三糾合甘肅回匪米買張飛等竄汧陽、鳳翔、扶風等境，圍岐山縣城。十一月初二日，道員黄鼎截擊之，於汧川黄里鋪、五里坡等處殺賊約三千人。總兵楊和貴等分兵擊解岐山之圍。十二月初四、初五、初六日，又合擊之於鳳翔，共殺悍賊二千餘人。詔：楊和貴以提督記名，並賞换瑚松額巴圖魯名號；黄鼎以陝甘道員用，並賞加二品頂帶；餘升賞有差。初五日。陳國瑞賞給頭等侍衛，發往山東軍營交丁寶楨差遣委用。初五日。

工部郎中朱智注銷御史開缺，以五品京堂候補。初七日。

李鴻章奏十一月二十九日劉銘傳與郭松林、楊鼎勳等由壽光逼賊于海濱洋河、瀰河之交，逆首牛遂子、賴文光、李允等分路來撲，大敗遁走，盡棄步隊老弱、輜重馬匹，共生擒一萬餘人，斃賊數千人，屍横四十餘里。詔：剿辦甚爲得手，洵足以伸天討而快人心。尤爲出力之副都統善慶、温德勒克西均交軍機處記名，以都統儘先簡放。餘升賞有差。初八日。

陳國瑞改交左宗棠軍營差遣。初九日。

刑部尚書齊承彦病故。詔旨褒惜，照尚書例賜恤，伊子蔭生齊世名賞員外郎，孫國子監典籍齊兆麒賞主事。十三日。以都察院左都御史譚廷襄爲刑部尚書，以刑部左侍郎鄭敦謹爲都察院左都御史，賀壽慈調補刑部左侍郎，沈桂芬補授禮部右侍郎。十三日。

官文、穆騰阿額奏梟匪由晉州釣魚臺敗走東光一帶。本月初八日，余承恩等追至山東夏津縣境，斬獲甚多，餘匪一二十人由杜甫掖渡河遁去，直隸境内肅清。詔：已革改用總兵余承恩仍開復道員，並賞還花翎及鹽運使銜，餘升賞有差。十四日。胡家玉兼署刑部左侍郎。十四日。

詔：已革直隸總督劉長佑于革職後督勇親赴前敵，將梟匪殄除殆盡，尚屬出力，著賞給三品頂帶。

管領所部楚勇及楚省帶兵各員弁均回湖南本籍，妥爲安置。十六日。詔：蔣益澧加恩以按察使候補，發往左宗棠軍營差遣委用。十八日。鄭錫瀛補授太常寺卿。十六日。周壽昌轉補左春坊左庶子，翁同龢補授右春坊右庶子。十八日。

協辦大學士四川總督駱秉章病故。詔褒其忠誠亮直，清正勤明。在湖南十年，練兵訓士，甄拔人才，東南巨寇賴以殄滅。及統軍入蜀，賞罰嚴明，所向克捷，滇、粤各逆，悉數殄除。忠藎咸孚，勳勞夙著，老成碩望，方冀克享遐齡，長資倚畀，遽聞溘逝，震悼良深。著追贈太傅，照大學士例賜恤，予謚，入祀賢良祠，並于湖南、四川兩省建立專祠，生平政績宣付史館。伊子駱天保賞郎中，駱天詒賞舉人，孫懋湘、懋勤、懋仁、懋勳交部帶領引見，姪孫候選縣丞駱肇銓以知縣分省即補。十九日。吴棠調補四川總督，馬新貽補授閩浙總督，李瀚章調補浙江巡撫，丁日昌補授江蘇巡撫，湖北巡撫郭柏蔭即赴新任。十九日。命鄭敦謹馳駰前往山西查辦事件。十九日。

直隸布政使鍾秀調補江蘇布政使，以山東按察使盧定勳爲直隸布政使，以山東兖沂曹濟道文彬爲山東按察使。廿一日。

張之萬奏捻逆由壽光狂奔江蘇宿遷縣境，過六塘河，焚掠漁溝。總兵張從龍、姚廣武等迭敗之於淮東石塘、淮安平橋，復與員外郎李昭慶分路窮追，殺賊無算；參將王得勝、道員吴毓蘭在灣頭地方擒獲逆首僞遵王賴文光，陣斬僞福爵陸得桂等二十三人。大小賊目擒斬無遺，淮、揚、徐、海一律肅清。詔：逆首賴汶洸即著張之萬提訊明確，就地盡法處治，以快人心。廿二日。

詔：李鴻章未到以前，湖廣總督著郭柏蔭署理，湖北巡撫仍著何璟護理。廿三日。詔：李鴻章馳奏派軍南追，生擒賴汶洸，餘逆殲滅净盡，洵足以彰天討，紅旗交至，慶幸良深，從此江南、安徽、山東、湖北等省，生民得以安業，自宜特沛恩施，以酬勞勣。湖廣總督一等肅毅伯李鴻章調度有方，膚功克奏，加恩賞加一騎都尉世職。直隸提督劉銘傳賞給三等輕車都尉世職。福建提督郭松林、湖南提督楊鼎勳、副都統善慶均賞給騎都尉世職。山東布政使潘鼎新賞給頭品頂帶。江南提督黄翼升、山西布政使劉秉璋均賞給白玉翎管、大小荷包、火鐮、白玉柄小刀。候選道吴毓蘭交軍機處記名，遇有道員缺出，儘先提奏。李昭慶以鹽運使候補記名。提督陳振邦、易用剛、宋德鴻、唐宏成記名。總兵李長樂、南陽鎮總兵宋慶均賞穿黄馬褂，記名。總兵張曜、王萬釗均交軍機處記名，遇有提督缺出，儘先提奏。餘升擢有差。廿二日。詔：此股捻逆擾亂江南、安徽、山東、湖北、河南等省，各省疆臣公忠體國，共濟時艱，洵屬一體有功，允宜特加異數。大學士兩江總督一等毅勇侯曾國藩加賞一雲騎尉世職。安徽巡撫英翰賞給三等輕車都尉世職。漕運總督張之萬賞加頭品頂帶，並賞戴花翎。河南巡撫李鶴年、浙江巡撫李瀚章均賞加頭品頂帶。三品頂帶前任直隸總督劉長佑賞加二品頂帶。山東巡撫丁寶楨開復革職留任處分，並賞加頭品頂帶。前任湖北巡撫曾國荃開復頂帶，用副朝廷論功行賞之意。廿三日。

詔：博多勒噶台親王僧格林沁前因追賊山東，于曹州殉難，現在山東等省捻股肅清，朝廷追念該親王爲國捐軀，益深悽惻，伊子御前大臣伯彦諾謨祜加恩賞用黄韁。廿四日。

提督傅振邦賞還頂帶。廿六日。

山西河東道楊寶臣患病開缺，以薄州府知府李慶翶升授河東道。廿七日。

馬新貽奏嚴州府知府劉汝璆徒事矯飾，不知振作，請降爲同知。從之。廿九日。

同治七年太歲在著雍執徐春正月斗建甲寅元日庚戌　晨，日出杲杲，旋陰，午後溦雨。亭午始起，終日看書作字，生年四十，未有寂寂如今日者。夜孝達治具相款。

初二日辛亥　薄晴，多陰。衡陽人彭少華刺史來。名登焯，嘉慶乙丑狀元太常寺少卿浚之孫也。以諸生參曾相軍得官。孝達之兄蓉江刺史之淵來。亦諸生，現署襄陽府同知。

初三日壬子　晴和有春意。夜補作道中詩七首，爲七古三，五古一，五律一，七律二，皆存《越縵類稿·白華絳跗閣詩二集》中。《舟中見九華及銅陵諸山》《夜過皖城小孤山寄珊姬》《彭澤縣作》《九江城外望匡廬山》《夜半過西塞山》《雪夜由河口渡江入武昌》。

初四日癸丑　晴和。曉卧中舊疾大動，終日委頓殊常。揚州人郭舍人奎勳來，不晤。是日于舍人子許見新拓元次山《浯臺銘》及近人鄧完伯所書《弟子職》一篇，皆篆書絶佳。《浯臺銘》在零陵，聞其石已爲粵賊所毀。《弟子職》，完伯爲李申耆所書，申耆系以銘，而鑱之石，石亦毀。今辰沅永靖道楊君翰取拓本重刻石，而完伯子傳密復篆書申耆銘并勒于後，其篆亦有家法。夜疾又動。

初五日甲寅　陰，午後微見日景。終日疲苶，閲《卷葹閣詩文》，予于近人最喜北江及汪容甫兩家文字，不特考據精博，又善言情變，其處境亦多與予同也。

初六日乙卯　晴和。下午呼肩輿出門答拜郭舍人，即登漢陽門，游黄鶴樓。樓已被焚，僅存基址。又上數十級爲吕仙閣，閣旁新建益陽胡文忠公祠，有文忠畫像。祠前臨漢水，左對晴川閣，閣下即翼際山，此據《水經注》，俗以爲即大别山，其誤始于《元和郡縣志》。大别山在六安，班氏《地理志》可據。右對漢陽府城，江漢縈回，形勢壯闊。是日風日和霽，游人甚盛，遂至袁氏江城别墅飲茗而回。漢水上流爲漾水，亦名西漢水，出漢時隴西郡氐道之嶓冢山。氐道今不知所在。隴西郡者，今甘肅鞏昌、蘭州二府地。漾水今亦不可考。漢水出漢時武都郡沮縣之東狼谷。沮縣，今陝西漢中府略陽縣地。漢水亦名沔水，東至荆山謂之滄浪水，過江夏謂之夏水，故今漢口古謂之沔口，亦謂之夏汭，而絶無沮水之名。沮水出漢時漢中郡房陵縣，東入江，班氏《地理志》、許氏《説文》皆同。房陵，即今湖北鄖陽府房縣，是别爲一水甚明。沮，《左傳》作雎，故楚昭王曰：江、漢、雎、漳，楚之望也。乃班《志》于武都沮縣下云：『沮水，出東狼谷，南至沙羨南入江。』闞駰《十三州記》遂附會其説云：『以其初出沮洳然，故曰沮水。』酈道元注《水經》，從而實之云：『沔水，一名沮水。』不知班氏于隴西氐道下明云：『養水即漾水。至武都爲漢。』武都下又云：『漢水受氐道水，一名沔。』皆未嘗言爲沮也。《續漢書·郡國志》武都沮縣下云：『沔水，出東狼谷。』可知班《志》沮縣下『沮水』字，乃『沔水』之誤。此是縣名『沮』，非水名『沮』，傳寫者因涉上文『沮』字而誤耳。夜成《登鄂州城黄鶴樓故址望沔口》七古一首，《謁胡文忠公祠》七律一首，存集中。

初七日丙辰　晴和，夜大風。終日達夜雜閲案上書，隨筆乙注，亦時有所訂正，然奇零無緒，固讀書之一病也。

初八日丁巳　大風，陰寒，下午雨，夜大雨數作。

初九日戊午　風陰，寒甚。兩日來，爲孝達草二十餘書。

初十日己未　陰寒，乙夜忽雷電驟雨，旋雪霆交作。蓉江、孝達來談。

十一日庚申　終日小雨，寒甚。夜戌初二刻十二分立春，正月節。湖北戌初一刻三分。是日先母生日，設祭寓中，僅一杇六杌而已。夜雪大作，積數寸。

十二日辛酉　雨雪間作，爲孝達作十餘書。

十三日壬戌　雪霽。終日評點《卷葹閣集》。夜疾又動。

十四日癸亥　陰。終日閲《湖海文傳》。夜孝達治酒餞行。

十五日甲子　陰晴相間。剃頭。

張蓉江贈予襄陽新出唐碑九通，皆漢陽文貞王張柬之家墓志也。一爲益州功曹參軍玄弼，字神匡，及其妻丘氏，文貞之父母也，司元大夫李行廉撰銘詞，而文貞自爲之序。一爲孝廉慶之，字仲遠，功曹之第三子。一爲處士景之，字仲陽，功曹之第二子。一爲將仕郎敬之，字叔謇，功曹之第五子。以上三志文，皆文貞自撰，簡雅有法。四志俱無書丹人姓名，蓋皆文貞自書者，其字以篆隸法行之。據功曹志序言改卜新塋於安養縣西相城里之平原，時惟柬與晦僅存。處士志言以大周天授三年正月六日改卜先墳，移諸兄弟並窆。可知諸志同時所作。其書年月日及『天授』等字，皆依武后所改。古之大臣沉幾觀變，初未嘗自異于人，及事會所至，投袂急赴，回天返日之功，頃刻而就，此非其一端耶？一太中大夫新定郡太守朏，字朏，即文貞弟晦之之子，先以文貞奏授職，以天寶十二載八月與其配李氏合葬於臨漢縣平原，無撰書人姓名。一鄖城縣丞孚，字孟信，文貞之孫，朝散大夫著作郎漪之子，其配呼延氏，志不言其葬年月，但有『姪繟述』三字。一河南府參軍軫，字季心，亦漪之子，即繟之父也，以開元廿一年十月祔葬相城里，吕巖説撰文。一名點，字子敬，亦文貞孫，嶧之子，志言其卒年十七，而額題曰『故秀士張君』，亦以開元廿一年十月祔於先墳，其兄駕部郎中愿撰文。三志皆不言何人書，孚、點兩志書出一人之手。一穀城縣令曛，字繼明，即愿之子，文貞曾孫，志言愿歷官曹、婺等十一州刺史、吴郡太守兼江南東道廿四州采訪黜陟使。曛以門蔭補奉禮郎，貞元中以推恩文貞子孫，由左武衛兵曹參軍調右神武軍録事參軍，抗表爲文貞請謚，遂下宰臣集議，五王同時得謚，特授曛襄州穀城縣令。元和八年六月歿，十一月祔於大塋，其婿鄉貢進士崔歸美撰文，節度討擊副使屈貢書。文貞再造唐室，事功赫然，其文章學術亦高視一代，所撰私志，輯唐文者未嘗得見，自宜有神物護持。爲其父母作志序，而系以它人之銘辭，此亦變例，爲言金石例者所未及。五王得謚，由文貞曾孫曛所請，舊、新兩《唐書》皆未載，尤有關于史事。自道光二十二年，於樊城長豐洲田間出三石，又於臨漢門外出二石，後次第續出，共十餘石，蓋由襄水齧岸，丘墓已無復存，而碑志幸出于世，金石家未有著録者，深可寶也。

孝達以朱提二十四兩贐行。

十六日乙丑　上午溦雨，終日重陰，夜三更後又雨，比日甚寒，逾於昔冬，將戒行李，而雨雪不止，長涂水宿，遠涉多憂。以亡友陳德夫所遺古墨一笏及紫豪筆一管、㷒脯一肩饋孝達，縵雲牋百幅貽其兄之淵。夜與孝達話别，三更後辦莊，俗作『裝』，漢人避明帝諱作『辦嚴』。五更始寢，疾復動。

十七日丙寅　終日霠陰，溦雨。下午發武昌，渡江入沔口，寓同鄉嚴氏肆中。

十八日丁卯　薄晴。上午坐肩輿，歷漢口鎮市，渡沔登翼際山，游晴川閣。閣初毁於賊，至丙辰官相國克漢陽，始復其地。同治三年甲子，知漢陽府鍾君始重建此閣及禹稷祠，搤沔據江，形勢既勝，重甍丹聳，危闌碧周，亦足助遠覽之奇，稱宏區之選。閣有荆人王柏心新撰記，命意不苟而文筆蕪拙，頗無體裁。徘徊櫓檻，極望逾時，復渡沔返寓。夜成《登翼際山晴川閣望鄂城寄張孝達編修》七古一章，存集中。

十九日戊辰　晴。作書，并詩致孝達。下午大風，坐肩輿上輪船，嚴氏肆中人有陳吉祥者，吾邑道墟人，送至船中，將護甚勤。船名『海馬』，華廠可喜，而客床逼窄，殊不能堪。

二十日己巳　晴。五更開船，曉過黄州時，尚卧，欲一覽武昌寒谿西山之勝，竟不可得。起時，已至西塞山。歷道士洑，過蘄州。下午小泊九江城外，夕陽中望廬山，蒼紫萬重，奇秀百變，較昔冬所見，氣象倍呈，惜不得爲信宿之留，一窮其勝耳。薄暮過湖口縣，看江上晚霞。夜將半至安慶，小泊即行。

二十一日庚午　薄晴有風，寒甚。曉過蕪湖，卧起時，已抵東西梁山，旋歷采石磯。午至江寧城外小泊，看鍾陵、清涼諸山，皆童童赤阜耳。薄暮泊鎮江城外，夕陽中看金、焦兩山端倪，呀闢奇設，自天浮玉。僧舍盡焚，僅存一塔，瘦削翹峙，挺起千尋。焦嶼形若鍾圜，竹樹蓊結，頑古秀澀，烟翠不窮。昔人評杭之西湖兩塔，謂保俶如美人，雷峰如醉漢。予亦謂金山如美人，焦山如醉漢也。潤州一隅，形勝最著，城踞北固，屹當江衝，左右兩山，翼然旅拒，洵東南之重險，江海之鈐轄。平生過此凡三度，今日始得略究其概，尚未及登金、焦爲可恨耳。夜初更開船行。

二十二日辛未　薄陰，午後微雪即止。曉過狼山，上午抵吴松口，遂達滬瀆，仍頓莊大馬路燭鋪中，夜飯於浦氏酒樓。是日得季弟正月四日書，言家人尚居黄花巷。

二十三日壬申　陰寒。訪應敏齋觀察，不值。至敬業書院訪山長歸安鍾子勤孝廉文蒸，詢其所著《穀梁補注》，言已有成書，約有二十餘卷，博采諸家，無所偏主，亦時補正范氏之失，惟尚未寫定耳。又言上海近主龍門書院劉司業熙載，字庸齋，揚州人。頗究算學，不取西法，聞其子於此事尤精。夜同鄉人嚴益三邀至曲里中飯，二更返寓。

二十四日癸酉　微晴。鍾子勤孝廉來。作書致應敏齋，託其顧舟赴杭。剃頭。嚴益三邀至浦氏樓酒家晚飯，丹桂園觀劇。夜半返寓。

二十五日甲戌　陰。得應敏齋書，言已爲具舟。胡肖梅來，不值。夜至浦氏樓飯，遣僕往問肖梅寓，則譚仲修、張子虞皆在，又聞張玉珊亦至。數日來與傖儈周旋，胸中作惡不可耐，得此喜甚。仲修、肖梅旋來，遂偕肖梅訪蕊君西樓，蓋肖梅之能迹予者，以予昨晚一過其地，未及見蕊君，而短李之名生張已識，諸君適飲於内，追予已去，今日因詢應觀察，始知予所居也。竊歎諸君於予，相思甚殷，而君輩北轅，我栖楚幕，方謂半載以内，當無見期，不料猝然相聚於此。既相聚矣，昨夕之地僅隔一簾，而彼此各不相知，覿面千里，幾又相失，人生聚散，良非偶然。因約諸君以詩紀之。談次，子虞亦來，遂同至丹桂園觀劇，肖梅招可卿，予招月仙，四更始散。予宿肖梅寓中，與諸君暢談。是夜和暖有春意。

二十六日乙亥　申初三刻二分雨水節。江蘇二刻十一分。上午雨，下午更密，入夜有聲。上午坐肩輿至二擺渡登舟，作書別諸君。子虞作片來屬留一二日，再作書辭之。終日夜孤舟聽雨，蕭寥殊甚。

二十七日丙子　晴，下午多陰。昧爽開船，行九十里，晡後至華亭之泊。夜半大風，孤篷攲側，頗念滬上之樂，因賦七律一章，題爲《夜泊華亭城外追寄張子虞孝廉滬上》云：『松陵郭外卸帆遲，回首高樓隔酒巵。的的紅簾斜映燭，叢叢緑鬟坐彈絲。孤舟客返三千里，遠浦潮來半夜時。聽水聽風成底事？華筵一曲不禁思。』

二十八日丁丑　晴暖，下午小雨數作，晚晴，晨大風。船不得開。上午解維，行一百里。傍晚至婁縣之楓涇宿。日來閉置小艙中，鬱悶殊甚，今日晡後，溦雨乍過，天氣甚清，出坐船頭，旁眺遠矚，清流曲映，晴霞淡呈，柳條就青，麥苗茁緑，牛亭相望，炊烟互生，頗復承平之觀，漸有春事之樂。薄暮登岸，小步墟市中，至橋上而回。

二十九日戊寅　晴暖。五更開船，行二十四里，過嘉善縣。四十里，至嘉興府城，泊北門外。時日景未西，欲遊烟雨樓，眺鴛鴦湖，不果。夜爲馬穀山制府撰《孚惠靈濟寧江伯湯公三江口廟碑文》，存集中。胡雲持有《靈濟廟碑》，最名於時，今其文在集中，然中有數誤。湯公父官參政，而文作『方伯』，一也；公爲四川安岳人，同時張文恭元忭言其爲富順人，而文作『成都』，二也；康熙中，賜廟額『靈濟』，雍正三年，封寧江伯，而文云『封靈濟侯』，三也。若其瓌奇雄警，則自非後生可及。

閱正月初一日至十五日京報：

詔：朱鳳標以吏部尚書協辦大學士。初一日。

以刑部郎中錫綸爲布倫托海辦事大臣。初八日。

英翰奏捻首僞衛王李允提解到營，請旨辦理。詔：即就地正法，傳首犯事地方。初九日。英翰奏軍務肅清，籲懇扶柩回旗，補行穿孝。詔：將一切善後事宜籌辦妥協，再行回旗補行穿孝。英翰回旗後，安徽巡撫著吴坤修署理。初九日。

英翰奏李允逃入皖境，窮蹙詐降，經提督李世忠相機辦理，不勞一兵，逆渠授首，請將李世忠及出力將弁各予獎厲。詔：前任江南提督李世忠賞給福字一方，白玉翎管一枝及玉柄小刀、大小荷包等物。餘升賞有差。初十日。

詔：前因捻逆竄擾直隸平鄉等境，李鴻章未能催提劉銘傳等軍迅速赴援，降旨將李鴻章、李鶴年先行交部嚴加議處。本日據官文、崇厚奏捻匪北竄衡水、定州一帶，丁寶楨奏帶兵出省預籌北援等語，覽奏曷勝憤懣，朝廷特命官文署理直隸總督，剿匪是其專責，乃毫無布置，任令蔓延，實屬有負委任。左宗棠於張槐愚捻股，未能在陝省就地殲除，致令紛竄山西、河南，擾及畿輔，調度無方。官文、左宗棠均交部嚴加議處。李鴻章身任欽差大臣，爲朝廷素所倚畀，乃迭奉諭旨，既未催令劉銘傳等軍趲程前進，又日久迄無一字覆奏，是何居心？著拔去雙眼花翎，褫去黄馬褂，革去騎都尉世職。李鶴年未能迅速出省督剿，所調宋慶等援軍，又不遵旨飭令分途前進，貽誤戎機，著革去頭品頂帶，並摘去頂帶。劉銘傳暨善慶、温德勒克西各軍，是否李鴻章未經催令起程，抑該員等任意逗留？宋慶、張曜兩軍，均由豫省渡河，致落賊後，是否該員等不聽調度，抑係李鴻章、李鶴年不遵諭旨，令其改道赴豫，著李鴻章、李鶴年據實覆奏。所有前調各軍，仍著官文等迅速催提，以資兜剿。十三日。

官文奏捻匪竄至清苑，提督劉松山、總兵郭寶昌、協領喜昌等各統所部星夜繞越賊前，趕赴保定省城侍衛。陳國瑞亦催令張曜、宋慶各軍陸續趕到。詔：現在大兵雲集，著官文乘此聲威，實力痛剿。劉松山等先行交部從優議敘。十五日。

二月己卯朔　西北風大作，寒甚。未明開船，行二十里，過嘉興斗門。六十里，過石門灣。二十里，至石門縣，泊城外宿。是日自晨至午霃陰不啓，下午日景忽出。

初二日庚辰　風雨如晦。昧爽開船，行六十里，過塘西。又六十里，抵杭州北新關泊。自塘西至臨平四十餘里，夾岸梅林，作花正穠，絳白相間，烟雨黯淡，清思轉深，當賦一詞紀之。

初三日辛巳　晴。上午入杭州城，抵書局，晤王松谿、陳藍洲及湖人施明經補華。下午詣馬穀山制府、楊石泉方伯、譚文卿太守、薛慰農、楊豫庭，俱不值。晤秦澹如都轉、黄元同明經。聞吕定子亦以前日來杭，寓澹翁家。夜澹翁、定子兩君來，偕過慰農觀察家，談至三更始散。近日病甚，服朱西泉秀才方藥。

初四日壬午　終日風雨。作片致孫子佩。作書致澹翁、定子。作書致穀山制府。

從慰翁借得衡陽王夫之而農所著《永曆實録》閲之。凡二十六卷，紀一卷，題曰『大行皇帝』；鄭成功在臺灣上謚號曰昭宗匡皇帝，王氏遠隔楚南，故未知也。傳二十五卷，首以瞿、嚴兩公，終以《叛臣列傳》，爲劉承胤、陳邦傳兩人。其云『邦傳字霖寰，浙江紹興人』，爲它書所未見。王氏所極推重者，瞿忠宣與嚴忠節，忠節爲山陰人。是録乃以越人爲終始，亦足刷鄉邦之恥矣。其第二十四卷爲《佞幸》，則馬吉翔、嚴雲從、江西分宜人，嚴世蕃之曾孫。侯性河南歸德人，侯恂之弟。三人；二十五卷爲《宦者》，則李國輔、王坤、龐天壽、夏國祥四人。

而農當永曆時，以忠宣薦，官行人，嘗請忠節力救『五虎』之獄。及忠節被彈，而農亦三上疏糾閣臣王化澄，因此遂歸，故于永曆入滇以後事多不詳。如極貶吴貞毓，而不知其後有十八先生之獄；馬吉翔實死于緬甸祝俗作呪。水之禍，而以爲降我朝見殺。其餘舛繆，亦多不免。又甚不滿于何中湘，而極稱金堡，尤是明季門户習氣，失是非之公。至丁魁楚因降李成棟見殺，而謂其據岑谿，與我兵戰，不勝而死；郭之奇、吴炳皆死節，而以爲皆降而死；楊畏知始以兵拒孫可望被執，後終大罵而死，而以爲被脅爲用；郭之奇及魯可藻，雖心地未純，皆可節取，而極貶之，儕于程源、萬翺之列。此皆舛戾，不足爲定評。又謂朱天麟欲逐嚴起恒，殺金堡，乃與陳邦傳謀通款于孫可望；吴貞毓亦密啓稱臣，皆疑非實。

惟自永曆居梧以前，而農身仕其朝，見聞較著，固有它書所不及詳者。如謂桂端王薨後，安仁王由楥承國事，未幾暴薨。永曆即位，追尊爲桂恭王，可訂諸書或稱端王爲恭王者之訛。《丁魁楚傳》謂魁楚故怨恭王，又受思文密旨偵桂邸動静，遂欲因事中王。一日就王飲，刺其言以奏，未浹月，王暴薨，或曰魁楚奉密旨爲之。此事疑近誣。謂永曆初立，即上嫡母王氏爲慈聖皇太后，生母馬氏爲慈寧皇太后，可訂諸書或言王太后崩後始尊馬太后者之誤；慈聖爲神宗生母李太后徽號，不應相襲，當從《瞿忠宣集》作寧聖、昭聖。何騰蛟子文瑞以蔭至兵部侍郎，居桂林，廣西陷，遇害，《張同敞傳》言何文瑞以故督子仍督滇軍。諸書言文瑞官止僉都御史，且不詳其所終；劉湘客擢翰林侍讀學士，朱天麟、王化澄言其非科目，不當入内制，湘客不自安，請外除，遂改僉都御史，協理院事，旋遘梧州之獄，諸書稱湘客官或曰侍讀，或曰少詹事，或曰禮部侍郎，或曰副都御史者，皆非；侯偉時于崇禎末已官吏部驗封司郎中，永曆時超拜吏部右侍郎，代尚書李若星莞部事，殉難後贈禮部尚書，《明史》諸書言偉時官吏部主事者，大誤；何中湘謚文忠，諸書或作忠烈，或作文烈，或作文節，見《瞿忠宣集》。以中湘資望論之，當以文忠爲是。其它所載，若姜曰廣贈進賢伯，謚文忠。紀作文愍，疑當從傳。眉批：所載姜曰廣江西反正時，先加太子太師、武英殿大學士、吏兵二部尚書，再晉少師、建極殿大學士，亦它書所未詳。章曠贈華亭伯，謚文毅，曠兄簡，隆武中贈郎中，謚節愍，侯偉時謚忠靖，王得仁謚忠壯。傳作武烈。亦諸書所未見。晏清字元洲，劉遠生本名廣胤，以字行，湘客之兄。劉季鑛字安世，同升之子。袁彭年字介眉，它書皆言彭年爲宏道之子，此獨云中道之子，中道字小修，中郎之弟也。郭之奇字菽子，萬翺字九皋，程源字金一，王化澄字登水，丁時魁字斗生，曹志建字光宇，楊國棟字瑞宇，馬進忠字葵宇，皮熊字玉山，李成棟字廷玉，子胤字元伯，皆足補霸史之闕。李定國它書稱其字鴻遠，此書作寧宇，因名推義，疑此爲得。至焦璉之字，它書作國器，此作瑞庭；金聲桓之字，它書作虎臣，此作虎符。則未知孰是矣。

晤孟蘭艇，知其新選仁和縣教諭。夜，局中諸君邀同慰農觀察飲。得定子書，約明日過談。施均甫賦七言古詩一章，送予還東。

初五日癸未　晨微雪，旋止，終日薄晴有風，寒甚。上午渡錢唐江。午自西興顧舟行。夜半抵越城，入西郭門。季弟近移居光相橋側，過問之，則黃花衖所賃廬數日前已爲居停它售，家人亦皆徒此矣。四壁誰屬，一車屢移。釜魚泣其勞生，幕燕迷其歸夢。出輕萬里，入無半苫。門庭歷而若疑，鷄犬散而無主。浮生至此，不其悲乎？見季弟及新婦，北舍有租，仰食差足。東眷爲後，持門大難。上感倚閭，絶闕泉之相見；下憐補屋，慨賃廡之不恒。闉闠徘徊，忽如夢寐；婢僕怪笑，問其誰何。作西頭之寓公，成南阮之寄食。此又旅歸之變態，窮居之重俙矣。

初六日甲申　上午晴，午後陰寒。作片致王寅生妹夫，饋以楹帖一聯，白銅水菸筒一具，及洋燭宫粉等物。以楹帖、洋燭、宫粉遺鄭妹夫，楹帖、洋燭遺族叔梅坡。午詣竹樓弟家小坐。竹樓來，品芳弟來。

初七日乙酉　晴和。作書致王訪梅。鄭妹夫來，鄭蘭舫來。少梅弟來。以錢五十貫并子錢五貫還鄭妹夫，去冬十月爲三妹出閣所貸者也。又以番金二十七圓贖所質衣一篋，付内子點心錢兩番金，隱修庵還願錢兩番金，資福庵香火錢一番金，王福勞苦錢八番金，傭婦阿高工食錢兩番金，傭人騰雨兩番金。往還六千餘里，所得者止此而已。兩日服朱西泉方藥。

初八日丙戌　上午晴，下午陰。剃頭。竹樓弟來。王眉叔來。延醫生張春帆診脉。服張叟方藥。

初九日丁亥　上午微晴，午後小雨數作，下午雨，入夜瀟瀟。是日微暖。作書致薛慰翁及王松谿、陳藍洲。服藥。

初十日戊子　陰寒。偕季弟詣謝墅，掃六世祖考安仁府君墓。晚歸。

十一日己丑　薄晴，大風，寒甚。服藥。竹樓來。晚偕竹樓過蘭如，尚卧未起。夜因騰雨赴杭之天竺山，再作書致王松谿、陳藍洲。

十二日庚寅　未正一刻一分驚蟄，二月節。風雨甚寒。以果餌、飴粉遺二妹，以果餌、粉、燭遺五弟。再延張叟來診脉。竹樓來，爲賒藥八齊。作片致沈蘅夫及王妹夫。王妹夫及蘅夫來。夜大風。

十三日辛卯　大風，嚴寒，終日陰曀。作書致王妹夫辭飲。夜身熱，肝氣大發。

十四日壬辰　晴，寒甚。卧疾。延張醫診脉。得王眉叔書并近詩。

十五日癸巳　晨晴，上午陰，午霰，下午雨，入夜瀟瀟。卧疾。仲弟來。

十六日甲午　雨有風。卧疾。五弟來。延張醫診脉。

十七日乙未　晴有風，寒甚。卧疾。得杭州陳藍洲書。閱黄薇香《論語後案》。

十八日丙申　晴。卧疾。傍晚雨。大妹來。

十九日丁酉　陰。卧疾。騰雨自杭回，得王松谿書。閱《受經堂彙稿》中茗柯文。

二十日戊戌　陰，午溦雨。卧疾。是日先王父及張太太忌日。閱《受經堂彙稿》中茗柯文及楊子掞雲在文。以果餌遺鄭氏妹。

二十一日己亥　晴，下午陰。始能强起，腰腹以下尚痛，不能久坐。梳頭。延張醫診脉。閱《受經堂彙稿》中金朗甫文、董晉卿賦。

二十二日庚子　陰，下午雨。張姬亦病，延張醫診。閱錢氏《廿二史劄記》中《漢書》《後漢書》《三國志》各卷。

二十三日辛丑　陰，下午雨，有霰。始能强坐作書。下午腹復痛。雨聲瀟颯入夜，比日寒甚如冬中。

二十四日壬寅　雨。

二十五日癸卯　晴。閲孫淵如《問字堂集》。仲弟回柯山。

二十六日甲辰　上午晴，下午陰，傍晚雨，入夜歷歷有聲。作字致張叟改方。比日漸能起坐作字，喫飯如常。今日擬往杭州，稍料檢書籍，遂困頓不可支，腰脚俱痛，疝氣又發，乃輟行。脆質植鰭，筋節弛緩，攝生之道，固有缺乎？閲孫淵如《岱南閣集》。燕來。作書致王訪梅，遥約以清明前後游亭山，酹酒明詩人王埜小芙蓉城，并訪侯山小隱園故址。竹樓來。夜急雨數作，坐小樓中聽之，覺雜沓有春聲。舊疾大動。

二十七日乙巳　申初二刻六分春分，二月中。天晴驟暖，地氣津潤，下午陰，晡後風雨。作書致秦澹如都轉。沈瘦生來，言柯山桃花已落，病中忽忽，春事又過，不勝悵然。朱厚齋刑部來，不晤。王妹夫遣人來問疾。夜大風雨，震雷。

二十八日丙午　陰寒，地燥，夜雨。爲亡友魯蓉生燮元、族父南垞肇丙、族兄連坡雲杲皆仿古人先字後名。及族嫂李周氏、族姊金李氏各撰傳一篇，皆辛酉死寇難者，將以呈采訪忠義局請恤典。竹樓爲代購《紹興府志》《皇明世法録》兩書來。蘭如來。

二十九日丁未　北風寒甚，午晴。下午過蘭如家小坐。竹樓來。

三十日戊申　社日。晴寒，傍晚雨霰，入夜雨聲甚密。作書致穀山總督，又致松谿、藍洲并秦都轉書，及采訪親族殉難男婦二十九人，吾族二十一人。并傳五篇，由信局寄杭州。

閲正月十六日至二十四日京報：

綏遠城將軍裕瑞病故，詔旨褒惜，裕瑞于道光時由整儀尉洊擢將軍、四川總督，緣事罷斥，旋授葉爾羌參贊大臣，内擢侍郎都統，同治六年授今職。照將軍例賜恤，伊子徵林賞給三等侍衛。以密雲副都統定安署理綏遠城將軍。

十八日。

蘇鳳文奏十一月十九日提督馮子材攻克太平府龍州賊巢。二十日。

夏家鎬補授内閣侍讀學士，李文田補授右贊善。廿三日。

三月己酉朔　終日陰雨，甚寒。得陳藍洲書。

閲《乾隆紹興府志》山川、人物、祠祀等卷，體例錯雜，紀載疏冗，多不勝駁。人物於『鄉賢』之後又列『宦蹟』一卷，所載仍是郡人，其意蓋以處有名位而無事實者，然佳傳林立，與鄉賢無異，其區分殊不可解，名目亦不倫。至采徐羨之入之，而以爲剡人，又僅撮舉其歷官數語，此似目不知史書者。其於鄉賢分理學、儒林爲二卷，拾《宋史》之唾餘，而不知欽定《明史》已訂正其妄，是尤其謬之大者也。

得王眉叔書，詞致雜潔，似蒙叟小牘。作書復訪梅，復藍洲。是日復衣裘，腹中又氣逆作痛。夜雨聲不絶。

初二日庚戌　終日密雨，湖水驟長。閲《紹興府志》。剃頭。季弟詣陸家埭三棚橋，上外祖父母墓。夜雨聲纏綿不斷，北風甚横。今年春事蕭黯，絶無佳日，政與病人作緣耳。三夕來卧甚遲。

初三日辛亥　自晨至午風雨凄厲，下午雨少止，見日景，旋復雨，傍晚漸霽，終日寒甚。是日木客山祭高祖墓，以疾不能往。張姬又病，延張醫診。陳珊士之子穀孫來，不晤。以㷅鷄、糕飴、橘、蔗等遺二妹。竹樓來，夜談。

初四日壬子　晴，微陰。上午閲《明史》艾萬年、馬世龍、賀世賢等傳十餘篇，覺精神少爽，步就外庭桂樹下負日閑坐。作片送陳穀孫赴湯谿。胡梅仙刑部來，辭之。是日湖桑埭龍舟競渡，此間山水村落秀絶鑒湖，今日久雨得晴，籬圃間當尚有桃李，擬棹舟往游，由柳姑祠經三山畫橋，一攬春事之盛。以待喫飯，忽忽過午。下午遂苦腹痛，不得去矣。人生不得行胸懷，即小小一出，亦阻阨如是，欲買佳山水置草堂，豈可得耶？爲張玉珊撰《校經圖》序。

初五日癸丑　晴，有風自南，甚寒。讀《説文段氏注》。竹樓、藺如兩弟來，夜談。睡至四更後，忽又腹痛，肝氣大發，蓋連日多作書所致。

初六日甲寅　晴，東風大發，寒甚。以後日須詣漓渚上曾祖父母墓，作書催仲弟上城。終日困卧，晚又身熱。

初七日乙卯　晴寒，下午陰。稍能起坐進食。閲韓文。仲弟來。少梅弟來。

初八日丙辰　上午晴，午陰，下午溦雨。仲弟、季弟詣漓渚金釵隴，上曾王父母墓，予以病不得往。終日腹痛，卧閲韓文。竹樓來。

閲正月廿五日至二月初四日京報：

賈楨奏病未就痊，懇請開缺。詔：以太子太保大學士致仕，加恩賞給全俸。廿五日。

朱鳳標充翰林院掌院學士兼國史館正總裁，羅惇衍充武英殿總裁，萬青藜教習庶吉士，毛昶熙充國史館副總裁。廿六日。

丁寶楨奏捻逆由直隸肅寧竄陷饒陽縣城。正月二十二日，王心安等軍分路進攻，連次獲勝，當將縣城收復。詔：已革總兵王心安賞還原職、翎頂。陣亡參將金成德等交部從優議恤。廿七日。詔：欽差大臣左宗棠現在行抵獲鹿，所有直隸現到各路官軍均歸調度。廿七日。以王巨孝爲山西太原鎮總兵。廿七日。

降調副都統成惠賞給五品頂戴，交管理火器營王大臣差遣委用。廿八日。

馬新貽奏請改浙江台州府知府疲難中缺爲繁疲難題調要缺，不歸部選。援道光二十三年前撫臣劉韵珂奏請將寧波府選缺改爲題調要缺，並無本省題調要缺改簡抵換，曾經核准在案。改平湖縣知縣衝繁疲難題調最要缺爲繁疲難題調要缺，仁和縣知縣衝繁難應調要缺爲衝繁疲難應調要缺。詔：吏部議奏。二月初四日。

夜雨。

初九日丁巳　終日陰雨濛濛。得穀山制府書。連日閲韓文，腰腹以下痛不可止。爲制府三江碑事，作書告鹽茶局畢通判世模。傍晚雨漸密，夜檐溜聲不絶，地氣津潤。

初十日戊午　雨聲凄苦，下午尤甚，天氣極寒。閲柳文。五弟來，言其妻弟薛春淵於後日置酒梅山，必欲致予，須强起應之。作書致王訪梅，約其同游梅山寺。晚後雨止。竹樓來。

十一日己未　晴，風，下午天氣清煦，是今春佳日，夜月尤清綺。

十二日庚申　晴嘸和淑，春暘甚麗。偕蘭如、竹樓、穎塘、幼薌、仲弟、季弟詣亭山下蔣家漊，祭掃先祖殯宫。回經王蜺巖小芙蓉城，歷侯山、何山，出東跨湖橋，泊南塘，游湖上各尼庵。溯鍾堰橋、杏賣橋，經龜山，進畫橋，至三山石堰，泊社廟下。復偕竹樓坐小舟至湖桑大橋登岸，行里許，游柳姑庵。由竹西亭坐舟，復回石堰。夜三更泛月出魯墟晾網橋，過青田湖，入西郭返寓。是日戌正初刻六分清明，三月節。江南此日多雨常陰，如今日者，平生所罕遇也。

十三日辛酉　晴暖，下午陰。王訪梅來。作書致張玉珊。

十四日壬戌　嫩晴，無風。上午坐小舟出昌安門，詣訪梅小坐，邀之同詣梅山寺赴薛春淵之招，五弟、季弟同往。寺僧隱松饋新笋、藕粉。夕陽時下山，至寺門倚眺久之。晚由單港出東西灘，月出而歸。

十五日癸亥　陰，晡後濈雨。讀《列子》。穎堂弟爲其亡婦忌日禮懺，請喫午齋。夜雨。

十六日甲子　終日寒雨。讀《列子》。

十七日乙丑　晨晴，上午陰，濈雨，午晴。詣項里，上先君子、先太夫人墓，仲弟、季弟、大妹、二妹、三妹、鳳妹、内子、二弟新婦、四弟新歸、王妹夫、穎堂弟、竹樓弟、幼香弟、阿僧、阿藕同往。晚歸。肝逆，腰痛甚。

十八日丙寅　晴暖。病甚不能起，終日不食。三妹回婿家。

十九日丁卯　早陰，濈雨，上午薄晴。病少間。

閲二月初五日至十二日京報：

詔：山西巡撫趙長齡開缺聽候查辦，以鄭敦謹署理山西巡撫。初五日。詔：陝西巡撫喬松年奏病難速痊，准其開缺調理，以劉典署理陝西巡撫。初五日。

詔：前派恭親王會同神機營王大臣辦理巡防事宜，現在直隸軍務緊要，所有各路統兵大臣及各督撫，均歸該親王等節制。初六日。

單懋謙兼署都察院左都御史。初九日。

劉崐奏正月初三日李元度、席寶田兩軍攻克貴州石阡府屬之荆竹園、羅家巖兩處賊巢，殺賊八九千人，斬賊首蕭桂盛、何瑞堂。詔：記名布政使前貴州按察使席寶田賞給白玉翎管搬指、大小荷包。前浙江按察使李元度開復原官，賞還花翎及布政使銜。餘升賞有差。初十日。

下午大風雨，雹霣如石，雷震，晡後密雨，至晚稍止，夜晴。是日，群弟輩詣謝墅，祭掃本生王父殯宫，予以病不得往。姑夫屠夢翁來。閲柳文。

二十日戊辰　晴寒有風。讀《淮南子》。近以病不能讀經，雜取諸子及文集以遣永日。鄭氏妹次子周晬，饋以魚肉糕麵。夜疾動。

二十一日己巳　陰，下午溦雨，即止。疝氣又大發。

閲柳文。子厚謫永州時，年僅三十三，其所表見已卓然。及在永五年，《與蕭翰林俛書》有云：『人生少得六七十者，今已三十七矣。長上聲來覺日月益促，歲歲更甚，大都不過數十寒暑，則無此身矣。』又《與李翰林建書》有云：『假令病盡，已身復壯，悠悠人世，不過爲三十年客耳。前過三十七年，與瞬息無異；後所得者，其不足把玩，亦已審矣。』其言凄愴，讀之酸鼻。然子厚後僅十年而殁，壽止四十七，而文章行業，照耀千古，迄今如未死者。以視僕之年已四十，文筆歌詩，自亦不在人後，而皓首場屋，入貲爲郎，聲稱泯然，無一可恃；百病迭攻，奄奄視息，身雖拘于編氓，魂已游於岱嶽，不又重可悲耶？

夜雨。

二十二日庚午　薄晴。腹下痛不止。得陳藍洲書。剃頭。

閲柳文。二王、八司馬之事，千載負冤，成敗論人，可爲痛哭。子厚終身摧抑，見於文辭者，若不勝其哀怨，而絶不歸咎叔文。若《牛賦》《吊萇弘文》《吊樂毅文》諸作，意皆爲叔文發。蓋深痛其懷忠而死，雅志不遂，雖與中朝當事者言，亦但稱之曰罪人，曰負罪者，終未嘗顯相詆斥，至《與許孟容書》，則幾頌言其冤矣。古人此等處，自不可及，而世無特識，多爲昌黎《順宗實録》所厭，俗作壓。雖歐陽文忠、宋景文、司馬文正尚皆不免，可歎也夫！

作復藍洲書。夜小雨。

二十三日辛未　晴。腰腹痛甚，復不能起。卧閲《淮南子》。服湖桑尹醫藥。入晚疝氣自右而左，腎囊下垂，睪丸頓大倍常。

二十四日壬申　晴暖。卧閲《淮南子》。得畢伯範通判書。

二十五日癸酉　上午晴熱，下午大風，晝晦，有雷雹，夜大雷震，密雨。卧病，連日服胡桃酪，痛不止。今日從市中賖得龍眼二斤半，自此連服龍眼汁。得秦澹如都轉書。卧閲《抱樸子·外篇》，意救衰俗，皆通正明達之言，而理淺思卑，文繁旨複，詞弱而不揚，氣漫而不整，蓋東晉文筆之最下者。《内篇》全是養生丹訣之説，更淺陋不足觀。夜閲《陸渭南文集》。

二十六日甲戌　晴雨不定，有雷。三妹遣人來問疾，并饋食物。卧閲《抱樸子》。傍晚大雨雷，入夜。

二十七日乙亥　晴，連日鬱悶，地氣津潤。卧疾。閲《大雲山房文集》。竹樓來。是日午後隱隱有雷，傍晚風雨又作。

二十八日丙子　寅初三刻二分穀雨，三月中。終日陰雨不定，有雷。卧閲放翁《入蜀記》。夜閲《渭南文集》。渭南文蕪冗無體裁，小品簡潔，尚有可觀。

二十九日丁丑　雨。痛始少止。卧閲《石笥山房集》。

三十日戊寅　雷雨數作。卧閲《石笥山房集》。比夜頗苦蚊。

閲二月十三日至三月初四日京報：

詔：山西巡撫趙長齡革職發往軍臺，山西按察使陳湜革職發往新疆並效力贖罪。詔略云：前因捻匪竄山西吉州，由平絳擾及河朔，並因喬松年奏參吉州渡口爲陳湜舊防，賊匪搶渡時，四營皆潰，及行至趙城停留不進等情，諭令鄭敦謹查明，據實具奏。兹據鄭敦謹覆奏，趙長齡因注意嚴防河保，致令吉鄉一帶兵力單薄。鄭敦謹奏稱：山西省西面河防自保，德州至蒲州府以河曲保，德吉州鄉寧等處最爲緊要，河保接連陝西之府谷、神木一帶，吉鄉接連陝西之宜川、韓城一帶。迨該逆乘機搶渡，擾及腹地，又未能撥兵迅抄，任賊蔓延，實難辭咎。陳湜督守全河，任令該逆乘虚搶渡，又因順道赴省，致誤事機，實屬失於防範，貽誤地方，請從重治罪等語。捻匪前次竄擾陝西等境，迭經諭令趙長齡、陳湜嚴防河岸，並責成陳湜總辦沿河防務，諄諄誥誡，至再至三。趙長齡統轄全省，乃任捻匪竄晉，致令闌入豫疆，震及近畿，實屬大負委任，著革職發往軍台效力贖罪。陳湜專辦河防，增兵益餉，朝廷無不俯允所請，乃卒至貽誤地方，疏防失律，厥咎尤重，著革職發往新疆效力贖罪。至前據都察院代奏，山西紳士曹翰書等陳請，將趙長齡罷斥，别簡賢員等語。此次查辦各情，朝廷一秉至公，毫無偏倚，該紳士等不得以挾制長刁風，爲疆吏者尤不可以泄沓滋口實也。懔之。十三日。

蔣益澧補授山西按察使。十三日。

詔：前任貴州都匀府知府殉難鹿丕宗加恩予謚，並於貴州各任所建立專祠。從張亮基請也。亮基疏言：前據廣西臨桂縣知縣鹿傳霖禀稱，職父鹿丕宗，直隸定興縣人，由拔貢考取教習，以知縣用簡放貴州，道光十一年補施秉縣知縣，二十一年升平越直隸州知州，二十四年升都匀府知府，咸豐二年俸滿加道銜，六年都匀府城陷，殉難。奉旨從優議恤，復准於本籍建祠。職父宦黔二十餘年，砥節愛民，黔中士人共聞共見。道光三十年粤逆倡亂，職父修建碉堡數十處。迨楊隆洸竄攻麻哈州，職父督練馳援，立解城圍。咸豐五年七月，楊逆甫平，丹都八寨苗匪及龍里、貴定教匪四面迭起，環攻堆時，文報不通，外援已絶，兵不滿百，餉無錙銖。職父鼓勵官民，同心死守，盡夜督戰，時有斬擒。該匪更合長圍，環城樹栅，綿亘百餘里，城中死者日以百計，草根樹皮剥食殆盡。職父困守經年，至六年八月交卸郡符，孤城遂陷。職父與職母蕭氏朝服向北謝恩，命僕舉火自焚，同時殉節。自後浹旬之内，連陷九城，可知職父死捍凶鋒，功爲尤大。請援前湖北巡撫嚴樹森以荆門直隸州知州李櫄、安陸府知府金雲門官聲卓越，奏請予謚建祠例，呈請代奏。旋據署都匀府知府劉正齡詳稱，鹿丕宗清潔守己，慈惠愛人，於吏治民生尤能加意講求，如教民紡織，設立義學，捐資課士，收葬貧死等事，至今嘖嘖人口。及困守危城一年之久，甫經交卸，賊即大至，本可盡室以行，乃猶眷懷舊部，不忍舍去。未幾城陷，遂闔門死難。臣覆查無異合無仰懇聖主俯准加恩，予謚建祠云云。十四日。

詔：前據前任户部侍郎李鴻藻奏，大兵雲集，統兵督撫分位相埒，無以一事權而泯意見，請照咸豐三年故事，派親王爲大將軍坐鎮京師。並令左宗棠、李鴻章爲參贊大臣，分路進剿。當因逆蹤距京漸遠，特派大將軍坐鎮，恐各路統兵督撫事事禀承，必致有誤事機，因派恭親王會同神機營王大臣節制各軍，原以杜進止不齊之弊。嗣經恭親王等奏請，飭左宗棠由西北進剿，李鴻章由東北進剿，官文、丁寶楨、英翰、李鶴年、崇厚並神機營派出各軍，分段嚴扼，所有進止機宜，仍由該大臣等調度，一切不爲遥制。迭經諭令左宗棠等遵照辦理，該大臣等亦深知此意，隨時相機籌辦，並未事事拘執咨商。兹據候補五品京堂王家璧奏稱，大帥之功在任群帥，中樞之功在任大帥，惟恐各路統兵大臣誤會前旨，事由中制，請明諭宣示等語。王家璧於朝廷布置及恭親王等陳奏各情未能深悉，鰓鰓過慮，恐外間無識之徒一唱百和，騰其口説，於行軍大有關繫，不得不明白宣示。左宗棠、李鴻章、官文、英翰、李鶴年、丁寶楨、崇厚均仍遵前旨，分路防剿，一切進兵機宜，妥籌調度。倘有觀望遷延，或意見參差，致誤軍務者，即著恭親王會同神機營王大臣指名參奏，以儆玩泄。王家璧著發往左宗棠軍營差遣委用。十五日。

官文、左宗棠、李鴻章奏二月初十日劉松山、郭寶昌、喜昌等軍迭敗賊於深州賈城、五台子、馬隆莊。十二日復敗之於祁州。十三日與宋慶、張曜等軍合敗之於博野南鄧村。十六日，郭松林、楊鼎勳兩軍破賊於安平。十七日復敗之於饒陽之楊家村。十八日諸軍會剿，賊折竄饒陽以北。詔：此次左宗棠、李鴻章所派各軍，均能奮力剿賊，不辭勞瘁，迭獲勝仗，具見該大臣等力顧大局，共矢公忠，將士用命，深堪嘉尚。即著乘此聲威，一鼓殲除，共奏膚功，同膺懋賞。二十三日。馬新貽奏浙江鹽運使高卿培因病懇請開缺。詔許之，以山東登萊青道潘霨爲浙江鹽運使。二十三日。

官文、左宗棠奏二十三日副將楊鳳元大敗賊於肅寧，程文炳追至博野縣境，殺賊無算。詔旨褒獎。三十日。

詔催山西按察使蔣益澧赴任。三月初一日。前光禄寺卿倪杰補授太僕寺卿。初一日。

詔：前記名提督廣西右江鎮總兵殉難唐殿魁加恩予謚，並將事蹟宣付國史館立傳，於江蘇、湖北及安徽原籍建立專祠。從李鴻章請也。殿魁上年正月間於湖北尹隆河剿捻陣亡。李鴻章奏其曾在江蘇迭復常州各城，爲淮軍諸將之冠。初二日。

官文、左宗棠奏二月二十三日饒陽王莊、二十五日深澤梁村之捷。初三日。

受禮廬日記下集

同治七年四月初一日至九月二十九日(1868年4月23日—1868年11月13日)

時寓郡城西光相坊季弟家,有樓一楹,向北闢牖,牖下爲城濠。卧疾五旬,日尋藥餌,亂書數帙,雜置床頭,呻吟之餘,略記晴雨而已。行年四十,病困幽憂,無如今春者,過此更不知何如也。

夏四月己卯朔　晴熱。始强起下樓小坐,仍服張叟藥。卧讀韓詩。

初二日庚辰　晴陰相間。始强出至聽事小步,仍服張叟藥。卧讀放翁詞。是日熱甚,幾不堪單衣。

初三日辛巳　晴,熱甚,時有零雨。始强起作字。讀《説文》。剃頭。病起時此事爲最快,夏中尤宜,古人未知此樂也。始喫櫻桃。舊傭人李三送蠶豆一籃來,予以錢,不受。窮途中得人饋遺,惟此君猶有古風。

初四日壬午　上午晴,熱甚如盛夏,下午風雷,頓陰,夜雷雨。午後氣又逆,不快。卧閱韓詩。

初五日癸未　雨,凉如秋中,下午陰。腹腎又痛,不能起。竹樓邀張春帆來診脉。服春叟藥。夜大雨。

初六日甲申　雨。偕群弟携舟出西郭門,泊青田湖外,觀龍舟競渡。晚坐蘭如家小兒女舟歸。

夜雨。

初七日乙酉　雨。讀韓詩。遺人以含桃、鷄㲉、酥糕遺三妹。

初八日丙戌　上午雨，下午霽，夜有月。讀郝氏《爾雅義疏》。姬人以佛生日，詣資福庵饋優婆尼。遺人以含桃、餠飴遺二妹。晡後，以新霽可憙，力疾試步，遂至竹樓齋頭小坐，啜茗看蘭花。同過蘭如時晴草廬，牡丹、海棠一二本皆已過，花盆盎間蒼翠可掬。東坡詩云：『溦雨止還作，小窗幽且妍。盆山不見日，草木亦蒼然。』趙德麟謂非親至吴越四五月間，不知四語之妙。予謂雖生長吴越者，不特不能作此等言語，并求領會如德麟者，亦不可得。此自非有雅人深致不能解也。夜飯後，二更歸。

初九日丁亥　上午晴暖，下午陰，溦雨數作，晚晴。是日常禧門外賽會漢會稽太守馬公臻廟，偕諸弟同舟往觀。龍舟樓船導從甚盛，湖山秀絶，映帶益妍。午後觀競渡於跨湖橋外。下午泊廟前，雨過氣清，薄雲晻樹，曾青淺翠，罄狀莫窮。傍晚入廟（此處塗抹）謁太守像，廟中方演劇，士女駢擁。越人好鬼，多淫祀，自二月至五月，賽會無虛日，大率非鬼之祭。

惟太守功德在人，雖遠益彰，歌舞其下，猶爲近古。然（此處塗抹）《後漢書》不爲太守立傳，吾越圖志所述，又頗荒忽。如府志《名宦傳》云：『是時漢祚日衰，宦豎專政，豪右惡臻，乃使人飛章告臻創湖淹没人冢宅，徵臻下廷尉。及使者按驗，詭稱不見人籍，皆是先死亡者所下狀。臻遂被刑於市。』夫太守築湖，在順帝永和五年，是時宦豎之禍猶未甚烈，何至以怪妄無稽之言遽誅郡守？自來蔽獄，亦無荒誕若此者。張文恭公元忭雖嘗辨之，然嘉泰、萬曆志皆仍其説。又云創築鏡湖。考鏡湖之名，起於唐代。《水經注》謂之長湖，亦謂之大湖，《輿地志》謂之南湖。當太守時，則但有湖名而已，故杜氏《通典》亦僅云『太守馬臻始築塘立湖』。或謂因王逸少云『山陰路上行，如在鏡中游』，以此得名鏡湖，說蓋近是。任昉《述異記》謂軒轅氏鑄鏡湖邊，因得名。《述異記》本出僞撰，其說怪妄，不足致辨。又傳僅言其字叔薦，而不言其爲何地人，《職官表》則云茂陵人。宋傅《雩農歌》亦云『幸逢太守茂陵來』。然王忠文《會稽三賦》引《圖經》云山陽人。考東漢時茂陵屬右扶風，山陽屬河内郡，又別有山陽郡。疑諸稱爲茂陵人者，以馬氏郡望扶風而附會之，當從《圖經》爲是。

至湖周回三百一十里，圖經、志乘及《通典》皆同，或作三百五十八里，亦相去不遠。曾子固《鑑湖圖序》及《萬曆志》皆云三百五十八里。考湖舊迹，東至曹娥江，西至西小江，南至山，北至郡城。首受會稽五雲鄉之水，即平水谿。總納兩縣三十六源。宋徐次鐸《復湖議》云：『在會稽者，自五雲門東至於曹娥江，凡七十二里；在山陰者，自常禧門西至於西小江，凡四十五里。』此自其徑長言之，共爲百十七里，與今之道里合。若周回計之，則三百餘里矣。《水經注》言湖五百里，酈道元未至南方，所言多誤。王忠文賦注引『一說，鑑湖八百里』，則詞賦家誇大言之，本不足據。徐氏又謂隸會稽者曰東湖，隸山陰者曰西湖，郡縣志謂隸山陰者曰南湖，則誤。此湖本統名南湖，《輿地志》及《鑑湖圖序》、《嘉泰志》可據。二湖以稽山門驛路爲界。出稽山門一百步，有橋曰三橋，橋下有水門，以限兩湖，雖分爲二，其實相通。是則西湖起常禧門而迤，南至稽山門、東郭門之間，與東湖相接，故五雲門之旁曰都泗門，其外爲都泗堰，今爲橋。舊有則水牌。『都泗』本作『都溮』，都者，聚也，言此地爲水之所聚也。或謂湖桑埭一名湖雙，以跨東西兩鑑湖而名。今俗作壺觴。案：湖桑在常禧門外十里，舊有湖桑堰，今爲橋，然民間猶稱堰。去稽山門驛路甚遠，其說非是。而今常禧門外之跨湖橋，俗稱東跨湖橋，自此四十里至湖塘，有橋曰西跨湖橋，此以屬山陰者湖之東西言之。其瀕石堤直接名曰南塘，蓋猶太守湖堤故址。塘之北岸田皆上腴重科，而山陰有容山湖、秋湖、贏此俗字，本作[illegible]。石湖，府、縣志皆謂常禧門外甑山下有湖，廣二百餘畝，俗猶呼爲贏石湖，今案此湖在龍尾山下。會稽有白塔洋，長十五里，近東關。皆是鏡湖遺迹，其故道歷歷可指。

太守此廟，正據東跨湖橋，枕南塘之首，建始於唐開元中刺史張楚，汔今不廢。但《嘉泰志》以此廟屬會稽縣，謂『在縣東南三里八十步』。唐韋瓘有《修廟記》，而云『山陰馬太守廟，在縣西六十四里』。即《萬曆志》所謂在廣陵斗門者。《萬曆志》亦以此廟屬會稽，謂『在府城南二里』。考常禧門自宋以來無屬會稽者。《山陰縣志》又云：『利濟王廟，在縣西南五十五里，祀東漢太守馬臻。』此又不知在何地，其封號亦不知何據。總之，太守築湖之利，雖今有海塘以捍水，有三江閘以蓄泄，誠如張文恭言，不必復議及此。而自東漢汔宋初，幾及千年，民受其賜。至其死也，雖事甚曖昧，要以非常之舉，見惡豪强，爲民試法，故今里俗相傳有『剥皮楦草』之説。漢時固無此刑，而其寃慘結於民心，亦可推見。合之祀典，所謂『能捍大災』『以死勤事』者，兼而有之。而歷朝未聞褒贈，吾郡名宦祠中亦不列其名，誠闕典也。當言之大吏，爲請封於朝，且文其麗牲之石云。

夜觀火花之戲，三更歸。四更雨。

初十日戊子　陰。終日多卧。閲《越中金石志》。夜密雨，有聲不絶。

十一日己丑　雨，寒如中春，省郡以多雨斷屠。

十二日庚寅　微晴。坐肩輿拜客八九家。午飯於三妹婿王寅生許，晚歸。得陳藍洲書。

十三日辛卯　未正二刻二分立夏，四月節。晴和。剃頭。下午偕竹樓、季弟坐小舟至倉橋街閲書肆，無所得而歸。

十四日壬辰　晴暖。作書致莫蕘樓郡丞，爲西塘工程事。作片致王妹婿。夜洗足。喫張叟藥。胡梅卿刑部來。

十五日癸巳　晴熱，晡後微陰有風。午買舟赴杭。下午至柯山游七星巖，遂由湖塘一路看山，北出官塘，暮抵錢清。夜雨。

十六日甲午　陰。昧爽至西興，駐，晨渡江，上午至書局。下午雨。

十七日乙未　微晴。上午出謁制府，並訪薛慰翁、秦澹翁、楊豫庭、王清如觀察景澄，俱不晤。訪李爽階縣令，晤。喫藥。桐孫來。

十八日丙申　晴熱。

施均甫以歸安姚諶子展雜文一卷見示。諶，又名宗誠，咸豐己未舉人，卒時年僅三十，所作率散佚。此卷惟文十五首。其文私淑姚姬傳，簡潔清雅，無新城、宣城諸家冗滯之病。中有《答人論寫中文經書》，言欲遍考經文古今同異，條列諸儒考辨之説，而斷以己意，正其俗書，爲《中文經議》；其諸經卷第篇目，以至漢儒家學異同，原流分合，下及於衛包、梅賾之流所妄造者，别爲考若干卷；又以諸經多假借字，欲爲《群經假借考》。是亦近世傑出之士矣。

穀山制府來言，協揆朱公已拜大學士，大空單公調吏部尚書。作片致豫庭觀察借京報。夜偕松谿、藍洲、施均甫、黄元同諸君飲黄質文家，其弟方娶婦，看新人，二更歸。

閲三月初五日至十五日京報：

雲貴總督張凱嵩奏請因病開缺。詔：張凱嵩由縣令不數年間薦擢封圻，上年簡放雲貴總督，迭經諭令，星馳赴任，乃沿途逗留，屢以病體未痊奏請開缺，實屬意存規避，有負委任，即行革職，以示懲儆。初五日。

以雲南巡撫劉嶽昭爲雲貴總督，以雲南布政使岑毓英爲雲南巡撫，以雲南按察使宋延春爲雲南布政使，以前浙江按察使李元度爲雲南按察使。初六日。以朱鳳標爲戊辰科會試正考官，吏部尚書文祥、兵部尚書董恂、内閣學士繼格爲副考官。初六日。

西安將軍庫克吉泰等奏官軍克復鄜州。初十日。

曾國藩奏直隸宣化鎮總兵張詩日積勞病故，請議恤予謚。從之。十三日。

十九日丁酉　晴，熱甚。王清如觀察來。豫庭來。黄元同出視其尊人薇香先生《儆居集》四册，首爲《經説上》《經説下》，次爲《史説》，次爲《讀通考》，次爲《讀子集》，次爲《雜著上》《雜著下》，皆實事求是，潛心有得之言。

二十日戊戌　晴，熱甚。薛慰翁來。（此處塗抹）閲《儆居集》。作書致季弟。夜詣慰翁談。三更後雷，大雨。前日局中寄來番錢十圓，予適以是日渡江，不及知。今日作家書處分，付内子月費三番。

二十一日己亥　上午雨，下午風，晡後霽，凉如秋中。作書致秦澹翁。閲《儆居集》。澹翁來。夜三更雨。

二十二日庚子　清和淡晴，極宜薄游。剃頭。

二十三日辛丑　上午薄陰，下午雨，凉甚如深秋。

錢塘汪子用來，以新刻湖人費丹旭《依舊草堂遺稿》見贈。丹旭，字曉樓，以畫名道光間，尤工於仕女。稿僅一卷，詩百餘首，詞十闋。丹旭未嘗讀書，而所作頗有婉逸可取者。如《題仕女圖》云：『舊夢曾尋碧玉家，東風何處問年華？小紅橋畔春如許，吹滿一池楊柳花。』『朝來無賴鷓鴣啼，舍北村南霧欲迷。新種陌頭桑樹小，比來剛與阿儂齊。』《爲人題玉臺商畫圖》云：『生綃一幅擬徐黄，硯北香南子細商。笑我山妻隨荷鍤，只知晴雨較農桑。』《夢回》云：『夢回紙帳小窗明，積雪還留已放晴。疑是曉妝人乍起，冰檐時有墮釵聲。』斷句云：『爐香未燼烟猶裊，窗紙新糊雪有聲。』《菩薩蠻》詞云：『畫羅裙換秋紋襉，齊紈扇底秋痕淺。歸夢卜秋期，釵頭燕子飛。瘦鞋弓窄窄，立近闌干側。惆悵晚來風，海棠花未紅。』《點絳脣》詞云：『袖底凉生，翠荷雨過池塘晚。越紗新换，鬢墮香雲綰。金鳳花枝，不妒釵頭燕。分明見，水晶雙釧，自把湘簾捲。』皆有風致。

二十四日壬寅　上午陰，下午密雨。

從汪子用借得梁氏履繩《左通補釋》三十二卷，前有梁氏自作《小敘》，後有朱氏文翰《後案》一篇。又梁氏端《列女傳校注》八卷。端字無非，錢塘人，曜北氏玉繩之女孫，汪小米之室。前有曜北弟德繩楚生及小米序各一首。先是，栖霞郝蘭皋户部之婦王照圓亦注是書，洪筠軒、馬元伯諸君更相佐助，頗爲精密。梁氏承其祖清白翁之傳，《清白士集劄記》中有校此書數則，元和顧抱仲刻入《集證》。而同時陳碩甫等復爲之審定，故是正頗多。閨房之秀，南北並出，此前古所無者也。

二十五日癸卯　上午陰凉，下午微晴。舊僕陳禄自越來，以與其鄰争菜圃相訟，乞予平其事。告以不能，即辭去。然此僕事予家三世，老矣，其人甚謹愿，不可不少爲周旋也。作書致季弟。爲姬人買白團扇一柄，乞藍洲畫海棠、薔薇及胡蝶花，爲題《菩薩蠻》詞一闋云：『海棠開後猩紅褪，斜陽黄映舊薔薇嫩。剛是病懨懨，晚風吹畫簾。閑庭芳草積，等把春拋撇。妝罷静熏衣，階前胡蝶飛。』李子長來。夜雨。比日以多談傷氣，時覺小極，仍服張叟方。

二十六日甲辰　晨雨，上午陰，午後薄晴，晡後又雨。是日與慰翁期飲湖上，以雨不往，諸子皆出赴，終日静坐看書。喫藥。

二十七日乙巳　晴暖。趙桐孫以近著散、駢文一帙寄示。

閲梁氏《列女傳》校讀本，其中引郝氏懿行説及王安人即照圓。説者僅三四處，而疏證較詳，勘訂較密。如《貞順傳》衛宣夫人，據《太平御覽》引，改作衛寡夫人。『寡』，隸書作『寔』，形與『宣』近。《易序卦》『巽爲宣髮』，今本作『寡髮』。衛宣夫人事既與《左傳》大謬，引改作『寡』，又與此傳所列魯寡陶嬰、梁寡高行、陳寡孝婦一例。惟《辯通傳·齊威虞姬傳》『泥附王著』，注引陳氏奂説，『泥』即『昵』字，『王』字疑涉上『明王』而衍，『譖泥附著』四字同義。按此傳上文云『去蓬廬之下，侍明王之譖』，下文云『薦床蔽席，供執掃除，掌奉湯沐』，皆以偶句行文，此『泥附王著』四字，正與『薦床蔽席』作對，『王』字當是『土』字之誤。『泥附土著』，謂如泥土之附著也。陳氏蓋以『譖泥』爲即『宴昵』。然則當連上句讀作『待明王之譖泥附著』，不特無此句法，文義亦甚不通矣。至《賢明傳·秦穆公姬傳》『且告穆公曰：上天降灾，使兩君匪以玉帛相見，乃以興戎。婢子娣姒不能相教，以辱君命，晉君朝以入，婢子夕以死，惟君其圖之。』注引《左傳釋文》及《正義》，謂《左傳》『使以衰服逆且告』下，自『曰上天降灾』至『惟君裁之』四十二字爲後人所加。《釋文》作四十七字，乃誤連下『乃舍諸靈臺』句數之。此傳蓋采自它書。案：《隋志》謂《列女傳》小序七篇及頌，皆向子歆所作。《漢書》稱向爲《穀梁》學，而歆好《左氏》，今《説苑》《新序》所稱春秋時事，多與《左傳》大異，而此傳則多合乎《左氏》，是必子駿有所增竄。此處云云與《左傳》小異而大同，明是《左氏》本有此文。若使『且告』以下即接『乃舍諸靈臺』，則不但文氣不足，而穆姬但以死脅，并無一辭，於理亦爲不順。且此四十二字，婉曲動人，深於辭令，自非左氏不能。蓋賈、服舊本固有，而杜氏《集解》本容有與之不同者。孔疏謂服氏無解，當亦本無其文。此欲傅杜氏而曲爲之説，不足憑也。

二十八日丙午　晴暖，下午有風。出門詣穀山制府、豫庭觀察、澹如都轉，皆不值。得季弟書。

豫庭來，不晤。

二十九日丁未　寅初三刻十四分小滿四月中。晴暖。

閱《古紅梅閣駢文》一稿，近人江山劉履芬彥清所作也。文僅三十一篇，胎息於洪北江，簡貴修潔，雖才力少弱，未宜長篇，而古藻盎然，善言情狀。如《送家弟返里序》《與宋詠春書》《十刹海觀荷小記》《夏君妻王孺人哀詞》《殤女埋志》，尤情文騷楚，求之古人，亦不多得。其餘佳製尚夥，固一時之俊也。此君以入貲官主事，改同知，與譚仲修素交好。集中有《秋日游陶然亭記》，爲咸豐己未京兆罷舉後作。予是年亦被放在都，惜未與之相識。是集前有泗州傅桐所致一書，文亦古雅，論駢文家法，識議獨高。

是日小感風寒，喉間火動作痛。

閱三月十六日至四月初二日京報：

詔：嗣後庶吉士散館仍考試詩賦，不必再試策論。十六日。詔催浙江按察使劉齊銜速赴新任。以李瀚章奏浙省吏治需人也。十七日。

劉崐奏正月二十七日席寶田等由荆竹園進兵，攻克轎頂山賊巢，生擒逆首石廷士、馬文祖等，貴州下游黄號教匪一律肅清。李元度亦派兵攻克秦家寨賊巢，生擒秦崽崽。詔：提督榮惟善賞换額騰依巴圖魯名號，唐本有賞换霍欽巴圖魯名號，總兵周家良等升擢有差，陣亡副將王金福、參將張玉魁等均從優議恤。二十日。

詔：沈桂芬著在軍機大臣上行走。二十四日。詔：恭親王之子貝勒載澂、惇親王之子不入八分鎮國公載濂俱著加恩，在上書房讀書；都察院左副都御史鮑源深著授載澂、載濂讀。二十四日。

庫克吉泰、劉典奏三月間回逆鄒阿琿等率黨五萬餘人竄踞宜君之馬欄鎮，並分擾三水、三原等處，提督高連升督軍分剿，迭次獲勝，殺賊數千及賊酋馬五什等數人，賊由正寧竄回老巢。詔：此次賊股紛竄勢甚洶涌，在事文武各員洵屬異常出力，總兵李大有等升賞有差。二十六日。

詔朱鳳標補授大學士。二十八日。

工部尚書單懋謙調補吏部尚書；以都察院左都御史鄭敦謹爲工部尚書，仍署理山西巡撫；以户部左侍郎毛昶熙爲都察院左都御史，兼署理工部尚書；以禮部右侍郎沈桂芬爲户部左侍郎，兼管三庫事務；以内閣學士殷兆鏞爲禮部右侍郎。二十九日。　鮑源深署理禮部右侍郎。二十九日。

潘祖蔭兼署吏部左侍郎。三十日。

穆圖善奏正月間狄道州之捷。四月初一日。

宋晉奏請自後漕糧改歸八旗都統存儲散放。詔著軍機大臣會同户部、八旗議奏。四月初二日。

閏四月戊申朔　晴熱。喉痛不止，服麥冬湯，病卧。

閲《清尊集》，汪氏振綺堂所刻也。凡詩詞十六卷，作者七十六人，道光甲申至癸巳間，汪遠孫小米、適孫又村兄弟，偕仁和胡學士敬、餘杭嚴明經杰、仁和孫學博同元、武進湯貞愍貽汾、歸安張舍人應昌、錢塘吴總督振棫等，爲文酒之會，每月一集，分題賦詩，選其最而刻之。詩詞皆縛於浙派，多餖飣局束之病，而言必典雅，多關掌故，承平觴詠，風流可思。漢上題襟，玉山酬唱，相去政不遠耳。

初二日己酉　早晴有風，上午微陰，下午有雷，終日熱悶。寒熱并發，卧不能食。閲《左通補釋》，其書采取甚博，而鮮所持擇，時有瑣碎迂曲之病。梁氏兄弟所著書，大率如是。豫庭觀察來。豫庭近奉檄攝寧波守，言以十八日上事。

初三日庚戌　早大雨，上午稍止，下午又密雨。身熱漸退，終日多卧。閲邵員外懿辰《位西遺文》一卷，又《禮經通論》一卷。員外，仁和人，以文學負重名。辛酉粵賊陷杭州，死焉。所著多散失，遺文僅三十五篇，沿桐城之派，疏冗無法。其議論亦依附戴祖啓、方東樹諸人，力攻漢學。至云『千古師傳之學，至乾隆中而亡』，又屢言乾隆中俗學横流之弊，是不特妄詆名儒，且顯背高廟昌明正學之盛心，近於倡狂而無忌憚。其文第一篇題云『文人少達多窮』，第三篇題云『夫婦有别』，非論非辨，自來亦無此體制。惟其中如《論立子》《書趙秉文侯守論後》《書靳文襄生財裕餉第一疏後》諸篇，言淺旨深，關系頗鉅。《記汶上劉公撫浙事》《湖北糧儲道林培厚墓表》《前福建水師提督許松年墓表》《葛壯節公墓表》諸篇，皆足徵一時文獻。《禮經通論》共上下卷，三十篇，皆泛論大旨及傳授原流，古今分合。今僅刻其上卷，亦多武斷不根之談。

是日驟凉，如深秋。

初四日辛亥　陰凉，下午雨，晚止。詣薛慰翁夜談。三更又雨。作書致季弟，爲質衣事。

初五日壬子　晨密雨，聲浪浪，上午漸霽，午晴。偕局中諸子出飲湖上，坐肩輿出涌金門，呼舟渡至栖霞嶺，憩於崇文書院。午飲仰高樓，又泛舟度西泠橋，登放鶴亭。下午游六橋，覽行宫故址，登望湖樓。傍晚入城。比夜患咳嗽。

初六日癸丑　晨小雨，午晴。作書致潘伯寅侍郎。下午送張玉珊拔貢、李子長優貢入都朝考。汪子用饋梅諸一器。薛慰翁來夜談，其言滁山村居之樂，令人神往。

初七日甲寅　薄晴多陰。剃頭。下午出謁李中丞、馬制府，俱不晤。詣秦澹翁晤談。詣楊豫庭，不值。送汪子用行，亦不遇。子用來辭行。夜詣黃元同談。二更後雨，至旦不絶聲。

初八日乙卯　晨雨止，上午日出，終日熱悶。作書致秦澹翁，爲五弟妻父前湖南湘鄉縣丞薛有三請恤事。下午詣慰翁，小坐即返。閲張少南《臨安旬制記》，紀潞王監國事，凡四卷，剌取未廣，亦間有訛誤，而《序》《論》俱典雅可觀。少南名道，錢塘諸生，所著書頗多，即子虞孝廉之父也。得豫庭書。仁和吴仲英郡丞恒來。秦澹翁來。藍洲饋梅諸。

初九日丙辰　晴暖，無風，下午薄陰。晨坐肩輿渡江，上午抵西興駐，覓小舟二以行。傍午入蕭山城，飯于夢筆橋，故夢筆駐也，有覺苑寺，今已廢。下午入西小江，一路看山，濃翠欲滴。晚入越城，抵家。

初十日丁巳　上午陰，下午雨，有風，甚涼。作書致蕭山縣令邊雪坡，爲李子長轉寄信件。

閲四月初三日至十六日京報：

署陝甘總督穆圖善奏遵旨查辦楊岳斌、林之望互參各款，楊岳斌原參林之望于糧臺支放豪無稽核一節，並無其事。原參林之望奏參英奎各情均無影響一節，前任甘肅按察使英奎辦理糧運局務所派委員，頗有需索于挪情弊，致蘭州兵變時藉爲口實，不得謂無影響。楊岳斌潔己奉公，戰功久著；林之望殫盡血誠，克保危城。陳奏事件尚屬因公，請均免議。詔：此案雖經查明俱屬因公，惟以總督藩司意見未能和協，均有不合。前任陝甘總督楊岳斌、現任甘肅布政使林之望均著交部議處。初三日。

詔：前因捻匪竄遁河南衛輝一帶，迭經諭令李鶴年就地殲除，該撫屢次摺奏亦以滅賊自任，並稱兵力已敷剿辦，毋庸援軍助剿。乃賊由清化鎮回竄，該撫漫無布置，任令由滑濬等處沿河竄入東境，擾及畿疆。張曜、宋慶等軍曾否出境繞前兜擊，亦未見有奏報。貽誤軍情，實難辭咎，李鶴年著交部嚴加議處。左宗棠、李鴻章總統諸軍由東西兩路進勦，若能嚴密堵截，何至任賊回竄？現在該逆已擾及東光、吴橋一帶，該大臣等追軍又落賊後，調度無方，亦有應得之咎。左宗棠、李鴻章均先行交部議處。初六日。

理藩院奏喀拉沁郡王色伯克多爾濟病故。詔派散秩大臣副都統侯希元馳驛前往游牧奠醊，並賞給陀羅經被，賞銀五百兩經理喪事。初七日。

崇厚奏捻逆竄犯静海，思渡運河西岸。本月初五日，總兵陳濟清派隊堵遏，副將鄧啓元統率所部於磚垛小灘等處迎賊鏖戰，力挫凶鋒，該逆敗向東南奔竄，津郡獲安。請將出力各員獎勵。詔：現在郭松林、潘鼎新等軍已至津郡，即著崇厚督飭陳濟清、鄧啓元等趁此聲威，聯絡諸軍，務將此股捻逆迅速殄除，以清畿輔。此次逆匪猝犯直境，逼近津門，追鈔各軍均落賊後，總由各該大臣等去前敵太遠，以致各將領進兵行緩，不能力遏狂氛。李鴻章、左宗棠等務當迅赴前敵，嚴督各軍，實力兜勦，以贖前愆。鄧啓元等升賞有差。初八日。

詔：前因捻逆紛竄，諭令左宗棠嚴防直、晉交界，李鴻章嚴防直、東交界，以期分路迎勦。乃該逆由豫竄東，由東竄直，駛至天津附近地方。迭諭李鴻章督率所部前進，並將前敵各軍悉歸調度，以一事權。現淮軍雖先後至津，而該大臣自三月三十日開州發報後，迄今並無奏報，未知行抵何處。該大臣責任統帥，豈宜遲緩至此，著即統軍馳赴北路扼要駐劄。其已到之皖、豫各軍均歸調度，以專責成。左宗棠現已由德州前進，即著扼劄運河以西，分兵追勦。丁寶楨亦已進駐交河，並著會商策應。該大臣、督撫等均受朝廷重寄，斷不可稍有推諉趨避，倘能一鼓殲除，自宜同膺上賞；若再遲延貽誤，亦必重治其罪。懍之，勉之。十一日。

詔朱鳳標管理吏部事務。十二日。

署理貴州巡撫曾璧光奏二月初四日開州鼎照山逆匪何正觀因提督張文德督兵連破賊卡，勢迫出降，悍目蕭光恒等一千餘人一律繳械投誠。詔：何正觀從寬免罪，仍令隨同官軍奮勉立功。陣亡之游擊馮成龍、舒善選交部優恤。十三日。

詔：候補鴻臚寺少卿袁保恒著發往李鴻章軍營差遣委用。十四日。

庫克吉泰、劉典奏甘肅回匪竄擾陝西邠州地方，提督銜譚玉龍督軍援勦，殺賊數百。忽有大股賊匪四面包鈔，官軍深入重圍，結陣鏖戰，相持一晝夜之久，外援不至。譚玉龍耳受槍傷，猶復大呼陷陣，手刃數賊，力竭捐軀，實屬忠勇異常，懇請賜恤予謚。詔：提督銜已革提督譚玉龍著照提督例議恤，加恩予謚；並開復處分副將張士榮、蔡光正、王朝貴、何金榮、管占鰲等均從優議恤。另片奏譚玉龍一軍由甘入陝，迭建勳勞，請將該員功績宣付史館。詔：著照所請。十五日。

十一日戊午　晨雨，涼甚，上午陰，午薄靄有風。竹樓來。少梅來。穎堂來。蘭如來。下午晴，夜月色可愛。

十二日己未　上午陰，午後晴。楊豫庭署寧波太守過紹來訪。

十三日庚申　晴，晡後微陰。閱蔣和《說文字原集注》，其言漢碑『蟲』字皆作『虫』，蛇者蟲之類，虺者蛇之類，許君于『它』下注曰『虫也』。上古草居患它，故相問『無它乎』，此『虫』字不當讀作『虺』，古人草居，不獨患虺也。此說近是，與予向論虫、蚘、蟲、它四字義合。見《說文隅得》。遣舟信迎三妹，不至。五弟來。鄭妹夫來，鄭海槎表妹夫來。比日清和，頗宜近游，而以小極不果。又不能掩幃讀書，負此景光，深爲可念。

十四日辛酉　上午晴熱，下午雨，旋止。遣人以枇杷、饅頭、菸草遺二妹。剃頭。下午遣肩輿迎三妹來。

十五日壬戌　晴，熱甚，戌初二刻三分芒種，五月節。下午書楹帖七副，素拙于此事，近又久不爲矣，局瘠如癡凍蠅，可發一笑也。竹樓饋枇杷一籃。夜月甚佳，偶步出門，衢巷洞達，俯仰清曠，如在江天中，令人想舟行萬里之樂。既苦不得侶，又促促無所詣，因過蘭如家坐，至二更而歸。

十六日癸亥　晴，熱甚，有風。船户姚十饋黄瓜一籃，茭白即彫菰。兩束，酬以錢米，俱不受。舊僕陳禄隨人往揚州來辭，予以錢四百。因作書致陳邁夫并其尊人伯海先生各一函，付陳禄携去。

十七日甲子　上午晴陰相間，下午雨。以楹聯分贈梅山僧隱松、道墟賈人陳吉翔、會稽縣丞張某。作書致沈瘦生，爲柯岩新置草堂題十六字云：『結援取幽，補屋蓄净；面林得曠，背厂納陰。』書楹聯寄之。作書致仲弟，致王妹夫。

十八日乙丑　上午晴，下午陰。比日驟苦炎歊，晡後得風，快甚。晚雨，有雷。是日星在危，主金直危，俗呼爲金危，危占主財禄，祭之得福。商賈欲赢，奔走薦牲。牲以羊頭，不知所繇。予既窮甚，幻思妄逞。迺戒晨興，設几于庭。酒清燭熠，交午臑膢。再拜陳詞，維福之施。我居我處，我食我黍。我衣我蠶，我書我呫。及我婦子，皆足乎己。不求於人，毋取世嗔。不恃乎舌，所食者力。匪云嬻神，禜之則親。匪曰淫祀，歆之則止。吾所周旋，卜之於天。吾富自有，奚恤衆口？記之於文，以諗福門。作書致莫蕘樓，爲寺山塘工未領錢事。得陳藍洲書，爲竹樓報捐訓導事。竹樓來商寄銀至滬，轉付皖捐局。

十九日丙寅　薄陰多雨。作復藍洲書。夜凉，偕蘭如過竹樓家。

二十日丁卯　風雨，涼甚。

二十一戊辰　薄晴，靉靆，晚大雷雨。朱厚齋刑部來。夜雨聲蕭槭，至二更止。

二十二日己巳　晴熱有風，傍晚小雨。

閲《三國志·吴書》。陳氏此志，本未析名何書，然《陸士龍集·與兄平原書》有『陳壽吴書』云云，則當時固已有此稱，非後之刻國志者所增題也。曹氏三祖並尊，後世稱祖之濫，實始於此，而吴、蜀皆不著其廟號。考《孫破虜傳》，注引《吴録》曰『尊堅廟曰始祖』。《三嗣主傳》『孫亮太平元年春』，注引《吴曆》曰『正月爲權立廟，稱太祖廟』。陸士衡《辨亡論》下篇亦云『吴桓王基之以武，太祖成之以德』。是則堅與權皆有廟號，而自來紀載，但稱曰『武烈皇帝』『大皇帝』，則由陳志失載故也。惟蜀之昭烈，蓋欲上媲光武，故用二字謚，而以未定中原，故未加廟號耳。

會龍堰農人徐姓饋雕胡一束。得王妹夫書，饋燕鴨、龍眼、笋芽、米麪、枇杷，受燕鴨、枇杷，作復謝之。

二十三日庚午　薄晴，大風自北，下午尤怒，傍晚雨，入夜瀟瀟，涼如深秋。李爽階來，言以明日赴諸暨任，邀仲弟同往，爲司書記。以枇杷、燕鴨饋大妹。作書致柯山，促仲弟上城。蘭如之側生子今日彌月，作書賀之，遺以小兒涂金臂釧兩事。

二十四日辛未　陰晴相間，埃𣋌，熱甚。爽階送仲弟關書及程儀八番金來，作片復謝。偶閲舊時日記，覺其中多有疵謬，歲月有限，學問無窮，以我曹之荒瞀淫佚，荀子所謂出入不遠者，尚過時知非如是，況精進之士乎？少不努力，良深悵懼。坐肩輿出門，送爽階之行。爽階前在都門謁選，得天台令，賦詩見示，有云『劉阮從今是部民』，予今日因舉謂之曰『西子從今是部民』矣。爽階大笑，相與訂秋間爲五洩之游而别。更詣妹夫王寅生，并晤沈蘅夫，又訪孫琴士而歸。得王松谿書。仲弟自柯山來。夜赴蘭如湯餅宴。

二十五日壬申　自晨至午密雨，甚凉，晡後漸霽。單港漁人張二來還去年巷口魚租。以錢一千三百文，買白團扇四柄，貽王氏諸甥男女。夜爲兩甥及甥女文各書一面。

二十六日癸酉　晨陰，上午薄晴，下午雨，凉可衣綿。又書團扇一，摺扇一。船户姚十自春時爲予任櫂舟，給直久不足，今日始付以番銀一圓，錢五百，以新得魚租故也。作書致五弟。作片致孫生子静，屬其書紈扇。爲豫庭代撰署臬使何青士觀察六十壽序。青士名兆瀛，故禮部尚書恪慎公之子，由吏科都給事中出爲杭嘉湖道者也。孫生來。

二十七日甲戌　終日陰曀，傍晚雨。撰何君壽序成，約千餘言，别存稿。予誓不爲壽文矣，以豫庭求之甚切，勉一應之。以龍眼一斤遺二妹。竹樓來。作書致豫庭，并壽文令王元齎之寧波，以予已薦王元給事豫庭也。夜風雨蕭槭，達旦有聲。

閲四月十七日至廿一日京報：

詔：嚴禁浙江杭、嘉、湖等府民間火葬。從翰林院侍講學士錢寶廉請也。十九日。

官文奏江蘇布政使鍾秀以留辦直隸省城防務，因病出缺。詔：照軍營病故例賜恤。二十日。以安徽布政使張兆棟調補江蘇布政使；以安徽按察使吴坤修爲布政使，仍署理安徽巡撫；以直隸熱河兵備道裕禄爲安徽按察使。二十日。

二十八日乙亥　風雨凄厲，寒如深秋。閲惠半農氏《禮説》。剃頭。是日北風狂甚，湖水驟長二尺，聞棟樹下塘壞數十丈。

二十九日丙子　晴。得莫蕘樓書。孫生送所畫扇來。竹樓來。三弟來。仲弟饋脯段、杏仁、冰糖。

閲四月廿二日至閏四月十三日京報：

賜進士洪鈞等及第，出身有差。狀元洪鈞，江蘇人，授修撰；榜眼黄自元，湖南人，探花王文在，山西人，皆授編修；傳臚許有麟，浙江仁和人。二十四日。

授曾國藩爲武英殿大學士，朱鳳標爲體仁閣大學士。二十五日。

詔：散館之二甲庶吉士逢潤古等四十六人授編修，三甲庶吉士楊奉亨等六人授檢討，餘以部屬知縣用。嵊樓譽普授編修，蕭山沈成烈改部屬。二十九日。

以詹事府詹事邵亨豫爲内閣學士，兼禮部侍郎銜。閏四月初三日。

内閣侍讀學士曾望顔奏現患骽疾，懇請開缺。詔：准其開缺，回籍調理。初四日。

醇王疏謝遣官視疾。初五日。

醇王再疏謝遣官視疾。初六日。

詔：本日據刑部奏，審明富新、禄米等倉倉米虧短情形，監督鍾霖、童世梁等均著交部嚴加議處。各員虧短米石，著户部核定成數，著落分賠。倉場侍郎鍾岱、宋晉職司倉儲，豪無覺察，非尋常疏忽可比，著一併交部嚴加議處。初七日。命瑞常、單懋謙教習庶吉士。初七日。醇王續假二十日。初七日。

醇王疏謝遣官視疾。初八日。

詔：新科一甲三名進士洪鈞、黄自元、王文在業經授職外，許有麟等八十四人俱改爲翰林院庶吉士，林祖述等七十七人俱分部學習，孟繼震等八人俱以内閣中書用，楊鼎來等八十一人俱以知縣即用。會稽鮑存曉、周騏，蕭山蔡以瑺，餘姚邵曰濂俱改庶吉士，會稽徐鼎琛分部學習，上虞徐作梅以知縣用，南豐譚承祖、魯琪光俱改庶吉士。初十日。

詔：前因御史朱澄瀾奏參嘉興紳士張清泰等嗜利庇匪各款，當經諭令馬新貽據實查辦。茲據奏稱，查明員外郎張清泰庇匪等款，訊無其事，惟不知引嫌自重，致啓人言，請交部察議，並辭退書院講席，不准干預地方公事。舉人鮑昌照被參爲匪徒畫策攻城及收漕挾制各情，訊屬子虛，惟於高芝亭絲行被竊報縣請勘時在旁窺探，經知縣查問，始行走避，迹涉可疑，請照不應重律，擬杖八十，照例納贖等語。花翎道銜兵部員外郎張清泰著改爲即行革職；舉人鮑昌照著改爲斥革舉人，以示懲儆。十一日。豫親王義道薨，詔旨褒惜，命鎮國公奕謨即日帶領侍衛十員往奠，于例賞外，賞銀一千兩治喪。以惇親王調補鑲黃旗領侍衛内大臣，伯彥諾謨祜補授正黃旗領侍衛内大臣，恭親王補授宗人府左宗正。十一日。詔：潘霨調補山東鹽運使，錫祉調補浙江鹽運使。十一日。

五月丁丑朔　晴，有凉風自北至。是日天氣清和，坐北樓中，窗風泠然，凉灑毛髮，極宜讀書，而以俗事多所牽止，雜抽架上，蓋無一得可言。

初二日戊寅　午正二刻三分夏至，五月中。晨晴，上午陰，午後晴陰相間。祀曾祖父母、祖父母、張太太、先君子、先恭人，居無一椽，乃至借地而饋，悲夫！作書致郡守圖麟，催塘工餘錢。作書致蘭如弟。仲弟以角黍，予以生鳧、燖肉、枇杷、月餅、紈扇共饋王妹夫。夜詣蘭如小坐，喫茶。是日復熱，夜始換藉。

初三日己卯　上午微陰，午後晴，熱甚。閱惠氏《禮説》。夜熱甚達旦，汗出不止。

初四日庚辰　上午晴，午陰，下午晴，酷熱。以莫友芝所刻唐本《説文・木部》殘本校段注本。族叔梅坡饋燖鷄、枇杷，受燖鷄。蘭如來。夜北風大作，頓凉。

初五日辛巳　陰，有風。大妹饋脯段、芡實、冰糖、火酒。比日索債催租林立如市，前從弘農故人取還北阮所失田葯，其人頗感。予昨向稱貸得番銀數十圓，今日遂還藥債九番，酒債五番，紙債一番，龍眼債一番。又付内子月費四番，王福工食四番，僕媼節賞一番。佛言滅度，道言過劫，此亦一快也。書《抱樸子・内篇》所載老君辟邪符數枚，分帖户牖間。下午偕仲弟、竹樓步至卧龍山下，看稻田風葉，遂坐倉頡祠前闌石上，望遠近諸山，至晚而歸。

初六日壬午　上午晴熱，下午陰，微雨即止，有風北來，夜凉。

初七日癸未　風雨，甚凉，傍晚稍止。以番銀三十五圓取回去年五月十二日所質敝裘兩襲，不知此物能消蓋篋中幾日耳。夜大風雨。

初八日甲申　晨大雨，午後雨漸止，晚晴，終日北風甚勁，凉可衣綿。

初九日乙酉　薄晴，埃[皆/日]，蒸濕作黴。剃頭。夜雨。

初十日丙戌　陰，晡後雨。騰雨饋彫胡兩束。得郡守圖麟復書，以局中無可措錢爲辭，辭意亦甚草草，乏恭敬之意。此君本無生氣，不知予爲何如人。又局紳如沈□□、章□□、周□□者，皆素行無檢，□□尤不肖，爲朝野所棄，既無復仕進望，遂更披猖爲鄉里害，以均貪詐無恥與相附和。（嘗共乾没越人捐餉數萬金，嗣衡又詐取民財物算，遂驟占名田千畝，以均亦隱度公山十餘頃以自封。）□□者以守辰州侵盗木税，有狀爲官相國所劾，乃逃之江西，夤緣得免，議更入貲爲監司，沈巡撫葆楨惡之，因乞歸。三人者，皆斥不得預榮伍，遂益連結郡縣官號召群不逞子弟主持官事，貨賂公行，大爲民患。予深疾之，屏不與通，且屢昌言其罪，三人益相昵力與予爲難。圖麟者，蓋先入三人言，故率爾如此。然此輩人，固何足責哉！三人皆已老矣，恐其近報將在子孫，若□□者，猶有鬼神，當不得以天年終耳。三妹返婿家，饋以楊梅兩籃。内子回母家，以生𩠐、糖餌、楊梅饋其從嫂。夜雨，甚涼。

十一日丁亥　晨雨，上午微雨，下午霽，有日景，晚晴。仲弟赴諸暨，作書致李爽階。晡後，過蓮舫、少梅、竹樓諸弟家，在竹樓許夜飯。

十二日戊子　晴。沈瘦生來。得傅節子前月十五日長沙書。

閲閏四月十四日至廿三日京報：内閣學士朱蘭以病難速痊，奏請開缺。許之。二十三日。

十三日己丑　晴熱，有風，微涼。胡廷襄饋楊梅四籃。

褎、褏、裒三字，今多不能分别。『褎』即今『袖』字，《説文》：『褎，衣袂也，从衣，采聲。』采即禾穗之穗，段氏以『聲』字爲衍文，謂『衣之有褎，猶禾之有采也』，似未確。似又切，俗作『袖』，从由爲聲。《左傳釋文》『袖本作褎』，《玉篇》作『㣽』，《漢書序傳》作『褏』。《詩·唐風》『美裘豹褎』，經典用袖本字者，僅此一見。古人袂必尚長，《戰國策》云『長袖善舞』，故『褎』之引申爲長。《詩·大雅·生民》曰：『實種實褎。』《毛傳》：『褎，長也。』古人袂必尚飾，《唐風》『羔裘豹袪』『羔裘豹褎』，《鄭風》謂之『羔裘豹飾』，故『褎』之引申爲盛飾。《邶風》：『褎如充耳。』毛傳：『褎，盛服也。』。近儒陳氏奂《詩毛氏傳疏》謂褎盛服，即承上章狐裘而言，狐裘爲大夫狐蒼裘，則『褎』正指豹褎。『褎如』，即褎然也。《漢書·董仲舒傳》：『褎然爲舉首。』注：『褎然，盛服貌也。』《玉篇》『㣽』下云：『似又切，袂也；又余久切，色美皃也，進也。』此因義别而强分爲兩音。《釋文》於《邶風》亦『音由救反，又在秀反』，由是俗讀《邶風》之『褎如』，《大雅》之『實褎』，皆作『誘』矣。『褏』字本作『褏』，《説文》：『褏，衣博裾也，从衣，𠈃省聲，博毛切。』『𠈃』，古文『保』，故隸變作『褒』。博裾者，大裾也。《漢書・朱博傳》：『多褎衣大袑。』『褎』者，『褒』之訛。褒有大義，故引申爲褒大，爲褒美。《玉篇》亦作『褎』，下云：『布刀切，揚美也，衣博裾也。』『裒』又『褒』之訛變，《爾雅釋文》云：『裒，古字作褒。』是也。《邶風》釋文云『褎，本亦作裒』，則誤。 經典本無裒字，《易》謙卦象：『君子以裒多益寡。』《釋文》云：『裒，蒲侯反。 鄭、荀、董、蜀才皆作「捊」，云「取也」。』《詩・小雅》：『原隰裒矣。』《說文》引作『捊矣』。 是《易》《詩》本皆作『捊』也。《爾雅・釋詁》：『裒，聚也。』《詩・大雅》鄭箋：『救，捊也。』《釋文》：『捊，薄侯反。《爾雅》云「聚也」。』是《釋詁》本亦作『捊』也。《釋詁》釋文亦云『裒，本或作捊』。《說文》：『捊，引取也。《大雅》釋文『捊』下引《說文》云『引取土』，金壇段氏謂『取土』二字乃『坠』字之誤，『坠』義同『聚』。 步侯切，或从包作「抱」。古孚、包同音，若『懷抱』字本作『褱袌』。』《玉篇》：『捊，引聚也。 捊亦通作掊。』《易》釋文云：『裒，字書作掊，《廣雅》云「掊，減」。』戴侗《六書故》引唐本《說文》云：『掊，捊也。』今本作『把也』，段氏謂當作『杷』，如杷之杷物。《詩》釋文云：『掊克，聚斂也。』是『捊』『掊』義通。《玉篇》始有『裒』字，音扶溝、步九二切，訓云『減也，聚也』。 此即附會『捊』『掊』二字之義，蓋由唐以後人所增，非顧氏本有者。 若如其訓，則字之从『衣』，取何義乎？《玉篇》所載，往往多昧形聲，皆由孫愐等妄竄，非希馮之舊矣。

以楊梅一籃饋大妹，一籃分與家人，餘以浸火酒。 夜月甚佳，連夕舊疾發動。

十四日庚寅 晴，連日北風扇凉，樓中可居。

十五日辛卯 晴有風，微陰。 寄食北舍久矣，轢釜之嫌，賢者不免，尺布斗粟，理何可長？ 昨遣王福訊舊居停毛氏宅，且請少貶價，月以錢三千。 既成言矣，鹿不擇菩，烏長繞樹。 露車可宿，將效王尼；曲突未黔，誰憐墨翟？ 悠悠身世，吾其濟乎？ 竹樓來。 得朱博山之瑗訃。 之瑗爲邑人，故臨江府知府淥之孫，嘗與予同補弟子員。 其弟之琳，亦諸生。 辛酉之變，時有諸暨人陳趙雲者，素以縫袋爲業，居古塘山中，多膂力，率村人團練自衛，與包村包立身等相掎角，屢與賊戰。越人多歸之，之琳亦挈家往。未幾，賊併力先攻古塘，包立身不出救，遂陷。陳趙雲走，之琳逸出，被殺。包村亦繼陷。及事平，布政使蔣益澧以包村殺賊死守狀聞於朝，且爲死難者故常德府知府户部郎中田祥等請恤。之瑗遂訟言古塘功，且白其弟死狀甚烈，巡撫復以聞，遂詔之琳及田祥並建專祠於越。之瑗先以自言購得故紹興府知府廖宗元屍，賞五品銜，後又列上古塘捐餉名籍數至數十萬金，請議功賞。大吏疑之，久格不下。之瑗力關説，近始聽許，當得官者千百人，之瑗亦當官知州，賞花翎，而遽死。然古塘事，朱氏兄弟實無所預，之瑗輾轉賊中，蹤蹟尤不能自明，貪天不祥，是可戒矣。作書致松谿、藍洲。作書致仲弟，聞其尚滯柯山也，催令速去。傍晚過竹樓，遂同過蘭如家夜飯，三更後始歸。少陵詩云：『所來爲宗族，亦不爲盤飧。小人利口食，薄俗難可論。』每誦其言，輒爲太息。

十六日壬辰　望。陰。偕蘭如、竹樓、少梅諸弟坐舟出西郭門，泝偏門，度何山橋，至亭山下泊舟，觀村人競渡。是日凉陰翳日，纖雲映山，萬緑倚風，天水一色，沿岸柏樹作花，黄雪飛舞。酹酒明詩人王蜕巖墓下，從容竟日。夜雨數作，移舟村落間，飲酒達旦。

十七日癸巳　終日密雨多風，凉如秋中。晨自城外歸，終日酣卧。

十八日甲午　卯正初刻十一分小暑，六月節。風雨不止。

《左傳》『策正字當作『册』，借用馬策字。名委質』，杜元凱解『委質』爲『屈膝而君事之』，是以『質』爲『形質』之『質』，《釋文》遂音『質，如字』。《正義》因云：『質，形體也，拜則屈膝而委身體於地，以明敬奉之也。』其説曲，而義亦淺。案《史記索隱》《仲尼弟子列傳》『委質』下引服虔注《左氏》云：『古者始仕，必先書其名於策，委死之質於君，然後爲臣，示必死節於君也。』是讀『質』爲『贄』。《國語·晉語九》：『委質爲臣，無有二心，委質而策死，古之法也。』韋昭《注》：『質，贄也，士贄以雉，委贄而退，言委質於君，書名於策，示必死也。』是服、韋同義。始仕必爲士，士贄以雉者，示守死之誼。服注正本《國語》。《白虎通・瑞贄篇》本作《文質篇》。云：『臣見君，所以有贄何？贄者，質也，質己之誠，致己之悃愊讀若逼，今多誤讀若福。也。士以雉爲贄者，取其不可誘之以食，懾之以威，必死不可生畜，士行威介，守節死義，不當移轉也。』是『委質』二字，古誼相承，皆訓『委贄』。『贄』本俗字，經典或通作『質』，或通作『摯』，故《左傳》作『質』，《儀禮》《禮記》作『摯』。胡鳴玉《訂譌雜録》謂俗因《曲禮》有『童子委摯而退』之文，遂誤讀《左傳》之『委質』爲『委贄』，是沿杜注之譌而不知其非也。

《莊子・至樂篇》『俄而柳生其左肘』，湯大奎《炙硯瑣談》謂『柳，瘍也，非楊柳之柳』，以王維詩『垂楊生左肘』，元稹詩『肘上柳枝生』爲誤。案：『柳』者，『瘤』之借字，《烈女傳・齊宿瘤女》：『閔王后也，項有大瘤。』《説文》：『瘤，腫也。』《釋名》：『瘤，流也，血流聚所生瘤腫也。』此『俄而柳生其肘』，即流聚生腫之意。瘤、柳音同，古人字少，故得通假。猶禿鬝之『鬝』，《釋名》作『毼』，俗作『鬜』。古亦借『揭』字爲之也。見《禮記・明堂位》鄭注。孫頤谷《讀書脞録》謂『它書無以柳爲瘍者，《南華》本寓言，謂垂楊生肘亦無害』，非也。

終日南風甚怒，夜密雨達旦有聲。

十九日乙未　晨大雨，上午密雨，午後稍疏。剃頭。五弟來。

二十日丙申　晨陰，上午雨，竟日有聲。外王母生日，季弟設祭，此太夫人遺命也。然弟已別祧，本不應祭，予近日又貧甚，不能具魚菽，以此累人，深恐受亡靈之責。得張子虞書、陳藍洲書，并寄來局中薪水十番金，痧藥四合。

揚子《法言》專儗《論語》，其中可以參證者三事：《爲政》篇『《書》云「孝乎惟孝」』，此詠歎之詞，古讀皆如是。《法言·學行》篇：『一閧之市，必立之平；一卷之書，必立之師。習乎習，習非之勝是也，况習是之勝非乎？』《問神》篇：『或曰：「淮南、太史公其多知歟，曷其雜也？」曰：「雜乎雜。」』《問明》篇：『吉人凶其吉，凶人吉其凶，辰乎辰，曷來之遲，去之速也？』《淵騫》篇：『才乎才，非吾徒之才也。』句法皆一例，可以證《集注》讀『孝乎』爲句之誤。《憲問》篇：『問管仲，曰：「人也。」』《詩正義》引鄭君此注，以人爲同位人耦之辭，猶《中庸》『仁者，人也』，鄭注『人，讀如相人耦之人』。《法言·淵騫》篇：『或問：「子蜀人也，請人。」曰：「有李仲元者，人也。」』『請人』者，正謂請可相人耦之人；『人也』者，正謂此可相人耦之人也。李軌注：『請人者，問蜀人；答謂仲元則其人也。』其義未瞭。《憲問》篇：『管仲之力也，如其仁，如其仁。』孔傳、朱注皆謂『如，誰如也』。近儒王伯申謂『如，猶乃也』。慈銘案：《廣雅》：『如，均也。』均，猶《孟子》『鈞是人也』之『鈞』，『均其仁』者，即下章『人到於今受其賜』之意也。《法言·學行》篇：『或謂子之治產，不如丹圭之富。曰：「吾聞先生相與言，則以仁與義；市井相與言，則以財與利。如其富，如其富。」』此謂先生之言仁義、市井之言財利，均其富也。《吾子》篇：『或問：「屈原智乎？」曰：「如玉如瑩，爰變丹青。如其智，如其智。」』此謂原之行清白如玉之瑩，故發於文辭，能炳若丹青，均其智也。李注：『言屈原雖有行能如此之美，而不能樂天知命，至於自沉，不足言其智也。』此由不解『如』字之義。《淵騫》篇：『或問：「淵騫之徒惡乎在？」曰：「在寢。」李注：言淵騫之才，今亦有耳，但寢伏不爲人所知也。或曰：「淵騫曷不寢？」曰：「攀龍鱗，附鳳翼，巽以揚之，勃勃乎其不可及乎？如其寢，如其寢。」』此篇揚子意以淵騫自況，言或疑淵騫之不寢者，以其名稱至今，然使乘時得位，攀龍附鳳，申巽命以明揚之，則勃然興發而不可及，乃僅以德行稱，是亦均之寢伏也。故曰『如其寢，如其寢』，謂均其在寢也。

《後漢書・光武紀》："耿純説帝曰：'其計固望其攀龍鱗，附鳳翼。'"章懷太子注引《法言》云云，是可知本解如是。今多誤解爲附驥尾之意，致"如其寢"二句不可通。皆可以證"如其仁"之義。舊解爲"誰如"，既揚之大過，非聖人語氣；若如王説，則"如"之爲"乃"，古無明訓。王氏所引《詩・常武》《大戴記・少閑》二證，《常武》之"如震如怒"，本可仍如字爲解；《少閑》之"君如財之"，此"如"猶"而"也，亦"如"之常訓。兩條皆非確徵。

夜大雨，瀧瀧達旦。

二十一日丁酉　薄晴，霒霼，蒸鬱溽潤，黴氣極盛之日。以豚肩、大棗、芁茈、《爾雅》謂之芍，俗謂之葧齊。柰餅等饋大妹，以鴨卵、白糖餅等饋二妹。三弟來。

二十二日戊戌　上午陰，下午雨，淋浪入夜。閲《直齋書録解題》。錢警石《曝書雜記》稱沈雙湖説以《解題》中有隨齋批注。隨齋乃程大昌之孫棨，元時人。據鄭樵《石鼓文考》下批注稱先文簡云云，今觀卷三《新唐書》下、卷五《越絶書》下批注，皆有文簡云云，是沈説可信。然其批注寥寥，亦無所發明，至以隋曹憲爲撰《博雅》，又注啖助爲姓名，則其淺陋可知矣。此等人亦不足深考，故《四庫書目》言不詳其人，《養新録》又疑是元人楊益也。夜雨聲不絶。

二十三日己亥　晨晴，上午密雨又作，大有淫霖之憂，晡後晴。閲《日知録》黄氏集釋本。夜大風雨，有漂瓦發屋之恐。

二十四日庚子　初伏，晴。得仲弟諸暨書。以胡桃、嵌棗雜和卵膾遺三妹。比來饋問頻煩，頗若不給。予嘗以二妹家尤貧，屬家人宜加意，而大妹、三妹可少減，然亦不能從也。書蕉扇上作字，以油煤熏之，成破碑體，亦一消遣法。爲季弟水仙礬石盆上作一小銘書之。五弟來。六弟來。少梅弟來。

二十五日辛丑　晴，熱甚。五弟偕表兄陳鳳樓來，言縣中前日有隸至其家重徵白糧，印票俱無異。夜身熱，腹痛暴下。鳳樓兄止宿。

二十六日壬寅　晴，熱甚。腹痛，深數下似利，俗作痢。身熱不能食。竹樓、蓮舫、蘭如諸弟來，鄭妹夫來。擬明日移寓黄花衖矣，以疾須後期。

二十七日癸卯　晴，熱甚而氣清。腹疾不瘥，身熱，憊甚。梅坡叔、蓮舫弟、竹樓弟、五弟來，鳳樓兄仍止宿。得仲弟曁陽書。有北風。

二十八日甲辰　終日大風，晴雨不定，傍晚大雨。腹疾稍止，上午仍煩懣，憊甚。請張醫，以病不來。下午精神漸佳。閲《養新録》。前聞六房蓉塘嫂之喪，今日送去楮資二百文，此吾家舊例也。吾族皆出自太高祖横川府君，蓉塘者，幼孤貧甚，偕其兄葆亭以商致富至鉅萬，越中稱貨殖者，遂有徐、李、胡、田之目。顧葆亭仍敝衣徒步，出入齷齪爲曲謹。蓉塘則入資爲廣東同知，歸而大起第宅，擁妻妾、奴僕、裘馬，照耀侈擬邦君，未四十死。吾弟來，竹樓、蓮舫來，鳳樓兄仍止宿。徹夜大風狂甚，密雨間作。

二十九日乙巳　烈風竟晝夜不少止，時有驟雨，凉如秋中，此異徵也，江海諸塘可憂，且聞早稻已敗。閲《養新録》。鳳樓兄及五弟以重征事，必欲控之郡縣。此事固足駭人，然太守圖麟不辨菽麥，山陰楊令沐猴而冠，况鄉之搢紳，餓鴟接翼，專結胥隸，互爲兔窟，以窮措大當猜禍吏，其能濟乎？顧予沮之不得也。生當晚世，有田一畦，已爲累矣。夜大風雨，至三更後漸定。

三十日丙午　上午陰，午晴，下午又陰，傍晚雨。剃頭。閲《養新録》，此書雖博采不及《困學紀聞》，宏富不及《日知録》，而精密則勝之，要皆探討不盡者也。鳳樓、五弟皆去。夜雨，二更後大雷雨達旦。

閲閏四月二十四日至五月初八日京報：

詔：盛京將軍都興阿著管理神機營事務，授爲欽差大臣，馳赴天津等處，會同左宗棠、李鴻章勦辦賊匪。春壽、陳國瑞、張曜四軍馬步各隊均歸調遣。吉林、黑龍江馬隊並著酌量札調，所請隨帶侍衛興凌等均准其帶往。三口通商大臣兵部左侍郎崇厚著幫辦都興阿軍務，兼籌糧餉軍火，以資接濟，仍駐天津督辦防守事宜。前有旨諭令左宗棠、李鴻章限一月内滅賊，汔今限期已滿，賊股仍未殲除，實屬督勦不力，均著交部嚴加議處。仍責令該大臣等會同都興阿，務將此股捻匪迅速殄滅，勿再遷延，致干重咎。都興阿未到以前，該大臣等仍當嚴飭各將領認真防勦，毋稍觀望。二十五日。頭等侍衛索布多爾札布發往都興阿軍營差遣委用。二十五日。

詔：富新倉監督鍾霖等均照部議革職。倉場侍郎鍾岱、宋晉總理倉儲，職任綦重，于各倉虧短米石，毫無覺察，實屬不能勝任。鍾岱著調補泰寧鎮總兵，兼總管内務府大臣；宋晉著補授内閣學士，兼禮部侍郎銜，仍照部議革職留任。二十七日。以泰寧鎮總兵衍秀、户部右侍郎畢道遠爲倉場侍郎。二十七日。以工部右侍郎潘祖蔭調補户部右侍郎，兼管錢法堂事務。二十七日。

以都察院左副都御史鮑源深爲工部右侍郎，兼管錢法堂事務，仍兼署禮部右侍郎。以禮部左侍郎龐鍾璐兼署吏部右侍郎。二十八日。醇郡王奏患病未痊，詔再賞假一月。二十八日。

崇實奏四川候補知府唐炯督兵援黔，于四月十一日乘雨擊退觀音營賊匪。道員蹇誾等亦招安九峒十三營黄連垻各峒寨，剃髮請降者數萬人。十四日擊敗逆首王超凡。十五日攻克水源溝老巢，連拔檔木園，殲斃逆首僞張王，生擒僞元帥等正法。餘匪分别招撫。詔：該逆等盤踞水源溝、檔木園十有餘年，此次川兵越境援勦，勢如破竹，五日之内迭克堅巢，勦辦甚屬得手，總兵劉鶴齡等升賞有差。

五月初一日。以潮州鎮總兵翟國彦爲廣東水師提督，以記名總兵楊青山爲潮州鎮總兵。初一日。

六月丁未朔　晴陰相間。作書致莫蕙樓，爲塘工領錢事。蕙樓前有書言已代請之郡，而郡守書言局中以爲不必給，互相推諉，不知何物鬼鬽，又弄伎倆矣。夜蘭如來。

初二日戊申　晴，熱甚。兩日來多睡，蓋脾濕所致。閲《説苑》。夜蘭如來。

初三日己酉　晴，熱甚。作書致鍾慎齋。慎齊會試又落第，聞其已歸，故作此訊之。鳳樓兄、五弟來。夜子初二刻六分大暑，六月中氣。是夕熱甚，達旦不成寐。

初四日庚戌　中伏，晴，酷熱。鳳樓兄來止宿。

初五日辛亥　晴，酷熱。鄭海槎饋楊梅火酒一瓶。

初六日壬子　晴，酷暑。剃頭。夜浴。

初七日癸丑　晴，酷暑。鳳樓兄去。夜過梅坡叔及蘭如談。

初八日甲寅　晴，酷暑。明日移寓黄花衖矣，今日先以具往，并載床去，夜當露宿柴屏間耳。鍾馗徒宅，止有械窬、楊朴壓車，半以鷄犬，儻有好事傳之丹青，風彼將來，永爲佳話。五弟、九弟來。予以百合八枝饋荇塘，荇塘報以西瓜四枝，今日始食西瓜。得慎齋書，得曉湖四月廿三日都中書。

初九日乙卯　晴，下午微聞雷聲，酷熱，夜少凉。得藍洲書。夜偕姬人自西郭移居錦鱗橋下黄花衖。小舟一燈，破簏數卷。主人之面瘦如削瓜，侍姬之鬟亂於歷稞。倚身一襆，入霉欲斑；傳家片氈，與蠹俱徙。病僕僂背，傭婢出胸。庚横箬柴，丁倒盆盎。折足之几，半罣積塵；缺耳之鐺，尚餘焦飯。風吹帷而皆裂，月穿籙而悉空。君子固窮，道旁皆歎。

初十日丙辰　晴，下午微陰，酷熱。作書致藍洲。得豫庭寧波書。傍晚起詣鄭氏妹，夜飯後歸。

十一日丁巳　晴，酷熱，下午微陰，有雷，晡後風甚清凉。鄭妹夫來。張氏妹來，傍晚去，饋以香瓷、凫茈。

十二日戊午　上午薄晴，下午大雨，有雷，晚凉可單衣，夜須衾褥。付船户姚十番金一圓，爲移居舟力之費。

十三日己未　晨薄晴，巳後風雨，甚凉，晡後晴，夜雨，大有秋意。

十四日庚申　薄晴。昨從會龍堰農人徐國安賒得禾稿七百三十一斤，今日其兄弟載至寓，犒以錢，不受。國安之祖父以佃致富，逾中人，仍出爲人役，力田益勤，二十年前曾賃予家田，今賣之已久，而尚敬愛如是，野人樸愿猶有古風，而予先世待佃人之厚，亦可見矣。剃頭。晡後雷風有雨。

十五日辛酉　晴。聞僧慧病，今日作書詢瘦生，且寄果餌數種去。王氏妹遣信來饋㚃脯、蓮子、月餅、桃飴。夜月甚佳，步詣蘭如、竹樓家，談至三更歸。

十六日壬戌　晨，晴雨不定，上午雨數作，午後大風，晡後晴。買西瓜一擔，饋王氏妹。五弟來。王九如孝廉來。九如去年已選樂清教諭，今以會試下第，自都歸者。

十七日癸亥　晴，熱甚。得藍洲書，并寄來書局六月分薪水廿番金，及杭人新刻龔禮部《定盦初集》三卷、《續集》四卷。付王福工食兩番金。作片致九如，作書復藍洲。以月餅、炙糕饋鄭海槎。

閲《定盦續集》，是集予於都中曾見鈔本，云是仁和人曹籀所傳者，今蘇松太道錢唐吴煦即從曹本付刻。煦本不識字，不知校讎，訛脱甚夥，其前冠以籀序，辭理拙劣，所謂佛頭著糞者。《定盦初集》之文宏采奇瑋，《續集》乃遠不及。其中如《説居庸關》《説張家口》《京師樂籍説》《乙丙之際塾議第二十》

《保甲正名》《地丁正名》《答人問關内侯》《昇平分類讀史雅詩自敘》《干禄新書自敘》《上海張青琱文集敘》《江南生橐筆集敘》《陸彦若所著書敘》《江子屏所著書敘》《書果庸侯入覲》諸篇，皆識議名通，有關掌故。《工部尚書王文簡公墓表銘》《福建海壇鎮總兵官丁朝雄神道碑銘》《兩廣總督盧敏肅公神道碑銘》，皆敘事謹嚴，典重有法。餘則多以艱深文淺陋，或支離近小説家言，一概刻之，轉失定盦之真矣。

瘦生來，言阿僧病愈。

十八日甲子　晴，熱甚。得王眉叔書，知其將往浦江署學官。付屋租錢三千。鄭妹夫饋西瓜兩枝。夜熱甚。

十九日乙丑　申初三刻十分立秋，七月節。晴，熱甚。讀《韓詩外傳》。付内子月費一番金。夜熱甚，不得熟寐。

二十日丙寅　晴，酷熱。竹樓弟來。夜熱更甚。

二十一日丁卯　晴，晡後陰，晚大雨。鳳樓兄、五弟來。是日酷熱如前，夜得雨後遂凉。

二十二日戊辰　上午陰晴相間，下午晴。剃頭。作書致慎齋。作書致仲弟暨陽。

二十三日己巳　薄晴多陰。晡後步詣倉橋街閲市，得書數種，復坐小舟至觀音橋孫氏從姊家夜飯。夜雨數作，比夕凉意侵人，須事衾褥矣。

二十四日庚午　晨雨，終日微陰。

閲《國朝文録》，凡四十家文，共八十有二卷，道光間江西人李祖陶所輯。四十家者，漢陽熊伯龍次侯、有《熊學士文集》。崑山顧炎武寧人、有《亭林文集》。新建陳弘緒士業、有《石莊》《鴻桷》《寒庢》《恒山堂》《敦宿堂》等集。餘姚黄宗羲太冲、有《南雷文定》《文約》等集。商丘侯方域朝宗、有《壯悔堂集》。南昌彭士望躬庵、有《耻躬堂文集》。南昌王猷定于一、有《四照堂文集》。臨川傅占衡平叔、有《湘帆堂集》。永新賀貽孫子翼、有《水田居文集》。睢州湯斌孔伯、有《湯子遺書》。宣城施閏章尚白、有《學餘堂文集》。澤州陳廷敬子端、有《午亭文編》。丹徒張玉書素存、有《張文貞公集》。新城王士禎貽上、有《帶經堂集》。貴谿鄭日奎次公、順治十六年進士，有《静庵先生集》。安谿李光地林卿、有《榕村全集》。商丘宋犖牧仲、有《西陂類稿》。慈谿姜宸英西溟、有《湛園未定稿》。廣濟金德嘉會公、有《居業齋文集》。武進邵長蘅子湘、有《青門旅稿》《簏稿》《賸稿》。高安朱軾若瞻、有《文端公集》。興縣孫嘉淦錫公、有《文定公奏疏》。漳浦蔡世遠聞之、有《二希堂文集》。鄞縣全祖望紹衣、有《鮚埼堂集》。錢唐陳兆崙星齋、有《紫竹山房集》。漳浦藍鼎元玉霖、有《鹿洲文集》。丹棱彭端淑樂齋、雍正十一年進士，官至廣東肇羅道，有《白鶴堂集》。廣昌黄永年静山、乾隆元年進士，官常州知府，有《南莊類稿》。桐城劉大櫆才甫、有《海峰文鈔》。嘉定錢大昕曉徵、有《潛研堂集》。桐城姚鼐姬傳、有《惜抱軒文集》。獻縣紀昀曉嵐、有《紀文達公文集》。仁和趙佑啓人、有《清獻堂文集》。鉛山蔣士銓心餘、有《忠雅堂文集》。長洲彭紹升允初、有《二林居文集》。萬載李榮陛奠基、乾隆間進士，官雲南知縣，有《厚岡文集》。安化陶必銓士升、貢生，有《萸江古文存》。寧州劉大紳寄庵、乾隆四十五年進士，官山東知縣，有《寄庵文集》。湘鄉謝振定薌泉、有《知耻齋文集》。長樂陳庚焕惕園。貢生，有《惕園存稿》。

祖陶字欽之，上高縣舉人，故所選多江右産；又以嘗及陶文毅公之門，遂并數其父必銓爲一家。蓋識趣既卑，見聞又狹，其序文評語多淺陋迂拙，全是三家村學究批抹時文習氣，固不足與於選政。惟極詆袁子才之文爲破律敗道，譏朱梅崖之摹仿古人，而謂林雲銘《古文析義》之選最爲俗劣，是亦少有見解。又自言此外别選魏叔子、汪堯峰、朱竹垞、方望谿、李穆堂、惲子居爲《六家文録》，又選《金元明八家古文》以繼唐宋八大家，而雜輯此四十家，以見一代源流升降之略。其未能選盈一卷者，如毛西河、魯絜非、王鐵夫諸家，又都爲一集，其人尚存者弗録，亦可謂有志於此者矣。四十家中自習見者外，陳弘緒爲明尚書陳清襄公道亨之子，崇禎時嘗官知州、監軍推官，《明史》附見《道亨傳》。本不當列之國朝人中，其文亦卑冗無法。鄭日奎文頗能狀山水，而有小説氣。彭端淑文極拙劣，黄永年、李榮陛、劉大紳稍有可取，然亦不知古文義法。陶必銓《資江劉氏族譜序》《二子名字説》《瘞殍文》三篇頗佳，然其《二子名字説》疑是文穀貴後其門客僞爲之，餘文皆不工。陳庚焕筆舌蕪陋，議論間有可取。要之，四十家中最惡劣者，莫如熊伯龍之文，其《李雲田紀年稿序》尤令人嘔噦。伯龍時藝名家，而古文幾不成句，此俗學誤人，爲可歎也。

晨自觀音橋歸家。付味經堂書肆三番金，晨昨購得《讀畫齋叢書甲集》、程氏《九穀考》原刻本、上虞朱碧山亦棟《群書札記》及《國朝文録》也。日來屢有斷炊之厄，而尚耗於此費，其餓死也宜矣。夜陳珊士之子穀孫來，言將往寧波，乞予爲作書致二楊兄弟。珊士身後單寒，極爲可念，而諸孤頗不慧，益令人憫然。

二十五日辛未　薄陰，傍晚雨。作書致楊子恂庶常。閲《文録》。夜飯後三弟來，借紗袍褂去。

二十六日壬申　晴，熱甚。晡後大雷雨。閲《文録》。浴。

二十七日癸酉　上午薄陰，溦雨，下午雨。徐國安來饋緑豆。《説文》：『小豆曰荅。』此物又『荅』之小者。郭璞《爾雅注》所稱之『鹿豆』，《爾雅》《説文》皆謂之『莥』。固與此異；王禎《農書》所云『菉豆』，亦非此種，王磐《野菜譜》所謂『野緑豆』即《爾雅》之『莥』。然性凉，而煮易爛，極宜於夏。步詣蘭如弟家，偕群從祭關壯繆。夜飯後坐五弟舟歸。夜四更後雨聲達旦。

二十八日甲戌　終日密雨瀧瀧，凉如深秋。閲朱亦棟《群書札記》。亦棟，原名芹，嘉慶時諸生，書凡十卷，雜考古義，頗有心得。於近時孔衆仲氏之《詩聲類》詆之甚力。蓋於古今聲韵亦能參互而知其原，故往往中孔氏之失。惟讀書未多，時有村塾陋語。據其《凡例》言，所著尚有《十三經札記》，已先刊行。是亦吾越好古之士，而學者罕知，深可歎也。其書刻於歿後，編次無法，且多誤字。

二十九日乙亥　晴，熱甚。傍晚微雨即止，比日凉燠失調，多致疾厲，且害禾稼，其越中士習險惡之論乎？

閲《文選理學權輿》八卷，錢唐汪師韓韓門撰。又《補》一卷，《文選考異》四卷，《文選李注補正》四卷，皆仁和孫志祖詒穀撰。汪書分撰人、書目、舊注、訂誤、補闕、辨論、未詳、評論、質疑九門。自『撰人』至『未詳』，皆即李注眘録，以便檢尋。評論則輯自唐迄國朝之論《文選》及注者。質疑則汪氏自記所見，以訂注文之誤。其於《選》學可謂篤信謹守、實事求是者矣。名曰『理學權輿』者，以此爲窮《選》理、通《選》學之權輿也。孫氏爲補輯評論一卷，於汪氏書中亦時訂正其失。《考異》則據潘稼堂、何義門、錢圓沙三家勘本而更爲參證異同，致稱詳慎。補正李注，亦古義湛然，精覈不苟。世之讀《文選》者，固當以此爲津逮矣。

閲五月初九日至三十日京報：

以太常寺少卿王映斗爲大理寺少卿。初十日。

丁寶楨奏監追賠銀之已革山東登萊青道張鳳池在監病故。詔：張鳳池應賠銀五萬六千五百六十餘兩，著李鶴年于該革員原籍家屬照數追繳。張鳳池于咸豐年間委赴廣東造船，先後領借銀五萬八千五百兩，嗣因所造船或被匪燒毁，或遭風損壞革職。同治元年，復降旨勒限監追，分豪未繳。今除在粤損漏之船估值銀八百四十兩，頭艋艇一隻值銀一千九十餘兩，尚餘五萬六千五百餘兩。十三日。

劉崐奏李元度等攻克貴州偏刀水賊巢，擒斬僞黔陽王何繼述，河西一律蕩平。詔：尤爲出力之提督彭芝亮等賞擢有差。十四日。

詔：浙江衢州鎮總兵簡桂林傷疾時發，准其開缺，以陳東友補授衢州鎮總兵。十九日。

以鴻臚寺少卿朱學勤爲内閣侍讀學士，以詹事府少詹事景其濬爲詹事。二十日。

庫克吉泰等奏甘肅回逆由董志原竄踞陝西汧陽縣毛家山。五月間，按察使張岳齡、提督李輝武會軍進剿，轟斃回酋馬世彰等，請將陣亡之記名提督李佑厚等優恤。詔：李佑厚照提督陣亡例從優議恤，並加恩予謚。餘優恤有差。二十五日。

秋七月丙子朔　晴，熱甚。前月十七日爲節孝張太太生日，以事不及祭，今日補行饋禮，薦以素食，像生時也。評閲《文録》，多加鉤勒，意欲盡刊俗體，示子弟作文之法。夜熱甚，四更後聞鄰居一嫗死，遂徹旦不眠。

初二日丁丑　晴，酷暑。陳禄自揚州歸來，饋鷄及藕，予以錢六百文。評閲《文録》。晡後有雷。

初三日戊寅　晴，酷暑。評閲《文録》。孫生星華來。

初四日己卯　晴，酷熱。評閲《文録》。剃頭。李爽階自諸暨赴杭來訪，言今晚即行。作書致爽階。蘭如來借數珠。

初五日庚辰　晴，酷熱。評閲《文録》。作片致蘭如，借祭器數事。浴。

初六日辛巳　卯正一刻十分處暑七月中。晴，酷熱。評閲《文録》。以燖鷄、蒸豚肩、鷄卵、月餅、冰雪糕、巧饊、石榴、百合、藕、棗之屬饋三妹七夕。明日先君子生日，今日先飭廚傳及果醴之品，付庖人兩番金，雜用兩番金。傍晚偕毛七縣尉散步，由西小路過光相橋至關漢壽廟，以郡人明日將導神出游，賽會甚盛。曛暮歸家。晚小雨，即止。

初七日壬午　上午微陰，午後炎蒸，酷熱。先君子生日，大妹、二妹、三妹、二弟婦、僧慧、五弟、九弟、鄭妹夫及諸甥皆來，午設祭飲胙，毛益之縣尉亦來。偕毛益之步至謝公橋，觀關帝導行。又繇大有倉取徑行至大路，過北海橋、光相橋，遵北小路又回至西郭，坐五弟舟歸。夾岸士女如堵，沸溢九衢。竹樓來。

初八日癸未　晴，酷熱，傍晚有雹雨。得藍洲書。閲《群書札記》。作書致藍洲。始食新栗。

初九日甲申　晴，熱甚，晡後大雨，有雷。評閲《文録》。作書致慎齋，詢其病狀。

初十日乙酉　薄晴，熱甚，下午小雨即止，晡後大雨如注，轟騰兩時，庭砌皆滿，今夏以來第一次快雨也。評閲《文録》。付阿騶傭直一番金。徐國安來，饋藕一束，還其禾膏直一番金。得慎齋書。得王眉叔書。作書復訪梅。傍晚坐南榮看雨，急霤并注，毛髮灑然，積水滿庭。放鴨浴之，如身試其樂。

十一日丙戌　上午陰晴相間，下午小雨數作。爲人書扇二。三弟來借紗袍褂去。夜月色微濛，而清迥有秋氣，坐長杌上，卧賞久之。擬明夜約諸弟泛城外大湖。

十二日丁亥　薄陰微雨。孫仿雲之婦出殯，遣人送燭楮去。剃頭。慎齋來，以《全唐詩録》及曉湖所寄《漢書》見還。《漢書》昔年在都時稍加校注，既隔四載，時頗思之，今日得見慎齋，又睹此書，且如并見曉湖矣。慎齋既將赴婺，曉湖未歸，幸與此書樂數晨夕耳。作書致蘭如、竹樓兩弟，商明日爲東西灘之游，且觀朱翁子祠賽會。夜凉，去草席。

十三日戊子　雨。擬出昌安門送王訪梅赴浦陽，順道至朱太守廟，以雨不果。終日閲《全唐詩録》。秋陰匝庭，體中清適，隨意弄筆，時有會心。

十四日己丑　終日密雨。以釋家言，明日中元，用素食祭先。得眉叔書，言以十六日行，即作復。作書致慎齋。作書致仲弟曁陽。是日秋霖積晦，凉氣感人，俯仰蕭寥，悲來無緒，隨筆批點唐詩自遣而已。聞三江閘口又閉，湖水驟邕不流。夜凉甚，須擁絮衾。

十五日庚寅　晴，午後漸熱。先大夫忌日設祭。下午坐小舟出昌安門就王眉叔談，至日昳歸。經蕺山下，泛石家池，夏緑尚豐，新漲方盛，霞光瀲灩，遠思愈生。夜月佳甚，從倚庭下久之。

閲六月初一日至廿一日京報：

李鴻章奏五月二十四日張曜等追敗捻逆於山東濱州之白家橋。二十五日郭松林、春壽等大敗之於海豐，陣斬千餘人，生擒八百餘人。二十七日周盛波等又大破之於吴橋。周盛傳等乘夜襲破楊丁莊賊巢，殺賊無算，陣斬張總愚之姪張三彪，擒獲逆首李老懷等。詔褒擢有差。初三日。

庫克吉泰、劉典奏五月十一日中書吴士邁等攻破逆回於靈臺縣之宋家山，陣斬逆首馬艷魁，殺賊三千餘人。詔褒擢有差。初四日。

崇實奏閏四月間提督周達武等進剿四川越巂賊巢，攻克普雄、石城等堡。詔褒擢有差。初五日。

刑部尚書綿森病卒，詔贈太子少保銜，賞給陀羅尼經被，派貝勒載治帶領侍衛十員，即日往奠，照尚書例賜恤，賞銀五百兩經理喪事。伊子工部郎中奕沉俟服闋後以四五品京堂候補。初五日。以工部尚書瑞常爲刑部尚書；以理藩院尚書存誠爲工部尚書；以户部左侍郎崇綸爲理藩院尚書；以工部左侍郎魁齡爲户部左侍郎，兼管三庫事務；工部右侍郎恩承轉補左侍郎；以明善爲工部右侍郎，兼管錢法堂事務。初五日。倭仁充國史館正總裁。初五日。

春佑補授總管内務府大臣，奕劻補授内大臣。初六日。

以宗人府府丞石贊清爲都察院左副都御史。初八日。

李鴻章奏五月三十日郭松林等追敗賊於商河、惠民等處，生擒張總愚之姪張七等。六月初四日復敗之於濱州之李子鎮。初五日潘鼎新又敗之於商河之千家圩。初七日郭松林等大破之於商河，逆首張總愚受傷甚重。詔嘉獎有差。十四日。

恩麟賞給副都統銜，爲駐藏辦事大臣。十八日。

庫克吉泰、劉典奏五月三十日提督劉端冕等攻克宜川雲岩鎮城，擒斬逆匪五千餘人，遣散被脅男婦四千餘人，生擒賊目張大有等。詔褒擢有差。二十日。

以兵部郎中黄雲鵠爲四川雅州府知府。二十一日。

十六日辛卯　晴，有凉風至。下午至倉橋街閲市，購得經訓堂本《吕氏春秋》一部，翟晴江《爾雅補郭》一册。傍晚詣王寅生妹夫及三妹，夜坐其庭下看月，遂止宿。

十七日壬辰　晴，微陰。下午繇倉橋閲市歸。竹樓弟來。

十八日癸巳　晴熱。

閲《吕氏春秋》。乾、嘉以來，諸儒專心考訂，周、秦古籍粲然具明，一洗明刻之陋。其最以校勘名者，盧抱經、顧澗薲兩家，蓋非六朝以後人可及。它若惠松崖、江叔澐，則堅守古文，微失之拘；孫淵如、洪筠軒，則愛搜僻書，微失之雜；王石渠、伯申父子，則憙爲通論，微失之專，然亦百純而一疵。戴東邍之校經，邵二雲、錢竹汀之校史，段懋堂、嚴鐵橋之校《説文》，尤專門名家之學。其餘如何義門、余仲林、沈沃田、錢十蘭、任芝田、謝金圃、紀曉嵐、丁小雅、金璞園、周書倉、臧在東、孫頤谷、趙味辛、黃武承蕘圃、莊葆琛、張古香、秦敦夫、汪蘇潭、吴山尊、李尚之、陳簡莊、吴兔床、周芚兮松靄、李杏村次白、張月霄、何夢華、鮑以文、錢警石諸家，皆覃精此事，鉛槧畢生。予嘗謂古書至於明季，滅裂幾盡，爲厄運之極，故漸興於國朝，至乾、嘉間而極盛。乃未五十年，遘此大亂，板籍毁者十九，此學人之不幸，而世之妄人，乃謂乾、嘉以來，學術多岐，以致此亂，何其讎視古籍而無人心之甚耶？諸家刻叢書者，以抱經堂、經訓堂、雅雨堂、岱南閣四家爲最善。經訓堂中，以《吕氏春秋》及《釋名》兩種爲最。蓋《釋名》爲江叔澐校本，此則盧抱經校本也。自來類書，實以此爲祖，而《淮南子》繼之，故所存古義獨夥。而此作於秦火以前，殷、周佚説賴以僅存，尤可寶貴。畢氏沅序謂此與《淮南》又同出高誘注，足相參證。而《淮南》以莊知縣炘已取道藏足本刊於西安，故不更及。案：《淮南》爲炘子逵吉所刻，是正寥寥，實遠不如此書云。

十九日甲午　晴熱。作書致藍洲。作書致五弟，饋以新栗三斤。得慎齋書，并惠摩菌一匣。沈蘅夫來。

閲《姚伯山全集》。伯山，名柬之，字幼楮，江南桐城人，道光二年進士，官至貴州大定府知府。集凡文八卷、詩十卷、日記一卷，《易録》十卷。其文規模惜抱，自負甚高，謂不作魏晉以後語，然實卑陋無法。間亦頗講考據，而其言《後漢書》有云：『東漢自明帝、章帝外，無稱宗者。蔡中郎《胡公碑銘》有『成宗晏駕』語，實言桓帝，不知後世誰爲削之？』則似《後漢書》尚未寓目，而又誤『威』爲『成』。其言《吕氏春秋》有云：『《吕覽》既無别行之本，須擇無「十二紀」者收之，緣「十二紀」即《月令》，不必重收也。』則并《吕氏春秋》篇目尚未一見，而爲是瞽言。至謂毛傳是馬融所作，明朱氏爲契之後，則尤令人噴飯，其餘可知矣。柬之爲故左都御史元之之從弟，故廣西按察使瑩之族兄，所爲詩皆膚霩粗率，僅有腔調，其議論鹵莽，亦略相似。然是集中有《與石甫書》，譏其所著《姚氏先德記》之謬，又直斥其不善爲文；《書惜抱軒九經説後》謂舍其所長而用其所短，宜讀者之寡；又言惜抱有子烺，字庚甫，由舉人官江蘇泰興縣知縣，以虧累下獄，籍没其家，遇赦後，著《楚辭蒙拾》一書，多不守其父説，則於其家學皆有違言。桐城末派，其弊如是，而世之淺人，猶耳食虚聲，盛相推奉，謂文章學問正法所在，豈不惑哉！

二十日乙未　晴，熱甚。作書致慎齋。

閲《唐荆川文集》，凡詩四卷，賦一首，書六卷，序二卷，記一卷，説、銘、誄、贊、祭文一卷，誌銘二卷，附行狀二篇。墓表、傳一卷，雜著一卷，附數論五篇。共十八卷。荆川之文，自同時王遵巖序之，以爲『吴之英華，惟季札、言游兩人，繼之者荆川』，其言絶誕，固不必論。國朝邵青門則謂荆川『之規八家，醪醴之醩魄』，則又訾之太過。王阮亭謂『荆川之文渾茫演迤，可與少游、無咎、文潛之流馳騁後先，而洮汰鍛錬之功，有所未暇，蓋其中年自詭講學，而又不能忘情於用世；又其學博而雜，荆川自以爲徙業者不嚌其胾，此見《答王遵巖爲作文序書》。殆非盡誣』，其論最爲平允。

往時亡友孫二廷璋最不憙荆川文，屢質之予，予嘗再閲其集，亦多不滿意。今平心論之，集中書牘最多，大半膚言心性，多涉禪宗，其於學問蓋無一得，而憙爲語録鄙俚之言，最爲可厭。觀其所往還最密者，遵巖外惟吾鄉之王龍谿、吉水之羅念庵，而與吾鄉季彭山書，謂其治經當融真機，以求古聖賢之精，則其學可想見。序、記諸作，多簡雅清深，不失大家矩矱；傳、誌、墓表諸作，最爲可觀，其敘事謹嚴，確守古法，於故舊之文，尤抑揚往復，情深於詞，多造歐、曾深處。以有明而論，遜於震川，勝於潛谿，而齒於遵巖、弇州之間，其名震一代，良非無故。至其最著名者，《敘沈希儀廣右戰功》一篇至八千二百言，古今推爲奇作。其中敘次歷歷如繪，備極聲色，固足動人，《明史·沈希儀傳》多采節之，便與它傳迥殊。然自捕韋扶諫以下，稍嫌支蔓；所記誘縛岑金事，雖曲折盡情，而太拉雜有小説氣。且此兩事，皆不得謂之戰功，若改其題爲『書事』，則無病矣。詩皆平直淺率，觀其《與王遵巖書》，謂文莫高於曾南豐，詩莫高於邵康節，此其詩文之優劣所分也。

得藍洲書，并寄來七月分薪水廿番金。

二十一日丙申　酉正一刻九分白露，八月節。上午晴雨不定，蒸溽酷暑，下午驟雨旋止，逮晚又雨。作書致藍洲。王芝仙孝廉來。剃頭。付屋租錢三千，付書債一番金。夜又换席。

二十二日丁酉　上午陰，午後晴，熱甚。

閲《荆川文集》。荆川爲人，王弇州極詆之，至謂其父民實之死，由荆川譖於分宜所致，野史中遂有謂王氏兄弟於荆川爲不共之仇，其卒於泰州舟中，乃王氏兄弟所鴆，此固無稽。而荆川晚出從戎，驟膺節戉，則人多議之。然荆川立身自有本末，其官翰林而忤時兩黜，直聲炳然。蓋亦負氣之士，思欲自見於天下，既久不用，則遁而講學以自高，一旦得效尺寸之地，遂攘袂而起，力疾馳驅，經營海上，指臂不應，盡瘁以殁。此其遇亦可悲，而心亦良苦矣。是時當國者嚴分宜，視師者趙文華，凶德參會，荆川方思自效，不得不委蛇其間，形迹疑似，易坐嫌謗。觀其集中有《與趙甬江司空書》，力辭其修葺先墓，則亦皦然不滓；《與楊椒山書》推以豪傑，而勸其含蓄沉幾，少養其鋭，其相愛亦甚摯；《答曾石塘總制書》，亦極致推許，而微勸止其河套之役，目録中又有《答夏桂洲相公書》而無其文。與胡宗憲素相善，又共事行間，而集中有《與胡梅林總督》十三書，皆惓惓兵事，未嘗及私；其《與白伯倫儀部書》，有云『三十餘年中第一老翁，偶得一淮揚都堂，世間便有許多摇撼』，其牢騷不平之氣，溢於言外。而今之論者，尚譏其媚權躁進，或謂其輕出無功，徒累晚節，皆責備過甚者也。惟荆川本文士近名之流，而自謂悟道，妄思以講學名，遂過爲高論，唾棄一切，此固文人之通病，而荆川尤爲其拙者歟。

味經書賈沈秀才麟書來言，新收得《文獻通考》、康熙間《浙江通志》、黄梨洲《明文授讀》、何義門《讀書記》、王述庵《金石萃編》等書，皆皇甫莊、范蘅洲先生家物也。《讀書記》中有蘅洲籤記數十條。明日當往閲之。夜小雨。是夕望海亭懸燈作瑜伽道場，鐃鼓聲滿山上。吾郡七月間盂蘭會事甚盛，此亦足助太平之觀。

二十三日戊戌　晨雨，傍午晴，熱甚。

閲梨洲先生《明文授讀》，其子百家所編校，凡六十二卷。爲奏疏四，表一，論五，議一，原考辨一，解、説、釋一，頌、贊、箴、銘一，疏、文、對、答、述、叢談一，書八，記七，序十四，碑文一，墓文五，哀文一，行狀一，傳四，賦五，經一蔣德璟《榔經》《珠經》兩篇。其中又各自分類。梨洲先爲《明文案》二百一十七卷，後又得徐氏傳是樓所藏明集三百餘家，遂增廣爲《明文海》四百八十卷。此乃即《文海》中擇其尤者，加朱圈以授百家讀之。百家乃并輯香其父所論識之語，綴於各篇之下，間附以百家私記，而梨洲門人張錫琨爲之付梓，亦間附錫琨記語。其篇中圈點，悉依梨洲原本。

南雷之文，浩瀚可憙，而才情爛漫，無復持擇，故往往不脱明末習氣，流入小説家言。其論文主於隨地流出，而謂方言、語録皆可入文。於明文痛貶前後七子，以宋潛谿、方正學、楊東里、解春雨、李西涯、王震澤、王新建、唐荆川、王遵巖、歸震川、郭江夏、錢虞山諸家爲大宗，趙大洲、趙浚谷、徐天池、桑民懌、劉子素、盧次楩、吾惟可謹、湯若士、倪鴻寶、黄石齋、尹宣子民興、李寒支、曾弗人諸家爲别子。其極推者，潛谿、新建、大洲、天池四家。極貶者，空同、弇州，而謂大復習氣最寡，滄溟尚可附庸於孫樵、劉蜕。於二袁、鍾、譚，則頗節取其長。於艾千子雖稱之，而謂其傳者當在論文諸書，它文摹仿歐陽，生吞活剥，亦猶摹仿《史》《漢》之習氣；又謂其理學未嘗深思，而墨守時文見解，批駁先儒，引後生小子不學而狂妄，其罪爲大。於虞山雖許以正宗，而病其不能入情。謂荆川、大洲，文皆得之新建。則其宗旨大略可見。至以天池之蕪俗，而稱爲嘉靖間大作手，勝於震川，殊不可解。故所選頗泛濫駁雜，多非雅音。以先生學識之高，精力之富，而鑒裁斯事，尚多溷淆，文章正法，固非易知者也。書中頗多范左南太守評語，字迹草率，中有及守柳州時語，蓋是晚年所爲。其評多致不滿之辭，而議論亦未確實。

王福娉昌安門外孫姓女爲後妻，爲之書乞昏柬帖。夜分後大雷雨。

二十四日己亥　晴，溽熱甚，晡後陰晦，旋雨，瀧瀧入夜。竹樓來。

閲《明文授讀》。梨洲《明文案序》言：『嘗標其中十人爲甲案，然較之唐之韓、杜，宋之歐、蘇，金之遺山，元之牧庵、道園，尚有所未逮。議者以震川爲明文第一，似矣，試除去其敘事之合作，時文境界，間或闌入，此無它，三百年人士之精神，專注於場屋之業，割其餘以爲古文，其不能盡如前代之盛，無足怪也。』其論可謂通矣。然竊有未盡者。古文爲天地之元氣，關乎運數。宋文最高者，歐、曾、王三家，然已不能及唐之韓氏。歐、王毗於柳子厚，曾毗於李習之，蘇氏老泉最勝，東坡次之，然僅毗於杜樊川，而筆力且不逮焉。［敘事則蘇不如杜，論事則杜不如蘇，又各相爲勝。若］子由則又次矣。遺山、牧庵皆學韓，而不得其意；道園學歐，而不得其神。［明之震川，得其神矣，而又不得其骨。國朝方望谿得其骨矣，而又遺其神。］此固氣運爲之，雖有豪傑之士，不能强也。至明文之病，非特時文之爲害也。蓋始之創爲者，潛谿、華川、正學三家，皆起於草茅，習爲迂闊之論，不知經術，其源已不能正。

故其後談道學者，以語録爲文，其病傖；沿館閣者，以官樣爲文，其病霸；誇風流者，以小説爲文，其病俚；習場屋者，以帖括爲文，其病陋。蓋流爲四端，而趨日下。國朝承之，於是四病不除，而又加厲焉。道學爲不傳之秘，而傖之甚者，舍語録而鈔講章矣；館閣無一定之體，而霸之甚者，舍官樣而用吏牘矣；小説不能讀，而所習者十餘篇遊戲之文；近時一廣東人繆姓者，所作曰『文章游戲』，惡劣至不可道，而風行海内已久。帖括此本唐人習明經科者帖經之説，明人藉以言科舉業。不復知，而所仿者一二科庸爛之墨。至今日而自朝廷以及村塾之文，蓋無一能成句者。其間傑出之士，非不大聲疾呼而思救也；經師碩儒之所作，非不份份質有其文也。而世俗陷溺，乃至於是，且非獨古文，時文亦然。（此處塗抹）夫明自嘉靖以後，時文之壞，壞於好用子、史語也，好以己意行文也。今則無論子，無論史，皆取材於一二科中之文，而意則合數十年天下數億萬人皆此意也。問之己而己不知，問之父師而父師不知，問之主司而主司亦不知。嗚呼！是豈梨洲、亭林諸先生之所及料者哉！吾故以爲國運之憂，而時文之在所必廢也。

二十五日庚子　雨。梨洲《思舊録》曰：『念臺先生於余有罔極之恩，余邑多逆黨，敗而歸家，其氣勢不少減，邑人從而化之，故于先公葬地祠屋，皆出而阻撓。其時吾邑有沈國模、管宗聖、史孝咸爲密雲悟幅巾弟子，皆以學鳴，每至越中講席，其議論多祖黨逆之人。先生正色以格之，謂當事曰：「不佞，白安先生之未亡友也，苟有相嗞者，請以螳臂當之矣。」』嗚呼！觀斯言也，蓋吾越清議之亡久矣，此徐大化尚書之第，今猶巍然於郡城，近始爲賊所燬。而又何怪墨敗之知府，失行之御史，把持官司，魚肉鄉里，公然朋分餉捐畝捐，先後至數十萬，猶日囂囂然自鳴於衆乎？閲《明文授讀》。作書致王妹夫，勸其買康刻《玉海》。竹樓來，言光相坊斗母宫落成，屬撰柱聯，爲題八言一聯云：『神樞右行，現須女相；帝車南指，徵越紐光。』七言一聯云：『金鏡玉衡靈位業；鵲鑪鸞扇禮威儀。』付味經堂書直兩番金。

二十六日辛丑　晨雨，上午薄陰有雨，下午晴陰相間。書斗母祠柱聯。王杏泉以《采芝圖》乞題。閱《明文授讀》。夜雨。

二十七日壬寅　晴熱。閱《明文授讀》。王甥國器來問鎮東閣原始，檢《府志》授之。沈秀才來，再付以書直一番金。

二十八日癸卯　晴，下午有風。閱《明文授讀》。晡後詣鄭氏妹，傍晚歸。

二十九日甲辰　晴熱有風。閱《明文授讀》。得王妹夫書，言先妣大祥禮懺事。夜大雨。

閱六月廿二日至七月初十日京報：

李鴻章奏六月十一日張曜、宋慶、潘鼎新等敗賊於濟陽之郭橋。十二日大破之於林鎮鴻福寺，擒斬賊目何光俊等，殺賊六七千人，獲馬騾萬匹，賊赴水死者，坑溝皆滿。十四、十五等日郭松林、王心安等復敗之於臨邑德平等處。詔奬擢有差。二十二日。

張之萬奏故漕運總督邵燦在任六年，防剿髮、捻，功在江淮，士民稱頌，請加恩予謚，并入祀江南名宦祠。從之。七月初一日。詔：布倫托海辦事大臣李雲麟辦理不善，致激變亂，又遽棄營遠避，致賊東擾，貽誤事機，厥咎甚重。著先行革職，交福濟、錫綸確查情形，據實參奏。初一日。以幫辦大臣明瑶爲布倫托海辦事大臣，仍兼管塔爾巴哈台事務。初一日。

李鴻章、英翰六百里加緊馳奏六月二十日提督劉松山追捻賊至鹽山、滄州等處，截殺三四百人。布政使潘鼎新，提督郭松林、張得勝，侍衛陳國瑞會同追賊，至德平等處，斬逆酋雍六。二十八日官軍縱横合擊，生擒張總愚之子張葵兒及各賊目，共擒獲老賊三四千人，餘逆悉數殲除，捻賊全股蕩平。詔：李鴻章先行賞還雙眼花翎、黄馬褂、騎都尉世職，其迭次降革各處分，查明開復。左宗棠先行開復降革處分。李鶴年先行開復革留處分，並賞還頭品頂載。惟據稱張總愚投水淹斃，逆屍尚未尋獲，著李鴻章等查明實在下落，務得確據。初三日。

雲南按察使李元度以親老請開缺。許之。初八日。

以雲南迤南道程誠爲雲南按察使。初十日。

以户部郎中朱智爲鴻臚寺少卿。

八月乙巳朔　晴雨不定。

閲《明文授讀》。梨洲《明文案序》謂正德間，餘姚之醇正，南城之精練，掩絶前作。而《授讀》中評圭峰之文，以爲逼仄，所争在句法奇險之間，非大家氣象。羅玘，字景鳴，南城人，官至吏部侍郎，謚文肅，著有《圭峰文集》三十卷，《明史》入《文苑傳》。吴人黄省曾言其爲文苦思，或棲樹顛，或閉一室。嘗爲都少卿之父作墓銘，謂少卿曰：『吾爲此銘，瞑去四五度矣。』又謂崇禎時三吴以牧齋爲典刑，同時江右之艾千子、徐巨源，閩之曾弗人，卓犖相望。而《授讀》中評錢受之文，謂有五病；評千子文，謂其模仿歐陽，生吞活剥，猶王、李等之模仿《史》《漢》；評徐巨源文，謂其賦艷麗，文則小品。皆抑揚不同。其譏千子尤甚者，以千子極詆陳大樽，而梨洲與大樽交契，故謂臥子晚年亦趨於平淡，未必爲千子之所及。而圭峰則千子所推爲大家，故梨洲亦駁之。然是選終未登大樽一篇，而圭峰、千子之文，入選頗夥。又千子《與陳人中書》大樽初字人中，後字臥子。極口鄙薄，至令受者不堪，而是選亦載之，則又似未嘗爲大樽地。出入無定，疑是書多出主一百家字。所爲，非梨洲論定者也。所選自正學、陽明、圭峰、荆川、遵巖、震川、石齋、牧齋、天傭即千子。數家外，雖間有可觀，不過是議論好，或小品有致，求其知古文義法者，蓋無一二。以此歎明代文章之衰。

初二日丙午　上午晴陰相間，午小雨，旋止，下午晴。剃頭。竹樓來。蓮舫弟來，言將赴閩補官，以初六日行。

初三日丁未　晨晴，上午陰，下午晴。舫人姚十饋芋一籃。江浙俗以今日爲竈神生日，户祭之，不知何所始也。晡後至西小路答詣張梅巖學博。梅巖，新選新城教諭也。晚過竹樓，同詣蘭如家夜飯，二更歸。

初四日戊申　晴。得仲弟暨陽書。得藍洲書。得慎齋書。作書致仲弟，致李諸暨，俱託鄭縣丞携去。晡後詣倉橋書肆，見有康熙二十二年浙撫趙玉麟所修《浙江通志》，任編輯者顧豹文季蔚、毛際可會侯、丁澎飛濤諸君也。未知其書何如。又有康熙三十二年故城賈氏紫筠齋所刻《明儒學案》，較後來莫寶齋所刻爲精。傍晚借得《學案》及《徐文長集》、吕星垣《白雲草堂集》歸。

夜閲《白雲草堂文鈔》八卷，《詩鈔》三卷，武進吕星垣叔訥撰。叔訥爲大學士宫之五世孫，以貢生官教諭，少與洪北江、孫淵如、楊蓉裳同里相善，又爲錢文敏之甥，而山陽阮侍郎葵生復極稱之，故其名頗噪。然古文蹇劣而冗滯，喜爲短句，益形拙俗。其中如《太保公家傳》太保即宫，字長音，一字蒼忱，號金門。順治十年二月，偕侍講法若真、編修程芳朝、黄機等試《柳下惠不以三公易其介論》，世祖親擢第一，遂由右中允起授秘書院學士。閏六月，即授吏部右侍郎。十二月，大學士員缺，閣臣援前明故事，次第推諸尚書督臣，上特授公弘文院大學士，嘗請免簽點江浙富民運白糧，請免選報民充織造，皆報可。又欲減江浙浮糧，格部議未果。偕大學士成克鞏薦御史郝浴有文武才，可制吴三桂。郝即露章劾三桂不法事。三桂馳疏辨，上欲且慰三桂，下郝刑部，公及成各鐫二級留任。十二年正月，晉階太子太保，旋以病乞歸。十三年六月，命御前近侍劉有恒齎敕存問，賜羊酒。公在朝嚴別流品，深疾前明閹黨，常屏絶之，忌者切齒，故歸後交章彈摘，上不爲動。最後奉上諭不必苛求，言者始息。康熙三年四月卒，年六十有二。上聞，賜奠及祭葬。《湖北巡撫盧焯神道碑》焯字光植，祖籍山東益都，後爲奉天鑲黄旗人，世襲子爵，由山東武邑令擢至福建巡撫，移浙江，其治海寧尖山塘功最著。以平反獄事被劾，戍軍臺，起授鴻臚卿，出爲陝西巡撫，調湖北。《湖南巡撫查禮墓志銘》《禮部尚書曹文恪公秀先墓志銘》、《雲南迤西兵備道唐宸衡墓志銘》，宸衡字南屏，江都人，湖廣總督綏祖子，先讓蔭於其弟秉衡，高宗特授以通判，發雲南，擢至迤西道，自劾落職，復起爲知府，再擢迤西道，征緬甸時有功。稍有關於掌故，而敘次亦多不合。盧、唐兩碑志微有作法，爲其集中之最。王述庵選入《湖海文傳》有以也。詩亦粗獷率易，頗似其鄉人趙甌北。

初五日己酉　晴涼，是日天日晶爽，秋高氣佳，最宜讀書。會龍堰農人徐國安兄弟又送草一船來，稱之得八百九十斤，又肯緩取直，好語遣之。沈秀才麟書來，以《吕叔訥集》還之，并書直一番金。作書致藍洲，雜寫近狀，遂至六百餘言，又以《左傳通釋》寄還汪子用。下午，坐小船至西郭，送蓮舫弟之行，并晤竹樓，借以《小學紺珠》一部，即歸。閱《徐文長集》，天池詩文雖駁雜，而有奇氣，其才終不可及。洗足。

初六日庚戌　晨陰，甚涼，巳後晴。

早起閲《明儒學案》，南雷於此書用力甚勤，誠有明一代道學之囊括。然其意專主陽明之學，故雖先時之薛河東、吴崇仁，同時之羅泰和，群推爲程、朱適嗣者，亦致不滿之辭。然陽明功業文章，自足照耀千古，其於理學别提『良知』二字，獨闢宗門，雖事由心悟，非取新異，且以救正末流，亦非無功。要成其爲一家之言則可，標以爲千聖之的則不可。前人論陽明，惜其多講學一節，固非定論，吾獨惜其口説之太多耳。其《與羅整庵書》力伸其説，謂朱子之失不可曲護，因推言孟子之比楊、墨於洪水禽獸，蓋特言楊、墨非無可取，孟子亦正其末流而爲已甚之辭，未嘗儕朱子於洪水禽獸也。而國朝陸稼書遂乘此間，以爲口實，至反其言以相詆。當湖固不足道，不可謂非陽明授之隙也。蓋自南宋以後，儒者皆不憙實學而憙空言，遂各標一説以思自異。於是性情之字，出主入奴；理氣之篇，殫麻罄竹。心意忽先而忽後，知能或合而或離。究其指歸，要無真得。其實由凡入聖，合智與愚，則《論語》之『居敬』，《大學》之『慎獨』，孟子之『養氣』，三言已盡，人人可爲，何必衍支蔓之浮辭，師禪宗之語録？徒形捍格，適墜機鋒。而積習相沿，賢者莫免，雖以陽明之傑出，猶入太極之圈中。而豈知傳周、孔、曾、孟之道統者，朱子以前，則漢儒授受，端緒不絶，而鄭康成氏集其成。傳朱子之學者，宋則有黄直卿、黄東發、王厚齊，元則有金仁山、吴幼清，而有明一代，則皆傳周、程之學，而傳朱子者無一人焉。若李見羅之陽希陽明而陰詆陽明，觀其處置鄖陽之變，真所謂帶汁諸葛亮矣。《學案》中所最録吴康齋語多可觀，惜時有『吾心如天地』之喻，此措大帽子習氣。

調印泥，以朱記遍識新購諸書中。傍晚獨步至倉頡祠前看稻花，時夕陽在山，烟翠欲滴，風葉露采，摇蕩若千頃波。城外烟嵐，遠近接簇，悠然暢寄，書味滿胸。此樂非但忘貧，兼可入道。正徘徊欲歸間，忽見有輿而來者，從人頗盛，因入張郎中（名夏，宋景德中，以兵部郎中治兩浙海塘有功，民祀之。明時封静安公，今越人皆稱張老相公祠，祀最盛，而在此山麓者尤著。）祠避之。一少年衣履輕炫，徑下輿入廟。予負手循墻下觀廢碑，少年見予逡遁却走，遽上輿去。見者皆駭笑，翳何人耶？豈嘗見蔡子尼、王思遠耶？以《明儒學案》還味經堂，即取《倪文貞公集》來。

閲七月十一日至十九日京報：

詔：李鴻章賞加太子太保銜，以湖廣總督協辦大學士；左宗棠賞加太子太保銜，並交部照一等軍功議敘；丁寶楨、英翰均賞加太子少保銜，並交部照一等軍功議敘；李鶴年賞帶雙眼花翎，並交部照一等軍功議敘；崇厚賞加太子少保銜、頭品頂戴，並賞戴雙眼花翎；曾國藩交部從優議敘；官文開復太子太保銜暨革職留任處分，並賞還雙眼花翎。十一日。詔：原任欽差大臣科爾沁博多勒噶台親王僧格林沁、已故三品頂戴副都統伊興額俱加恩賜祭一壇。十一日。吏部左侍郎吴從義、兵部右侍郎彭玉麟俱奏請以病開缺。許之。十一日。曾國藩奏江蘇按察使李鴻裔以病請開缺。許之。十一日。

沈桂芬調補吏部左侍郎；龐鍾璐調補户部左侍郎，兼管三庫事務；殷兆鏞轉補禮部左侍郎；以内閣學士杜聯爲禮部右侍郎。十二日。黄倬調補兵部右侍郎，鮑源深轉補工部左侍郎，以都察院左副都御史石贊清爲工部右侍郎。十二日。以兩淮鹽運使李元華爲江蘇按察使。十二日。以捻逆蕩平，軍機大臣各賞加軍功二級，神機營王大臣各賞加軍功一級，其餘王貝勒貝子公及内外大小文武各員俱賞加一級。十二日。

以張秋河及運河黄水驟長，扼賊不得竄渡，命禮部議加金龍四大王封號，並各河神酌議加封。從李鴻章奏請也。十三日。詔：記名提督胡良作、陳振邦隨營剿捻，迭著戰功，先後受傷陣亡，均堪嘉閔。胡良作著照提督陣亡例從優議恤，加恩予謚，准於湖南原籍建立專祠；陳振邦前已有旨優恤，並著加恩予謚，准於江蘇清河縣寄籍建立專祠。從李鴻章請也。十三日。廣東鹽運使方濬頤調補兩淮鹽運使，以雷瓊道孫觀爲廣東鹽運使。十三日。次日以内閣侍讀方濬師爲廣東雷瓊遺缺道。濬師，濬頤之弟也。

以上南河黄水漫口壞堤九十餘尺，詔署河督蘇廷魁摘去頂戴，革職留任，戴罪自效；開歸道紹誠摘去頂戴，交部議處；在工各員除上南同知鄒梁業已墜水身死外，守備王麟、縣丞龔國琨等均革職枷號。河干淹没地方人民，著李鶴年分别撫恤。十四日。

李鴻章奏逆首張總愚之兄張宗道及其弟姪族人并賊中頭目均於軍前正法。張總愚於亂軍中帶賊匪八人逃至徒駭河邊，投水淹斃。諸軍收捕餘匪，無一漏網，直隸、山東境内一律肅清，請將尤爲出力人員分別奬厲。詔：李鴻章自督兵赴抄以來，各將領隨同進剿，均能奮勉出力，自應渥沛恩施，以示鼓勵。提督劉銘傳著由三等輕車都尉晉爲一等男；郭松林著由騎都尉晉爲一等輕車都尉；宋慶著賞給二等輕車都尉世職；張曜著賞穿黄馬褂，並賞給騎都尉世職；副都統善慶著賞給二等輕車都尉世職；温德勒克西著賞穿黄馬褂，並賞給騎都尉世職；山東布政使潘鼎新著賞給雲騎尉世職、一等輕車都尉；提督黄翼升著加賞一雲騎尉世職；道員丁壽昌、劉盛藻均以按察使遇缺提奏；餘升賞有差。候補鴻臚寺少卿袁保恒經李鴻章派充翼長，冒暑督隊，能耐勞苦，因思伊父袁甲三從前剿辦捻匪著有勤勞，該京卿尚能勉承父志，著開復前次降調處分，仍以翰林院侍講學士補用，並賞加三品銜頭等侍衛；陳國瑞經神機營王大臣奏派，管帶鋭勇隊協抄捻逆，打仗甚屬出力，著賞還黄馬褂、花翎勇號，並開復總兵記名提督，仍賞給雲騎尉世職。十九日。詔以捻逆蕩平，軍機章京等繕寫諭旨，著有微勞。太常寺卿鄭錫瀛賞加二品頂戴；内閣侍讀學士朱學勤以三品京堂開列在前；鴻臚寺少卿朱智以四品京堂開列在前；餘升賞有差。十九日。

初七日辛亥　晴熱。

閲《倪文貞公集》，首卷爲諭祭文、史傳、墓誌、像贊，卷一至卷四爲制誥，卷五爲策論，卷六至卷八爲雜序，卷九、卷十爲墓誌銘，卷十一爲行狀，卷十二爲婦人誌狀，卷十三爲其父瓊州公行述，卷十四爲雜傳，卷十五爲記及題跋，卷十六爲題跋，卷十七爲銘贊，卷十八至二十爲書牘，以上爲文集二十卷；又奏疏別爲十二卷。其制誥之作，文貞在日，門人楊忠節公廷麟等爲刻《代言選》六卷，而文文肅爲之序。眉批：倪公當弘光時曾得謚文正，而楊公當永曆時亦謚文正，可謂真師弟矣。其酬應之作，文貞自編爲《應本》一集，而黄忠端道周、陳忠裕爲之序；奏疏則宋忠節玫爲之序。乾隆壬辰，其玄孫安世乃合編《代言》

《應本》，益以書牘爲一集，奏疏爲一集，平郡丞聖臺、吴知州璜爲之校訂，而鉛山蔣編修士銓主講蕺山書院時爲之梓行。文貞長於論事，故制誥、奏疏俱嚴重剴切，似陸敬輿、劉原父，他文則學沈亞之、孫可之，意出以奥澀。然善敘情事，與同時黄石齋相上下，在明代中固錚錚秀出者矣。其詩别有刻本，乙卯丙辰間予曾見之，殊詭僻不入格，蓋學青藤未至，而染於並時王遂東一派者。

初八日壬子　寅初一刻十二分秋分，八月中。晴和。是日曾祖生日，昨遣人至柯山仲弟家，言已戒薦具矣，故寓中不更設祭。爲趙桐孫評點所著《琴鶴山房文稿》第三卷。桐孫之文，辯博而高秀，善言情事，故駢體尤佳。竹樓來。午後又熱，小感不快。夜月出甚佳，忽雲興祁祁，更餘大風，三更後雨。

初九日癸丑　雨，至晡後更緊，入夜有聲。以豚肩、舒鳧、月餅、酒齋、梨柹薦三代。秋分饋而不祭，且又後時，傷哉貧也。閱《倪文貞公集》。饋王氏妹中秋節物，作片致王妹夫、沈蘅夫。得藍洲書，并八月分薪水廿番金，《周易折中》《詩經傳説彙纂》各一部。即作復。感凉小極，身微熱多卧。仲弟家饋舒鳧一。

初十日甲寅　雨。

閲毛西河《四書正事括略》，凡七卷，又附録一卷。前有西河自序，言時已八十五歲，門生、兒子輩輯其所論四書諸説爲之。其門人東陽王崇炳爲之序目，言先生嘗欲作《論孟傳》，一刊事理之誤，以老不復能著書。其子孝廉文輝、進士遠宗，偕門人會稽章大來字泰占，諸生。及同邑張文彬、文楚、文黼兄弟，搜舂先生所著《大學證文》《中庸説》《論語稽求篇》《四書賸言》《四書索解》等二十種，摘其正事物之誤者，合爲五卷。一曰正名，二曰正文，三曰正禮制，四曰正故實，五曰雜正，凡一百六十七條，後續補二卷，凡五十四條，共爲二百二十一條。中亦間附三張子之説，其附録一卷，則遠宗即當日答難之詞，録之爲一十五條。西河之學，千載自有定論，無庸贅言。其諸經説，則阮儀徵極稱之，謂學者不可不亟讀。凌次仲氏則謂西河之於經，如藥中之有大黄，以之攻去積穢，固不可少，而誤用之亦中其毒，顧獨稱其《四書改錯》一書爲有功聖學。予謂凌氏之言是也。西河經説，以示死守講章之學究，專力帖括之進士，震聵發矇，良爲快事；若以示聰俊子弟，或性稍浮薄，則未得其穿穴貫串之勤，而先入其矜躁傲很之氣，動輒詬詈，侮蔑前賢，其患匪細。此書成於晚年，頗於其前説有所訂補，其醇粹者十而七八，平心而論，固遠勝朱子之説。然時加以毒詆醜譏，自累其書，徒貽口實，爲可惜也。此書及《改錯》皆不入《西河全集》。是本爲道光間蕭山沈補堂所重刻，殊多誤字。

近日看書稍勞，作字亦較多，遂忽忽若病，又須凈攝矣。是日凉甚，宜綿。夜雨聲甚緊。

十一日乙卯　終日雨聲不絶，黄昏人定時尤甚。閲《鮚埼亭外集》。夜雨不絶聲，四更後尤猛，寓室多漏。夜疾動。

十二日丙辰　雨，至上午稍止，晡後漸霽。聞僧慧又病，甚憂之。禄命小數，固不足言，然虚中、子平以來，説者多矣，五行生克，亦小有驗。予嘗推此兒寅命，謂當少灾厄，能讀書，而今不然，豈衰宗蘭玉，固難茂挺耶？今日適有日者來，令推之。市盲街瞽，雖無知識，此亦詢於芻蕘意也。沈雲帆秀才來，付以一番金，爲《吕氏春秋》《倪文貞集》兩書之直。作片致竹樓，擬以《周易折中》《詩經》《書經傳説彙纂》三書與之换陳氏《毛詩疏》及《府志》。减餐不快，夜又疾動。

十三日丁巳　晴。患腹疾暴下。付王福工食兩番金。張梅巖來。竹樓弟饋月餅一合，舒凫一雙，受餅反凫。剃頭。作片致詩舫。閲《明史》萬曆朝吏部諸臣傳。晚明黨局，此二卷十五人傳中盡之矣。至於天啓，則下流之歸耳。竹樓又作書送㲋來，受之。夜暴下十餘次，痛甚而不下，成利。俗作痢。二更後又雨。

十四日戊午　終日密雨，晝夜不絶聲。患利，憊甚，延張春帆來診脉。徐國安送菱一籃來。梅山寺僧隱松來送節物，辭之。還徐國安草直兩番金。三弟來。夜連服藥兩齊。

十五日己未　雨至上午稍止，午晴，下午陰。付中秋月餅直三番金。五弟來。

閲七月二十日至二十三日京報：

詔：右庶子翁同龢賞假三月，回籍葬親。原任大學士翁心存靈柩回籍，著沿途地方官妥爲照料。二十日。御史范熙溥奏各省學籍廣額繁多，文童進取太驟，請明定限制。詔：禮部議奏。二十日。

詔：提督劉松山賞穿黄馬褂，並賞給三等輕車都尉世職；郭寶昌賞還黄馬褂，並賞給騎都尉世職；餘升賞有差。從左宗棠奏請也。二十一日。曾國藩調補直隸總督，馬新貽調補兩江總督，以福州將軍英桂爲閩浙總督，以副都統文煜爲福州將軍。二十一日。以内閣侍讀學士夏家鎬爲太常寺少卿。家鎬爲總理各國衙門章京，以年例請奬，故有是擢。以翰林院侍讀學士錢寶廉爲詹事府少詹事。二十一日。

詔：以捻匪蕩平，前按察使銜記名道安徽廬州府知府金光筋、内閣學士全順、記名布政使前福建汀漳龍道彭毓橘、開復河南南陽鎮總兵邱聯恩、江南徐州鎮總兵滕家勝、提督銜署山東曹州鎮總兵郝上庠、副都統舒明安、河南河北鎮總兵余際昌、正黄旗漢軍都統舒通額、護軍統領恒齡、副都統蘇倫保、記名副都統常順、總兵何建鰲、廣西右江鎮總兵張樹珊均加恩賜祭一壇。二十三日。左宗棠疏辭加銜及議敘，優詔不許。二十三日。湘鄉之在建業，功成坐鎮，中外屬心，今忽易以扶風，極盛難繼，彌有不振之懼。

是日中秋，傍晚夕陽啓晴，夜月出甚皎。竹樓、穎堂兩弟來。

十六日庚申　晴。腹中尚不快，仍下赤白利，再服藥。竹樓來。以舟迎王氏妹歸。

十七日辛酉　晴。先母忌日，俗以此爲大祥之祭，王妹夫延僧十三人來禮懺資福。日月逾邁，哀痛漸忘，轉眴來月而祥，逾月而禫，自此以後，衣冠亦變而吉矣。駟隙可悲，劬勞曷報？痛哉！鄭氏妹、張氏妹、季弟及弟婦、五弟、王妹夫，俱來與祭。穎堂弟送燭楮來。夜延僧五人，放焰口。竹樓弟來。是日之寅，月始望，夜梵課罷，月正中矣。

十八日壬戌　晴和。

十九日癸亥　晴陰相間。遣人詣亭山修先王父殯宫。偶檢市中行用錢文，唐世開元錢存者尚多，以有唐一代皆鑄此錢也；而肅宗之乾元重寶亦間有之。宋錢存者，祥符、元豐、元祐最多。元豐有篆、楷、草王體，又有小錢雜真、行體；元祐亦有篆、草兩體。金錢惟海陵之正隆爲多。明錢數見者，洪武、永樂、嘉靖、萬曆四號，以高、文、肅、顯四帝享國久也。而日本之寬永錢，多至與中朝錢埒，考其國《大成年代廣記》，言第百九代天皇號後水尾者，立十二年，當明天啓四年，改元寬永，凡六年，至崇禎三年第百十代天皇立，仍稱寬永，至十六年第百十一代後光明天皇立，當我朝順治三年，改元正保，是則寬永正際中國鼎革時，其稱號亦不過二十二年，何以錢多如是？又張獻忠之大順錢，唐昭宗亦號大順，凡二年，然未嘗鑄錢。近人考知爲安南錢，當可信。吴三桂之利用錢，三桂僞號『昭武』，而鑄錢文曰『利用』。其孫世璠之洪化錢，皆不絶於世。而明唐王紹宗之隆武、桂王匡宗之永曆，乃反罕見。世傳李自成鑄永昌錢不成，然則張、吴二逆豈獨能分閏位耶？近年洪逆之太平天國錢亦多有存者，此尤令人眥裂，所當亟毁者也。

二十日甲子　上午晴，下午陰。作書致藍洲，附還趙桐孫駢文。下午步詣西郭諸宗人家，夜飯於竹樓齋頭。二更後坐五弟舟歸。夜雨。

二十一日乙丑　雨。作書致平景蓀江右。夜疾動。

二十二日丙寅　晴。先大父生日，設祭。大父生乾隆己亥，至今九十年矣，棺柩在殡，尚未克葬，不孝之罪，上通於天。瞻對几筵，曷勝惕息。王芝仙孝廉來。郭婆漊族長來議重建祠堂事。竹樓來。

二十三日丁卯　巳初一刻三分寒露，九月節。上午陰，午薄晴，下午溦雨。

閲嚴氏《唐石經校文》，此書甚精慎，其掊擊亭林顧氏之誤，幾無完膚。中一條論吴氏廷華《儀禮章句》云：『余嘗隨手翻之，得卷十一之卅葉，引《通典》吴氏徐整曰，即其書可知矣。』案：吴氏此條在《喪服》夫之姑姊妹之長殤下，其『氏』字乃誤衍，以整爲孫吴時太常，故稱曰『吴徐整』。中林於《儀禮》用力頗勤，其《章句》一書，雖未博覈，亦多有可取，何至不知徐整之爲姓名，鐵橋薄之太過矣。

二十四日戊辰　陰，溦雨。得陳邁夫八月三日如皋書，并其尊人伯海先生寄惠番銀二十圓，即作書復謝，由信局遞去。剃頭。感寒不快。閲《唐石經校文》。夜密雨不絶聲。

二十五日己巳　終日密雨，地氣歎溽。曉卧中舊疾又動。表姪馬丙鑅作尉於江西之新淦，今日其家人赴任，因録與景蓀書，屬附致南昌，并作致族弟鼎銘弋陽書。王福續娶婦，予以酒食費四番金，冠履費一番金，又米一石。作書致節子長沙，後幅言《明史》十餘事。雨入夜不絶聲，頗有淫潦之憂。

二十六日庚午　上午晴，陰，下午雨，入夜漸密。舊傭李三送菱兩籃來。作書致莫蕘樓，催塘工餘錢。買徐國安薪一擔，付直一番金。

二十七日辛未　上午晴，下午陰。煮菱兩籃，饋王氏妹。下午詣倉橋街閲市，買得桐華館本《東觀漢紀》、問字堂輯《古文尚書馬鄭注》、杜氏浣花塾本《會稽掇英總集》歸。

閲程綿莊廷祚《青谿文集》，嘉慶間其從曾孫國儀所刻，前有姚姬傳、汪瑟庵兩序，凡論三卷，辨一卷，説、議、考一卷，序一卷，雜著一卷，書後及碑記一卷，書三卷，尺牘及行狀、誌銘、墓表一卷，共爲十二卷。綿莊爲經制考據之學，識趣豪邁，欲一空依傍，鋭然獨出於世。其學雖不專漢、宋，然與程、朱時致異同，而稱其遠紹聖門，功不可及。於漢儒則多詆諆，謂其未嘗聞道。蓋自以所討論者皆得聖人之精，固非漢儒所及知，而亦不同宋儒之空説，自負可謂至矣。然其文往往陳義甚高，而不切于世用。其論《易》，論《書》，論《詩》，論《周官》，及論六書，辨《禹貢》南江，辨古文《尚書》，辨堂庭廟寢，辨六宗五祀，辨姜嫄廟，辨聖廟從祀，辨石鼓文，掊擊康成、叔重以下諸儒，不遺餘力。實皆臆决景撰，又頗添改古書以成曲説，不足爲據。其《與程魚門論萬充宗儀周二禮説書》有云：『大抵浙儒多特識而憙自用，往往失之于粗，非獨西河爲然。』然綿莊之自用而失粗，實較充宗尤甚。集中與魚門及袁簡齋論古文書頗夥，而三人之文，俱未窺古文門徑。簡齋嘗病綿莊之好考據，魚門嘗病綿莊之攻朱子，以爲身微無子，是其顯報。然綿莊固未能爲考據，亦未顯背朱説，是適成爲枚與晉芳之見而已。

付内子零用一番金。

二十八日壬申　晴。是日本與諸弟期飲梅山寺，五弟爲主人，上午先坐小舟至西郭，而諸弟録録，日昃尚未行，遂歸寓。山水間一觴，固有分定者也。付味經書直一番金。作片致沈雲帆。夜閲《青谿文集》。

二十九日癸酉　上午陰，午忽雨，下午西風大起，驟寒。柯山謝四喪其妻，前日來訃，今日遣王元送燭楮去。王芝仙片來，將其尊人杏泉命饋彘晡、茶葉，受茶一苞。閲《東觀漢記》，此書各條下皆不系以所出何書，當補之。

三十日甲戌　晴寒。王芝仙再送𡰪肩來，受之。閲《漢書》眭孟、夏侯始昌、夏侯勝、京房、翼奉、李尋傳，加朱一過。

閲七月二十四日至八月初一日京報：

詔：江南、安徽、河南、山東各督撫，於徐、海、潁、亳、歸、汝、曹、沂等處，飭令各地方官勸諭民間照舊修理圩寨，整頓鄉團，互相保衛。二十四日。

詔：前任雲南提督傅振邦此次在直隸、山東一帶督團辦防，著有勞績，著遇有提督缺出，儘先簡放，即著來京陛見，應得同治元年恩蔭，著該部查明補給。從李鴻章請也。二十五日。

曾璧光補授貴州巡撫，黎培敬補授貴州布政使。皆以署理改實授。二十六日。景壽六額駙。爲崇文門正監督，察杭阿爲副監督。二十六日。御史林武恭蕭山人。選授貴州銅仁府知府。二十六日。

詔：陝西潼商道蔣徵陶勒令休致，所捐餉銀一萬四千兩毋庸賞收。上諭略云：前因喬松年於陝西司道年終密考，單内注明潼商道蔣徵陶奉職勤慎，精力稍遜。諭令劉典悉心察看，如不勝任，據實具參。朝廷本無成見，乃本日該署撫覆奏，歷敘蔣徵陶積勞惠病情形，並將未領養廉等項及籌措現銀捐助軍餉，請免查參等語。蔣徵陶如果勝任，該署撫何妨據實具陳，倘貽誤公事，亦豈捐助軍餉所能獲免。現在該道既稟請開缺，即著勒休云云。二十七日。

詔：湖北學政張之洞奏府州縣試録送過濫，請申明舊例，以定限制等語。定例府州縣録送文童荒謬不通至五十卷以上者參處，立法本嚴。自軍興以來，被兵省分士子遷徙流離，備嘗難苦，是以於考試時每寬其科條，廣其登進，藉以培養士氣。兹據該學政所奏，近來府州縣積習相沿，於考試文童全行録送，並不遺漏一人，以致院試時每有塗寫雜字，並鈔它題試文以及槍冒、傳遞、懷挾等弊，層見疊出，於士習文風大有關係。此等惡習，它省諒亦不免，著各該省學政，嚴飭各府州縣，遇考試時照例認真删汰，不准過濫。其有藉名滋事、聚衆擾害者，並著地方官嚴拏懲辦。將此通諭知之。二十八日。

詔：湖北學政張之洞奏各省捐輸加廣學額，請核實辦理，並請變通廣額章程等語。軍興以來，各省捐輸團練經費均准加廣學額，原於鼓厲人心之中寓嘉惠士林之意，若如該學政所奏，近來各省開報捐數動多浮冒，以致各州縣廣額過多，濫竽充數，殊非朝廷培植人才之意。嗣後各省督撫於所屬捐輸團練經費，務須查明實用實銷之款，切實覈減，方准奏請加額，不得任聽開報，以滋流弊，並著該部將原定廣額章程量爲變通，與御史范熙溥摺一併妥議具奏。二十八日。

英翰疏辭太子少保銜及一等軍功議敘，疏以居喪冒功爲言，頗切摯。不許。二十九日。李鴻章奏山西布政使劉秉璋以病請開缺。許之。二十九日。

以河南按察使胡大任爲山西布政使，以浙江杭州府知府譚鍾麟爲河南按察使。八月初一日。

九月乙亥朔　上午晴，午後陰。得愼齋義烏書，以詩一帙屬點閲。上午步詣西郭諸宗人家，議重營祠堂事，至夜初更後歸。

初二日丙子　晴和，夜雨。

初三日丁丑　上午陰，午後晴。以《東觀漢記》諸帝紀勘《後漢書》帝紀一過。昔歲辛酉在都時曾斠之，尚多所遺漏。校書如落葉，可畏哉！竹樓來，同食菱。

初四日戊寅　晴。

古人『楊』『揚』通用，揚州之『揚』本作『楊』，通作『揚』，亦通作『陽』。《釋文》引《太康地志》『以揚州漸太陽位，履正含文明，故取名焉」可證。揚雄之『揚』本同『楊』，唐以前用雄事，無作『揚』者。《毛詩》『揚之水』，《隸釋》引《魯詩》作『楊』；《漢書・地理志》丹揚郡作『揚』，丹陽縣作『陽』，南監本俱作『陽』。《續漢志》俱作『陽』，《晉志》郡作『揚』，或亦作『陽』。縣作『楊』，且注云『丹楊山多赤柳，在西』，蓋丹揚郡屬揚州，其取名之義同，其借『揚』『陽』通用之字亦同。《春秋元命苞》云：楊州厥土下濕，而多生楊柳。李匡乂《資暇集》：『地多白楊，故曰揚州。』楊柳之性輕揚，故通作『揚』。《釋名》：揚州，水波揚也。地有水者，下濕而宜楊柳。其義亦相備。《廣雅》：『楊，揚也。』自三劉《漢書刊誤》妄別楊、揚爲兩姓，而異説遂紛紛矣。吴斗南《補遺》駁之，是也。

閲八月初二日至十一日京報：

官文奏七月初八日永定河南上汛，堤決十餘丈，自請議處。詔：官文督率無方，交部議處。署永定河道蔣春元革職留任，餘革處有差。被水村莊應撫恤者，即查明辦理。初二日。詔：前日據御史德泰奏請修理園庭以復舊制，並稱内務府庫守貴祥有擬就章程五條，既不動用庫款，又可代濟民生等語。當諭軍機大臣將所擬章程呈覽，荒謬離奇，實出情理之外。當此軍務未平，民生困苦流離，朝廷方欲加意撫恤，乃該庫守則請於京外各地方按户、按畝、按村鱗次收捐，如此擾害閭閻，尚復成何政體？前明加餉派餉，以致民怨沸騰，國事不可復問。我列祖列宗屢次引爲殷鑒，中外大小臣工詎不深知。德泰所陳，顯違列聖之彝訓，剥削小民，動摇邦本，並以貴祥所擬章程爲於國計民生兩有裨益，喪心病狂莫此爲甚。德泰著即革職。庫守貴祥以微末之員，輒敢妄有條陳，希圖漁利，著即革去庫守，發往黑龍江給披甲人爲奴，以爲莠言亂政者戒。初二日。詔：福建布政使仍著鄧廷枏補授。初二日。

崇實奏川軍攻克貴州木老坪、觀音山，進取大、小轎頂山，生擒僞王何雙富等。逆首王超凡逃回玉華山，負嵎抗拒，知府唐炯督同總兵劉鶴齡等四面齊進，擒斬王超凡，收復甕安縣城，開甕、餘慶等境一律肅清。詔：知府唐炯遇有四川道員缺出，請旨補授，並賞加按察使銜；總兵劉鶴齡以提督記名簡放，並賞換法什尚阿巴圖魯名號。初四日。詔：新授禮部右侍郎杜聯前因請假省墓，在籍患病，當經賞假兩月。茲據李瀚章代奏，該侍郎病未痊愈，懇請開缺等語。杜聯著准其開缺調理。初四日。

以都察院左副都御史温葆深爲禮部右侍郎。初五日。

崇實奏教首劉儀順、號匪秦崽崽以燈花邪教傳徒聚衆，由四川逃入貴州，迭經川軍擊敗。六月二十七日，道員唐炯督飭總兵唐大有等，夜奪關隘，直逼尚大坪，先令散其黨與，逆衆勢孤，傾巢出降，救出被虜男婦數千名。劉儀順、秦崽崽乘間潛逃，圖竄苗地。生員徐舒等追擒之於揚保河，檻送川省。詔：成都將軍署四川總督崇實調度有方，深堪嘉尚，著交部從優議敘；道員唐炯賞加二品頂戴，並賞給法克精阿巴圖魯名號；總兵劉鶴齡賞穿黄馬褂；餘升賞有差。初六日。詔：新授兩江總督馬新貽著充辦理通商事務大臣。初六日。

詔：候補五品京堂王家璧著以四品京堂即補，仍留左宗棠軍營差遣。從左宗棠奏請也。初七日。

初五日己卯　晴和，傍晚有零雨。王芝仙孝廉來，以五古四章見贈，氣格老成，居然作者。孝廉年少好學，虚心下人，所造正未可量。吾越後生多憙習浮薄，妄言穢行，狎侮長者。孝廉温文自守，尤難能也。下午詣西郭宗人家，爲祠事也。吾家祠堂，由上虞李嶼分山陰趙墅，由趙墅分西郭。西郭建始在康熙時。時六世祖天山府君以進士爲武英殿纂修官，與柯山房兩淮運判諱國良、湖南永州府知府諱家拯父子，傾奉俗俸匄通鳩工，有寢，有庭，有堂，有庶母祠，有園，有守祠人屋，重門廣扃，庖湢悉具。又有田二百畝，以供祀事。今祠燬於粵賊，田爲諸宗人分管，多所侵蝕。族中衣冠零落，鮮知尊祖之義。今爲此議，一唱百咻，深可歎也。

先六世祖諱登瀛，康熙五十一年進士，充武英殿纂修官，授内閣中書，分校《月令輯要》《御選唐詩》兩書。書成，不請議敘歸。旋選授江西安仁縣知縣，入都引見，聖祖特召諭曰：『汝由内廷出宰，須爲好官。』雍正元年，充江西鄉試同考官，旋兼攝萬年，署鄱陽。以與上官齟齬，遂得罪去。此府君自序云爾。年譜、日記、遺令、家傳及詩文稿，一切所記皆同。慈銘（此處塗抹）案：《月令輯要》卷首所載職名，則題曰『進士候選知縣李某』。竊意武英殿纂修之差，舊屬翰林，非進士及中書所得與，而府君平生慎密嚴重，無一妄言，且自述歷官，不容有誤。今夜偶閱《程綿莊文集》中《安徽布政使陳德榮字廷彥，安州人。行狀》有云：『公成進士，觀政京師，康熙時海内承平久，天子篤意右文，特隆校書之選，有詔命取壬辰即五十一年。科進士充纂修，公得入武英殿。』乃知觀政進士悉入校書，爲是科特典。陳公後亦以期滿歸里，至壬寅始選授湖廣枝江縣知縣。近人鮑康所輯《内閣漢票籤舍人題名録》無府君名，則以道光二年内閣失火，檔册盡焚，鮑君僅據所見方志綴録成之，故挂漏訛舛，不可殫指，無足訝也。府君之著述，今已經亂盡亡，遂至官位亦無可參考矣。府君字俊升，因居西郭，郊有村名梅谿，故號梅谿。幼孤貧，爲諸生，旋棄之，游各省督撫間，爲司章奏。後以直隸滄州時未有天津府，滄州尚屬河間。金氏籍補河間府學諸生。學使武進楊學士大鶴奇賞之，三試皆第一。滄人訐其越産，學士力持得免。旋舉戊子順天鄉試，至壬辰成進士，時年已五十七矣。時安谿李文貞公當國，方主張朱子之學牢籠天下士，士之浮薄不學者，遂群詆陽明摭拾不根之談，以逢時好。府君素私淑王氏，深惡之。先於廷試《朱陸異同論》力矯其説，遂抑置三甲，文貞已嗛之矣。及入内廷，持議又與文貞忤，故不得留。比宰縣，不携家一人，不置賓客，力鉏豪强，扶貧弱，尤恤寒士。又積與布政司參議李蘭、按察使積善忤，卒以持校官賴良竹誣諸生爲盜獄被劾，故出坐謫，戍永平衛，遂卒於戍，年七十五。府君自四十喪偶，有一子一女，遂不復娶，終身不置媵。嘗愛鑑湖三山間風景，欲於畫橋龜山上營草堂爲終老計，未及遂，屢形之歌詠，繪《鑑湖垂釣圖》，自爲之記。當時名士長洲汪先生士鋐等題詩者數十人，今上虞王氏刻石於天香樓法帖者是也。家居日，與同郡劉正誼戒謀等二十人，重建楊廉夫詩巢於卧龍山麓，吴越時西園故址也，祀唐賀賓客以下六君子，有《詩巢倡和集》行於世。府君所交遍海内，作詩至數千首，顧深自晦，不欲暴於世。其卒也，甫得旨赦歸，而未復官。遺令若朝廷不復官者，毋得求人志墓，故府君事多弗詳。其見於它書者，若汪先生及竇應王氏式丹、天門陳氏文燭集中，皆有贈府君詩。府君久客大僚，争延致相引重，善析疑獄，所平反者甚衆。其佐粤幕也，嘗强請當事焚耿、鄭之變株連者名籍，獲免者數千家。嘗自言吾多陰德，子孫必盛。

府君一子，諱杜，字端木，國子生，雍正中考授州同知，是曰横川府君，以居西郭外之横河也。孫八人：長諱熙，字文孟，國子生，是曰蕪園府君，慈銘之高祖父也；次諱建烈，字武仲。最少者諱建煦，字載揚。皆舉人。曾孫二十四人：諱策堂、字肯如。筠，字禮如。皆舉人。肯如公者，慈銘之曾祖父也，是曰構亭府君。禮如公官陝西洛川縣、四川銅梁縣知縣。策基、字景康。鳳詔、字丹書。芳春、字景蕃。策埈、字克如。臺，字晉雲。皆諸生；壎，字潤玉。歲貢生。玄孫四十七人：釗，字輝遠。舉人，官左翼宗學教習；諱欽、字敬之。青、字宸錫。錫勛、字詔三。文鑒，皆諸生。敬之公，慈銘之祖父也，是曰鏡齋府君。諱鈺，字蘊山。官州同知，慈銘之本生祖父也。鎬勛，字配京，以字行。官江蘇高郵州界首司巡檢。鈖，官廣西蒼梧縣東安司巡檢。來孫八十餘人：光涵，由翰林院編修爲山西寧武府知府；師泌，舉人，官青田訓導；攀桂，諸生，官四川雲安場鹽大使；鄂輝，廩貢生，官訓導；肇丙、鼎光、濼、起元、治，皆諸生；光瀾，官直隸承德府豐寧縣黄姑屯巡檢；攀元，官四川新都縣典史。昆孫《爾雅》作『晜孫』。注：晜，後也。《釋名》作『昆孫』，昆，貫也。《左傳》亦作『昆孫』。慈銘案：作『昆』是也。『晜』乃晜弟字；『昆』者，同也，言同是孫也。一百廿餘人：國琇，進士，官兵部主事；國彬，舉人，官刑部主事；國惠，官河南汝寧府通判；國和，拔貢生，官八旗教習；庚丙、炎葆、辰丙、輝國、守謙、壽嵩、從龍、壽銘，皆諸生。慈銘於兄弟次爲第五十五人也。

初六日庚辰　晴暖，傍晚雨。得王眉叔浦江書，并近詩三章。閲桂未谷《晚學集》。剃頭。作書致慎齋。付納去年地漕十二番金。

初七日辛巳　終日霒陰，下午溦雨，旋止。嘯巖弟來。夜雨有聲。

初八日壬午　午初三刻十一分霜降，九月中。終日霒陰，午後小雨。上午詣西郭，會族人議。午飯於竹樓許，夜飯於季弟家。初更時偕季弟及五弟、瑢弟詣光相寺後斗母宫觀燈醮。夜分就季弟北樓宿。三更後密雨徹旦。

初九日癸未　雨瀧瀧，連晝夜不絶聲。上午冒雨坐小舟歸。得潘伯寅侍郎都門書。得藍洲書。

初十日甲申　終日小雨。上午詣西郭，午飯於竹樓家。今日始成議，以祠田百畝，質錢三千貫於族兄葆亭，將以明春鳩工。又以餘八十五畝屬葆亭管理，自供春秋祀事外，以其贏生息。葆亭，善權子母致富者也。傍晚歸寓。夜雨聲達旦。晚禾半刈，露積在田，秋成頓減矣。

十一日乙酉　淫霖如梅雨時，下午稍止，有啓色，傍晚又漸密。終日爲俗客所擾，鮮得閑。夜讀《漢書》，有蓄疑者數處，無可參證，半不得解，爲之悶悶。夜雨聲更緊，稻將朽潰，奈何？晨占霜降日雨者，須連雨十八日，謂之霜降黴；重九日雨者，主一冬多雨。

十二日丙戌　上午漸霽，下午晴，吾越村謡：『九月十二晴，釘鞋挂斷繩。』張氏妹饋桂花餳兩小碗，海棠膏一小鍾。以錢四百貽諸甥買食物。五弟來，饋蟹四十螯，古祇作敖。鰻古祇作鱓。一對。有它懸於聽後之榱，逾時隊地去，家人以爲祅也，禳之。譙以文曰：『我與爾居，此皆寓也。我暫爾常，我見爾臧。爾胡不竫，而縣于梁。元律已戒，蟄蟲咸俯。嚴霜冽風，爾曷能禦？爾爾安哉！往即爾宮，蟠幽翳石。我不爾驚，爾毋我覿。如我有災，非爾致之。爾出非時，而或見惡。而戕爾軀，爾罪當之。爾其敬聽，我言毋忽。』夜招鄰人毛七縣尉共食鰻。《説文》：『鱺，魚也；鰻，魚也。』吴下方言遂謂之鰻鱺，京師謂之白鱓。俗作鱔。

十三日丁亥　晴。村謡云：『九月九日晴，不如十三一顆星。』蓋其占爲一冬少雨。得沈蘅夫書。校讀《漢書·佞幸傳》《匈奴傳》。穎堂弟來。竹樓弟來。

傍晚詣倉橋閲市，購得葉兩垞《紀元通考》十二卷。一正統，二分霸，三僭竊，四外國，五擬議不用一、史書異辭二、道經雜記三，六分霸紀元年表，七依韵類編，八三字紀元及四字、六字，九年號同異，十改元久暫，十一、十二爲總論。分合參稽，可謂詳密。然時有複沓訛誤及體例不一，又强分正僞，多主《綱目》，亦不脱村學究習氣。其最誤者，如西凉之李恂，既見於分霸，又見於僭竊。以文明歸之唐豫王，而以光宅、垂拱、永昌、載初四號歸之武后。豈知載初以前皆睿宗在位，而武后稱制，至載初二年九月始篡帝位，改國號周，改元曰天授，降睿宗爲皇嗣。然則文明至載初五號，皆當系之睿宗。作《唐書》者，本宜如《明史》英宗例，分爲前紀、後紀，方得其實。此書於明英宗以標其目，而分系以正統、天順二號，則睿宗正亦宜然，而妄爲分析，予奪由己，是何説也？梁曜北《元號略》自文明以下皆屬之武氏，目爲僭竊，尤爲乖謬。西夏李氏，本由拓跋思恭以唐僖宗時有功賜姓，至德明以降宋賜姓趙，而其子元昊稱帝，即復姓李，後傳八世九主，皆仍李姓，乃稱曰趙元昊，而没其李姓。《元號略》謬與此同。又吴三桂錢文曰

『利用』，耿精忠錢文曰『裕民』，而皆以爲元號；《元號略》誤亦同。三桂元號『昭武』，而屬之鄭成功，皆失於眉睫者矣。兩垞，名維庚，秀水人，嘉慶壬戌進士，由庶吉士改知江陰縣。

十四日戊子　晴和。嘯巖來。爲人書楹聯八副。王福、王元書來告母喪，寄一聯輓之。傍晚，寅生、蘅夫作片以肩輿來迓夜飲，固辭之。夜寒。

閏八月十二日至廿五日京報：

詔：蠲免被捻逆竄擾者，安徽鳳陽、潁州、泗州，江蘇徐州、海州，山東曹州、濟南、青州、沂州，河南開封、歸德、陳州、許州、汝州、光州，湖北黄州、德安，所屬各州縣同治六年以前民欠錢糧。十二日。額勒和布恩錫奏請修奉天賢王祠，詔左都御史毛昶熙往勘。十二日。以太常寺卿鄭錫瀛爲宗人府府丞。十二日。詔：畿南防堵工部左侍郎恩承總統諸軍，調度合宜。都統明慶、將軍定安、副都統玉亮等督隊防守，深資得力。恩承賞還黄馬褂，明慶、定安均交部從優議敘，玉亮賞給頭品頂戴。十三日。詔：神機營所派在京辦事各員弁均論功行賞有差。辦理文案侍講學士常恩賞戴花翎，庶子惠林賞加三品銜，檢討李祉賞加侍講銜，均以應升之缺升用。從恭親王醇郡王奏請也。十三日。詔：欽差大臣陝甘總督左宗棠加恩在紫禁城内騎馬。十三日。

理藩院代奏科爾沁博多勒噶台親王伯彦諾謨祜爲庶祖母、生母呈請封典。詔：伯彦諾謨祜之父僧格林沁，自幼經額駙索特那木多布齊之媵韓氏撫養成立，僧格林沁功勳卓著，爲國捐軀，今韓氏年逾八旬，自應念其撫育之勤，一體加恩，著封爲索特那木多布齊之側室。伯彦諾謨祜生母額魯特氏著一併加恩，封爲僧格林沁之側室，以遂孝思。嗣後不得援以爲例。十五日。

詔：候補翰林院侍講學士袁保恒發往左宗棠軍營差遣委用。十七日。

奕榕奏永陵草倉河冲淤情形，及福陵隆恩殿應修工程。詔毛昶熙帶領通曉堪輿人員往勘。廿二日。詔：協辦大學士湖廣總督李鴻章加恩在紫禁城内騎馬。廿二日。以大理寺卿童華爲都察院左副都御史，以詹事府詹事景其濬爲内閣學士兼禮部侍郎銜。廿四日。詔：左宗棠奏籌備晉防，請催臬司赴任，新任山西按察使蔣益澧，屢催赴任，迄未成行，晉省防務正在喫緊，何得托故遷延？著劉崐傳知蔣益澧，迅即馳赴本任。應行選募勇丁若干，即由該臬司酌度辦理。所需餉項，著郭柏蔭、劉崐、何璟先爲墊給，以利遄行。蔣益澧到任接辦防務後，所有在防文武兵勇概歸節制調遣，其一切應辦事宜隨時與鄭敦謹妥商籌辦，以副委任。廿五日。

夜校正《老子道德經》第三十一章經注。王輔嗣於此章獨無注，《困學紀聞》引晁景迂語云：王弼知此章非老子之言，畢氏沅非之，校殿本者，謂此章有注語溷入，是也。今隨文義分別之。

夫佳兵者不祥。河上公、王弼本，此下並有『之器』二字；傅奕本『佳』作『美』，亦有『之器』字；陳象古本無『者』字；今從《永樂大典》。物或惡之，故有道者不處。《永樂大典》此下有『也』字。君子居則貴左，用兵則貴右。傅奕本『君子』上有『是以』二字。勝而不美，而美之者，《永樂大典》『美』上無『而』字。是樂殺人。《永樂大典》此下有『也』字。夫樂殺人者，《永樂大典》無『夫』字。不可以得志於天下矣。各本句上有『則』字，今從《永樂大典》及傅奕本。殺人衆多，各本俱作『殺人之衆』，今從傅奕本。則以悲哀泣之；張之象本作『哀悲』。戰勝者，則以喪禮處之。各本俱無『者則』二字，今從傅奕本。

王弼注曰：兵者不祥之器，非君子之器，不得已而用之，以恬憺各本或作『恬澹』，或作『恬淡』，或作『恬惔』，又作『恬然』；『恬』又作『栝』，今從傅奕本。爲上，故不美也。若美必樂之，樂之者，是樂殺人也。自『以恬澹』句至此句，皆從傅奕本，與各本異。故吉事尚左，凶事尚右；偏將軍處左，上將軍處右。言居上勢，則以喪禮處之。

各本皆作『居左』『居右』，今从《永樂大典》及傳奕本。奕本『偏將軍』上有『是以』二字，各本皆無。又各本皆作『言以喪禮處之』，《永樂大典》無此句，今從傳奕本。

十五日己丑　晴寒，西風頗勁。晨起步詣資福庵見沈表姑母。即小憩佛院，循砌看秋花而歸。作書致王福。上午偕季弟坐小舟詣清水閘看屋，樓房三間，頗高敞，旁有書室，疊石穿池，上爲亭，平瑶海郡丞顔之曰『畫圖中屋』。後臨水爲板門，題句云：『有山皆繞郭，臨水自成村。』朱闌映之，水清可鑑。舊爲陳氏宅，今質於葛氏。午飯於嘯巖弟家。下午歷其前聽院，小憩於一經齋，樹石頗勝。遂至前門，水曲如帶，度一板橋，看梅里山紅樹，夕陽映發，烟靄多姿。晡後回舟入城。是日往來湖桑、魯墟、青田湖間，紅葉滿村，山水如畫，一年最好時也。爲五弟書贈人壽聯。寅生再作片來邀夜月下坐小舟，赴之。遂偕蘅夫、寅生、五弟共飲，夜止宿其家。

十六日庚寅　晴和，秋氣極佳。留寅生家，與三妹閑話。下午季弟來，遂偕之返寓。夜作書致藍洲，致嘯巖。

閲八月廿六日至三十日京報：

詔：荆州將軍巴揚阿加恩在紫禁城騎馬。廿七日。

詔：全慶現在出差，靈桂署理禮部尚書。廿九日。察杭阿、英元現在出差，皂保兼署禮部右侍郎，綿宜兼署刑部右侍郎。廿九日。萬青藜、毛昶熙現在出差，單懋謙兼署禮部尚書，譚廷襄兼署都察院左都御史，沈桂芬暫署工部尚書。廿九日。劉厚基補授陝西延綏鎮總兵。廿九日。

青州副都統恩夔奏請因病開缺。許之，以春福爲青州副都統。三十日。

十七日辛卯　晴和。得藍洲書，并書局寄來九月分薪水廿番金。季弟、竹樓弟來。付屋租錢三千。夜竹樓、潁堂來，偕至大街觀燈，凉月如晝，笙歌間發。二更後小飲酒家而歸。

十八日壬辰　晴。表兄倪鳴皋爲子娶婦，賀以一番金，并書致之。得王芝仙書，即復。剃頭。下午至倉橋閲書，遂詣大妹家夜飯，二更歸。連日頗録録不得閑，歐血疾復作，又食蟹稍多，苦腹痛。

十九日癸巳　晴。比日撰輯《李氏譜略》。吾家自五代時由長安遷浙東，居上虞之五夫市，歷二十世。至明初，居山陰之郭婆漊，又六世。居西郭横河，今又十世矣。及予之身，家燬於賊，始還徙無定。展念先澤，曷勝慨然。五弟新得一子，爲撰小字曰僧寶。王元來，予以一番金，爲其母奠。

二十日甲午　晴和。爲竹樓教職領照事，作書致上海應敏齋觀察，以此等細事煩津要貴官，徒取嗔耳。以竹樓固請，不得已也。竹樓來。作書致藍洲，并以前所書楹帖還玉珊。傍晚詣季弟家，夜飯後歸。是夕大霧，地濕如雨。

二十一日乙未　晨霧不解，上午晴霽，和暖如中春。莫蕙樓來。二妹來。傍午時飢甚，以龍眼汁飲之，頗不快。下午偕季弟至倉橋街閲書，買廖道南《殿閣詞林記》、高似孫《緯略》、汪繼培《潛夫論箋》及梁玉繩《史記志疑》不全本，缺卷一至卷五。皆不成。遂至三妹家，夜飯後止宿。

二十二日丙申　晴暖。晨自後觀巷步還寓。夜溦雨。

二十三日丁酉　午初二刻二分立冬，十月節。終日霒陰小雨。撰次《李氏譜略》成，凡五千七百字，其中夾敘夾議，擬之唐荆川《敘廣右戰功》，似無愧色。夜雨轉密。

二十四日戊戌　無雨如晦，午後尤寒色凄然。終日鬱鬱若病，閲《漢書·匈奴傳》。夜賦七古一章，酬王芝仙，存集中。

二十五日己亥　薄陰，微晴。作書并詩致芝仙。以熟彘脯、膏麻酥饋三妹。作書致王妹夫。擬明日詣寓山，借禪床信宿，以前與竹樓等期，作一紙致竹樓。讀《漢書》公孫弘、卜式、兒寬、張湯、杜周傳。

二十六日庚子　終日陰雨中，時見日景，天氣温煦而濕潤，蓋所謂霜降黴也。夜雨滴歷有聲。比苦足蚌，《釋名》作『癢』。蓋濕氣所致，以椒汁洗之。

二十七日辛丑　雨至上午稍止，下午西風起，晚晴。讀《漢書》張騫、李廣利、司馬遷、武五子傳，俱加朱一過，稍有校正。

二十八日壬寅　晴，旁午西風大作，天陰，驟寒，晡後晴。

二十九日癸卯　晴寒。讀《漢書》蒯通、伍被、江充、息夫躬、萬石君、衛綰、直不疑、周仁、張歐傳，俱加朱一過。季弟來。沈麟書秀才持《殿閣詞林記》《緯略》及葉澐所輯《郡國官制沿革考》來，予以直一番金。比來窮甚，日有不舉火之憂，而尚買此不急，不能自解也。下午步詣西郭諸宗，晚歸。

閱九月初一日至十六日京報：

詔：直隸霸州彩木營等十一村莊、固安縣何家莊等四十五村莊、永清縣大焦垡等六十三村莊應征本年上忙新舊錢糧，及霸州羅家營等九村莊、固安縣河津等十九村莊、永清縣東義和等二十一村莊，應征歷年錢糧，一體緩至秋後起征，並酌減差徭。從官文請也。初一日。

鍾佩賢補授内閣侍讀學士。初二日。

廣壽充左翼監督，奕貴充右翼監督。初三日。

以宗人府府丞鄭錫瀛爲都察院左副都御史。初八日。

詔爲故湖南提督楊鼎勳於滄州建立專祠，地方官春秋致祭，從兵部侍郎崇厚請也。十一日。

詔：前據都察院奏，請飭各省將京控案件迅速審辦，當經降旨嚴飭各省大吏督飭屬員依限審結，毋許遲延。茲據御史馬相如奏稱，各省積習相沿，於命盜重案及尋常詞訟因循延閣，以致小民冤屈莫伸，並於京控案件藉詞延宕，久不審結等語。覽奏實堪痛恨。嗣後各直省督撫務當嚴飭所屬，隨到隨審，勒限完結。至京控發交各案，遇有冤抑，必須早爲申雪。其有逾期未結者，即行奏參，勿許瞻徇回護，將此通諭知之。十三日。

庫克吉泰、劉典奏提督劉厚基等軍於七月二十五日由延州進剿回逆及土匪等。八月十一至二十日迭破之於鄜州、長武、正寧等境。二十三日，復破之於三水，餘逆仍退竄董志原。詔升擢有差。又奏升用提督補用總兵李大有戰功卓著，軍律嚴明；升用提督補用總兵余明發隨征數省，所向有功；提督銜總兵翟春壽每戰必先，不避危險。均因殺賊陣亡，請優恤予謚，建祠立傳。詔：該提督等身經百戰，奮勇絕倫，此次以寡敵衆，血戰捐軀，深堪憫惻。均著照提督陣亡例從優議恤，並加恩予謚，准其於三水縣城捐建專祠，歷年戰績宣付史館立傳，以彰忠節。十四日。詔：吏部尚書單懋謙爲武會試正考官，翰林院侍讀學士馬恩溥爲副考官。十四日。

詔：翰林院侍讀孫家鼐、編修趙佑宸均著在上書房行走，孫家鼐著授奕詳、奕詢、奕謨讀。十六日。袁保恒補授翰林院侍講學士。十六日。

詔：烏里雅蘇台將軍明誼由部曹簡放知府，洊升將軍，持重老成，克供厥職，前以積勞患病開缺，回旗調理，遽聞溘逝，悼惜殊深。著加恩照將軍例賜恤，應得恤典，該衙門察例具奏。補初十日。詔：據福濟、錫綸查奏，李雲麟因幫辦新疆軍務，輒招集古城一帶民勇至科布多地方聽調，旋因人數衆多，大半遣回，該民勇等遠道飢寒，不知體恤。迨調任布倫托海辦事大臣，平日毫無防範，致民勇在該處造言煽惑，滋生事端，又不能彈壓解散。種種貽誤，咎實難辭。著刑部將應得罪名定擬具奏，並著福濟、錫綸飭令該革員迅即來京聽候部議。補初十日。福濟補授布倫托海辦事大臣，明瑤調補科布多幫辦大臣。補初十日。

祥琴室日記

同治七年十月初一日至同治八年三月三十日(1868年11月14日—1869年5月11日)

嗚呼！先恭人之痛，忽忽已逾大祥矣。回念此再期之中，居處、飲食、言語，洋洋如平時，蓋無一異乎人者。以前日記皆實書不敢諱也。士君子於親喪，不能自致，而況它乎？所云『受禮』，受何禮也？幾希之存，布衣縞帶耳。古人大祥縞冠素紕，白屨無絇。今國制，自百日後皆玄青色布。玄青者，古之所謂玄吉禮，大祭祀之所服也。然則今之齋斬縗冠服，古之緇布冠緇衣而已。練禫之祭不舉，變除之節不講，雖名二十七月，從王肅之説，實不過百日而已。而今之士大夫，乃於名刺上二十四月稱制，後三月稱禫，益大惑不知其何説也。慈銘薄劣不能遵禮，今將遇禫，又當變吉，平旦之氣，餘哀未忘，謹以『祥琴』志其室。人事之暇，託之詩歌。彈不成聲，無弦焉爾。

同治七年歲在戊辰冬十月甲辰朔　晴和。張氏妹今日三十初度，迎之來寓，設素食款之，遺以先履資兩番金。三弟來，爲書楹聯一副，又爲人書書室七言聯一。族叔梅坡來，竹樓來。季弟來。閱高似孫《緯略》，爲正其誤數條。

初二日乙巳　雨。祖母倪太君忌日，設祭。讀《漢書·游俠傳》，加朱一過，略有校正處。雨至下午轉密，入夜檐霤聲不絶。

初三日丙午　終日陰濕，微見日景，氣暖蒸潤，如春夏間。讀《漢書·匈奴傳》，朱校一過，是正數條。剃頭。比日腹時痛下泄，胃弱不憙食飲，豈讀書稍勞，且頗食蟹所致乎？夜四更後，雨聲甚緊。

初四日丁未　終日霒陰，溦雨時作。評點《匈奴傳》。傍晚步詣竹樓家，夜飯後歸。

初五日戊申　終日密雨，下午西風釀寒。讀《漢書·西域傳》，略加朱校，又評點《匈奴傳》一通。王妹夫來。

初六日己酉　雨日夜不絶。祖母余太君忌日，設祭。張氏妹回去，饋以栗及糖。評點《西域傳》。夜雨聲愈密，殊有淫潦之憂。

初七日庚戌　霔霖如綆，晝夜有聲。曾祖妣生日，供饋於堂。讀魏豹、田儋、韓王信傳，加朱校一過。夜大風，作書致藍洲。

初八日辛亥　霔雨不絶聲，下午風大起。校讀楚元王及劉向、劉歆傳，并評點一過。夜連旦晝，檐霤聲如貫，室中皆濾濕。

初九日壬子　辰正二刻二分小雪，十月中。連雨，至晚稍止，是日西北風勁，驟寒。讀《漢書·敘傳》，以朱筆校之。

初十日癸丑　西風甚勁，始晴，寒甚。校讀《敘傳》訖。

夜校《武帝紀》。元朔三年詔曰：『夫刑罰，所以防奸也；内長文，所以見愛也。以百姓之未洽於教化，朕嘉與士大夫日新厥業，祗而不解，其赦天下。』張晏曰：『長文，長文德也。』晉灼曰：『長音長吏之長。』其後宋人劉氏昌詩《蘆浦筆記》言，章子厚家藏古本『内長文』三字作『而肆赦』，蓋『而』誤爲『内』，『肆』『赦』皆缺偏旁，而爲『長文』。詔云『其赦天下』，意甚明白。王氏應麟《困學紀聞》亦言，或云古寫本作『而肆赦』。明人楊氏慎等皆從之，以爲於下文尤爲貫穿。而宋人亡名氏《南窗紀談》又述許少伊右丞言，江南舊本作『而長吏』。近時許氏宗彦謂『内長文』即文無害之意。予案：張晏曹魏時人，晉灼晉時人，其注已解作『長文』。《梁書》劉之遴言鄱陽王得胡盧中《漢書》古本，識者已斥其僞妄，則趙宋時章惇所藏古本何從得來？此是後人以意讀改，託言古本以欺於世，宋人之故智也。是時漢武屢詔求賢勸學，此詔雖爲赦發，亦以百姓未洽教化，嘉與士夫日新厥業爲言，則其意仍主文德，改『長文』作『肆赦』，與下赦天下語雖貫，而於詔意反不合。且其語亦太淺，改作『長吏』似與上刑罰語相配，而『長吏』所以見愛，則尤淺直不成句，適成爲南宋人文法耳。然『内』字必是『而』字之誤，觀張、晉於『内』字皆無解，顯然可知。『而長文所以見愛』者，即（此處塗抹）以長文德（此處塗抹）之意也。小顔據誤本『内』作『而』字不能校正，反曲爲之説，致文義不通。宋人遂逞其私臆，紛紛妄改。許氏謂『即文無害意』，尤非。『文無害』者，見《史》《漢·蕭何傳》，謂其文深，無人能勝害之也，與此何涉？

十一日甲寅　晴，寒甚，風不止。校《昭紀》《宣紀》畢，又雜校已校諸卷。

班氏《答賓戲》云：『《説難》既酋，其身迺囚；秦貨既貴，厥宗亦隧。』注應劭曰：『酋，音酋豪之酋。酋，雄也。《説難》，韓非書篇名。』予謂『《説難》既雄』句似無義。班氏此段文，極言策士干進之害，此『酋』即『遒』字。《説文》：『遒，迫也，或从酋作遒。』《詩·大雅》『似先公遒矣』，毛傳：『遒，終也。』《爾雅·釋詁》作『酋』。《釋文》：『酋，郭音遒。』是酋、遒古相通借。韓非自以進説難，而作《説難》，蓋迫於進説也。故曰：説難之情既迫，而其身乃囚矣。不當讀作酋豪也。

汪謝城教諭來。謝城名曰楨，歸安舉人，博學有重名，精於校勘，家藏書極多，今亂後無一存者。年老無子，爲會稽學官，近方輯《歷史月日考》，尚未成也。得施均甫書。傍晚詣西郭，夜飯於季弟家。

初更時，坐五弟舟歸。

十二日乙卯　晴，寒甚，始裘。王芝仙孝廉來。雜校《漢書》。

十三日丙辰　晴寒，有冰。雜校《漢書》。得仲弟書。竹樓來。

十四日丁巳　晴，上午風止，寒威少減。步詣鄭氏妹家，子霞留午飯。下午偕季弟詣王氏妹家，夜飯，止宿。

十五日戊午　晴，寒稍差。從祖妹適屯頭王氏者來，不值。下午自觀巷還寓。雜校《漢書》。胡梅卿刑部來。

十六日己未　晴。剃頭。雜校《漢書》。季弟、幼薌弟、梅坡叔、五弟、竹樓弟來。

十七日庚申　晴。曾祖忌日，上午供饋。下午坐舟詣梅坡叔，即出西郭門，至單港五弟家夜飯。飯畢，開舟出白魚潭，泝東浦。是夕月始望，霜氣未深，夜色如畫，大湖瀰漫，一白千頃，俯仰寥霩，清不勝寒。倚舷少頃，入倉俗作艙。擁燈閱《説文》。野曠人寂，村犬不吠，惟聞艣聲、水聲、翻書聲。時啓篷窗一攬，空明景色而已。二更許，抵後梅市，吊從妹婿沈某，晤沈氏妹及王氏妹，送楮資一番金。夜分登舟，望瓜渚湖月色，解纜赴西興。

十八日辛酉　晴陰相間，晡後雨。午抵西興馹，渡江，有東南風，甚利。下午至杭州，仍寓書局。與王松谿、譚仲修、張子虞、潘鳳洲秀才鴻夜談。夜雨。

閲《咸淳臨安志》。《志》共一百卷，道光辛卯間錢唐汪遠孫據吴氏繡谷亭寫本，參考黄蕘圃士禮居宋槧本、吴氏拜經樓宋殘本、盧氏抱經堂寫本校補付刻者。繡谷亭本，即從朱竹垞所得宋本傳鈔者也。竹垞得之海鹽胡氏及常熟毛氏，本祇八十卷，竹垞又借鈔得十三卷。抱經於知不足齋鮑氏別見宋殘本，鈔補第六十五、第六十六兩卷，今尚闕第六十四、第九十、第九十八、第九十九、第一百共五卷。錢唐黄士珣又據《夢粱録》目次，以《成化杭州府志》補其第六十四《人物》一卷。士珣更取周淙《乾道志》、施鍔《淳祐志》及它書爲之訂正其誤，作《札記》三卷。故今言《咸淳志》者，以汪氏振綺堂本爲最善云。

十九日壬戌　陰濕溦雨。藍洲、仲修來局暢談。閲《臨安志》。

二十日癸亥　寒風，薄晴。均甫自湖州來，饋麻餦一苞。胡肖梅來。閲《文史通義》，同邑章氏學誠著，凡内篇五，外篇三，共爲八卷。又《校讎通義》三卷，南海伍崇曜《粤雅堂叢書》本也。校《儀禮》《聘禮》一卷。

二十一日甲子　晴，寒甚。閲《文史通義》。汪洛雅孝廉來。

二十二日乙丑　晴和。上午出謁李中丞，適赴海塘，不值。謁楊石泉方伯，久談，并晤秦澹如都轉。又詣王清如觀察而歸。趙桐孫來。吴蓉圃編修鳳藻來。閲《文史通義》。

二十三日丙寅　晴和。閲德清俞蔭甫編修樾《群經平議》，凡《周易》二，《尚書》四，《逸周書》一，《毛詩》四，《周官》二，《考工記世室重屋明堂考》一，《儀禮》二，《大戴禮記》二，《小戴禮記》四，《公羊》一，《穀梁》一，《左傳》三，《國語》二，《論語》二，《孟子》二，《爾雅》二，共三十五卷，詁訓名通多發前人所未發。楊方伯來，不見。藍洲自其戚吴仲英同知處索粤東參茸種子凡一枝來爲贈。夜與潘鳳洲、施均甫談，閲均甫所作《擬宋玉小言賦》。

二十四日丁卯　寅初一刻十分大雪，十一月節。晴和。校《儀禮·喪服》一卷。陸春江孝廉來。閲《群經平義》。閲潘鳳洲《五兵考》，辨《周禮注》二鄭説之誤，披抉頗精。與施、潘兩君夜談甚暢。

剃頭。

二十五日戊辰　晴和。偕諸子步詣藍洲家，賀其妹許嫁宴飲。逮日旰，訪汪洛雅、胡肖梅而歸。秦澹如觀察來，不值。得季弟書。

二十六日己巳　晴和。病齒，又感寒小極。

閲近日歙人鮑舍人康所輯《皇朝謚法考》，訖於同治三年十二月，凡五卷。卷一爲諸王，卷二爲貝勒、貝子、公、將軍及承恩公、承恩侯、承恩伯，卷三爲文臣，卷四爲死事諸臣，卷五爲武臣，皆依潘文恭《易名録》例，以《會典》所載謚法爲次，而附以朝鮮、安南國王之謚，共得一千五百一十八人。又續載同治四年所謚者四十六人。科爾沁忠王僧格林沁，惠端王綿愉，尚書趙文恪公光，廖文恪公鴻荃，李文清公棠階，内閣學士全忠壯公全順，巡撫蔣忠愍公文慶，尚書曹恭愨公毓瑛，道員何文貞公桂珍，前巡撫翁文勤公同書，按察使張忠毅公運蘭，知州劉武烈公騰鴻，知州托剛烈公托克清阿，道員徐剛毅公曉峰，都統平忠壯公平瑞，文武毅公文祺，舒威毅公舒通額，將軍慶莊恪公慶昀，提督蕭忠壯公河清，高武烈公餘慶，孟勇烈公宗福，林剛愍公文察，石威毅公清吉，何威愍公勝必，汪勤果公道誠，副都統蘇剛節公蘇倫保，蘇莊介公蘇克金，領隊大臣色武愍公色普詩新，惠壯節公惠慶，博節愍公博勒果素，公銜那貞恪公那木薩賴，辦事大臣扎武愍公扎克當阿，護軍統領恒壯烈公恒齡，參贊大臣錫武烈公錫霖，總兵江武烈公福山，高武烈公餘慶，周武毅公有貴，郭勇烈公鵬程，王剛毅公紹義，巴剛毅公巴揚阿，丁剛介公長勝，何果毅公建鰲，頭等侍衛奇壯武公奇克塔善，隆剛勇公隆春，副將陳武烈公萬勝，遊擊畢剛毅公金科。考訂頗覈。予向輯是書，不知已有先我爲之者。

得趙桐孫書并所撰《王烈婦讚》。烈婦，孫氏杏泉之子婦也。王清如觀察來，不見。都中館童徐騄來見，予以錢四百。

二十七日庚午　微雨，陰寒。竹樓弟自越來。得季弟書。以錢六百文購得《祁忠惠公集》一部。校《士喪禮》一卷。付買醃昔、菸草、布帶之屬兩番金，爲彦僑取監生照費三番金，付王元工食一番金，剪刀錢六百文。

二十八日辛未　陰寒。出答拜吴蓉圃編修、秦澹如都轉，俱不值。

二十九日壬申　薄晴。張子虞贈銀汞凡八枝，乞撰其尊人少南先生墓志。校《士喪禮》一卷。

從潘鳳洲借閲金壇蔣和所撰《象形字譜》，凡兩卷。卷上爲字原象形説、天文字形、天地事物象形之圖、天干字體連屬人形之圖、天干字形地支字體連係人形反正之圖、地支字形干支字體並象人形圖説、地理字形人身正面字形之圖、人身反面字形之圖、人始生至全體字形、器用服飾字形、數目字形、草木始生至繁盛象形之圖、草木字形、鳥獸蟲魚象形之圖、鳥獸蟲魚字形、順逆反復交互字形、穿插移置字形、雜體字形、象形字譜後説。卷下爲相似字形。其剖析字形，多有微悟，論干支等字尤精。如言『辰』之从『厂』，猶『丙』之象人肩，其从『H』者，爲側己字象人腹，辰象人懷妊之形，故『娠』字从『辰』。而『巳』者，从包中『ᘐ』形，真發前人所未發。言『九』字爲『七』字之變，亦甚確。其天地事物象形之圖，上列日月、星辰、雲氣，中列山岳、丘陵、𠂤自、江原、水派，下列田疇、井郭、H亩、市舍，以及草木竹林。林舞丰非俱用古籀法，通之畫理，高下輳會，巧出天然，尤可愛也。以此示人，可知制字之原爲小學入門之法，雖或稍近附會，如以『未』字爲象手足形，以『卯』字爲象人耳後形，以『尤』爲象小犬形；又如分埶、藝爲兩字，以『藝』爲臧埶於芸中；分況、況爲兩字，以『況』爲从二，皆不免舛誤。而大體精致，出所著《字原集注》之上。

李小荃中丞來問行期，予不得已往謁之，乃又以事辭。郎君官貴，蓋已忘寒士代步之艱矣。訪吴仲英恒，亦不值。詣薛慰農觀察而歸。夜與鳳洲言《説文》，甚有名理。

三十日癸酉　陰寒間晴。上午别藍洲、子虞諸君，坐肩輿渡江。午抵西興，屬驛吏覓一舟。下午飯於城中，出南門，迂道至水村訪曹文孺，則已於九月間病死矣。文孺初名炳言，字烺齋，更名壽銘，易今字。少補會稽學生員，累試皆第一，充優貢生入都，考取八旗官學教習，以知縣用，遂歸。今年復入都，盡斥其田得貲，援例分發得四川，不往，改銓江蘇，以病遽出都，遂不起。年僅四十餘，哀哉！賦七律三章吊之。

冬日至水西村訪曹文孺大令則已於前月卒矣賦三詩哭之

孤舟相訪水西村，問訊倉黄揾淚痕。薄宦天涯從此了，平生交契幾人存。傷心舊業惟詩卷，回首經年隔酒尊。黄葉貧家山下路，數君行迹一銷魂。去冬予將楚游，君再來訪於龍山下寓廬，且以詩送行。

明經初戴進賢冠，捧檄徘徊蜀道難。祇有文章能損壽，須知禄命本無官。田抛下潠紅顏泣，金盡長安白眼看。一事知君差自慰，故鄉歸死尚檀欒。

亂後文壇共輓推，孫子九王眉叔幾輩讓清才。已支貧病經滄海，誰料交期促夜臺？落日回舟成悵惘，荒村擊木獨徘徊。祇今流水寒鴉裏，應有吟魂識我來。

晚自水村回舟，出轉埧夜飯，五更抵郡西郭門外止宿。是夕以舟摇撼，徹旦不眠，西郭又故居也，意重有感，復成五律六章。

舟宿西郭外故居悽然賦此六首

二百年坊里，灰飛劫火餘。先靈應戀此，窮子竟迷居。市小人聲寂，天寒柝影疏。夢魂知更習，隨意認庭除。

笙歌趨社日，蝦菜上河時。游釣平生樂，滄桑此夕思。鷄聲非故巷，星影見荒祠。何日菟裘築，吾心白水知。

臨水篝燈閣，當年此讀書。行人猶指説，吾事竟何如？治亂關天意，文章愧世儲。昇平會重見，來與結樵漁。

昔歲出門去，高堂送我行。倚閭千日淚，負土百年情。化鶴歸何晚，瞻烏止屢驚。對床風雨夕，珍重弟兄盟。

野竹連喬木，清時詠考槃。城陰連下柴，俗作『砦』，今作『寨』。水色映工官。地以先芬重，居猶陋巷難。至今負暄叟，閑説舊衣冠。

及我生何戚，長年宿水涯。書留焦土字，藤發壞墻花。歌哭今誰寄？江湖到是家。歸耕終有日，負郭課桑麻。

閲九月十七日至十月初十日京報：

詔：彭玉麟奏稱水師分汛各事宜交代清楚，明春再行起程，將來到家後遇有緊要事件，儘可東赴江皖商榷料理等語，具見悃忱。前因彭玉麟奏請終制，情辭出於至誠，准予開缺，回籍補行守制，以遂孝思。嗣念長江水師營制初定，曾國藩調任直隸總督，仍須該侍郎始終經理，方爲妥善，是以諭令守制百日後，迅赴江皖地方扼要駐劄，並不畀以員缺，實於責成之中，仍寓體恤之意。兹覽該侍郎所陳各節，籌畫雖極周密，而相距較遠，深恐呼應不靈，且責任不專，亦不足以資統攝。著該侍郎將水師各事宜布置周妥，明春再行回籍，一俟百日期滿，即凛遵前旨，迅赴江皖擇地駐劄，用資控制，以副朝廷廑念江防、曲體重臣至意。該侍郎素矢公忠，必不至再行瀆請，置身事外也。十八日。

詔：護理安徽壽春鎮總兵游擊何朝亮前在廬州剿賊陣亡，已經賜恤。著安徽巡撫再查明死事情形，奏請加恩賜謚。從給事中潘斯濂請也。廿五日。

官文奏請改直隸天津縣爲海疆要缺。詔：吏部議奏。廿七日。
詔：前因曾國藩等奏請，以候補道高梯補授江南徐海道。吏部奏稱，與例不符，令另揀員請補。兹據該督等奏稱，人地相需，請仍准變通辦理江南徐海道員缺。著准其以高梯試署，以資得力，嗣後不得援以爲例。廿八日。

以彭久餘爲太常寺卿。廿九日。刑部奏協領訥欽布因與副都統希拉布互相參訐，撤任解部候訊，本月二十六日在收禁之空房自縊身死。詔：訥欽布是否畏罪所致，抑係另有别情，著該部提集案内人證切實根究。廿九日。

楊復東補授四川川北鎮總兵。十月初五日。

奕山補授總諳達。初七日。以翰林院侍讀學士梁肇煌爲詹事府詹事。肇煌時爲雲南學政。初七日。
詔：軍機大臣吏部左侍郎沈桂芬加恩在紫禁城騎馬；工部尚書鄭敦謹、都察院左都御史毛昶熙、鑲白旗漢軍副都統滿慶均加恩在紫禁城内騎馬。初九日。

王子獻孝廉繼香以詩見投賦此酬之并柬其尊人杏泉司訓

日精鑄菊霜花開，秋山照眼佳客來。入座數人足蔭蔽，新詩百琲投瓊瑰。我生局瘠不稱意，門巷絶轍床生苔。白項一群競烏噪，紈干凍雀常驚猜。君獨胡爲樂相就，渥洼謬欲師駑駘。精神炯炯出寸紙，風塵一瞬空凡材。坐使龍鍾亦振竦，石盤鑽木窮相追。方今大雅久凋喪，彫飾盆盎充樽罍。越中小兒類狂譫，打折瓦吊相嘻咍。撏撦義山得半字，輒呼屈宋當輿儓。濡須頤頦各自樹，浮游冠服殊堪哀。日逐淫倡作名士，身名滅裂同飛埃。得君英絶起領袖，震發聾聵鳴春雷。（此處塗抹）我聞廣文善教子，閨門嚴肅如朝規。詩書温淑足家寶，蘭玉羅列生庭階。就中僧彌尤秀出，耆宿倒屣驚奇才。累戰已報淝水捷，一上暫暴龍門鬛。盛年足儲國家用，餘力猶可凌鄒枚。願君益務根本業，六經三史道所該。自來真儒貴質實，千秋付託誰能儕。金華先生種桃李，穀谿一櫂行當迴。歸看珠樹抱置膝，定聞我語軒雙眉。爲群拜紀亦佳事，舍戎就渾資嘲詼。城西吾宗託同閈，常幸餘光照蒿萊。海日清風近堪接，君家近居西郭光相坊，明時王尚書華第宅綿亘坊中，今尚有狀元、學士兩第遺址，餘皆歸吾家。壕流繞屋多古梅。歲寒蠟屐會頻訪，鯉庭爲我浮春醅。

十一月甲戌朔　陰寒，微晴。侵晨抵家。付屋租錢三千。作片致王芝仙，送桐孫所作文字去。以《書經傳説彙纂》致竹樓。季弟來。梅坡叔來，得陳邁夫十月十六日如皋書。以醃肉、菸草、糕糖分詒大妹、二妹，以剪刀、布帶分貽三妹、五弟及居停毛氏。作書復邁夫。

初二日乙亥　陰，傍晚微雨。痔氣大發。

初三日丙子　晴和如春，夜風起寒甚。三妹來。五弟來。大妹來，次日去。

初四日丁丑　北風嚴寒，陰晴相間。王甥鼒臣來。芝仙來。上午偕竹樓坐舟至單港，赴五弟湯餅，夜二更後歸。得慎齋義烏書。

初五日戊寅　晴。三妹回去。傍晚步至倉帝廟前，閑望野色。

初六日己卯　晴。晡後至倉橋閱市，無所得，僅携《剡録》兩册而歸。夜作書致藍洲。

初七日庚辰　晴陰相間，氣和如春。作書致楊豫庭觀察。屋東家毛一山四十生日，往祝之，饋以曼頭及麵。以明日冬至，祀屋之舊主。遣舟從隨九弟至漓渚掃曾祖墓，又至亭山掃先王父母殯宫。剃頭。夜作書致慎齋，并其詩一卷爲評點訖，封寄去。

初八日辛巳　亥初初刻冬至，十一月中。終日霒陰微雨，晚寒。祭曾祖考妣、祖考妣、先君先妣。閱廖道南《殿閣詞林記》，所載至嘉靖時止。道南文筆簡潔，其諸學士傳末，多取同時人所作銘、贊系之，亦多可觀。

初九日壬午　晴。孫生子宜來。得藍洲書，并寄來本月薪水十番金，又薛慰農轉寄所著《藤香館詩鈔》四卷來。得沈曉湖書，言已於初二日歸里。下午步詣王芝仙，不值。詣梅坡叔及季弟而歸。

初十日癸未　微雨多陰。偕季弟詣項里掃先君先妣墓，夜歸。付王福工食一番金，付阿騶工食一番金，薪直一番金。

十一日甲申　寒陰薄晴。季弟來，穎堂弟來。屯頭王氏族妹來。項里墓又崩，今日呼守墓人徐祥來，付以修理費兩番金，今先鳩工。閱《殿閣詞林記》。

十二日乙酉　晴，暖如暮春，地氣上蒸，日午微雨。以燖鳥、漬菱饋三妹，以燖鴨饋二妹。上午步詣季弟家午飯。傍晚偕竹樓弟至倉橋街閱市，購得蕭山陳氏《湖海樓叢書》六種。《周易鄭注》，王氏應麟原本，丁氏杰、張氏惠言訂正；《論語類考》《孟子雜記》，皆明人陳士元撰；《列子張注》《尸子》《尹文子》，皆汪氏繼培校輯；《潛夫論箋》，汪氏繼培撰。　暮歸。付戒珠寺僧禮先妣大祥懺錢四番金，付書直一番金。夜作書致仲弟，促其歸應縣試。又作書致爽階，并寄懷詩兩章。又續成前日聞沈曉湖歸詩一章。

冬晚泊錢江寄懷宗人爽階時爲諸暨令二首

錢江東望樹冥冥，仙令全家住玉屏。清宴琴傳巖洞月，高齋燭散縣湖星。郢中歌起懷親舍，華頂雲來識訟庭。劉阮去思今減否？使君春在浣溪亭。君由天台移諸暨，前赴台時賦詩有『劉阮從今是部民』二句。

花姥山頭劫火餘，家堤萬柳亦蕭疏。屢聞明詔求良吏，豈有循聲出簿書？接壤桑麻今有託，平生笻屐事何如？元卿丹室元章屋，爲報春來稅笋輿。君前招予游天台，今更有五洩之約。

曉湖歸自京師以書來告賦此柬之

歲寒報説故人回，奉母南榮喜舉杯。一第艱難謀冷宦，十年漂泊感清才。田園亂後應粗立，書史塵封待重重字去聲，讀直用切。開。只惜君歸我將出，還期雪裏載詩來。時予服闋，將入都補官。

十三日丙戌　雨。曉湖偕其戚楊雲塍來，談終日去。

十四日丁亥　陰寒。閲《潛夫論箋》。傍晚偕竹樓至西園故址閑眺。

閲十月十一日至廿二日京報：

刑部奏議已革布倫托海辦事大臣李雲麟罪名，請發往新疆。詔：該革員在新疆獲咎，未便再行發往，著改發黑龍江充當苦差。十五日。

詔：李鴻藻仍在弘德殿軍機大臣上行走，並署理禮部左侍郎。十六日。詔：潘鼎新發往左宗棠軍營差遣委用，山東布政使仍著丁寶楨派員署理。十六日。

以光禄寺卿胡瑞瀾爲大理寺卿。瑞瀾時爲廣東學政。十七日。

詔：軍機大臣署禮部左侍郎李鴻藻加恩在紫禁城内騎馬。二十日。

夜分後雨聲達旦。

十五日戊子　晨至上午密雨如晦，午大雪，入夜積六七寸，是日北風勁寒。

閲《論語類考》二十卷，《孟子雜記》四卷，皆明應城陳士元心叔著。心叔在嘉靖時頗以文學名，嘗官灤州知州，著有《灤志》，吾鄉章氏學誠《文史通義》中力詆之。又著《江漢叢談》，予於《越縵堂日記辛集》中亦指摘其繆。《論語類考》分天象、時令、封國、邑名、地域、田則、官職、人物、禮儀、樂制、兵法、宫室、飲食、車乘、冠服、器具、鳥獸、草木十八門，又各系以子目。往往憑臆武斷，其引用古書亦多稗販不根，然尚足爲初學帖括者之助。《孟子雜記》分系源、邑里、名字、母、妻、嗣胄、受業七篇，生卒、補傳、稽書、準詩、揆禮、徵事、逸文、校引、方言辨名、字同字脱、斷句、注異、評辭十三目，既非類書，亦非傳記，似經解而無所發明，故自稱『雜記』。《四庫書目》以其無類可歸，姑附之經類，實未當也。其中紕繆略如《類考》，而采取較廣。逸文、校引、方言辨名、斷句、注異之屬，頗有所訂正。至若引桓寬《鹽鐵論》而謂《漢書·桓寬傳》中載『孟子曰：堯舜之道非遠人也，而人不思之耳』等語，則全是瞽目眯言，似《漢書》并未寓目。明人著書鹵莽，大氐如是。又其序自言孟子後身，生時其父夢一老翁冠袍而入，自稱齊卿孟軻，則尤可笑。孟子千餘年後尚以齊卿系銜自通，令人噴飯滿案。明代人動以聖賢自神，以楊忠愍之賢，猶言夢大舜授樂，又何怪豐坊之僞撰古經、張璁之議減廟制耶？

十六日己丑　晴，嚴寒冰壯。研凍不能作字，坐南榮下，以案几隨日光看書。

十七日庚寅　晴，寒甚，冰雪終日不解。是日祖母倪太君生日。不肖丁先母憂，至今日二十七月不計閏，服除矣。親身入土，一抔未安。子服受縗，三年即吉。日月有限，出處難言。虚稱終身之喪，跂及再期之制。仍還草服，絶望萊衣。鮮民之生，孑然何恃？傷哉！午釋縗，易衣冠，祭祖妣、先妣。

十八日辛卯　晴，嚴寒，下午研冰微釋。校讀《漢書·食貨志》。傍晚至門外左右，看龍山間夕陽殘雪。徐國安載禾稿百束來。

十九日壬辰　晴，嚴寒，憂積稍解。雜校《漢書》。下午步詣西郭，即歸。所過武勳橋、謝公橋間寒水映日，殘雪微沍，城中此景，蓋它處所無也。夜作書致藍洲。

二十日癸巳　晴寒。剃頭。下午步詣倉橋書肆，晤胡梅卿，晚歸。

二十一日甲午　晴寒。上午偕季弟坐舟由青田湖溯魯墟，至柯山，晤瘦生及陳鳳樓表兄。下午同游七星巖，仲弟亦來。夜宿瘦生家。

二十二日乙未　晴寒，下午陰。下午詣壽勝山訪沈曉湖兄弟，并晤楊雲程，讀曉湖近詩。傍午坐其門外小橋，看竹林殘雪。下午仍至柯山，偕季弟歸。兩日間，山雪半積，往來鏡湖道上，甚富清矚；此俗字，古但作屬，然沈約《宋書》已用之。三山畫橋間，看晚霞尤佳。夜入城。得李爽階書。

二十三日丙申　未初三刻十三分小寒，十二月節。晴，微和，地氣温潤，餘雪漸消。

閲金山錢熙祚錫之所編《式古居彙鈔》，本昭文張氏《借月山房叢書》也，共四十六種。惠棟《易例》二卷，蔣廷錫《尚書地理今釋》一卷，惠周惕《詩説》二卷，陶正靖《詩説》一卷，顧炎武《左傳杜解補正》三卷，陶正靖《春秋説》一卷，惠棟《讀説文記》十四卷，席世昌《讀説文記》十四卷，江永《音學辨微》一卷，顧炎武《九經誤字》一卷，《石經考》一卷，《金石文字記》六卷，孫承澤《思陵典禮記》四卷，《思陵勤政記》一卷，文秉《先撥志始》二卷，田汝成《炎徼紀聞》四卷，楊陸榮《三藩紀事本末》四卷，彭遵泗《蜀碧》四卷，明逯中立《兩垣奏議》一卷，蔣伊（字渭公，常熟人，大學士廷錫之父，由庶吉士授御史，終提學道。）《條奏疏稿》一卷，明王世貞《嘉靖以來首輔傳》八卷，史德威《維揚殉節紀略》一卷，戴兆祚《于公德政録》一卷，（紀康熙間漢軍于宗堯宰常熟事。）明亡名氏《海道經》一卷，明王在晉《歷代山陵考》兩卷，明黄省曾《西洋朝貢典録》三卷，顧炎武《譎觚》一卷，萬斯同《崑崙河源考》一卷，方式濟《龍沙紀略》一卷，錢良擇《出塞紀略》一卷，季嬰《西湖手鏡》一卷，申涵光《荆園小語》一卷，《荆園進語》一卷，明吕坤《救命書》一卷，吴殳《手臂録》四卷，《附録》二卷，（殳字修齡，所録皆論槍法擊刺事，《附録》一則峨眉僧槍法，一則少林寺僧槍法也。）亡名氏《種痘指掌》一卷，蔣平階（字大鴻）《水龍經》五卷，鄒一桂《小山畫譜》二卷，蔣驥《傳神祕要》一卷，桂馥《續三十五舉》一卷，明王鏊《震澤紀聞》二卷，《震澤長語》二卷，王世貞《觚不觚録》一卷，明錢希言《戲瑕》三卷，（亦雜考之屬，而所見卑陋，多涉俚俗，殊不足觀。）馮班《鈍吟雜録》十卷，明陳士元《名疑》四卷。其自序頗譏並時諸家叢書多殺雜重複之弊，而所輯亦正坐此。除惠、席兩家《讀説文記》外，蓋鮮可觀者。且版式縮小，校勘不精，誤字甚多，非佳籍也。

閲《鈍吟雜録》。定遠學問不足言，而頗有見地。其卷一、卷二家戒，卷八遺言，卷十將死之鳴，所言多合事理；卷三正俗，皆論詩；卷四讀古淺説，兼論詩文，尤其學力有得之言；卷五嚴氏糾，專駁《滄浪詩話》之誤，雖取詣不同，各有是非，而辨正時代體製，自爲較確；卷六日記，卷七誡子帖，多論碑帖及學書之法，亦有微悟。

其議論最佳者，如云古人文章自有阡陌，銘誄之文，不當入詩，馮惟訥《詩紀》載入古銘、誄、箴、誡，祝、讚、謡、辭者，失之。陸法言定韵之夕，如薛道衡北人也，顔之推南人也，當時已參合南北而定之，故韵非南言也，今人但知沈休文是吴興人耳。夫子曰『信而好古』，宋人讀書，未聞好古，只是一肚皮不信。讀書不可先讀宋人文字，嘻笑怒罵，自是蘇文病處，君子之文必莊重，蘇公自有大文字。宋儒議論是非不平，便是心不正處。太史公云：諸家言黄帝多不雅馴，縉紳先生難言之，其不好奇明矣，揚子雲譏之，不知何見？子雲作《蜀本紀》，其書雖不傳，然所言上古蠶叢以來奇事，頗有存於它書者，皆非六藝所述，恐太史公不必信也。《新唐書》列傳論讚，大有不可及處，宋公未可輕議也。歐陽公文甚高，然用心不平，不便作史論。《爾雅》乃《詩》《書》之義訓，不讀此，不能讀《詩》《書》。讀書而言古人之不善，不如稱其善之有益於人。讀書須從上讀下，先看後人書，於古人好處便不相入。宋人論文有照應、波瀾、起伏等語，若著一字於胸中，便不能看《史記》。真西山《文章正宗》、謝疊山《文章軌範》，唐人論文絶無此等議論。文章無定例，只在合宜。王荆公論仲尼不應作《世家》，只是不知變例。凡此諸條，皆非深造者不能道。卷中所附何義門評語，亦多精當。

至若痛詆荀子，則定遠之學，固未足以知之。又謂庾子山詩，太白得其清新，老杜得其縱横，齊、梁詩學問源流，氣力精神，有遠過唐人處。則其好尚之偏，不足爲據。又謂韓吏部變今文爲古文，歐陽公變古文爲今文，歐文不如唐人四六尚有古意。以及詆明詩爲更下於宋，詆楊用修好妄而健忘，其書幾於一字不可信。詆王、李爲實是妄庸，詆譚元春、鍾惺爲不通文理，不識一字。皆未免過當。歐文何可易言，明詩實勝於宋，升庵固好僞撰，其學識才情，究爲有明第一人。王弇州大非李比，其才雄學富，遠過震川，妄庸之譏，豈爲定論？友夏、伯敬，亦有清才，學雖近俚，不無機悟可取也。

定遠又云：余於前人，未嘗敢輕詆，老人年長數十歲，便須致敬，况已往之古人？然有五人不可容：李禿謂卓吾之談道，此誅絶之罪，孔子而在，必加兩觀之誅；程大昌之《演繁露》，妄議紛紛。義門評曰：『泰之不惟妄議，其健忘而謬誤處亦多。』楊用修之談古，欺天下後世爲無一人；譚元春、鍾惺之論詩，俚而猥，乃狹邪小人之俗者。予謂以用修與此四人伍，究屬不倫。予生最不敢輕議人，然於古今亦有深惡者十餘人：魏王肅，唐啖助，宋鄭樵、王柏、陳亮，明程敏政，國朝陸隴其、沈德潛、程晉芳、程廷祚、朱仕琇、翁方綱，近時方東樹，皆愚而自用，謬種遺患。若李贄、唐寅、祝允明、孫鑛、金人瑞、袁枚、趙翼、張問陶之流，誕妄不經，世上小兒稍有識者皆知笑之，不足責矣。至宋、元、明三朝中，若道學諸儒之語録，蒙存淺達之經解，學究考據之説部，江湖游士之詩文集，綱目家法之史論，村塾門户之論文，如真西山《文章正宗》、謝疊山《文章軌範》及明茅坤、陳仁錫之類。皆足以陷溺性真，錮塞才智。學者於南宋以後書，自當分別觀之。其中經説、叢説、文集必不可不讀者，不過四五十種，餘則盡從屏絶，不但可省日力，亦免流弊無窮。南宋經學，自衛正叔《禮記集説》、吕東萊《讀詩記》、嚴華谷《詩輯》、李如圭《儀禮集釋》外，説部自王伯厚《困學紀聞》、洪文敏《容齋隨筆》、王勉夫《野客叢書》外，尚皆有一二可取，明則直無可稱。必不得已，其郝京山之經學、楊升庵之雜學乎？文集則明勝於宋，元勝於明。

閲顧亭林《譎觚》，凡十條，其自序言：『見時刻尺牘，有樂安李象先名焕章《與顧寧人書》，辨正地理十事』，然實未嘗有往復之札。又札中言『僕讀其所著《乘州人物志》《李氏八世譜》而深許之，僕亦未嘗見此二書。其所辯十事，僕所著書中有其五事，然似道聽而爲之説。又或以僕之説爲李君之説，則李君亦未見鄙書，故出其所著以質之。』其書先列李原書，而後爲辯正。象先諸説，似亦博辨，有志於古，而多引别史或近時地志，皆涉無據之談，又好逞臆武斷。然如言臨朐之逢山，據《漢書·地理志》，臨朐有逢山祠，則逢山自以逢伯陵得名，非由逢萌一條，亭林亦稱之。又言周封太公於營丘一條，亭林謂《史記》言其地潟鹵，人民寡，而以封尚父者，蓋周初有千八百國，中原之地無閑土，故封止於此。象先謂千八百國當伐紂後自有變置。殷都朝歌，千里内不免改王畿爲侯國；周都鎬京，千里内不免改侯國爲王畿。澗東瀍西皆有諸侯，營雒以後，安能各守其地？論亦近理。蓋亦當時之矯矯者。亭林於地理爲專門，所辨自皆精當，固非象先所能敵也。

閲桂未谷《續三十五舉》，其自序言摹印變於唐，晦於宋，迨元吾丘衍作《三十五舉》，始從漢法。元以後古印日出，衍不及見，且近世流弊，亦非衍所能逆知，因續舉之，凡三十則。前有翁方綱、陸費墀兩序，後有沈心醇、吴錫麒、宋葆淳三跋。子行《三十五舉》在所著《學古編》中。未谷精於小學，其《説文義證》《繆篆分韵》及《札璞》《未谷集》等書，皆深究篆隸形聲之變。此書專言古印之文法形製，亦多采諸家之説，以正流俗之誤。如言古有官印連姓名者，如『裨將軍張賽』，由於魏武帝令諸官各以官爲名印。有名印具邑里者，如漢有『常山南行唐《漢志》常山郡有南行唐縣。陳蓊印信』『右扶風丁潛印』『趙國襄國家諺字子義』等三印，皆廣所未聞。眉批：桂氏言漢印名姓皆别行，郎瑛謂漢印二名，姓獨居右，名俱在左，防誤看也。二名無『印』字，則姓居其半。『虞大中印』雖有『印』字，亦『虞』字自爲一行。至回文者，名在一邊，自不相混。朱白相間者，亦有意，如『尹章之印』，獨『章』字白文，使人易省。郎瑛謂稱臣者，多兩面有文，兩面印者，一面姓名，故一面稱臣某。若有紐之一面，印則必連姓。譜中一面印作『臣某』者，『臣』字即姓也。兩面印一面無文，象鳥獸蟲魚形或刀刻痕，示人以正也。

閱十月廿三日至三十日京報：

英桂、卞寶第奏甄別福建知縣不職者李心簡等十二人。詔：分別降革有差。廿三日。

御史袁方城奏前四川巴縣捐納訓導廖春瀛學問平常，無善足述。該縣紳民濫舉鄉賢，遠近傳爲笑柄，請旨飭查。詔：下四川總督、學政秉公確切查明，據實覆奏。廿四日。詔：候選道孫衣言發往兩江，以道員補用；山東候補道袁保慶、安徽候補知府桂中行均交馬新貽差遣委用。從馬新貽請也。廿四日。

曾國藩奏前任吏部左侍郎吴存義在籍病故，並代遞遺摺。詔：吴存義照侍郎例賜恤。廿四日。

曾國藩奏前廣西巡撫鄒鳴鶴由守令洊歷封圻，政績卓著，後在本籍江寧省城殉節，尤爲臨難不苟，大義懔然，懇請優恤。詔：已革廣西巡撫鄒鳴鶴前經降旨照道員例賜恤，著加恩照巡撫例從優議恤，並准其予謚。廿五日。詔：李耀奎、李方豫、沈成烈、李士彬、丁鶴年、沈源深、魏邦翰、陳毓秀、馮光勛、李固恒、李芳柳、余聯沅、蕭韶、方恭銘、莊予楨、黄兆檉、祝維城、曾長治、柳長庚、孫紀雲俱記名以軍機章京補用。廿五日。

詔：山東布政使潘鼎新准其給假三月，回籍葬親，並著假滿後挑選所部勇丁，統帶赴陜聽候左宗棠差遣。廿七日。

李瀚章奏甄別庸劣不職，浙江同知胡寶晉、知縣梁匡國、寧波府通判錢恩榮、樂清縣知縣阮恩元、候補知縣謝蘭生、臨海縣知縣朱日升、試用知縣馬士彦等八人。詔：分別降補勒休，革職有差。廿八日。

詔：連成署理杭州將軍。世襲一等英誠公薦。英誠，武勳郡王楊古利之後也。廿八日。

以太僕寺卿倪杰爲宗人府府丞。廿九日。以詹事府右庶子翁同龢爲國子監祭酒。廿九日。

詔：前因曾國藩奏稱，鄒鳴鶴在江寧殉難，大義懔然，降旨加恩優恤予謚。兹據御史朱鎮奏稱，該故員前經陸建瀛奏請幫辦城守事宜，當江寧失守後，該故員扶病避匿民居，被賊所殺，非力竭捐軀者比。該御史當時在籍鄉居，自係確有聞見，前准曾國藩請將鄒鳴鶴照巡撫例從優議恤予謚，均著撤銷。三十日。御史朱鎮奏各省奏調人員，請飭部明定章程。詔：該部議奏。三十日。

二十四日丁酉　陰寒。上午步詣西郭，午坐小舟歸。夜復坐舟詣竹樓家。三更後，坐五弟舟歸。五弟昨饋燖雀及鴨。

二十五日戊戌　晴。閲洪稚存氏《漢魏音》。得藍洲書，并寄贈新刻《詁經精舍經解詩賦》第三集。得黄元同書，乞題其先人《講易圖》，并寄示所作《儆季雜著》兩册。下午詣竹樓家，夜歸。

二十六日己亥　晴，曉霜襛甚，寒，傍晚微和，地氣潤溢。

閲閻百詩《潛丘劄記》，凡六卷。卷一、卷二皆雜考，往往直録舊説，而無論辨；卷三爲釋地餘論；卷四、上爲策、跋等雜文，下爲《喪服翼注》《日知録補正》。卷五爲書牘；卷六爲雜體詩，而前冠以《璿機玉衡賦》一首，末系以鄭耕老《勸學文》及《跋》一通，後附其子詠《左汾近稿》。此本爲百詩之孫學林所編。《四庫書目》所謂雜糅無法者，然搜葺較備。百詩窮力於古，論辨精實，而識力未高，壓於宋、元俗儒之説，甚至以《詩序》爲不足信，以《爾雅》爲不必讀，故全謝山以陋儒目之。其所著書自當以《四書釋地》爲最，故此書所論地理，亦多確覈。若以與並時之顧亭林絜量短長，則學識尚相去甚遠。近時平定張穆，並作顧、閻二譜，蓋不出爲山西人之見而已。

徐騄自杭來見，求爲作書薦之吴蓉圃編修，不得已作兩紙與之，并與以錢二百文。作書致藍洲。下午詣西郭，晤族叔梅坡、石湖，晚歸。連日爲議建家廟事也。

二十七日庚子　晴，微和。

閲《潛丘劄記》。百詩《與戴唐器書》有曰：『十二聖人者，錢牧齋、馮定遠、黄南雷、吕晚村、〈魏叔子〉、汪苕文、朱錫鬯、顧梁汾、顧寧人、杜于皇、程子上、鄭汝器，更增喻嘉言、黄龍士，凡十四人，謂之聖人，猶唐人以蕭統爲聖人之聖。』然其它文於苕文極口詆斥，尤痛闢其《古今五服考異》之繆，至兩相詬詈，有同仇讎。於南雷亦有違言，條駁其《明夷待訪録》之誤，且謂其文章不及牧齋。而於牧齋，亦謂其詩勝於文。苕文誠淺狹多妄言，其考據固不足當百詩一吷。若南雷，則非百詩所能敵也。錢唐馮山公，亦力攻《古文尚書》者，嘗著《淮南子洪保》，以與百詩同居淮安時所辨論，故曰『淮南子』，洪者大也。其名本不經，然其傾倒百詩，可謂至盡。而百詩亦力詆之，言其所據在《家語》《孔叢子》《竹書紀年》及《魯詩世學》《世本》《毛詩古義》，真繆種流傳，不可救藥。蓋其矜己好罵，若同時毛西河、李天生等，亦一時習氣使然也。

下午坐小舟詣三妹家，晤寅生及沈蘅夫，夜留宿。

二十八日辛丑　晴和，下午陰。晡後返寓。

夜閲《崑崙河源考》，萬斯同季野撰。荒外之功，聖人所不事，故荒外之地，聖人所不言。禹治水，江河致力最大，而導江僅於岷山，導河僅於積石，不欲窮徼外之原也。自《山海經》有『河出崑崙』一語，於是張騫鑿空，而漢武求之于闐、葱領矣。李靖遠征吐谷渾，而實以星宿川柏海矣。至元世祖勤遠略，而都實今作篤什。移之吐蕃、朵甘思矣。道里不一，名號日歧。季野堅主崑崙，力申漢説，謂河必不出於星宿海，朵甘思之雪山，必非崑崙。書闕難稽，事非目驗，終亦不得而詳也。《漢書》謂于闐國去長安九千六百七十里。于闐即今之和闐，長安今陝西西安府。而又云河有兩原，一出葱領山，一出于闐。于闐在南山下，其河北流，與葱領河合，東注蒲昌海。蒲昌海，一名鹽澤者也，去玉門、陽關三百餘里。《史記》則云鹽澤去長安可五千里。案：玉門即今甘肅玉門縣地，去陝西西安府不過二千餘里，自《史記》言之則太遠，自《漢書》言之則太近，其道里已甚不合。《新唐書·吐蕃傳》劉元鼎言，河源崑崙，在吐蕃紫山，去長安五千里。元朱思本則謂，河原至蘭州四千五百餘里。《明一統志》謂去雲南麗江府西北一千五百里。且既據《山海經》『自崇吾至崑崙二千四百一十里，積石又在崑崙西二千一百里』，而又泥《漢書》『鹽澤去玉門、陽關三百餘里』之語，遂謂崑崙在玉門西千里之外，去肅州不過二千里，是則較都實所指朵甘思之崑崙反近四五千里，而何以謂都實所見者，自積石潛而復出之流？既謂天下之水未有不發原於山，黄河必出於崑崙，然則何以《山海經》言積石更在崑崙西二千餘里？故又謂河有重原，崑崙有二，積石亦有二，《禹貢》之積石爲東積石，《山經》之積石爲西積石，西積石之外爲大崑崙。《山海經·大荒經》所云崑崙之丘，與《海内西經》之崑崙異，即太史公所稱《禹本紀》之崑崙。而又謂《大荒經》之崑崙，明言弱水環之，則非河原所出可知。然則西積石之原，固出於何山者？既謂《史記》言『河源出于闐，其山多玉石，天子案古圖書，名河所出山曰崑崙』，是河所出之山本不名崑崙，故子長又言張騫窮河原，烏睹本紀所謂崑崙者。而又謂漢之崑崙即古之崑崙，漢武之錫名必審覈而後定，所按圖書，蓋即《山海經》。其自相矛盾，不可殫詰。蓋《漢書》所云『鹽澤去玉門、陽關三百餘里』者，必有數目脱誤之字；《山海經》所謂『積石之山』者，固非《禹貢》之積石，亦非《後漢書·段熲傳》《隋志》河源郡之積石。《史記》言烏睹本紀所謂崑崙者，謂《禹本紀》言崑崙隔二千五百餘里，日月相隱避爲光明，其上有醴泉瑶池，今張騫所見崑崙何嘗有此。其上下文甚明，非謂不見崑崙之山也。季野好博辨，而不能深求古人文法，故往往疵繆。

二十九日壬寅　陰。

閱淳安方燮如文輈《集虚齋學古文》，凡十二卷，首雜著兩卷，爲考辨、題跋、紀事之文；次書札兩卷，次序四卷，次碑記一卷，次墓志、墓表兩卷，次傳志一卷，附以《離騷經解略》。文輈仕而即廢，以時文盛名，教授浙東西，著録至數百人。杭大宗、孫虚船、梁文莊、任武承等，皆其高第弟子，故名益著。其古文頗自矜重，喜鑱刻爲工，而學淺語佻，多近小説。敘事尤無義法，惟議論間有可取。

如校《大戴禮》，謂『公符』篇當爲『公冠』，後來孔氏廣森、阮氏元皆因之。讀《史記》伯夷、孟子、荀卿、游俠列傳諸解，深得古人文章微意。又極貶宋儒，雖或言之過當，然如書《毛詩名物解》云：『陸農師、方性夫皆從介甫新學，然説經鏗鏗，類能敷通危疑，傑然自建，而號爲得不傳之學。其門徒昏昏索索，乃反十三四不逮之。元度此解穿穴囚鎖，遠有致思。雜解以下諸條尤奇。故曰：王氏之學，未必不佳也，此公論也。』《書集古録》云：『《後漢延熹二年孫叔敖碑載叔敖名饒，而字叔敖，此立碑人妄作。「饒」乃「叔敖」之切音耳。歐陽公信之，後遂有鄭清之謂《公羊》《穀梁》爲姜氏一人幻作者。』與全紹宬即謝山，宬當作衣。書云：『讀《易》謂取象不必泥，謂互卦不必論，即不敢與言《易》；讀《書》謂篇序僞，謂多錯簡，謂文王不受命稱王，謂武王封康叔，謂命公後非封伯禽，謂遷頑民而後作洛，即不敢與言《書》；讀《詩》謂序説可廢，謂鄭風即鄭聲，謂笙詩本無詞，謂《楚茨》以下十四篇非變雅，即不敢與言《詩》；讀《禮》謂周公不踐天子位，謂成王賜魯重祭爲非，謂賜魯重祭者非成王，謂禘禮當如趙、匡説，謂《周禮・冬官》非缺，誤散入五官中，謂《儀禮》爲末，即不敢與言《禮》；讀《春秋》謂三傳可高閣，謂春王正月即夏時，即不敢與言《春秋》；讀《論語》謂主皮爲貫革，謂「山節藻棁」即居蔡，謂左丘明非傳《春秋》者，謂師摯適齊，爲孔子正樂之功，即不敢與言《論語》。』

又謂：『近作《經説疑》，經無敢疑也，所疑者諸儒經説耳。于漢十之一，于唐十之二，于宋十之七。前儒説經，解説而已，至宋而説之不足，則論而議，議而辨，往往於無可疑者而疑，既疑之，則遂以身質疑事。小則改張前説，大則顛倒經文，儼若有聖人復起，言提其耳而命之更定者。』《鄭注拾瀋》自敘云：『嗚呼！宋儒火焰久矣。漢人解經，不播國序，如去墠而鬼。今鄭氏《詩》《禮》注故在也。諸生家魚愕鷄睨，震於怪物，而況收合餘燼，欲然死灰之已溺，而傳於爲薪，其不唾而不顧者，有人哉？抑歐陽子云：予於鄭氏之學，盡心焉耳，斯則區區之心，所願爲執鞭者也。』皆可謂名通之論。是時漢學未盛，尊高密者無幾人，而所言如是，亦一時之達識。

其答李雪崖雜辨凡十八條，皆辨文王有受命改元之事。據康成《禮大傳注》，文王稱王早矣，於殷猶爲諸侯，謂惟受命改元，而猶率叛國以事殷，所以爲至德。據《中庸》言『周公成文武之德，追王太王、王季』，不言文王，以證《大傳》鄭注之可信；且據《左傳》『國君十五而生子』，以證文王生伯邑考在十五以前之無足疑；據《周官》『掌六夢』，以見古人重言夢，文武之夢齡、錫齡，正聖人盡性知命，通晝夜之道，知死生之説；據『文王受命惟中身，饗國五十年』及『文王之德，百年而後崩』語，即文王之年，推太姒之年，以駁《竹書紀年》稱『武王崩，年五十四』之繆，亦極明確。其末一條云：『三古以還，漢爲最古，當日開獻書之路，建藏書之策，置寫書之官，遣求書之使，收合餘燼，火傳窮薪，辛苦而有之，以遺後人，後人當陳而拜之之不暇，何暇登枝捐本，呫呫焉動其喙者？《淮南子》謂侏儒問天徑於修人，修人曰「不知」。侏儒曰：「子雖不知，猶近之乎我。」僕於漢人，所不敢輒以意突者以此。』其言尤可味。惟不知古文《尚書》之僞，而援引紛紜，近於知二五而不知十，是則其所蔽耳。

三十日癸卯　霒陰，下午微雨，夜雨。

閱王文恪《震澤紀聞》二卷，《震澤長語》二卷。《紀聞》皆紀明事，而於並時人爲詳。分人條系似列傳體，其中多直筆。如言萬安之穢鄙，焦芳之奸邪，皆狼籍滿紙，不少隱避。又言李賢有相業，而在當時以賄聞，亦頗恣横。丘濬博學有辯而剛褊，晚因内臣李廣得入閣，意紛更，遂憎劉健、王恕。又極言御史湯鼐之狂妄，既負直聲，日與李文祥等十餘人號呼飲酒，以文祥爲先鋒，鼐爲大將，各有名目。又言李東陽之媚閹戀位，力辨楊一清所撰《西涯墓志》之妄。明代臺官，自弘治後漸横，萬曆後益披猖，如劉臺、李植、王元翰等，最負直聲，而諸書多醜詆之，蓋非無因，鼐等實爲之倡。若西涯則有明一代毁譽參半，其周旋凶豎，隨事補救，良出若心，當時天下，亦未始不陰受其福，要不若潔身早去之爲名高。文恪正人，固非妄詆，又事皆目睹，徵實而書，然心有事後而始明，論有日久而始定，當日之彌縫委曲，亦未必能盡知也。

《長語》則雜説之屬，其考據議論，亦頗有佳者。如謂《詩小序》不可廢，《禮記》篇次不可割裂；朱子改《大學》，以『聽訟』一節釋『本末』爲可疑；謂『本末』非綱領，非條目，何用釋？且既釋『本末』，何獨遺『終始』。俞廷椿、王次點以《周禮》『五官』分補《冬官》爲亂經，《周禮》設官之瑣屑不必疑；董子《繁露》深得《春秋》之學，而程大昌之辨爲妄；六國時，魏之都大梁，乃逼於秦而不得已，後世朱温、宋祖都之則大繆；明代翰林皆得謚文，不以人而以官，且秉筆出於一二人，無駁正者，爲失古法；宋時一甲三人皆出知外任，然後召試，今制三人及庶吉士留者，皆可坐致清要，既不復苦心於學，又不通知民事；天下以文學名者，不得召試，遺才頗多，不若復制科之爲得；唐、宋有勳階官爵，以高下相稱敘，今制惟以官爲定，而勳階隨之，無復敘勞敘功之意；《晉書》中台星坼以爲大異，張華等應其禍，至國朝而中台星常坼，蓋不立宰相之應;干支等字皆有本義,《史記》《説文》亦皆有説。而鄭樵言皆爲假借,其説非是。皆卓有所見。

其關系尤重者兩條:一云宋儒性理之學行,漢儒之説盡廢,然其間有不可得而廢者,今猶見於《十三經注疏》,幸閩中尚有其板,好古者不可不考也,使閩板或亡,則漢儒之學幾乎熄矣。一云爲人臣者,莫難於任怨,不能任天下之怨,不能成天下之務。孔子論三代之禮有所因,有所損益,《易》謂『窮則變,變則通』,董子謂『更化則可以善治』。夫祖宗之良法,百世守之可也,其間時變不同,益之損之,與時宜之。自宋王安石變法,馴致大亂,後世以爲大戒。少有更張,則群起而非之,曰又一王安石也。由是相率爲循默,不敢少出意見。不才者得以自容,才者無以自見,支傾補漏,視天下之壞而不敢爲矣。嗚呼!觀其前之一説,則明自永樂修大全以後,注疏之不亡者,天幸也。其後萬曆時北監之刻本,未始不由於文恪之言,則其功實不在禹下。至《十三經注疏》之大半非漢學,則文恪固未能知之。觀其後之一説,則明之終淪胥以亡者,職由於此。此黄梨洲《明夷待訪録》、顧亭林《日知録》之所以有激言之也。是書凡分經傳、國猷、官制、食貨、象緯、文章、音律、音韵、字學、姓氏、雜論、仙釋、夢兆十三門。

閲十一月初一日至二十日京報:

吏部奏浙江督糧道英樸例應回避伊兄閩浙總督英桂,請旨遵行。詔:英樸與江蘇督糧道奇克坦泰對調。初一日。

崇實、吴棠奏四川援黔道員唐炯等克復麻哈州城。詔:唐炯調度得宜,深堪嘉尚,餘升賞有差。初二日。

詔：編輯《平定粵捻方略》，命軍機大臣恭親王文祥、寶鋆、沈桂芬、李鴻藻爲方略館總裁，從禮部請也。初三日。

詔：革甘肅平慶涇道彭思曾職，以左宗棠劾其領餉浮濫也。初四日。

鍾郡王奕詥薨，宣宗第八子也。詔旨褒悼，賞給陀羅尼經被，命郡王銜貝勒載治即日領侍衛十員往奠。本月十三日，親臨賜奠，命總管内務府大臣崇綸辦理喪事。初五日。

命惠郡王奕祥管理武英殿事，鎮國公奕詢管理中正殿事。初七日。劉典奏陝西陝安道何桂芬病故，請照軍營病故例優恤。不許。又請以四川川東道調任雲南迤南道吳鎬暫留四川，辦理陝甘推廣新章捐輸。亦不准。初七日。

丁寶楨奏鹽運使銜濟南府知府龔易圖稟稱其先世前兩淮鹽運使龔其裕、前江西廣饒九南道龔嶸、前雲南鎮南州知州龔一發、前甘肅蘭州府知府龔景瀚，四世歷官均祀名宦，謹開具政績，懇請轉奏，宣付史館編入循吏列傳。詔：吏部議奏。原奏稱：其裕，福建福州府閩縣人，康熙初以諸生入簡親王幕，從征三楚，積功至江西吉安府知府，再起爲河南懷慶府知府，升兩淮運使，殁祀瑞州、吉安、懷慶等處名宦祠。子嶸，官至九江道，殁祀饒州府名宦祠。嶸從子一發，由乾隆庚午舉人揀選知縣，歷知河南宜陽、密、虞城、直隸高陽等縣，升鎮南州，殁祀虞城名宦祠。一發子景瀚，由乾隆辛卯進士選授甘肅靖遠縣知縣，調平凉，擢固原州知州，調邠州，升慶陽府知府，從大軍入蜀征川楚教匪，作《堅壁清野議》上之，督臣勒保推行其法，卒平教匪。嘉慶間，續編《皇清文穎》，仁宗睿皇帝特命以此議編入。旋調蘭州府，入覲，詔内記名，未出都卒，祀蘭州府名宦祠，又祀福建省鄉賢祠。十一日。

詔以恭親王之次子不入八分鎮國公載瀅爲鍾郡王嗣，即照例承襲貝勒，百日孝滿後，不必帶領引見，並加恩支食半俸。詔略云：朕奉慈安皇太后、慈禧皇太后懿旨，因鍾郡王薨逝無子，即諭令惇親王、恭親王、醇郡王、孚郡王往見鍾郡王福晉，問其於近支中願以何人爲嗣，據實指出。本日據惇親王等面奏，鍾郡王福晉請以恭親王之次子載瀅承繼，著照所請云云。十五日。　詔：鍾郡王福晉加恩賞給郡王半俸，以資養贍。十五日。

李鶴年奏劾甘肅涼州鎮總兵周盛波去年帶勇在河南南陽一帶進勦捻匪，縱令所部馬隊至唐縣少拜寺寨搶殺難民，因寨民開礮抵禦，復縱勇槍斃團丁甚衆，破寨而入，肆行殺掠，以致民人婦女受傷身死及畏辱自盡者百數十人，殃民藐法，請飭查辦。詔：周盛波先行革職，著李鴻章從嚴參辦，不得稍涉寬縱。十六日。

宗人府奏裁減鍾王府坐甲，並請應給貝勒官員甲數。詔：載瀅應有官員甲數，即照貝勒分內應得之數給與。十九日。

兵部候補主事李揚華疏陳近日吏治惡習。略云：邇來士大夫講習應酬，以言語樸誠爲無用，以趨蹌嫺熟爲有才，澄敘官方，不越此法。地方官吏，但講虛文，全無實政。廢事者，酒色烟賭，終日酣嬉，有餘力則奔走形勢而已，此外非所知也；喜事者，任用蠹役，厚結惡紳，攘奪刻剥無所不至，而民情疾苦毫無動念也。吏治一壞，兵變因之，巨奸大猾，必先横暴。鄉里以官府絶無所創懲，因而結連黨徒謀爲大逆，每見良民横受屈抑，愬諸州縣不理，愬諸道府藩臬不理，不得已籲達天聽，發交督撫，而押候數年，仍復不理。其有人命重案，告或不准，准或不驗，驗或不實，即實矣，則又避重就輕，曲爲凶人開解。姑息之政，徒以養癰，冤憤之氣，遂以釀刦，此盜賊之所以遍天下也。可否請旨飭下各該督撫，董率所屬，破除情面，命案失出，照例議處。其京控案件，由大吏親提，不得轉委首府各官，違者一經告發，予以沮格諭旨處分，庶吏治可肅也云云。　詔：刻下髮、捻蕩平，各省大吏亟宜澄敘官方，勤求民瘼，如該主事所陳，實爲近今惡習。著各省督撫力爲整飭，董率所屬，詞訟迅速清結，命案認真辦理，至京控各件，統由各該督撫親提審訊，不得轉委首府各官。二十日。

曾璧光奏爲陣亡記名道追贈布政使銜楊夢巖請謚，詔禮部議奏。夢巖，湖南鳳凰廳人，以童生從田興恕軍，轉戰江西、湖南、貴州數省，同治元年三月，於石阡府荊竹塘陣亡。　詔：已故孝廉方正優貢生吴廷香追贈四品卿銜。從英翰請也。廷香，安徽廬江縣人，咸豐四年，以諸生督練克復廬江縣城，旋被賊圍攻，固守二十七日，援絶殉難極慘。事聞，詔贈官，建立專祠，予世蔭。其子吴長夢襲職，募勇隨李鴻章轉戰，積功至提督，封廷香如其階。而長夢於同治元年又有力守廬江功，鄉人益思廷香，故破格請之，竟得諭旨云。

十二月甲辰朔　雨。

閲王弇州《嘉靖以來内閣首輔傳》，凡八卷，所載爲楊廷和、蔣冕、毛紀、費宏、楊一清、張孚敬、李時、夏言、翟鑾、嚴嵩、徐階、李春芳、高拱、張居正、張四維、申時行十六人。弇州以嘉靖以來閣權益重，首輔之與次輔，高下益分，故著爲是書。事多目擊，曲折詳盡，較史爲備而可信。其最稱重者，新都、華亭；次則全州、掖縣、任丘、興化；而於鉛山，則譏其晚節不終；巴陵，則譏其權術自用；於永嘉，雖譏其横，而稱其屏苞苴，折奸倖，明主威蕩國蠹，爲功之首；於新鄭，謂其剛愎强忮，雖有小才不足道，幸其早敗耳，皆持平之論。弇州受知於華亭，又與江陵素厚，而始困於分宜，後扼於新鄭。然分宜之惡，不待一人之言。江陵功罪相平，而弇州頗不爲留餘地，但云：『居正申商之餘習，尚能以法劫持天下，器滿而驕，群小激之，身没之後，名穢家滅。善乎夫子之言：「雖有周公之才之美，使驕且吝，其餘不足觀也已。」』於華亭，雖稱美之，而謂其『小用權術，收采物情，識者不無遺恨』。考弇州當隆慶初爲其父訟冤，而新鄭梠之，賴華亭周旋其事，僅得半恤。此書謂新鄭很於信州，即貴谿。而汰小未甚，亦可謂惡而知其美者。諸傳敍事亦有筆力，惟時有疵語及不典之稱，此染於二李習氣，故爲後人口實也。

初二日乙巳　陰。得藍洲書，并寄來十一月分薪水十五番金。此日不快，少食。得應敏齋觀察書。閱《皇朝謚法考》，夜以斠補都中舊鈔本，以病不能畢。

初三日丙午　上午小雨，終日陰。付賃屋錢三千，付邸報錢五百，還鄭妹夫四番金，穎堂弟收租船飯費一番金，王福零用兩番金，於是昨所得者，去幾盡矣。寒士傭書贍家，大非易事。

閱方式濟《龍沙紀略》。式濟，字屋源，桐城人，康熙己丑進士，官内閣中書舍人。後以子敏恪公觀承貴，封光禄大夫。其父登嶧，官工部主事。康熙辛卯，戴名世《南山集》事發，以登嶧之父故學士孝標嘗著《滇黔紀聞》，登嶧坐是，全家戍黑龍江。是書式濟隨其父在戍所時作，分方隅、山川、經制、時令、風俗、飲食、貢賦、物産、屋宇九門。其書紀載詳覈有法，于山川尤考證致慎，爲言北塞者所必需。其辨混同江源出長白山，即松阿里江，西北流二千六百餘里，始與黑龍江合。黑龍江出俄羅斯境興安諸山之南，而《金志》誤云『混同江，一名黑龍江』，又誤『松阿』爲『宋瓦』，爲『松花』，皆得之目見，有功史學。其名『龍沙紀略』者，《四庫書目提要》謂『龍沙』二字始於《後漢書·班超傳贊》『咫尺龍沙』，章懷太子注曰『龍堆沙漠』。白龍堆在西域中，《漢書》孟康注、酈道元《水經注》可證；沙漠，《漢書》作『幕』，《燕然山銘》稱『大漠』，其地亦在西北，不在東。今東北自唐以來，勃海大氏奄有諸土，已久爲城郭宫室之國，不得以龍沙目之。式濟蓋尚沿劉孝標『龍沙霄月明』，李白『戰士卧龍沙』等語，以爲塞外之通稱，其論誠確。然式濟言興安嶺，或曰葱嶺之支絡，盤旋境内數千里，則西北、東北幅員本相連接；又言卜魁本站名，今黑龍江將軍駐此。以南至新城，數百里皆平漠，是北塞未始不可稱『漠』；且漢世匈奴國境包絡東西，《漢書》所稱『絶幕』，固亦兼東西言之耳。

閱常熟錢良擇《出塞紀略》，紀康熙戊辰五月，隨内大臣索額圖、佟國綱、此書誤作佟國瑋，今據張文端《奉使俄羅斯日記》及《國史名臣傳》正。馬喇及兵部督捕理事官張鵬翮、兵科給事中陳世安奉使俄羅斯，行歷蒙古四十九旗北界，入噶爾噶國境，值與阿魯忒國構兵敗竄，使臣遂不能進，得旨回京，凡行百餘日，往返四千餘里，山川風俗，逐日所經，載之頗悉。鵬翮，即遂寧相國謚文端者，亦著《奉使俄羅斯日記》，不及此之詳盡。惟敘次蕪俗，所附詩歌，亦皆冗劣不足觀也。是役從精騎萬餘人，私從僕馬復萬餘，軍容甚盛，而冒暑進發，涉歷危險，卒不克致使命，而人獸死者已萬餘，耗銀二百五十餘萬，亦可以爲遠略者之戒矣。

剃頭。比日小感風寒，鮮食多卧。傍晚曉湖來，偕之詣蘅夫齋頭。夜留宿寅生家，談至四更，甚覺疲困。

初四日丁未　晴和，連日地氣濕潤，寒序不肅。上午始起，頗煩懣。下午歸寓。屯頭王氏從妹來，夜飯後去。予家中外衰落，婣黨尤甚，非意相干，每難理遣。如予之閉門忍餓，可謂與世無聞，而此輩屢以屬託有司，苦相逼迫，往來本意，非以恩親，亦不情之甚者矣。自午不食，夜半後始强喫粥一小碗。

初五日戊申　終日霒陰。病卧不能食。晚小雨，入夜有風，勁寒。

初六日己酉　霒陰有風，甚寒，夜小雨。王妹夫來。

初七日庚戌　曉微雪，終日小雨晦寒，夜雪。比日小愈，斠録《國朝謚考》。夜至四更後始就枕，達旦不瞑，疾動。

初八日辛亥　辰初初刻十三分大寒，十二月中，晨有曦景，薄雪畢消，終陰晦。沈瘦生來。書楹帖三聯。瘦生饋甜酒一瓿，船人姚十饋秫一斗，會龍堰人徐國安饋凫茈一籃。

初九日壬子　上午陰，下午雪霰雜作。晡後坐小舟，由會稽學河至開元寺訪汪謝城，并晤莫薏樓、何治鋒，晚歸。作書致藍洲。

初十日癸丑　終日霒陰澂雨，入夜稍密。詣西郭諸宗，晚歸。

十一日甲寅　陰，夜雨。

十二日乙卯　晝夜密雨。

十三日丙辰　雨，至下午稍止。

連日以朱筆校閲刻本蔣良騏《東華録》。其書雖詮綜無次，詳略不經，而自太祖至世宗五朝之聖德神功，亦藉以考見百一。士生下邑，既不獲窺金匱石室之臧，得此爲天管海蠡，良非無補。且其所紀載皆直録史館紅本，絶無妨礙之辭，故近日都市通行，不復重申明禁。竊謂唐柳芳之《日曆》、宋李燾之《長編》，皆紀述本朝，布行當代，識大識小，不以爲非。今運值中興，詔編《方略》，設有人上請取法前人，以三祖、六宗之事，按代爲編，附以諸臣列傳，略仿宋世《東都事略》之體，昭著績業，永炳丹青，亦未必不蒙深許也。

傍晚竹樓、潁堂兩族弟來。

十四日丁巳　上午晴，下午陰。

閲明人文秉《先撥志始》。秉字蓀符，文肅公震孟之子。是書上下兩卷，專紀萬曆至崇禎初國本黨禍始末，較它書特詳。如《憂危竑議》《續憂危竑議》《東林點將録》《欽定逆案》，皆全載其文，不遺一字。於諸人附閹情狀，臚列尤悉。蓀符東林子弟，事事皆所睹聞，其言亦頗平允，無激烈之談，可與其《烈皇小識》並傳者也。

十五日戊午　終日霒陰。以布求一領付質庫，得錢五千。季弟偕鄭妹夫來。夜雪。

十六日己未　曉雪，積寸許，旋爲雨消盡，午後漸霽，下午見日景。竹樓來。夜雨。

十七日庚申　終日密雨。單港、胡蝶港漁人送蕩租錢四千五百文來。得藍洲書，并寄來局中公送壽儀六番金，十二月分薪水十九番金。即作書復謝。

十八日辛酉　上午晴陰相間，下午陰。

閱胡朏明氏《禹貢錐指》。是書精博固可取，而武斷者亦多。如以梁州之黑水，謂與雍州之黑水異，禹於梁州黑水無所致力，故惟導雍州之黑水至於三危，則《禹貢》九州分界，水名先已相溷。以吐蕃之河源出星宿海，謂與西域之河源出葱領及于闐者各别，是則河有三原，愈爲紛歧。既據《漢志》自西域鹽澤伏流爲説，而又牽引唐劉元鼎、元潘昂霄之言，故爲此調人之舌。又謂漢武名于闐河原所出之山曰『昆侖』，即古昆侖國地，亦不知其所據。以《舜典》『五十載，陟方乃死』，謂當讀『五十載陟』爲句。『陟』者，崩也；『方乃死』者，所以解陟之爲死也，則文理幾至不通。此朏明自爲文則可，虞、夏史官所不受也。其他可議處尚多。又矜己自夸，動涉措大口吻，亦非著書之體。其前冠以吉水李尚書振裕一序，文甚蕪雜，而朏明自撰《略例》，謂李公稱其書『兼得虞夏傳心之要』，尤是腐儒妄言，所謂『太極圈兒大，先生帽子高』也。朏明與閻百詩、顧景范諸君皆久居徐健庵尚書幕，同佐修《一統志》，故於地理皆爲名家，而識隘語俚，亦略相似。予嘗謂當時有三大書：顧氏棟高之《春秋大事表》，閻氏之《尚書古文疏證》，胡氏之《錐指》，皆獨出千古，有功經學，門徑亦略同，而皆無經師家法，有學究習氣。江氏藩輯《國朝經師經義》，皆棄而不録；全氏祖望力詆《錐指》，謂其葛藤反過於程大昌，皆非平情之論。

今日還徐國英草錢四番金，市中米錢三千文，山岷笋錢兩番金，又買年糕裹角粽，昨所入者又漸罄矣。竹樓來，季弟來。夜又雨。

十九日壬戌　終日陰雨。連日霃陰苦雨，寒寂無憀。

批點李祖陶《國朝文録》中邵青門、鄭次公、朱可亭、蔡梁村、姚姬傳、彭二林、李奠基榮陛、陶士升必銓、劉寄庵大紳、謝薌泉振定、陳惕園庚焕諸家，隨閱隨評，凌雜無次。祖陶所選雖蕪陋可鄙，然如鄭之《静庵先生集》、李之《厚岡文集》、陶之《萸江古文存》、劉之《寄庵文集》、謝之《知耻齋文集》，皆予所未見。五家誠不足言古文，而次公《軍陽山記》《東山巖記》兩作，狀景頗工；《與陳元公書》一首，論明代文章門户之習，亦甚痛切。奠基好考古而陋學自用，妄詆漢儒，文尤蕪雜。然其《佛生日辨》《書楊弘山士雲大理郡名博議後》《駁李中谿元陽大理山川志》諸篇，議論嚴切，頗足傳世。予爲删改其累句，且正其題目。《佛生日辨》原題作『中土附會佛生乖實考』，《書楊弘山大理郡名博議後》原題作『弘山不諱僭酋論』，《駁李中溪大理山川志》原題作『論大理志傳合天竺山川之謬』，皆不合法。萸江之《資工劉氏族譜序》，考據議論俱可觀。《二子名字説》極似蘇文安作而絶不蹈襲，《瘞殍文》《秋夜游東園記》兩作亦佳。薌泉名御史，其巡城杖和珅妾弟一事，風節尤著。文雖率易，然如《游上方山記》《登太華山記》，雖皆信筆敘次，無作家簡練之功，亦尚不至拉雜如路程記，較之明人王履、蔡羽輩自爲過之。《西涯雅集記》《游焦山記》，清徹可入小品。寄庵宰縣，循聲訖今尚在人口。壽陽祁文端當今上御極初疏陳其政績，詔列入國史館《循吏傳》。其文頗有氣勢，而蕪薉彌甚，惟《伏生子孫世襲博士記》一篇，有關掌故，文亦疏暢，當與趙鹿泉《重修有子祠墓并立五經博士序》並傳。其《東南山中看桃花記》三篇，亦小品之可觀者。《惕園存稿》世尤罕見，其文亦蕪僿涉市井氣，然頗有資考證。如《衢州孔氏并官今多誤作亓官。夫人楷木像記》，原本題作『孔氏夫子夫人楷木像考』，既不辭，其文亦是記，非考，故正之。最有關系之文。《讀明儒學案》上下兩篇，議論亦好。《擬增補明儒陳第傳》，足裨史缺。略最俗撮字。其目於此，以備它日選擇焉。

夜雨達旦。

二十日癸亥　雨聲滴歷，晝夜不止。付項里守墓人徐祥石工一番金。

閱席氏《讀説文記》，常熟席世昌予侃撰。前有□□□序，言予侃得惠校《説文》本而善之，欲推廣其義例，作《説文疏證》，草創未就，中年殂謝。其從舅張若雲刻叢書，訪其遺稿，因與婁東張鐸，即其所校《説文》中凡細書密注者，皆逐條繕録，連屬其文，先將《説文》本文條舉于前，次列疏解於下，仍分爲十四卷。

其書先立疏證、補漏、糾誤、異義四例，又謂讀書識古字，其例有七：曰省，曰借，曰通，曰轉，曰異，曰訛，曰增。謂字衹一母，今有二母者，皆轉寫之誤。惟『否』字口部、不部兩見，以兩母故並收，此亦一例。又謂省文有省母、省子二體。案：一字有二母者，乃後世附益之字，《説文》以小篆爲主，故所收亦多有之，非盡傳寫之誤。至『否』字，口部自是重出。『否』以『不』爲母，以『口』爲子，何得謂之『兩母』？且字豈有有母而無子者，省母、省子，亦小篆之例，大篆所無。觀《説文》中所載籀文多不減省，故其字往往繁重，即此可知。又謂許君所取，專用古文，不取小篆，則其論尤繆。許明言今敘篆文，合以古籀，又明言當時隸書有馬頭人爲長，人持十爲斗，虫者屈中之類，故作此以解其謬誤，安得謂不用小篆？又謂王弼之《周易》，杜預之《左傳》，既經竄改，無異僞書，當與梅賾之僞《古文尚書》概置弗取，持論亦未免過高。

其間考證，亦時有疏失。如以『琁』字爲『璇』之重文，非『瓊』之重文，而不知『琁』實『璿』之或字，有《文選注》可證，不得據《玉篇》以補『璇』字。以寥，虚空也，謂當據《文選・天台山賦》注補入，而不知《説文》自有『廫』字。以『鉉』之古文當爲『扃』，不當爲『鼏』，而不知音扃者爲鼏，鼏所以舉鼎，從冖聲；篆文爲『鉉』，音密者爲鼏，鼏所以覆鼎，从『冖』。鼏、鼏本兩字，禮之扃、密皆同音通借字。然貫通古籍，深究形聲，古義湛然，不容一字出入，是漢學之卓絶者。所引惟惠氏説，而時訂正其誤。此外惟引段氏校一條，蓋其時金壇一注及嚴氏、錢氏諸書俱尚未出，而其説多有與之暗合者，雖不及段氏之博奥，而亦無其武斷之病，固傑然可傳者矣。

二十一日甲子　晨日出，旋陰，上午溦雨，終日陰。祖母余太君生日，設祭。讀《説文》。

二十二日乙丑　終日密雨，晦寒。以年糕、角黍、豚蹄諸食物，分遺鄭、張、王三妹家。爲饋歲禮，計費六番金，而飣盤之物，殊無足觀，戚黨往來，大非易事。校讀《漢書·食貨志》畢。

二十三日丙寅　丑初二刻一分立春，明年正月節，雨晝夜不止，地氣津溢如黴。再以《史記·平準書》校《食貨志》。剃頭。付屋租一番金，年糕一番金。夜送竈，祭以鷄餳，書吉語帖門屏。夜檐霤滴聲達旦。

二十四日丁卯　雨，至上午稍止，下午溦雨，晚停，風洌收潤。閲段注《説文》，以席氏《説文記》過録數事。得王妹夫書，以予生日，送席儀十番金，大燭一對。受燭反金，作書復謝。

二十五日戊辰　晴間陰。再得王妹夫書，送席儀來，不得已受之，再作書謝。沈蘅夫送禮一番金，暫受之。季弟來，送禮四番金。大妹送禮一番金。胡梅卿來，不晤。下午詣倉橋閲書。傍晚至鄭氏妹家，妹夫留夜飯，二更歸。

二十六日己巳　晴。再取席氏《説文記》中釋縣、釋彨、釋齋等數事過録段注本。仲弟來，以熓鷄、鬻蓮爲壽。胡梅卿來，以京筆四枝爲贈。五弟來，以饅頭、緶麵、蠟燭爲壽。孫氏從姊以酒兩瓮、甗脯四肩爲壽，受酒反脯。王妹夫再以酒兩瓮、番銀兩圓、燭兩苞及米桃、米糕、緶麵等爲壽，受桃、糕、麵。付屋租錢二千。王福以佛手柑、福州橘各一盤爲壽。

二十七日庚午　晴和。五更起，祭五祀，祭先人。是日予四十初度矣。永感之身，百年强半，俯仰孤孑，凄然增悲。懸先君子、先恭人像，以志孤兒之痛。得邁夫十一月廿一日如皋書，并寄惠番金十六圓爲卒歲之資。邁夫家貧親老，奉檄海瀕，乃遠念故交，分囊相濟，既愧其意，令人益思德夫。且其書來，適值今日，尤見均形共氣，事相感通，蓋亦德夫之靈有以致之。書中言德夫已以前月十三日葬於新城故鄉，埋骨青山，正首先壟，幽冥之中，差應自慰。特是重泉永閉，萬無見期，而入夢無徵，憑棺竟絶，君爲元伯，我非巨卿耳。鄭妹夫來，以番金四圓、燭兩炬爲壽。三弟來，以饅頭、米糕、緶麵、蠟燭爲壽。竹樓弟以酒一甕，梅坡叔、少梅、蘭如、穎堂、幼薌諸弟，各以桃、麵、糕、燭等爲壽。孫生子宜以番銀、蠟燭及蓮子十二鍾爲壽，受其燭。僧慧及鄭甥、張甥等俱來上壽。孫仿雲、鄭海槎、沈瘦生各致壽儀。

得平景蓀十月十日南昌書，并寄書籍一篋來。李祖陶所選《國朝文録續編》三十册，所著《邁堂文略》四册，吴忠節《樓山堂遺書》五種，《樓山堂集》六册，《兩朝剥復録》四册，《留都見聞録》一册，《東林本末》一册，《忠節公年譜》一册。陳喬樅《詩四家異文考》五册，夏炘《聞見一隅録》一册，皆江右新刻者。《樓山堂集》等四種，皆當塗夏燮所校，《年譜》爲燮所撰。燮字嗛父，炘之弟，官知縣。喬樅字樸園，恭甫先生之子，官知府。近皆在江西。景蓀書言，此間同官如陳樸園太守之經學，夏嗛父大令之史學，何鏡海觀察應祺之詩古文，足稱三絶。太守，名父之子，其所著書，予在都中已有見之者。然其鄉人楊鐵臣觀察言，太守學過其父，則予未敢信也。夏心伯經學，爲近年碩果，所著《景紫堂全集》，貫串漢宋，卓然可傳，其詳已見予《孟學齋日記》中。其《聞見一隅録》則淺陋可笑，流於村學究家數矣。嗛父擩染於兄，當有可觀。何觀察不知其人，然當代人恐無有真能詩古文者。景蓀素未講此事，其言亦未可憑。書中又言，前在都時致予兩書，今年復致一書於鄂，魚雁浮沉，何今日殷洪喬之多耶？

夜以肴饌一筵，饋王氏妹及諸甥。

二十八日辛未　上午陰，下午晴。

閲《國朝文續録》，凡四十九家，爲姚端恪文然、杜于皇濬、顧黄公景星、王無異弘撰、申孚孟涵光、計甫草東、魏善伯詳、丘邦士維屏、徐巨源世溥、張篔山貞生、李維饒振裕、陸清獻隴其、秦留仙松齡、徐健庵乾學、汪蛟門懋麟、趙伸符執信、俞寧世長城、趙恭毅申喬、王予中懋竑、謝霖石濟世、朱斐瞻仕琇、楊勤慤錫紱、萬字兆承蒼、紀慎齋大奎、汪文端由敦、方文輈婺如、沈確士德潛、沈本謚文慤，後追削。沈冠雲彤、陳文恭宏謀、陳黼儒之蘭、際泰曾孫。袁子才枚、羅臺山有高、劉東橋𪸩、熊玉煇璟崇、陸朗夫耀、段若膺玉裁、洪稚存亮吉、沈埴爲叔埏、管緘若世銘、茹遜來敦和、李申耆兆洛、許周生宗彦、張蓮濤錫穀、焦理堂循、陸祁孫繼輅、沈學子大成、陳恭甫壽祺、余卿雯廷燦、姚文僖文田，共六十七卷。有總序，有各家小序，每篇後皆有評語。去年何中允廷謙視學江右，始爲之刻行，而附以《邁堂文略》四卷，爲五十家。

祖陶陋學鄙見，妄操選政，哆然以古文家自命，而又好言經濟理學，力攻漢學諸儒，蚍蜉自矜，尤爲可惡。此選猥雜不倫，較前録彌甚。如紀大奎、陳之蘭、熊璟崇、張錫穀輩，直一無所知之人。臨桂陳相國，吉水、武進李、趙兩尚書，亦豈得以文章論。篔山、雙湖，陋俗無識；端恪、勤慤，皆是通暢公牘，並無意於爲文。陸清獻之庸僿，俞寧世之促陋，萬孺廬之拙滯，沈歸愚之蕪劣，皆此事中之下下者。韞山、止水，經學既疏，文辭尤拙，即白田、果堂、懋堂、理堂諸君子，經術精深而文實不工。今舍其考據、論辨之篇，而取其序、記、誌、傳之作，是何異拔梧檟而養樲棘，屏昌陽而進豨苓耶？蓋此四十九人中，小足名家者，不過顧、王、魏、丘、徐巨源、汪松泉、方、羅、陸祁孫、陳左海等十人，其餘鮮可節取。《文略》四卷，則尤蕪俗庸劣，如市儈帳簿，村媼家書，閲之令人嘔噦。中允校刊亦極粗疏，以國朝文選者寥寥，雖牛溲馬勃，亦可蓄取，故景蓀以遺予，而予亦姑存之焉。

作書致胡梅卿。付庖人生日酒饌費十番金有奇，付王福叩壽兩番金，工食兩番金，付紙責一番金有奇。

二十九日壬申小盡　上午晴，下午陰。懸高祖父母、曾祖父母、祖父母三世像。付米錢兩番金，雜責零費等七番金，阿騶工食一番金，施資福庵香火一番金，又前日所費犒古衹作槁。賞約九番金，所得者復已罄矣。生本魑鬼轉世，何必燒車與船。夜祭先。

閲十一月二十一日至十二月二十一日京報：

以内閣侍讀學士朱學勤爲光禄寺卿，翰林院侍講學士徐桐轉補侍讀學士，以左庶子孫家鼐爲侍講學士，以通政司副使載慶爲太僕寺卿。二十三日。

詔：侍郎胡肇智所進前任安徽潁州府教授夏炘恭繹《聖諭十六條附律易解》一卷，即著武英殿刊刻頒發，其《檀弓辨誣》三卷、《述朱質疑》十六卷均留覽。詔據南書房翰林稱附《律易解》尚得《周官》與民讀法遺意，用於講約甚有裨益；其《檀弓辨誣》《述朱質疑》二書，亦均能有所發明。該員年届耄耋，篤學不倦，甚屬可嘉云云。二十四日。

禮親王世鐸丁母憂，以肅親王華豐署理鑲黄旗領侍衛内大臣，貝子載容署理鑲藍旗蒙古都統。二十七日。

詔：本月三十日，再親詣太高殿祈雪，時應宮等處仍分遣諸王。二十九日。

劉崑奏九月二十二日前任臬司席寶田督軍由沅州攻克貴州天柱縣城，擊退援賊苗酋九大白等，迭破賊卡數百，擊殺賊黨七八千人，巨逆李恒吉等均已伏誅，逆目陳大六等悉數擒獲，無一漏網。詔褒擢有差。十二月初五日。　華豐奏患腿疾，辭所署領侍衛内大臣。詔改令春佑署理。初五日。　詔：已革陜西巡撫瑛棨、降調湖南巡撫惲世臨均著吏部帶領引見。以官文奏薦也。初五日。

詔：山東泰安、武定、兖州、登州、萊州各府，及濟寧、臨清二州所屬，同治六年以前實欠在民錢糧一律全行豁免。從巡撫丁寶楨請也。初七日。

詔：遴選光明殿道衆，于本月十一日在大高殿設壇祈雪，朕於是日親詣拈香，其時應宮等處仍分遣諸王。初八日。

翰林院侍讀鐵祺奏請開墾南苑。詔：南苑爲我朝肄武之地，列聖迭降諭旨禁止私墾，聖訓昭垂，豈宜稍改舊制？所奏實爲紕繆，著不准行。十一日。

李瀚章奏浙江慶元縣有齋匪聚衆樹旗扎卡，抗拒官兵，知縣劉濬等督團分道進剿，當即撲滅。詔獎擢有差。十二日。

以大理寺少卿王映斗爲太僕寺卿。十三日。

胡瑞瀾調補宗人府府丞，倪杰調補大理寺卿，以鴻臚寺少卿朱智爲内閣侍讀學士。十四日。　直隸總督大學士曾國藩至京。十四日。

詔：大學士直隸總督一等毅勇侯曾國藩加恩在紫禁城内騎馬。十五日。

詔：朱鳳標著稽察欽奉上諭事件處。十七日。

詔：本月十九日，再親詣大高殿祈雪，仍分遣諸王詣時應宫昭顯、宣仁、凝和等廟。十八日。

詔：嚴禁各省栽種罌粟。從御史游百川請也。十九日。

御史盧士杰奏請爲陣亡江蘇淮海道吴葆晉建祠，并請予謚。詔：吴葆晉准於清江浦及原籍河南固始縣捐資建祠，毋庸予謚。二十日。以通政司參議唐壬森爲太常寺少卿，以翰林院侍讀何廷謙爲右春坊右庶子。二十日。

岑毓英奏十月十四日克復澄江府城，擒斬僞裕信大將軍沙映棠、僞中郎將張鵬程等。詔：陣亡都司楊士代等優恤有差。二十一日。

同治八年（一八六九）

同治八年太歲在祝黎『黎』亦作『犁』，《爾雅》作『屠維』，亦作『徒維』。大芒落亦作『大荒駱』，《爾雅》作『大荒落』，亦作『大巟』。春正月癸酉朔　自晨密雨，至午後少止，見日景，旋復雨。予年四十有一矣。早起叩拜五祀之神，叩拜高祖以下像。終日讀書。賞王元叩壽及叩新年一番金。季弟來。夜雨聲達旦。

初二日甲戌　雨，至下午稍止。閲《國朝文録續編》，略批抹之。其中最不通者，臨川陳之蘭之《香國集》，令人歐歍。大士《太乙山房文》，方樸山已醜詆之，無論其孫矣。族兄松皋、族弟櫄、族姪熑來，余秀才恩榮來。凡非來拜像者不記。

初三日乙亥　晨陰，上午日晴和煦。閲《文録續編》，評勒沈雙湖、管韞山、許止水、張蓮濤諸家，皆文拙而議論繆者。少梅弟來，陳表姪汝棶來。高祖姑之來孫。

初四日丙子　晴和，如二三月間。竹樓來，鄭妹夫來，王妹夫來。剃頭。

初五日丁丑　陰。上午坐肩輿詣西郭諸宗人家，叩謁伯和府君、天山府君、橫川府君、漢亭府君及諸尊屬像。午飯於鄭氏妹家。下午詣孫氏姊、張氏妹、王氏妹家而歸。

初六日戊寅　晴寒，午後復和煦。午至倉橋閲市，即歸。

初七日己卯　風雨，晦寒，下午尤淒冽。遣人饋王氏妹新年。

初八日庚辰　晴，寒甚。張氏妹來。下午步詣西郭諸宗閑話，晚歸。夜亥初二刻六分雨水，正月中。

閲惠半農氏《大學説》及艾檄堂《大學古本注》。半農極言朱子補『格物致知』章之非，謂『格物』即物有本末之『物』，格者，度也，『格物』猶『絜矩』。以本末終始言『格物』，猶以上下、前後、左右言『絜矩』，謂『此謂知本，此謂知之至也』二語，當如舊在其『所厚者薄，而其所薄者厚，未之有也』下。又謂『親民』不必破『新民』，其説是矣。而謂先釋『明德』『新民』『止於至善』三章，而後釋『誠意』一章，及《詩》云『瞻彼淇澳』兩節在釋『止於至善』章後，不在釋『誠意』章後，皆當從朱子改定本。則不漢不宋，又別出一《大學》改本矣。檄堂謂次序一當如漢之舊，力言朱子强分經傳及釋『大學』爲『大人之學』、釋『明明德』爲『明其明德』之非，其説是矣。而謂格物之『物』乃性命中之實有者，不可以物言，不可以氣言，故謂之『物』，則仍墮於虚無杳眇，視宋人之説尤爲支離。又謂『在親民』者，謂『在親與民』，『親是人己交關處，尤謬妄無理。

竊謂『致知』者，即『明明德』也。『致知』之功貫於『平天下』，則『親民』『止於至善』皆貫之矣。『格物』者，由天下、國、家以及身、心、意皆『物』也。意爲本，天下爲末，所謂『物有本末』也。意爲始，天下爲終，所謂『事有終始』也。致知、格物，即『知止』也。本末、終始分先後，不分精粗、内外；知止，即『知所先後』也。自『致知』以及『平天下』，功有先後，事皆一貫，非必逐事而爲之，非必『明明德』而後『親民』、必『親民』而後『止於至善』也。『自天子以至於庶人，壹是皆以修身爲本』，而治國、平天下，則非庶人所得與，非庶人之功至齊家而止，非天子、諸侯於齊家後更加治國、平天下之功也。所謂『先後』者，示人以爲學之本自『誠意』始，夫子之所謂『一以貫之』也。『誠意』先『致知』者，《中庸》之所謂『自明誠謂之教』也。《大學》之道，所以明成人之教，故以『學知』言，不以『生知』言也。知至而意誠，則萬物皆備於我，『踐形』在是也，『盡性』在是也，『與天地參』在是也。故《大學》先言『知本』，次言『誠意』，而亦結之曰『此謂知本』。然後申言正心、修身、齊家、治國、平天下之功而終之以『絜矩』，非以『格物』始，『絜矩』終也。『格物』即格此心、身、家、國、天下之『矩』，『絜矩』即絜此天下、國、家、身、心之『物』，皆所謂『明明德』也，所謂『止於至善』也。原始要終，徹上徹下，而何有『綱目』，何有『條領』，何有『即物窮理』，何有『一旦貫通』，使聖賢教人平正通達之旨，入於晦霧荆棘，流於參禪喝棒乎？惠氏由不知『明德』『親民』『止善』之包於『誠意』，『誠意』之即爲『知本』，故尚泥朱子分明德、親民、止善爲三章，別分知本爲一章，而以古本《詩》云淇澳兩節次於『誠意』爲非也。

初九日辛巳　晴，稍和。陳鳳樓表兄來，沈瘦生表弟來，竹樓來，五弟來。胡梅卿柬訂十四日春酌。

初十日壬午　晨晴，上午陰，下午密雨入夜。今日府試童生，以去冬嵊人惡其令全有貪而鄙，相禁約不赴縣試。省郡知之，亟易令往，乃試如常。先是，嚴屬之淳安亦以罷試去其令，省大吏惡之。而嵊人素頑悍，累以試事苦其令，大吏遂以士習不端奉請罷兩縣歲科試各一次。吾郡近日士無師長，而以囂暴相高。每遇縣府試，狎侮有司，毁垣壞門，醜詆毒詈，甚至焚其衣冠，搜其妻孥，蓋已無人理，而嵊尤甚。以此懲之固善，惟聞全有狼藉無行，亦宜重法蔽其罪，而大吏意寬之，則亦非百姓之福也。

十一日癸未　晴和。先妣生日設祭，季弟、仲弟婦、僧慧、藕甥來。晡後步出門右，見臨池一梅當作某。樹已作花就零矣。一年春事，已過頭番，人生駟隙，良可歎也，爲之徘徊逾時。復偕季弟至倉橋閱市，便過鄭氏妹家，傍晚歸。孟蘭艇教諭自杭來訪，不值。蘭如弟來，不值。九弟來。夜作片致蘭艇，得復。夜作書致陳藍洲。

十二日甲申　晴。偕季弟坐小舟詣單港五弟家，叩拜本生祖父母及大伯父像。晚歸。鍾慎齋弟來，夜同飯於季弟家。二更返寓。

十三日乙酉　晨晴，上午東風狂甚，遂陰。詣木客山，拜高王父母墓，九弟代往。晡後步詣水澄巷族孫家小坐，遂至試院前晤胡梅卿、梅仙兄弟及陳葉封。夜，月出歸。

十四日丙戌　風不止，陰，寒甚。孫生子宜來。傍晚赴梅卿之招，晤朱厚齋、陳葉封。夜二更歸。

十五日丁亥　晴。孫氏從姊來，鄭氏妹、王氏妹來。招毛益山、竹樓、幼薌、季弟午飲。上元，作湯圓子供先人，小陳火花之戲。

十六日戊子　寒陰微晴。沈氏再從妹來。張梅巖來，不晤。剃頭。閱《玉臺新詠》，久不理此事矣，重爲風詠，頗覺『三百』之旨，去人不遠。

十七日己丑　晴陰相間，有風。旁午出門，拜宗滌甫師像，答拜孟蘭艇晤談，詣張䎃翁談，至晚而歸。夜月甚寒。

十八日庚寅　晴。上午祭先人，收遺像，奉栗主上景堂。作片致䎃翁，以近年日記三册并黄元同《儆季雜著》送閱。作書致薛慰農觀察，致藍洲。晡後詣張梅巖談。傍晚詣季弟家夜飯，初更後歸。

沈寄帆來，不晤。

十九日辛卯　上午晴，下午陰。作書致王杏泉，饋以酒一瓮及燖鷄。季弟來，爲作《惜字會小序》一首。沈寄帆來。杏泉片來還酒，再作片送去。

閲吴次尾《東林本末》，夏嗛父校注，分三卷，其兩卷爲門户始末，又一卷爲論七首。曰江陵奪情，曰三王並封，曰癸巳考察，曰會推閣員，曰辛亥京察上下篇，曰三案。據稱爲何夢華鈔本，較《荆駝佚史》本較有條理。次尾議論侃侃，非陳同甫輩所敢望。若論東林人物，則不特李三才、于玉立、丁元薦、王元翰、王國、王圖兄弟，固皆是小人，即顧憲成亦非貞士。至張溥、張采等繼立復社，直同喪心病狂。明代士不知學，競務虚聲，横議朝政，浸以亡國，東林、復社實爲戎首。次尾身列黨人，曲加掩護，所論多失其平。然其叙涇陽之聲氣結連，耀州及富平孫丕揚之愛憎反覆，則弄權植執，固已昭然，次尾亦不能爲之掩諱。蓋嘗論之，趙高邑之清流品，失之過激，致群小鋌而走險，借戈於逆璫，及彪虎狂噬而大獄成，此猶吴張温、暨艷之覆轍也。韓蒲州之定逆案，失之過寬，致閹孽日謀翻局，藏劍於烏程，及馬、阮踵起而明社屋，此猶宋范純仁、吕公著之私心也。况東林中敗類，如錢謙益、惠世揚、光時亨等，亦復何减四凶、十孩兒輩？復社則更不足言。求如次尾者，得幾人哉？予讀次尾此書，未嘗不深賞其忼慨激烈，有廉貪立懦之功；而竊惜其意之或偏，故言之未盡也。嗛父注頗詳悉，而筆舌冗漫，有學究氣。

二十日壬辰　晴陰相間，暖蒸地潤。

感寒小病，卧閲次尾《兩朝剥復録》，亦夏嗛甫校證，凡六卷。嗛甫於此書用力尤勤，然所證不出《明史》及文秉《先撥志始》《烈皇小識》、劉若愚《酌中志》等數種，故搜采未爲晐備。其以吾鄉商太宰周祚爲逆案中人，則大謬矣。太宰素稱浙黨，與東林爲難，暮年家居，又就國朝貂參之聘，故鄉人皆輕之，然於閹黨則不相涉。嗛父蓋以《明史》閹黨《崔呈秀傳》稱呈秀首疏薦張鶴鳴、申用懋、王永光、商周祚、許弘綱五人，遂誤指爲閹黨，而五人皆非逆案中人。蓋吾越之罹此案者，會稽徐大化最爲罪魁，次則蕭山來宗道、餘姚盧承欽、山陰張汝懋、陳爾翼，皆名著丹書，至今遺臭。大化之惡不減彪虎，僅入三等充軍，實爲漏網；來、盧、張、陳四人，皆入四等坐徒三年納贖。次則會稽董懋中，入第五等閑住，皆孝子慈孫百世不能改者。若山陰王業浩，則文蓀符謂爲逆案之漏網；餘姚蔣一驄，則黄梨洲指爲奄黨之餘孽。二人雖未列爰書，而王於崇禎初爲楊維垣所疏薦，以之與徐大化、魏應嘉並稱，且嘗劾曹于汴、易應昌等；蔣於京察時爲沈維炳所糾拾，言其與孫杰、崔呈秀相比，且嘗沮劉念臺，是皆幸免刑章，難逃清議。若會稽余武貞，縱預《要典》，自爲正人，晚節堂堂，一死尤烈，蓀符《先撥志始》亦列之逆案漏網，蓋未料其後振之奇也。至餘姚姜逢元，初預纂修，閣筆而歎，遂致罷斥，故今所傳《要典》，列銜並無其名，則於閹黨本皎然不污，而晚景潦倒，與商公同，爲可惜耳。逆案又有山陰人孫杰，然《明史》及《進士碑録》皆言錢唐人。

二十一日癸巳　上午陰，下午雨。小病不瘳。胡梅卿來，不晤。張存齋來致其尊人鬉翁意，招廿四日午飲。晚始喫飯。夜半大雨雷。

二十二日甲午　終日風雨，寒甚。隨手考訂李亨特《乾隆紹興府志》、徐元梅《嘉慶山陰縣志》，以朱墨略點注之。二《志》於近時尚爲佳志，而體例疏繆、紀載踳駁之處，蓋已不勝言，後有作者，更難知矣。即以兩《志》中各一事言之：李《志》『鄉賢』中收入鄒維璉，蓋誤以江西之新昌爲浙之新昌也；徐《志》『人物』中收入金濂，蓋誤以山陽爲山陰也。此皆眼前事，而如此，它可知矣。其大端之謬者，李《志》於『鄉賢』外又立『宦蹟』，既乖體例，所收又甚糅雜；徐《志》以土地、人民、政事三目爲全書之綱，既非志體，區別又多混淆。夜，風雨益厲。

二十三日乙未　終日密雨，下午霰雹雜作。戌正初刻五分驚蟄，二月節。入夜雪大作，寒冽如隆冬。曉湖偕其弟校亭來，談終日去。雪達旦，積三寸許。

二十四日丙申　雪至上午止，晡後晴。張韜翁來催飲，自昨夜身發熱，今日尚頭痛，以韜翁橋梓情甚殷，力疾赴之。韜翁招子宜作陪，暢談抵暮而歸。憊甚，終夕身熱不安。

閱去年十二月二十二日至今年正月十七日京報：

詔：朱鳳標充文淵閣領閣事。二十三日。

崇實、吴棠奏唐烔等於十月十四日進拔舊州，二十四日進拔黄平州。詔褒擢有差。二十四日。陝西布政使林壽圖奏請開缺終養。許之。以四川按察使翁同爵爲陝西布政使，以湖北安襄道英洋爲四川按察使。二十四日。

詔：前任直隸大順廣道奏聚奎加恩予謚。從官文請也。二十五日。熱河都統麒慶以病奏請開缺。許之。以廣州將軍慶春爲熱河都統，以山海關副都統長善爲廣州將軍。二十五日。

刑部奏給事中徵麟賄賣摺子有據。詔：徵麟即行解任歸案審訊，毋任狡展。二十六日。八年二月十一日復奏雖贓未入手而賄賣已明。詔：革職戍軍臺。

詔：借撥湖北京餉銀二十一萬兩，振給河南滎澤等被水州縣。從河南巡撫李鶴年請也。同治八年正月初一日。

詔：貝勒載治之第三子命名溥侃。初八日。

崇實、吴棠奏提督周達武進攻吽牛埧賊巢，阿内、阿合、阿猴、蘇呷木、雪魯披、阿六支等部畏威出降，誓不再叛，建南一律肅清。詔：崇實、吴棠督率有方，深堪嘉尚，均交部從優議敘；周達武賞穿黄馬褂。初十日。

湖北施南府知府張觀鈞以同知降補。郭柏蔭、何璟劾其操縱失宜也。觀鈞，河南人，先官吏部郎中，頗以賄聞，爲御史亦不飭，遂被人言云。十四日。

以編修王昕爲山西學政。十五日。

布政使銜補用道錢鼎銘、二品銜簡用道陳鼐、知州游智開、知府李興鋭、知縣方宗誠、金吴瀾等均發往直隸，以道府州縣補用。刑部員外郎陳蘭彬發往直隸，交曾國藩差遣委用。皆從曾國藩請也。十七日。

二十五日丁酉　晴寒。疾小愈。作片致稒翁，致寅生。慎齋來，季弟來，竹樓來。得藍洲書。王妹夫書來招飲，復辭之。

二十六日戊戌　晨陰，上午微晴釀和，下午陰，傍晚大雷雨，夜晴。作書復藍洲。沈蘅夫來。竹樓來。寅生再折柬招明日夜飲。三更雨又作，瀧瀧達旦。

二十七日己亥　雨至午後稍止。閲《潛丘劄記》。剃頭。傍晚，坐舟至觀巷，赴寅生之招，三更歸。

二十八日庚子　晴。上午至倉橋閲市，得錢唐黄易小松《小蓬萊閣金石文字》五册，前有翁方綱小引及題詩一絶，無目録，所刻爲漢篆文『漢』本从『堇』，而漢碑額篆此字多作『潓』作『𤁘』作『㵄』。石經殘碑、《涼篆額作『涼』。州刺篆額作『刾』。史魏元平碑》、《幽州刺篆額作『刾』。史朱龜碑》、《成陽靈臺碑》、《小黄門譙敏碑》、雒陽令王渙二石闕、《廬江太守范式碑》及殘石、《武梁祠畫像》唐搨本及題字、《圉令趙君碑》、篆字《三公山碑》，皆摹本雙鉤，并録諸家跋語，而小松及覃谿考辨尤詳。此當與覃谿之《兩漢金石記》並存者也。又得抱經堂《群書拾補》一部而歸。午後，步由司街出萬安橋，見楊柳已青青滿樹矣。過呂府，明大學士文安公故第也，俗稱呂府。由謝公橋、武勳橋、錦鱗橋還寓，飯。復偕季弟詣西園，至倉頡廟，由九曲街而歸。春事漸深，餘寒尚勁，重以幽憂之疾，陰雨之悲，小作近游，益增新感。

二十九日辛丑　晴。季弟於涂月廿八日生一女，今日作湯餅，遺以小兒金涂環、鈴各二事，夜歸。閱《小蓬萊閣金石文字》。

三十日壬寅　陰，晚晴。上午詣倉橋閱市，午歸。姚訓導濬常介竹樓來，季弟、瑢弟來。晡後，復出閱市，晚歸。

夜閱《群書拾補》，此書所校，自《五經正義表》至《林和靖集》共三十七種，然其中惟《易經》《尚書注疏》《史通》《鹽鐵論》《新序》《説苑》《申鑒》《列子》《韓子》《晏子》《風俗通義》《新論》《潛虚》《元》《白集》十五種，通校全書爲稍詳；所補者惟《山海經圖讚》《風俗通逸文》爲最完備。而《易經注疏》惟正汲本之誤，不及官本；《新序》《申鑒》《列子》《潛虚》，亦甚寥寥；《山海經圖讚》，則今郝氏箋疏本已刻之；其餘大率僅標舉一二篇。據盧氏自序，固言限於資力，約之又約，終未快於懷也。

二月癸卯朔　晨雨，上下午陰，傍晚又雨。下午偕竹樓、毛一山閱市，晚歸。

閱彭尚書啓豐《芝庭先生集》。其詩庸率不足觀，文亦平弱，而盅盉有自得之致。其碑、志、傳、狀之作頗夥，多有關文獻，而文體亦潔。如《明巡按山東御史宋忠烈公祠堂碑》忠烈名學朱，國朝大學士文恪公德宜之父。忠烈死濟南之難，《明史》附《張秉文傳》，言其死節，而諸家野史皆言不知所終，或言其降附，《欽定勝朝殉節諸臣傳》乃列之通謚第一等。《明周忠介公祠堂碑》《惠定宇傳》《教諭韋君傳》教諭名前謨，字儀喆，蕪湖人。子謙恒，一甲第三人，官編修，通經學。《左都督洪公名起元，應山人。神道碑》《大學士史文靖公神道碑》《浙江平陽鎮總兵官朱忠壯公天貴墓志銘》《左都御史沈端恪公墓志銘》《雲南巡撫甘公名國璧，漢軍人，雲貴總督忠果公文焜之子。墓志銘》《湖南巡撫馮公名光裕，代州人。墓志銘》《左副都御史趙公名大鯨，字横山，仁和人。墓志銘》《寧紹台道葉君名士寬，字映庭，長洲人。墓志銘》《浙江海防道莊君名柱，字書石，武進人，方耕先生之父。墓志銘》《左副都御史雷公鋐墓志銘》《禮部尚書沈文愨公墓誌銘》《禮部左侍郎胡公煦，時尚未賜謚。墓志銘》《大學士陳文恭公墓志銘》《户部右侍郎蔣公名炳，字曉滄，陽湖人。墓志銘》，蒲城縣知縣顧君、名樾，字肇聲，元和人。滄州知州徐君、名時作，建寧人。隴州知州鄭君、名大綸，如皋人。贈文林郎昭文縣知縣康君、名惇，興縣人，兩廣總督基田之父，時總督尚官通判。雲南馬龍州知州吴君名三復，吴人。等墓志銘，皆立言醇雅，敘次不蔓。奉直大夫汪君、名士榮。贈通議大夫袁君名志鑣，皆蘇人。兩志，言鄉里善人之狀，右贊善錢君名本誠，字胄伊，太倉人。志銘，敘交舊之誼，皆簡質有味，極似歐、曾，錢志銘辭，尤警絶也。

夜雨。

初二日甲辰　晨小雨，上午陰濕蒸潤，下午有風，晚晴。得平景蓀涂月望後江右書，并銀二十兩。得藍洲書，并寄來書局正月薪水二十番金。

閲《皇明大政紀》，自洪武至正德九朝爲二十卷，豐城雷尚書禮所輯；嘉靖朝四卷，淯川范參議守己所續。眉批：范氏所著尚有《明史提綱》四十三卷，自洪武迄隆慶；又有《春秋傳》二十五卷，證胡傳之訛；《史删》二十八卷，糾《綱目》之失。見朱竹垞《明史提綱跋》。隆慶朝一卷，茶陵譚希思所續，共爲二十五卷。前二十卷餘姚朱錦校，後五卷金谿閔師孔校，萬曆中江寧周時泰合而刻之，郭文毅正域爲之序。其書編年敘次，有正書，有分注，略如《綱目》之體，頗便于觀覽。而其詳略多不一例，往往鉅細失倫。其正書又好用書法，亦時淺俗可笑。

尚書當嘉靖末任工部，督三殿大工有勞，而《明史》無傳。此書於隆慶二年九月書云：『工部尚書雷禮引疾乞休，許之。』注云：『禮言本部上供錢糧，已經奉詔節省，而爲太監滕祥所持，危言横索，事事掣肘，嫌隙既成，事體相悖，乞早賜罷，以全國體。上覽疏嘉允，令致仕去。』禮在先朝以文學政事正直顯，上初即位，忌之者甚衆。及是，自知不理於衆口，故屢疏急退，遂以著述行世，亦昭代名臣之一也。考《明史・七卿表》，禮以嘉靖三十七年九月爲添注工部尚書，督大工，四十年三月回部管事，四十一年三月加太子太保，十月加太子太傅，四十五年三月晉少保，十月晉太傅柱國，隆慶二年九月致仕，可謂久任而恩禮備者矣。其所著尚有《列卿記》，予未得見。

尚書所紀正德朝事，於王文成自兵部主事謫龍場驛丞，自驛丞遷廬陵知縣之以後歷官，孫忠烈自刑部郎中爲大理寺丞之以後歷官，皆一一記之。蓋尚書江右産，深知二公之功大，故特載其始末，而於文成至贛後所施設，載之尤詳，可以知其指矣。

《嘉靖大政紀》中載九年十二月董玘削籍。注云：『玘爲吏部侍郎，聞母訃，不爲亟去，御史胡明善劾之，下都察院行勘不妄。都御史王廷相覆奏削籍，永不敘復。』《隆慶大政紀》中載元年二月賜謚原任吏侍董玘爲文簡，兵侍陶諧爲莊敏。《正德紀》中載莊敏忤劉瑾事，亦較《明史》爲詳。案：中峰始以忤閹瑾，由編修左官知縣，清望甚著，及爲講官後，則頗不振。嘗劾王文成爲僞學，見沈德符《野獲編》等書。若此所載，則名節更損矣。中峰《明史》無傳，《紹興府志》不言其削奪，又謂歿後世宗思之，贈禮部尚書，謚文簡，則《志》誤也。《隆慶紀》又載，四年六月，大學士李本奏復吕姓，從之。案：文安《明史》無傳，凡見於《帝紀》及它傳者，皆作李本，《宰輔表》及《進士題名碑録》亦皆作『李』，府志但云『初姓李』，其後奏復不詳其由。考《宰輔表》本以嘉靖四十年五月丁憂後遂不用，府志言以萬曆十五年卒，年八十四。據此書則其奏復姓在罷相後九年，年已六十七矣。

《隆慶紀》又載六年三月，禮部尚書潘晟乞致仕，許之。注云：『先是，給事中宋之韓論晟衰朽不堪典禮，上慰留之，之韓嗾同官賈待問鐸等攻之，晟三疏求去，乃得許。』之韓淺鄙很愎，内諂附當事以自肥利，而外務搏擊，以必勝立威，不獨攻晟一事也，士大夫側目視之。案：潘公史亦無傳，惟見於張居正等傳中，言其爲居正座主，以居正薦召入閣，半道居正卒，遂罷歸。《新昌志》則盛稱其厚德雅量，有遺愛於鄉。據此一事觀之，則在朝亦有雅望，非恃門生之力者。

三公皆越人，此不特可裨史闕，亦可爲志乘之資也。《明・七卿表》載潘晟以隆慶四年庚午十一月任禮尚，六年三月致仕，即此所紀者是也。後萬曆六年戊寅三月再任禮尚，八年十一月加太子太保，十二月致仕。《宰輔表》載晟以萬曆十年壬午六月命爲武英殿大學士，未任罷。是潘公嘗兩長春官也。今《乾隆府志》乃云：『歷南京冢宰，張居正薦入内閣，晉大學士。』而注云『張居正事據《明史》增』。夫南京尚書乃閑秩，潘之應召入閣，固在家居時，其官南吏部尚在入長禮部之前，《志》既錯誤，又失載其兩官禮卿，而猶援《明史》以自炫其博，郡縣志之可笑類如此。

夜作書復藍洲。

初三日乙巳　上午陰晴相間，下午風，陰寒。閲俞蔭甫《群經平議》易、書、詩諸條。其書涵泳經文，務決艱辭疑義，而以文從字順求之。蓋本高郵王氏家法，故不主故訓，惟求達詁，亦往往失於武斷，或意過其通，轉涉支離。然多識古義，持論有本，證引疏通，時有創獲。同時學者，未能或之先也。傍晚齒痛不快。

初四日丙午　晨小雨，旁午微霽，有日景，下午陰。身熱多卧。胡梅卿介何秀才丙鑅來，竹樓來，季弟來。夜雨。徐國安饋油菜一把。作片致朱厚齋刑部，屬轉借鈔本《章實齋文集》。作書致五弟、九弟，遺九弟一番金。

初五日丁未　小雨，至巳初止，傍午微晴，見日景，下午陰。曾祖妣忌日，薦食。陳鳳樓之子來與祭，季弟來。付王福工食一番金。有舊傭人妻愛送貓頭笋一束來，酬以錢二陌四十文。夜以朱筆點竄李亨特《紹興志》列傳。

初六日戊申　春社日，終朝微陰輕暖，夜雨。

終日點改李《志・人物》，其踳駁不勝詰，約其大病有四：

曰義例不明。如以王文成、劉忠介入理學，以黃忠端、倪文貞、祁忠惠、何文烈等入忠節，既昧史家立傳輕重相權之義，又或先子而後父。如以張文恭入理學，而其子汝霖先見於鄉賢傳，書曰『元忭之子』；以黃忠端入忠節，而其子梨洲、晦木、澤望等先見於儒林傳，書曰『尊素子』；以祁忠惠入忠節，而其子奕喜、孫既朗先見於文苑傳，書曰『彪佳子』『忠惠孫』之類是也。或宜合而妄分。立傳之例，或以子孫附祖父，或以祖父附子孫，自有輕重之例。府縣志較國史固可稍寬，然亦有定例。此《志》多散而無統，寥落紛雜，甚爲可厭。既立儒林，又分理學，既立義行，又有一行，致前後之篇不相照覆，彼此之間互爲出入，其病一也。

二曰紀載無法。邑里及字，或書或否，科名出身，或詳或略，父子祖孫，或先後複見。如孫如法自有傳，而清簡傳復及之，吴孟明自有傳，而文恭傳復敘之之類。或彼此失書。如祁司員、祁清不言其爲祖孫，忠敏傳亦不言清之曾孫之類。官位科目或沿襲俗稱，如總憲、藩臬、中翰、學博、賢書、食餼及稱經歷、照磨爲幕職之類。或依冒古制，如冢宰、司農、宗伯、中丞、方伯、觀察、太守、太史、侍御、司馬、丞尉、孝廉、明經之類。以致真僞雜出，時代不倫，其病二也。

三曰去取失當。施、陸之《嘉泰志》，張、孫之《萬曆志》，雖有小疵，並無大謬。而《嘉泰》之於五代及宋，《萬曆》之於蒙古及明，聞見既真，甄録不苟。此外各家文集説部諸書，文獻有徵，綜補良易。乃於史有傳者，務録史文而多刊舊志；於史無傳者，但憑呈報，而不證它書，以致瑰行嘉言，半從刊落；貨郎閑子，悉列鄉賢。豈知史既列於學官，則讀者盡知，奚取地志之録副？傳既出於采訪，則鈔胥可了，何煩名士之纂修？其病三也。

四曰考覈多疏。書以後出而益多，事本前修而倍易，此志於鄉賢删徐擒、徐陵，於義行補戴就、孟英，視舊志之疏，似爲有間。然徐羨之東海之郯，明著《宋書》，何以仍《萬曆》之訛，尚存宧蹟？鄒維槤江西之新昌，顯書《明史》，何以襲省志之誤，尚列鄉賢？至若會稽吴君高、周長生，見於王仲任《論衡》，謝承《後漢書》亦載之，《論衡·案書篇》言會稽吴君高、周長生之輩，位雖不至公卿，誠能知之囊橐，文雅之英雄。君高之《越紐録》，長生之《洞歷》，劉子政、楊子雲不能過也。《北堂書鈔》引謝承《書》，言周長生名樹。案：仲任卒於和帝永元中，時會稽尚未分吴郡，而二人自爲越産者，以吴著《越紐録》，周見謝承《書》知之也。會稽徐鉉、徐鍇兄弟，見於陸務觀《南唐書》。《書》言鉉父爲江都少尹，卒官，遂家廣陵。今《宋史·徐鉉傳》作揚州人，其疏如此。《欽定全唐文》從之，《志》皆闕而未補。而於儒林補入澹臺敬伯，不知敬伯爲吴人，今蘇州尚有澹臺湖，此采《後漢·儒林傳》而失者也。此見《後漢書·儒林·薛漢傳》，漢爲光武時人，會稽郡尚治吴縣也。澹臺湖本錢氏大昕説。於宧迹載入朱士明，不知士明不見《梁史》，何以得封漢昌侯？此本高似孫《剡録》而失者也。蕭梁時封侯者甚鮮，士明何功得之，不容不見於書。且《剡録》言天監初授儒林博士，除吏部尚書，封漢昌侯，此尤不可信。博士何遽得除吏部尚書？尚書何遽得封侯？（六朝時封侯非三公令僕不可。）《剡録》疏繆亦不止此一端也。即其援據《典録》，載上虞孟英三世死義，此蓋采之《三國志注》矣。然既不知三世之名，又不著死義之事，而英、章兩世備載於《論衡》。《論衡·齊世篇》云：會稽孟章父英爲郡決曹掾，郡將撾殺非辜，事至覆考，英引罪自予，卒代將死。章後復爲郡功曹，從役攻賊，兵卒北敗，爲賊所射，以身代將，卒死不去。孟政逸文亦存於《御覽》，《太平御覽》卷三百五十七引謝承《後漢書》云：孟政字子節，地皇六年，爲府丞虞鄉書佐。毗陵有賊，丞討之，未到縣，道路逢賊，吏卒迸散。操刀盾與賊相擊，丞得免，政遂死於路。又卷四百二十一引《會稽典録》云『英字公房』。以上皆本孫氏志祖説。概從放失，難語宏通。其它事迹虚誣，敘次矛盾，因端而究，更僕難終，其病四也。

儒林、文苑、孝行、義行四門，尤爲猥濫，大率村師踞塾，即號程朱；市語成篇，便推李杜。或曾或閔，皆紈絝之驕兒；爲勝爲文，乃錙銖之錢虜。此雖通病，終爲穢書。蓋當日者，李曉園河督以郡守總其成，有吏材而不知學；平餘山侍郎以鄉衮主其事，徇人意而不敢言。其秉筆者，金匱徐孝廉嵩、錢上舍泳，皆江湖俗士，唇吻小才，未嘗讀書，豈知作史？近日郡中有修志之議，而張𥡴翁頗稱是書，故略論之如此，暇當作書與𥡴翁言之。

初七日己酉　晨雨，終日陰，有風。下午微晴，思作近游，而明日春祠事尚未料理，邀竹樓、季弟、九弟來議之。比日還正月賃屋錢五千，酒食費七千五百，日用費五千二百，書直二千六百，又祀先供具一番金，饋遺三妹一番金，王福工食一番金，今日爲姬人贖回金約指錢三千，又修泰西佩表錢漆百，計前日所入十八已罄，而逋負尚多，應用日迫。入都之計，其能遂乎？

初八日庚戌　是日亥初一刻十分春分，二月中。自昨夜雨，至上午止，傍午微晴，下午陰寒有風，夜寒更冽。今日又還正月間借之鄭子霞者六番金，布錢一番金有奇，阿騶傭直一番金，裝訂舊書錢三百。終日乙注《人物志》。剃頭。五弟來。傍晚詣鄭氏妹，即歸。

初九日辛亥　陰寒，傍晚雨。上午詣竹樓少坐，詣季弟家午飯。偕季弟等繇净瓶庵至大妹家夜飯，雨不能歸，遂宿子霞所。夜大雷雨。

初十日壬子　終日密雨，寒甚。早飯後自大善橋坐舟歸。夜雨聲達旦。

閲正月十八日至廿七日京報：

烏魯木齊提督成禄奏十二月初三日偕署甘肅提督楊占鰲攻克肅州城，擒斬逆首辛福等六七百人。詔：成禄、楊占鰲均賞穿黄馬褂，餘升賞有差。十九日。劉崐奏山西按察使蔣益澧呈稱病仍未愈，請寬予假期。詔：山西地方緊要，員缺未便久懸，蔣益澧著即開缺，毋庸再行賞假。十九日。

都興阿奏遼陽州糧行向用五升小斗，城守尉鋭莊、知州馮繼堯因商人請，改用十升大斗，貢生董塏、武生董坊以鄉民不便，聚衆入城抗鬧，董坊以洋槍擊傷州役，該地方官拏獲十餘人，據稱董塏等欲令各鋪斂送伊弟編修董執入京資用，方許改斗。又稱董執爲屯衆寫撰匿名呈詞，並請提省審辦。詔：鋭莊、馮繼堯並未體察輿情，率行改用大斗，實屬辦理不善，均交部議處。董塏等著都興阿會同盛京刑部切實根究，毋稍偏徇。廿一日。以史念祖爲山西按察使。廿一日。以户部郎中張緒楷爲鴻臚寺少卿。廿一日。

詔：浙江蕭山縣之盛圍、富郊等處，被水衝没牧地二萬六千六百六十三畝，應征租錢三千七百十二串，自同治三年始，准予豁免。會稽縣之塘角圍，被水衝没牧地六百三十二畝，應征租錢一百九串，自同治四年始，一并豁免。從巡撫李瀚章奏請也。廿三日。

蘇廷魁等奏滎澤大工於正月十五日合龍。詔：蘇廷魁開復革職，留任處分，賞還頂戴，並賞加二級；李鶴年賞加二級。廿四日。

詔：免江蘇淮安府屬山陽、阜寧、清河、桃源、安東五縣，同治六年以前民欠錢糧。廿五日。

浙江學政徐樹銘奏請以衢州西安孔氏每科浙江鄉試，仿山東鄉試四氏學編列耳字號，比照順天鄉試滿、蒙、漢軍官卷，及各省駐防生員例，每十名取中一名，零數過半加中一名，仍不得過三名之數，以示限制。詔：禮部議奏。廿六日。徐樹銘又奏請加衢州世襲五經博士孔慶儀國子監祭酒銜，兼提舉孔氏學校，世襲加銜，又比照曲阜聖廟三品執事官之例，賞給該族長五六品官，又比照曲阜四氏學額二十名、廪生四十名、增生四十名、每年歲貢一人例，特加衢州聖裔廪生二名，增生二名，歲科考試別爲一題，另案甄録，並設立歲貢一名，每届三科貢舉一名，仍歸吏部注册銓選，以訓導用。又請飭禮部開單知會武英殿，飭取現存經史子集各書一分，發交浙江撫臣轉發衢州孔氏家塾，以資肄習，仍免繳刷印紙張之費。至於聖廟祭祀修理之費、家塾修脯膏火之費、大宗昏喪賞恤之費，以及生徒賓興，寒微周濟，應請旨特飭浙江撫臣李瀚章轉飭金衢嚴道查取所屬無主荒田，勘明招墾籌撥畝數，發交該博士遵照辦理，仍一體輸納錢糧。疏略言：宋衍聖公孔端友於高宗南渡時，奉孔子楷木像扈蹕來浙，賜第於衢，世爲聖公。元世祖時，孔洙以世爵讓曲阜支，世祖授洙祭酒，兼提舉學校事，以奉衢州聖廟之祀。明弘治朝，從知府沈杰請，官其嫡孫世一人爲五經博士，推官劉起宗創建孔氏家塾，捐置田畝。康熙五十九年，題准嗣後至聖嫡裔歲科試取進二名，附西安縣學。今博士孔慶儀，年僅五歲，止存宋之賜田五頃，其族在庠者十人，廪生一人，文童應試僅止四人。考自明景泰甲戌科孔公恂中進士後，尚無進士。嘉靖乙卯科孔承祀中舉人後，國朝二百年來，止道光癸卯科孔廣升一人。各項貢生，除前遇臨雍詔取恩貢二名外，惟雍正年拔貢一人，道光年優貢一人，歲貢亦僅六人。著於《西安縣志》者，惟孔興道一人以閉户著書稱。哀弱已極，故請加恩云云。詔：禮部議奏。廿六日。

十一日癸丑　陰晴相間。作書致汪謝城教諭，致陳鳳樓、沈瘦生，致仲弟。作片致季弟，致竹樓。陳藍洲之母夫人五十生日，書楹帖一聯賀之，并作書致藍洲。得謝城復。季弟幼薌來。以朱印識新得諸書。九弟來，補送予生日食物。付王福工食一番金。

十二日甲寅　晨陰，上午密雨，至夜有聲。竹樓來。予家舊有文昌會，今年輪次值祭，擬以十五日祭之，書柬帖約親族同會者十一人。夜雨聲徹旦。以朱筆點改《府志》儒林、文苑傳。

十三日乙卯　晨陰，上午雨又作，終日大風，入夜震盪。點改《府志》鄉賢、忠節傳。令匠人製一長篋，藏高祖考妣遺像，付錢六百五十文。

十四日丙辰　寒，微晴。撰《文昌會序》，以舊有商君嘉言序蕪穢不經，至引用《三國演義》中語，故作此正之，不存稿。又撰次同會十一家《世系表》。夜有月，今春所難得也。

十五日丁巳　晴陰相間。梅坡叔、石湖叔、蘭如弟、竹樓弟、五弟、季弟、陳是寅表姪等來，共祀文昌，以少牢分肉十家，家得六斤有贏。午飲胙酒，傍晚各散。得譚仲修書、陳藍洲書。

十六日戊午　晴和，始覺春暄之美。上午坐小舟出西郭門，至郭婆漊祭五世祖橫川府君墓，又祭八世祖承山府君墓，午歸。爲沈蘅甫書楹聯。下午洗足。晡後偕季弟至倉橋街閲市，以一番金購得雷氏《皇明大政紀》及汪有典《史外》。季弟以三番金購得凌迪知《萬姓統譜》。傍晚，至後觀巷王寅生家，夜止宿。

十七日己未　上午晴和，下午大風，陰。晡後自觀巷步歸。三妹亦歸寧。

夜閲《劉子全書》，董瑒無休所編。凡語類十三卷，卷一《人譜》，卷二《讀易圖説》及《易衍》，卷三《孔孟合璧》《五子連珠》，卷四《聖學喫緊三關》，卷五《聖學宗要》，卷六《證學雜解》，卷七《原旨》七首，卷八《説》二十四首，卷九《問答》，卷十、卷十一、卷十二《學言》，卷十三《證人會約》《會講申言》及《會録》。文編十四卷，卷一至卷五奏疏，卷六、卷七書啓，卷八序、引、題跋及記，卷九墓志、表、狀，卷十傳、論、箴、贊、祭文，卷十一《紹興府鄉賢考次》《保民訓要》《天樂水利圖説》《安昌社倉記》《鄉書》，卷十二雜著附會墨，卷十三賦，卷十四詩。《苦次》九首，《行人予告歸詠》十一首，《奉差》九首，《同僕歸詠》九首，《京兆》二十九首，《司空》十九首，《北憲》六十三首，《南憲歸詠》十七首，《居越》詩前、後共一百二十首，《殉難詩》三首。經術十一卷。《論語學案》四卷，《古易鈔義》三卷，《曾子章句》一卷，《大學古文參疑》一卷，《大學古記》一卷，又《約義》及《雜言》一卷。附録《子劉子行狀》一卷，門人黃氏宗義著。《年譜》上、下及《録遺》一卷，忠介子汋伯繩著，共爲四十卷。而首爲《鈔述》一卷，亦無休所撰，略如序例之體，其前冠以像贊及蕺山弟子籍，又黄氏原序一首。道光初，鄉先生王氏宗炎、李氏宏信、杜氏煦、杜氏春生兄弟、沈氏復粲等，鳩貲校刻，頗稱精慎，其板向藏沈氏。越未亂前，家有其書，今百不一存。板歸宗滌甫師處，亦多殘缺，已爲稀見本矣。

十八日庚申　風日晴和。作片致竹樓。上午偕季弟、幼香弟、九弟，并邀鄭妹夫同舟出偏門，詣樵風涇門前山，土地祠爲漢太尉鄭公弘，其地俗名地盤。上曾祖生妣之父傅翁諱成玉。墓，傍祔曾祖姑適陳氏及其夫霞蜚君，守墓人陳姓。山高數丈，周廣僅二里許，山下瓦屋數家，竹籬板扉，桃花四、五樹，臨流盛開。四面石帆、射的諸峰，蒼翠環繞。山居之勝，令人歎羡。午移舟泊禹廟下，登岸步至南鎮祠，花竹夾路，游人甚盛。午後回謁禹祠，摩挲窆石，殘字在下截南面，昔人定爲漢刻。僅一『石』字甚明，一『黄』字隱約可辨而已。南鎮祠儀門之右，有徐文長書扁『一維十道』四字，蒼勁秀樸，甚爲可愛，向以枯筆見奇，今爲俗工所修飾，遂不成字，可惜也。傍晚歸。

閲明烏程淩迪知《萬姓統譜》，凡一百五十卷。其書分韵編次，先常姓，後希姓，每姓下先注郡望、五音及所自出，而後依時代分列人物，至明萬曆朝而止。其希姓，雖乙科丞尉亦備録之。其書失於過繁，龐雜牴牾，固難悉數，又不講字學，時病舛訛。然臚載詳盡，考姓氏者，莫便於是書。所列明嘉、隆以前人尤詳，多足補《明史》所未備。其前冠以《氏族博考》十四卷，分姓氏總論、氏考、氏源、氏案、氏目、字辨、譜系、事實、譜籍、族望、世家、附録十二門，亦多有資考證。迪知，字稚哲，由工部員外郎出爲知府，致仕歸。有自序及王世貞、吴京字朝卿，烏程人。兩序。

十九日辛酉　上午陰，下午雨。大覺林僧隱松饋香積饌一席。作片致蘭如借船。竹樓來。

閱汪氏《史外》，亦名《前明忠義别傳》，共三十二卷。卷一、卷二爲方孝孺至程濟等，卷三爲劉球至海瑞等，卷四爲張振德至王三善等，卷五、卷六爲萬璟至劉鐸等，卷七爲劉之綸至孫承宗等，卷八、卷九、卷十爲衛景瑗至何燮等，卷十一爲盧象昇至范淑泰等，卷十二、卷十三、卷十四爲范景文至鞏永固等，卷十五爲張令至李昌齡等，卷十六爲廬州忠義合傳，卷十七爲焦源溥至雷縯祚等，卷十八至卷二十七爲福、唐、桂、魯死事諸臣史可法至薛大觀等，卷二十八爲文學許琰至理邕和十九人合傳，及劉孔暉至許文岐等。此卷標題稱『布衣諸公合傳』，然所列許琰等十九人皆諸生，故其傳敘作『文學諸公傳』，至劉孔暉等六人皆職官，而王漢則河南巡撫也。蓋標題之誤，今正。卷二十九爲許布衣、畫網巾先生合傳，鄧、歐、石三布衣合傳，卷三十爲遺臣姜埰等，卷三十一爲史八夫人、沈雲英、劉淑英，卷三十二爲《國變難臣鈔記》，據沙偉業《先世舊鈔》，甲申三月燕京之變被難諸臣，凡分七目：一曰死難姓名，二曰刑辱姓名，三曰囚辱姓名，四曰潛身姓名，五曰叛逆奸臣姓名，六曰受賊官職姓名，七曰誅戮姓名。采薇子、一壺先生合傳。汪氏名有典，字起謨，一字訂頑，安徽無爲人。其書成於乾隆初，尚在《明史》未頒之前。雖間傷冗雜，而議論激發，志節忼慨，想見其人。所紀亦頗詳慎。

夜雨旋止，風大起。

二十日壬戌　上午風陰，下午晴。先王父敬之府君忌日，庶祖母張太宜人忌日，設祭。季弟來。以《皇明大政記》及《萬姓統譜》補注《府志》中周祚、韓邦問、王鑑之、史琳四人傳，以《劉蕺山集》補注劉棟、來斯行兩人傳。

二十一日癸亥　晴和。剃頭。上午偕季弟、九弟、幼香、穎堂兩族弟、鄭妹夫、大妹、二妹、三妹、内子及諸甥，男女舟各一，鼓吹舟一，行廚舟一，詣項里，上先君、先妣墓。仲弟及僧慧自柯山來會。午登隴祭奠，傍晚歸。

二十二日甲子　晴暖，晡後陰。沈瘦生饋玉露霜兩匣，大妹饋冰糖、蓮子及𩝐脯半肩。上午，詣西郭宗人家，與祭五世祖妣陶太君忌日。午飯於季弟家。下午偕季弟詣鄭妹夫，夜飯後歸。三更後雨。

二十三日乙丑　雨。閲汪氏《史外》，其議論儘有佳處，而敘次頗冗俗，亦時有生吞活剥之病，蓋學究氣累之也。夜雨聲轉密。

二十四日丙寅　丑初三刻十分清明，三月節。終日嫩陰。傷風齆涕，終日不快。卧閲汪有典《史外》。對門吴氏以宅鬻於杭州李氏名繩祖者，來請飲酒，謝之。沈寄帆、雲帆來，請明日謁明光禄寺少卿沈忠愍公墓，以疾辭之。忠愍墓在都溷門外白蓮畚，俗呼忠臣墳，而向無碑碣，當爲之謀片石焉。

閲正月二十八日至二月十五日京報：

福建巡撫卞寶第奏病難速痊，懇請開缺調理。詔：賞假三個月，安心調理，毋庸開缺，福建巡撫著英桂兼署。廿九日。

馬新貽、丁日昌奏請爲故安徽巡撫翁同書於揚州建立專祠，以揚人庶吉士臧穀等呈稱其咸豐三年克復瓜州等功也。詔：禮部議奏。三十日。

詔：遣侍郎皂保、胡家玉往修福陵。詔：前因御史張澐奏參湖南布政使李榕乖謬不職，當交李鴻章逐款查明具奏。兹據覆陳大概情形，請旨辦理等語。李榕著暫行革職，聽候查辦，湖南布政使著王文韶署理。二月初一日。

詔：初六日親詣大高殿祈雨，時應宫、昭顯廟等分遣諸王。初四日。

左宗棠奏正月初十日至十五日勞山、牛武川等處之捷。初八日。

前任駐藏大臣景紋自陳以去年辦理西藏瞻對事，爲僧俗所愛戴，公呈代請奬勵，據實轉奏。詔：景紋自行乞恩，向來無此體制，且如果該達賴喇嘛等愛戴情真，何不呈請恩麟具奏，景紋於交卸之先自行陳請，實屬卑鄙無恥，著交部嚴加議處。初十日。　給事中夏獻馨請旌表已故禮科給事中劉慶妻趙氏。本年正月二十日，慶病卒，趙氏吞金即日死。　詔：禮部議奏。初十日。

以太常寺少卿通政司參議唐壬森爲大理寺少卿。十三日。

二十五日丁卯　晨晴，上午陰，午後薄晴。作書致譚仲修，與辨章實齋氏言部録、言義法之繆。讀《劉蕺山年譜》。張梅巖自新城歸來，言學署在山中，花事甚盛，令人神往。

夜讀《蕺山集》中諸表、志。蕺山先生不以文章名，其敘事亦多徇俗稱，未嘗講求義法，然真氣旁薄，字字由衷之言，轉非文士所能及。如南京吏部文選司郎中醒涵臧公、名照如，字明遠，長興人。工科右給事中聚洲王公、名元翰，字伯舉，雲南寧州人。封資政大夫兵部尚書原任刑部浙江司郎中文源李公名廷諫，字信卿，吉水人，忠肅公邦華之父。諸志，丁長孺先生、名元薦，長興人，官尚寶司少卿。禮部尚書孫文介公、江西參政養冲姜公名士昌，字仲文，丹陽人。諸表，皆極言朋黨門户之害，追原禍始，反覆抑揚，深情如揭。《刑部河南司郎中日乾趙公名會楨，字表如，慈谿人。墓志》，據事直書，黑白自見，未嘗回護趙君，而亦不以異同致疑，尤見公心如稱。《少師恒岳朱公墓志》詳而有要，筆力亦足相副。大中丞張浮峰先生、名元冲，字叔謙，山陰之白魚潭里人。福建右布政使馬湖來公名斯行，字道之，蕭山人。兩志，皆有裨鄉邦文獻。此所謂有德者必有言也。

鄭妹夫來，季弟來。作書致族叔梅坡，爲宗祠祭田户管筆墨費也。

二十六日戊辰　晨嫩陰，上午晴陰相間，午晴，晡陰。作片致沈寄帆。午前以春光甚麗，作片致兩弟，擬偕之近游，由王公池出偏門，流連村落間，而人事沓至，天亦旋陰，出無佳侣，遂爾興盡。浮生多阻，良可慨然。族弟穎堂來。夜風雨，頓寒，讀劉子《人譜》。

二十七日己巳　終日霒陰。

讀劉忠介集中諸書。忠介之論學頗直截，較諸儒之言心則分情性、意志之先後，言理則分气質、知行之偏全，殊爲一掃葛藤。其下一卷言時事出處，尤爲老謀深識，字字名言。吾越之爲理學者，陽明尚矣，龍谿亦經濟之才，忠介難進易退，不竟其用，其抱負宏深，實足爲名世間生，非宋元諸儒及薛、胡、曹、蔡之比，亦非並時梁谿、漳浦所能頡頏。莊烈知而不用，天之所以亡明也。

其《與周綿貞起元書》云：『吾輩出處語默之間，亦多可議，往往從身名起見，不能真心爲國家；其所以異於小人者，只此阿堵中操守一事，然且不免有破綻可乘，安得不授以柄？所云吾黨之罪，在宋人之上，不爲虛也。』《與丁長孺書》云：『山林學問，只是平淡布素，不必冥冥，亦不必汲汲。黨錮之日，徐孺子亦其人乎？問以國家事，笑而不答，兄復喃喃口不絕世事，何也？』第二書云：『封疆連喪，而朝士猶争經争撫，言是言非，尚無定案，迄於彌月不用一人、行一事，束手待斃。國事至此，真可痛也！今日公論，似反出於小人，外患即不來，小人亦當翻局助内璫以殺正人君子，而况外憂内難，且洶洶交作於旦夕乎？目下禁中事益可虞，閣部大老中無有見及此者，恐大禍只在目前，吾黨劫運，義無可逃。山林廊廟，同是君臣之義，不知吾黨它日之不負相許者幾人耳！』時爲天啓壬戌。觀此，可知當日東林諸君子搴裳濡足之習，先生亦心非之，故言之懍然，絕無適莫。而先幾之哲，尤非趙、鄒、楊、左諸公所及。故先生雖首劾客、魏，而其後僅遭削奪，終不及於慘禍，則先生之自處皭然有以致之也。

其《答方孩未震孺巡關書》，力匡其不善處經撫，但以『不和』二字藉口。有云：『今日之局，經處内而撫處外，勢不得不以經隨撫，協力成功。而撫身逼虎狼之穴，勢又不得不決言一戰，以僥幸於萬一。

爲經略者，眼空一世，所見無人，固其素性，一旦身膺節制三方之寄，其肯一一寄人籬下而惟撫之進止乎哉！此措置之不善也。丈何不明言其事，當一委經臣調度撫臣，撫臣既不受節制，則當以經臣駐節廣寧，身決戰守之計，而撤回撫臣，居山海關以聽調度。倘經臣不願居廣寧，則當聽經臣自舉一巡撫，更换舊撫，惟其調度無不如意。由是而功成，則朝廷固不惜通侯之賞，敗則不難以尚方膏七寸之頸。而當是任者，雖有卸擔卸罪之計，無所用之矣。不然，是所謂既不能令，又不受命，絶物而已。經臣宜何居焉。』時爲天啓辛酉。其於遼事，可謂洞若觀火。而熊襄愍日後之禍，亦已燭照，且益見當日之不善用襄愍，所謂自壞長城。此其識豈葉文忠、鄒忠介、魏忠節等所可同日語哉！

其《與錢牧齋書》慰其丁丑之被逮，有曰：『小人之欲借門下以殺君子久矣！而門下每不知所以自全，一旦禍發而不可解，生死之際，寵辱之交，前人處此，已多榜樣，幸門下自愛。』《與黄石齋少詹書》唁其戊寅之得罪，有曰：『語云：漢文不能用賈誼，誼與有故焉。當此之時，君負臣乎？臣負君乎？以徵近事，千古同慨。僕不意門下學古之道，而僅以長沙擬也。』其詞嚴義正，皆有泰山巖巖氣象。其《上温員嶠體仁相公書》，在丙子七月。歷數其營私弄權，辭直而不絞，勝於廬陵之《上高司諫書》。其《與章羽侯正宸吏掌垣書》，在辛巳八月十三日。切責其曠官緘口，氣婉而益嚴，過於昌黎之《争臣論》。至罷官時與祁世培、即忠惠公。祝開美淵、惲仲升日初諸書，國變後與張考甫、祁世培、熊雨殷汝霖諸書，皆非有意爲文，而危切深警，精神迸溢，讀之令人振悚。此先生所以爲有明第一流人，亦道學中之第一流人歟。

夜雨，得王妹夫書，以肩輿來迓，不往。

二十八日庚午　終日霃陰濜潤。剃頭。

閲《鮚埼亭外集》，補訂數事：一《跋崇禎十六誤作十七。年進士題名録》中，會稽余增遠，誤稱其若水之號；山陰金廷韶，誤作廷詔；又是科有山陰李安世，有餘姚李安世，亦未分晰。一《讀使臣碧血録》言冥報事，尚有熊廷弼、吴裕中之殺丁紹軾，熊見《三垣筆記》，吴見《南雷文約》。顔佩韋等五人之殺毛一鷺，見《剥復録》。雷縯祚之殺阮大鋮。見《南略》諸書。一《續幸存録跋》，言夏文忠官考功郎，不當稱小宰，其時小宰爲吕公大器，不知明人稱吏侍曰『少宰』，不曰『小宰』，其稱吏部郎曰『小宰』，猶唐人之稱『小天』。

夜雨。

二十九日辛未　陰雨。

閲《兩朝剥復録校證》，爲補注數事：一朱延禧、丁紹軾二人相業尚可節取。據《先撥志始》。一商周祚非閹黨，其天啓五年官爲南京工部尚書。據《倪文貞公集》。一曹欽程縛赴西市變爲猪形，當屬傳聞之誤，欽程終未正法，後從闖賊西奔，何能獲於南都。據《明史》解學龍傳、閹党曹欽程傳及《三垣筆記》。一太常寺少卿莊欽鄰下失注，欽鄰後於崇禎間由南冢宰召爲吏部尚書，未至罷。一御史張汝懋爲文恭公元忭之子，《明史·儒林傳》亦載之。一祁承㸁爲忠惠公彪佳之父，《明史·祁彪佳傳》雖未載，而朱竹垞《明詩綜》、全謝山《鮚埼亭集》及温氏《南疆佚史》等皆載之，不僅見於《忠惠集》。一定海薛三省謚文介，與其兄三才謚恭敏皆有清望，三省雖以天啓五年任禮部尚書，然未三月即告歸，並非閹黨。據《鮚埼亭集外編》及《明史·七卿表》。嗛甫皆未能考，可知其史學之疏矣。

沈雲帆送所裝釘《史記》來。夜雨聲漸密。

三十日壬申　風雨。偕仲弟詣亭山，祭先王父母殯宫。下午歸。夜雨更密。以朱印遍識《史記》

各册。王妹夫來，三更去。是日寒甚，有霰。

三月癸酉朔　薄晴。午由山後經王公池出肄武場，訪胡梅卿、何星槎秀才，留飲。抵暮偕陳耕莘訓導，由清凉橋出鎮東閣，經寶珠橋歸。夜二更後王氏妹回去。

初二日甲戌　薄陰。爲大妹及妹夫各書摺扇一柄。竹樓來，偕之倉橋閲市。作書致陳鳳樓表兄，約以初五日詣濱渚掃墓。

初三日乙亥　上午晴和，午風自南起，下午風横甚，遂無。率諸弟姪詣木客山，祭高祖考妣及曾祖生妣墓，傍晚歸。閲《朱少師事實》，其曾孫世衛所編也，前有桐城張文和公序。文和與世衛從兄世衍爲康熙庚辰同年進士。《事實》僅著其要，未爲晐備。其末附辨《明史》本傳中數事，頗爲謹覈。

初四日丙子　晴暖。作書致曉湖，約明日游濱渚寶壽寺。再作書致鳳樓，約明日掃墓。偕諸弟姪詣釣湖狀元橋，上本生曾祖考妣墓，傍晚歸。得皋步屠夢巖姑夫訃。姑夫今年六十有四，以前月晦日卒，姻黨尊行從此盡矣。姑夫素健，憙飲酒如少年，家中落而陶然自適，與子姓輩游，怡怡如平交，不以欣慼嬰懷。予方卜其壽考，去歲三月曾來西郭視予疾，後遂未相見。近有書致予從弟，言以月之八日來偕掃先本生王父殯宫，予且計留之入城，信宿相聚。而乃忽中風得急疾不能言，兩日遂逝。《詩》云：『死喪無日，無幾相見。』悲夫！　曉湖來。得陳藍洲書，并寄來二月間薪水廿番金。夜大雷雨。偕曉湖談，甚樂。

初五日丁丑　雷雨不絶，晡後略止。得慎齋義烏書。曉湖去。詣濱諸金釵隴，上曾祖考妣墓。午後登壟，甚雨及之，幾不克祭，傍晚歸。夜大雨，徹曉有聲。

初六日戊寅　晨及上午大雨，午後日景出。具燭楮吊屠姑夫，并書聯輓之云：『病榻荷垂詢，豈料一年成永訣；尊行悲盡謝，從兹三黨竟何依。』作書致張䩄翁，索還《日記》，得復。致胡梅卿，致孫生子宜。爲鄭妹夫書横幅。夜密雨，二更後尤甚。三日來地潚蒸潤如黴時。

初七日己卯　晨至上午，密雨不絶聲，午有風，頗寒，濕氣稍收，晡後又雨。

閲《茨村詠史新樂府》上、下二卷，山陰胡介祉著。介祉字存仁，號循齋，禮部尚書銜秘書院學士兆龍之子，康熙間官湖北僉事道。《樂府》共六十首，皆詠明季事，起於《信王至》，紀莊烈帝之入立也；終於《鍾山樹》，紀國朝之防護明陵也。每首各有小序注其本末。時《明史》尚未成，故自謂就傳聞逸事，取其有關治亂得失者譜之。今其事既多衆著，詩尤重滯不足觀。

惟《皁城死》下注云：忠賢生前作壽藏，壯麗侔陵寢。國變後，名下奄猶葬其衣冠，今在碧雲寺。《浣衣局》下注云：客氏每歸私第，大學士沈漼與有私，人皆指爲嫱相，故客氏數歸，歸未旬日，忠賢必矯旨召入。客氏亦不知書，而强記尤勝忠賢。忠賢用輕紅紗繡花鳥作大幔，恒與客氏密語其中。夜宴畢，閲廷臣章奏，細商責處當否，移時方就寢。客氏憚張后嚴明，謗以蜚語，謂海寇孫官哥所生，非張氏出。且揚言欲修築安樂堂，行廢后故事，又將遣名下宫人潛往河南訪后家世。后聞之窘甚，適客氏歸私第，其母動以危言，乃止。又言張裕妃之被譖以死，由於過期不育。客氏常令美女數輩，各持梳具環侍，欲拭鬢，則挹諸女口中津用之，言此方傳自嶺南祁異人，名曰『群仙液』，令人至老無白髮。《劉狀元》下注云：故事，内閣擬策問二條，御筆點用其一，鮮所竄改。崇禎甲戌殿試，問知人安民，帝親灑宸翰，更其大半。時諸進士率關通内閣，先得題旨，制策皆宿構。及兹入對，倉皇裁答，多不合旨。惟杞縣劉理順素硜硜自守，無所揣摩，至是條對特詳切。及讀卷官循故事硃圈進呈十六卷，劉不與。上閲進呈者不當意，命再呈十二卷，劉在其中。帝覽而善之，遂拔置第一，輿情未厭也。後甲申之變，劉竟闔門殉節。《三罪輔》下注云：『薛國觀賜死，在廷申救，帝出其二揭：一請廢翰林院，一請更監視内臣冠服如朝士。時始知其奸諂。以國觀與周延儒、温體仁爲三罪輔。《迎太后》下注云：福王太后諭選中宫，使奄人田成選淑女於杭州，太后親命之，其言甚褻，致來物議。或言不早立中宫，而選擇民間不已者，太后之故也。《假皇后》下注云：或言馬士英爲鳳督時，有首告居民藏王印者，取覩則福王印也。詢其人，云負博者持以質錢。士英物色之，以爲真福王也。國變後，遂推戴以邀援立功，天下皆以爲真福王矣。數事皆它書所罕見。

餘如《復社行》之極言社人之恣横，《新女子》之極言思陵之寡欲，《東陽恨》之極言許都之冤憤，《懿安后》之極言張后之嚴正，《京營弊》之極言戎政之積壞，《内帑疑》之力白莊烈之無餘藏，《衣冠辱》之備寫諸臣降賊之狀，《睢陽變》之詳敘高傑被害之事，亦皆有裨史事。至極稱楊武陵之才爲崇禎朝第一任事相，而廷臣以門户故掣其肘；極稱毛文龍之功，以袁崇焕誅之爲冤；又謂文龍日以幣物致津要，華亭陳繼儒布衣負重名，方游輦下，獨不見及，銜之，遂構之於錢相國龍錫；皆非事實。其以太監王之心爲殉節，以構殺薛國觀爲出於曹化淳，以童氏爲福王藩邸繼妃，以周鑣爲南户部主事，亦不免小誤。稱莊烈爲懷宗，亦非。

是書爲諸暨郭雲也石學種花莊刻本，前有宿松朱書字緑序，後附録李驎《書懿安皇后事》一首，賀宿《紀聞》一首，皆力辨懿安死節爲舊宫監王永壽所目睹，並無亂後流落事。驎又據寶應陶徵《故宫詞》，力斥許承欽言烈皇盜嫂之誣。言承欽爲湖廣漢陽人，崇禎丁丑進士，官户部主事，國變後居揚之泰州，嘗大會賓客，言烈皇宫中穢事，絶誣妄。後見陶徵《舟車集》中有《故宫詞》云：『慈寧宫禁老莓苔，元日鶯傳法從來。上下隔簾遥拜畢，六龍飛輅一時回。』自注：『故宫人左氏，遭李自成亂，流落爲民間澣衣婦，年今五十餘矣。嘗言懿安皇后居慈寧宫，元日烈皇朝后，后必答兩拜，重簾邃密，不相見也。

剃頭。得陳邁夫如皋書。

初八日庚辰　上午陰，下午密雨，入夜有聲，寒甚。午詣張梅巖，不值。詣季弟家，閲放翁《南唐書》。傍晚歸。

初九日辛巳　巳初二刻六分穀雨，三月中。晴和。偕諸弟姪詣謝墅，祭掃本生王父母殯宫，焚楮鏹一挂，又以楮資四百文交五弟。晚歸。日來付賃屋錢三千，還季弟八番金，船户姚十兩番金，廚子高六執兩番金，笋錢八百餘，柴錢九百餘，及雜債錢三千有奇，計一月薪水又盡。適今日穎堂送義田脩脯錢十二千來，遂得還米錢三千二百文，以其餘延數。朝夕讀書，不善治生，無功而素餐，得緩餓死，已爲幸矣。

初十日壬午　晴和。下午詣大妹閑話，傍晚至大善寺前閲市，以錢八百四十文購得惠氏《周易述》。又至倉橋，購得抱經堂本《白虎通義》，晚歸。胡梅卿來，不值。

十一日癸未　上午陰，有小雨間作，下午晴。

閲《方孩未先生集》，武進李申耆所編。凡《奏疏》四卷，《獄中自述年譜》一卷，《報恩録》一卷，《禍由録》一卷。《偶然賸稿》一卷，爲詩一百四十一首，皆被逮及獄中所作。惟《武陵歎》十二首，爲楊嗣昌作，則出獄後也。《筆記》六卷，曰『決疑』，曰『定難』，各一卷，乃崇禎十六年冬，孩未爲廣東按察使時，吉王由長沙避寇入粵，有楚中潰走之楊、湯兩副將以兵護之至連州，粵人誤傳以爲賊，署連守朱藴釸遁，粵將嚴某接戰而敗，廣州大震。孩未乃親至連朝王，而王已於十一月十七日薨逝。孩未乃奉其柩厝於陽山，而安插兩副將守藍山、贛州之險。《決疑》皆勘報處置等檄諭，《定難》則守省扼險等公牘也。曰《平反》兩卷，則記其分守嶺西及權按察時讞獄等事。曰《開節》一卷，則記其署布政時征解等事。曰《因才》一卷，則記舉薦文武等事。以上六卷，皆公牘文字，而稱曰『筆記』，殊不可解。《雜文》一卷，《附録》一卷，則《明史》本傳以及私傳、薦疏、集序、贈詩之屬，共爲十六卷。

孩未感憤遼事，自請出關，有忼慨國士之風。其即以此賈禍，尤爲奇冤。然天啓閒六君子、七君子，以皆下詔獄，無一得免，獨孩未與惠元孺下法司，九死一生，得見天日。而莊烈於既死者贈謚褒恤，備極優崇，二人乃遲之又久，終不大用。當日廷臣争惠者尤衆，劉忠介至書責烏程，罪其阻阨。其後惠得擢刑部侍郎，不久免歸，卒以受賊僞職，負世大詬。孩未聲氣遠不逮惠，臺諫中自馬如蛟、倪元珙一二人外，鮮入啓事。後以壽州守城功，僅敘授廣東參議。明自隆、萬以後，科道出爲藩參、臬副者，比於謫降，故孩未在粤檄獻賊僞官決戰文，亦自稱左遷。豈爾時朝論，終以巡關之舉失陷封疆，熊公既不見原，故孩未亦不能無議耶？然考之集，孩未實爲襄愍督學南畿時首拔士，而其言遼事，頗不無襄愍爲然。嘗言『經、撫終日不算敵而鬥口，經説話雖穩而不肯做，撫肯做而漫無實著』。又上《經撫心同手異》一疏，有云：經、撫兩臣，一爲臣之嚴師，一爲臣之至友，皆以襄愍與王化貞並論，無所是非，此劉忠介所以作書規之。轉眴而襄愍受禍，遂興大獄。孩未爲化貞所誣，郭興治據以疏劾，至擬辟刑。其《年譜》及《禍由録》中屢言之。然則忠介之識，豈孩未所可幾，不將歎爲聖人哉！

孩未血氣之士，質美未學，其詩文亦然，大氐伉爽自憙，而絶無涵養，又不脱晚明文士小説家常。其遭難後自號爲念道人，歸心佛乘，遂概以禪宗語入文字，而意激語矜，亦往往自許過甚。其撰《年譜》，既自稱爲先生，而夸詡者又不壹而足。其在粤處置吉藩時，以御史故官行事，檄諭皆自稱『本院』，亦似非體。其《報恩録》中皆紀一時急難之人，而尤感者霍維華，至云死何足惜，獨恨上無以慰母氏，弟無以慰浣叟，友無以慰鍾西，即維華字。故篇中以浣叟始，以鍾西結焉。孩未自言孤蹤寡援，原不知東林爲何人，亦不知何人是門户。其爲諸生時，被人以軍田誣控於督府李公修吾，三才字。至就羈繫，禍且不測，以張先生鶴鳴救得免。及爲御史，上疏請增閣臣，爲首輔劉是庵一燝别號。擬旨切責。後以廣寧失事被勘，張鶴鳴勘疏又稱其有功無罪，御史胡士奇等疏請超擢，奉旨速議。而是時孫瑋爲掌院，楊、左副之，卒不復請，以明其於門户無與。蓋李、劉、孫三公皆東林之主持，楊、左更不待言，而張則東林之勁敵也。其自辨可謂至矣。然以維華之奸狡，而感之至此，實不可解，豈墮其術中耶，抑别有故耶？

孩未身罹黨禍，又關系遼事，而《明史》本傳頗略。其《列三案是非疏》《再掃三案葛藤疏》，持議最平，《明史》皆略撮數語，又易其上疏名目，閲之甚不了了。其崇禎初出獄恭謝天恩疏自敘甚婉，而願在朝。及被罪廢棄，諸臣悉融成見，持論公恕，尤爲可稱。《從信録》諸書亦載之，而《明史》一字不及。孩未因疏論遼東閲臣姚宗文，遂嬰党人怒，徐大化以與姚最厚，乘間報復，乃其以門户賈禍之由，《明史》亦不載。

其父因夢方正學而生孩未，故名之曰震孺。其巡遼時，副總兵羅一貫方官把總，爲孩未擺馬，孩未力薦其可爲大將，後一貫卒立功稱名將以戰死。其在籍守壽州事，《明史》言之亦甚略。今觀是集附録，侍郎劉鍾英所撰《方侍御守壽春録》，則其時州城無一官，孩未堅守兩旬，拒賊衆數十萬，屢斃名賊，其功甚偉。史公可法列上其事，亦極稱之。《明史》於其官廣西後，僅云：『用爲廣西參議，尋擢右僉都御史，巡撫廣西。京師陷，福王立南京，即日拜疏勤王。馬士英憚之，敕還鎮，震孺憂憤而亡。』今觀是集，則孩未歷署按察使、布政使以授巡撫。據《筆記·開節》一卷自序稱『方子以癸未八月掌臬事，會藩司缺，則又署藩』，似已真授按察使矣。然《因才》卷中請入賀萬壽詳文，仍自稱『本道叨守嶺西』，趙吉士《續表忠記·巡撫方公傳》亦云『以參議晉巡撫』，蓋崇禎特簡，與《明史》不異。其署臬時，力辨吉王之非僞，散遣楚將，安集人心，及調兵籌餉，備禦獻賊，皆有功於粵。至《明史·吉王傳》言：『崇禎九年，慈煃嗣爲王，十六年，張獻忠入湖南，同惠王走衡州，隨入粵。國亡後死於緬甸。』《諸王世表》則謂慈煃以崇禎十二年襲，又闕一『煃』字不填。據此書則慈煃入粵即薨，其入緬甸者，蓋其嗣王。而弘光初立，所謚曰貞之吉王，蓋即慈煃，非其父由棟矣。《明史》表、傳於由棟、慈煃，皆失其謚，并其世次亦不明，賴此足證其誤。孩未署粵藩時，吾鄉嚴公起恒以廣州知府升蘄州副使，孩未力請奏留，謂民心所系屬，無如此人，請俾以副使職銜，仍掌廣州府事，此亦足見其知人善任。而《明史》諸書亦皆不載，惟附録鄭之元所撰《侍御方公傳》言：『崇禎初，將加不次之擢，時長山相國與公同門，欲索重賄。』趙吉士撰傳亦云『政府有索賄者』。此似不足信。劉公賢者，必無是事。趙但云政府，或爾時别有主者耳。

下午，竹樓來，晡後偕至倉橋閲市，晚歸。得朱厚齋片，爲予借得鈔本《章實齋雜著》十册。

十二日甲申　薄陰。治素饌及楮鏹，詣偏門外上塘漊，祭先王父側室張節母殯宫，季弟去。賖得徐國安禾秸一千二百斤。

閲《實齋雜著》，乃沈霞西所録副本，據云得之其子。雜文及筆記錯出無次，有隨時劄記它書不應存者，有零星無首尾者，有已刻入《文史通義》者，蓋即其稿本未加甄録也。其中大半爲《湖北志稿》。實齋於志學用力甚深，實爲專家，而自信太過，憙用我法，嘗言『作史作志，須别有宗旨，自開境界』，此固可爲庸下針砭。而其弊也，穿鑿滅裂，盡變古法，終墮於宋、明腐儒師心自用之學。蓋實齋識有餘而學不足，才又遠遜，故其長在別體裁，覈名實，空所依傍，自立家法，而其短則讀書鹵莽，穅秕古人，不能明是非，究正變，泛持一切高論，憑臆進退，矜己自封，好爲立異，駕空虛無實之言，動以道眇宗旨壓人，而不知已陷於學究雲霧之識。後之不學之士耳食其言，以爲高奇，遂云漢後無史，唐後無文。持空滑之談，以蓋百家；憑目睫之論，以狹千古。自名絶學，一無所知，豈不大愚而可哀哉！

大氐浙儒之學，江以東識力高而好自用，往往別立門庭，其失也妄；江以西涂轍正而喜因人，往往掇拾細瑣，其失也陋。實齋之論史，尊鄭樵，薄班固；論學以馬端臨《通考》爲淺俗；論文以昌黎爲不知義法，而尤詆半山；論校讎謂當取大、小《戴記》，依類分編各部，如《漢志》別出《夏小正》《弟子職》《小爾雅》例。至謂《周易》上、下經及十翼，亦當分載，皆極謬妄。論國朝各省，當以總督、巡撫、部院標目，不當以布政司標目；又當稱各省爲各統部，力與洪北江辨。其撰《湖北省志》，遂稱爲『湖北統部志』，則不古不今，不知遵何王之制，幾於文理不通。至與戴東原辨，言地志當以人物爲重，不在考覈疆域；與邵南江書，譏其於文漫不留意，立言宗旨無所發明；又謂其欲作《宋史》，成一家言，當以維持宋學爲命意所在；又謂《周官》師儒本分，師者道學也，儒者儒林也，《宋史》分立道學、儒林傳爲是。皆所謂好惡拂人之性。作文必尋宗旨，蓋仍是時文批尾習氣。其餘謬論尚多，予已別有文論之，不具列。

實齋爲先曾王父乾隆丁酉鄉試同年友，其學亦鄉先生之卓然者，當從朱氏轉借得全稿後，并取其已刻者爲之編次刊削，成一鉅集，鳩同志刻之。

夜有月，忽雨旋止。

十三日乙酉　上午陰，下午晴。室人、姬人詣南門外歔湖狀元橋，祭掃外舅馬公、外姑李孺人殯屋。孺人，先王父次女也。是日風日和煦，偕諸弟至偏門跨湖橋馬太守廟觀競渡，士女甚盛，傍晚歸。夜月甚佳，今春第一夕也，然已有夏意矣。

十四日丙戌　晴暖。《嘉泰會稽志》有氏族考，全謝山嘗撰《四明族望表》，此事關系鄉里文獻甚鉅，且以清流品、別僑籍，隱寓九品中正之法。近覯大亂以後，衣冠僅存，譜牒悉散，新秦子弟，益無顧忌。前日與張䍤翁言，吾越修志不可不撰此表，䍤翁亦以爲然。今日閱章實齋《湖北志稿》亦立族望表，而攻之者紛如，謂地志不必爲人作家譜，且言荆州業以此故構訟，甚矣流俗之難曉也。買羽織帛圍冠一頂，付直一番金。此帛名曰呢，出西洋，人争服之，不知何故而朝野又皆制以爲冠，自仲春後，天子用之，幾爲典要矣。夕陽時，偕毛一山近步古西園地，至張神廟，廟左有隙地，僧以碎磚作垣環之，此故陳氏家廟，明禮部侍郎陳忠節公性善家也。憶其廟有忠節塑像，有司春秋致祭，列在祀典。今僧言其後人居安昌鎮，惟孤嫠八九人貧甚，鬻其地於僧矣。此亦當事所宜問者也。夜月佳甚，擬出門小步，不果。連夕鼠擾殊甚，至齧書裂紙，糞穢狼籍。今夜料檢插架中物，整比掃除，擇精本篋藏之，營營至三更止。老鼠搬薑，亦彼此更相笑耳。

十五日丁亥　上午陰，午後晴暖。季弟詣陸家埭，上外祖父母墓，擬同往，早遣人約之，則已去矣。作書致朱厚齋，還《實齋文稿》。

閱黄元同《儆季雜著》，其補《史記·越世家》，辨王無疆之見殺，在楚懷王二十二年，爲周赧王八年，非楚威王時。無疆之敗，僅失江淮南故吴地，其子玉尚保郎邪，更傳王尊、王親兩世，始爲楚考烈王所伐失琅邪，而其族人尚據浙東故越地。直至秦始皇降越君，置會稽郡，其子孫始居東甌及閩中，非無疆敗時已失會稽。皆考訂細密，確有據依，言越事者所必采也。

得厚齋復。

十六日戊子　上午晴，下午陰有風，燥甚。爲張子虞撰其尊人少南君墓志，未半，以事輟去。竹樓來。沈寄凡來。薄暮微雨，夜小雨數作。

十七日己丑　上午陰，下午風雨，入夜不止。作書致寄凡，爲屬刻印石三方。下午偕族人同舟詣東浦墻頭村看吴氏屋，夜歸。梅山寺僧隱松來，饋笋三束。寄凡來，不值。夜閲魏默深《聖武記》。

十八日庚寅　晴。曬篋中書于庭。張氏妹來，言其翁純甫昨自粤歸，饋粤扇一柄，魚脯一束。沈寄凡來。夜半坐舟赴杭，四更過柯橋，聞市河歌吹聲，以村人方賽神競渡也。至行義橋天曙。

十九日辛卯　晴，有風。晨起方達蕭山迎龍閘，即盥漱。撰《張少南墓志銘》畢。上午抵西興，午渡江，下午入省城，仍寓書局。

二十日壬辰　晴。

閲胡氏培翬《儀禮正義》，共(□□)〔四十〕卷，凡分四例：一曰『補注』，補鄭所未及也；一曰『申注』，申鄭義也；一曰『附注』，兼取衆説也；一曰『訂注』，訂鄭失也。其書包羅古今，兼列衆本異同，精覈博綜，誠一時之絶學。其中《大射儀》《聘禮》《覲禮》各篇，爲其門人江寧楊大堉所補。前有順德羅尚書惇衍序。板刻於淮上，今藏尚書京邸中。

作書致張子虞，以墓志付之。夜，身熱不快。

二十一日癸巳　晴，風。子虞來謝。上午出門拜秦澹如都轉，王清如、楊豫庭兩觀察，許益齋郡丞，吴仲英、李子長兩大令，吴蓉圃編修，晤秦、王、吴、李四君，午歸。澹翁書來招夜飲，疾作，遂不赴。卧閲汪某《盾鼻隨聞録》，紀粤寇事，至甲寅止，文筆蕪拙，而敘事多覈。惟痛詆道州何氏，謂其通賊，於尚書凌漢、編修紹基父子，極口醜詆，穢不堪述，蓋仇怨之辭。然編修實不學而狂，徒以善書傾動一世，敢爲大言，(此處塗抹)高自標置，中實柔媚，(此處塗抹)逢迎貴要以取多金。蓋江湖招摇之徒，而世人無識，干謁所至，争相迎奉。予嘗疾之，以爲此亦國家之蠹，亂之所由生也。汪某，蘇州人，以科甲爲廣西縣令，不知何恨於編修。要其怪妄招尤，固所自取，無足深訝。

夜身熱甚。

二十二日甲午　晴。病風温。卧閲《咸淳臨安志》，其《州郡表》一門，考覈致慎。《吴越考》一篇，言杭於春秋時屬越不屬吴，辨析尤精。

二十三日乙未　晴熱，上午大風。輿疾渡江，午自西興買小舟歸，過蕭山，買櫻桃食之。卧閲《聖武記》，夜半抵家。王芝仙孝廉來，不值。

二十四日丙申　晴熱。病甚，服許子社秀才方藥。是日高祖考忌日，懸象供食。夜戌正一刻五分立夏，四月節。俗以此日稱身之輕重，此僧徒結夏故事也。予稱之，得五十二斤，可謂鷄肋矣。

二十五日丁酉　晴熱。病甚，眼痛流淚不止，口鼻間燥烈異常，延張叟診脉。孫生子宜來，不晤。服張春帆方藥。付賃屋錢三千，王福工食一番金。

二十六日戊戌　晴。熱病不愈，服藥。傍晚有雨，數點即止。舊傭人李騰雨來，饋蠶豆一籃。

閲二月十六日至三月初六日京報：

二品頂戴管理同文館事徐繼畬奏年力就衰，懇請回籍。詔以二品頂戴致仕。十六日。繼畬，山西□□人，同治四年閏五月，由前太僕寺少卿召赴京。十月，詔以三品京堂候補在總理各國事務衙門行走，時年已七十一矣。旋以晉省防勞賞二品頂戴。五年六月，補授太僕寺卿，旋開缺，專辦同文館事。論者謂觀繼畬出處，可以覘一時風尚云。兼護山東巡撫署理布政使按察使文彬奏四品頂戴前任湖南巡撫馮德馨於同治七年十一月初二日在濟寧原籍病故。十六日。

左宗棠奏請以三品銜翰林院侍講學士袁保恒辦理西征糧臺，專摺奏事從之。十六日。

詔：本月十八日，親詣大高殿祈雨，其時應宮等分遣諸王。十七日。

李瀚章奏同治六年浙省滋生民數男女大小共六百四十二萬九千八百四丁口。二十日。

瑞麟奏請以布政使銜肇羅道王澍調補雷瓊道。眉批：王澍會稽監生，旋部議以非科甲不許，瑞麟再執奏，允之。二十二日。

以河南開歸陳許道紹諴爲河南按察使。二十二日。原任按察使譚鍾麟丁母憂。

工部奏風聞學習郎中大興人劉文鍾其祖曾充粵海關監督門丁，其叔父捐納河南知縣，以身家不清革職，署中司員羞與爲伍，請飭查辦。詔：著順天府府尹督飭大興縣知縣確切查明，據實具奏，毋許含混，以重流品，而肅官方。二十三日。

駐藏幫辦大臣景紋照兵部議降四級調用。二十六日。

以太常寺卿彭久餘爲大理寺卿。原任倪杰，於正月中病故。二十九日。

詔：本月初四日，再親詣大高殿祈雨，時應宮等仍分遣諸王。三月初二日。

曾璧光奏已革總兵林自清前在雲南戕官屠民，又擁衆滋擾川省，殺害貴州興義縣知縣陳世鎮父子，已密派提督陳希祥等設法拏獲，遵旨在營正法，並將其隨帶練勇全行剿殺。詔：該撫於此事不動聲色，籌畫精詳，卒使積年巨憝悉數殲除，洵足以伸國法而快人心。陳希祥賞給達春巴圖魯名號，並賞穿黃馬褂；布政使黎培敬賞戴花翎，餘升賞有差。初四日。

二十七日己亥　晴熱。病稍愈，始食豌豆，再延張叟診脉，服方藥。

閲田汝成《炎徼紀聞》。田爲錢唐人，而所紀當時黔、粵間苗事，於越人若陶莊敏諧、陳中丞克宅，皆極致詆斥。於田州事，尤貶王文成，謂其姑息受降。蓋田嘗與翁萬達共事，頗好殺喜功名，幸依藉萬達，稍得一二自效，遂敢爲大言。其褒貶不足據，而所論諸土司形勢情狀，則事多目擊，往往較史爲詳。文筆亦頗簡潔，惟好潤以古語，則明人習氣也。

鄭妹夫來問疾，王氏妹饋果餌。夜雨。

二十八日庚子　陰，小雨數作，夜大雨。閲孫退谷《思陵典禮記》《勤政記》。季弟、瑢弟來問疾。得孫生子宜問疾書。

二十九日辛丑　晨至上午大雨，午後稍止。始喫飯，徐國安饋蠶豆一籃，煮食之。讀丹徒戴氏棠《易鄭氏爻辰補》。

三十日壬寅　晴。作片致朱厚齋，借《章實齋全集》。夜風。讀惠氏《周易述》。

息荼庵日記

同治八年四月初一日至八月二十九日（1869年5月12日—1869年10月4日）

予既離大故，居廬讀《禮》，於丙寅十一月朔，訖戊辰九月，爲《受禮廬日記》三册；以後止己巳三月，又著《祥琴室日記》一册；今更爲《息荼庵日記》，附於己巳三月以後。終天之恨，百年一朝，今未三期，曷忘創痛？故導服久闋，而選楸尚遲，起復之期，邅乎有待。寓居前庭，忽生三瓜，蓋有似乎君子生不得其地，逼仄託處，不能自達，有隨遇而安，雖困而不失其性者。又階前生紅蓼數枝，蓼性苦而幽隱處下，其容憂傷蕉萃，又以肖予之生也。予因名其庭之字曰『苦瓜館』，其軒曰『卧蓼軒』，而總之曰『息荼庵』，亦曰『荼餘盦』，息於兹以思餘痛云爾。時同治八年夏四月，悉伯記。

同治八年己巳夏四月癸卯朔　陰，午薄晴，傍晚微雨。讀惠定宇氏《易例》，是書草創未定，故體例不一，《四庫提要》言之甚當。然采集經師微言，多義藴精深，所包甚廣。爲《易》學者，不可不讀《周易述》；爲《周易述》學者，不可不先讀此書也。閱顧亭林氏《金石文字記》。徐國安饋豌豆一籃。以蠶豆、喜蝦饋王氏妹。

初二日甲辰　晴暖微風。撰亡友江西陳德夫墓志。沈寄帆來。竹樓來。

初三日乙巳　晴和有風。剃頭。

初四日丙午　薄晴，下午微陰，有風自南橫甚。偕三弟、季弟同舟詣皋步吊屠夢巖姑夫之喪，取道都泗門，泊龍華寺前小憩，經繞門山，日已午矣。下午回舟至獨樹村訪沈寄凡，寄凡爲刻印章三方，一曰『某印信長壽』，一曰『㤅伯手校』，一曰『白華絳跗閣清課』。晚歸。

初五日丁未　晴熱。

閱沈霞西復粲所輯《詩巢香火證因》，始於唐之賀朝萬、齊融，終於國朝道光時，共五百人。紀其官位著述多誤，體例亦甚錯雜，蓋僅據府志、《越風》及《明詩綜》等書，所見既隘，又不能考證，惟以鈔撮了事，要不出書賈伎倆耳。霞西，寄凡之父也，頗以博學稱越中。所著有《熙朝書家姓氏纂》二十一卷，《越中金石廣記》八卷，《續別號録》十卷，《於越詩繫》六十卷，《於越訪碑録》一卷，《小雲巢金石目》三卷，《磚文類聚》二卷，《彙刻帖目》四卷，《越帖》四卷，《箋紙小疏》十二卷，《劉子全書補遺》二十四卷，《沈氏古今人表》四卷，《霞西過眼録》八卷及《王門弟子淵原録》《徐文長遺事》《娥江詩輯》《大善寺志》《河東君事實》等書。

鄭妹夫饋冰糖、鯗脯、燕窩、龍眼等物。下午詣西郭季弟及竹樓弟家，夜歸。

初六日戊申　晨薄晴嫩涼，午晴熱，下午西風微陰，甚涼。族弟穎堂、竹樓來邀至青田湖觀競渡，同舟有惡客，頗不快。竹樓邀過霞頭一酒儈家，尤不可堪。不夷不惠，昔人所難，予天性疾俗，蓋從俗作蹤。迹不宜與人近也。傍晚偕竹樓步出紅橋，至橫河故居，遂入城。夜飯於季弟家，初更還寓。

初七日己酉　薄晴熱悶，下午蒸鬱尤甚，晚雨，夜大雨。作片致竹樓借上虞王氏《天香樓法帖》。下午詣倉橋閱市，見有近人揚州陳逢衡穆堂《竹書紀年集證》，引據晐覈，蓋出通州雷氏之上，索價兩番金，未售也。又至味經堂，賒得書數種。傍晚歸。

初八日庚戌　晨密雨，上午稍止，下午風起，傍晚有晴色。

閲張清恪公伯行所選《朱子文集》，閩中正誼書院刊本也，共十八卷，有圈點。朱子之文明净曉暢，文從字順，而有從容自適之致，無道學家迂腐拖沓習氣。然其佳者在封事，剴切醇厚，不爲高亢無實之談。次則碑誌諸作，敘事簡潔，亦多情至之文。若序、記，已非所長矣。至書牘論學諸篇，不過詆蘇學，攻陸氏太極、《西銘》，糾纏不了。方言俗語，『這的』『怎麽』之辭，黄茅白葦，一望而盡，固不得以文字論者也。張氏此選，於封事不録一首，碑志、表、狀，亦僅寥寥數篇，而書答乃獨盈八卷，理學論文，固別有肺腸者耶？

夜雨。

初九日辛亥　上午薄陰，下午溦雨，至晚漸密。

閲《明儒學案》。梨洲於王氏一家之學，扶同抑異，翼蔽後先，可謂盡心。其於天泉證道『無善無惡心之體』一言，既據楊晉庵東明之説，辨其論心非論性，而以龍谿爲誤會師旨。又據《傳習録》陽明語薛中離侃云『無善無惡理之静，有善有惡氣之動』，又鄒東廓守益《青原贈處記》所載亦不同，而以龍谿之言爲誤記。至『蘇秦、張儀窺見良知妙用』之語，又以爲黄五岳省曾所誤增，非陽明本意。其它所載，如宋望之儀望，江西永豐人，隆慶中官巡撫南直隸僉都御史。《陽明先生從祀或問》，胡廬山直，江西泰和人，萬曆初官福建按察使。與唐仁卿爭辨兩書，薛中離之辨禪學，尤西川時熙之《紀聞》，孟我疆秋與顧涇陽往復之語，發微闡幽，略無餘藴，陽明之心術事功，軒然於日月之表，於王氏誠爲忠臣矣。然愚謂致良知之旨，不過爲下愚設教，使知人皆可希聖賢耳，論者謂其高明之過，非也。高明必由博學，故孔、孟教人，皆以積學漸致爲功，無一蹴而幾者。由陽明之教，斯王心齋以不識字之人即可提倡天下，下至樵夫農父，一言有悟，已列儒林。於是越中之學，一變而爲周海門、陶石簣、陶石梁；泰州之學，一變而爲顔山農、何心隱、李卓吾。鬼怪狂禪，無所不有。此陽明門墻廣大之害也。而近時越之陋儒，又欲推徐文長爲王門再傳弟子，謂其私淑最奇。豈知文長所能者僅小詩粗畫，所讀者惟稗説佛經，蓋一江湖浮薄下才，全不知學，而行迹詭邪，性情險鄙，徒以俳文諧語，炫俗取名，激賞於袁宏道等一二淺人，而鄉曲愚孺，遂增造穢言，影飾故事，以委瑣爲風流，以狂愚爲解悟，至欲援之王學，以累先儒，不將爲陽明之重不幸哉！

陽明治身治事，萬無可議。其招徠後進，亦以自任天民之責，覺世牖人，絶非鶩門户聲氣者比。而同時詆之者，皆陰險小人，忌嫉狂噬。即講學之流與爲異者，如湛甘泉柔鄙媚奸，等於鄉愿；李止修材矜愎自用，成爲妄人；崔後渠銑、黄泰泉佐頗知讀書，工議論，而學識拘陜，不足名家；張甬川邦奇斤斤自守之士，學無所得；徐養齋問才略可稱，其功業文章，皆不敢望陽明肩背。至唐仁卿伯元輩，逞臆妄詆，更不足言。惟羅整庵欽順品節粹然，所著《困知記》一書，言多近道，而理氣支離，終亦出入無主。國朝之闢王氏者，孫退谷承澤虧節無耻，既姚江五尺童子所羞稱。它若孝感熊氏、安谿李氏、柏鄉魏氏、平湖陸氏，語德業則高下懸殊，論學問則膚淺尤甚，徒以門户歧異，横口詆誣，究何傷於陽明哉！梨洲時猶未聞退谷諸人之論，而釋疑辨嫌，已若無所不至。蓋傳陽明之學者，在吾越惟緒山、彭山、陽和，張氏元忭。在江右惟東廓南野，歐陽氏德。念庵，羅氏洪先。講求實學，稍有根柢。然念庵已不免訪異人，問丹訣。至趙大洲貞吉、羅近谿汝芳輩出，則終身以方外爲歸宿矣。夫吾學豈待它求，希聖必由博學，凡所謂箍桶之《易》，道士之圖，皆宋人依傍禪宗之故習，唐以前無是也。王學之直捷警悟，謂異於鉢傳棒喝，取弄機鋒，吾未之敢信也。故論諸儒之律身克己，清明在躬，固非末學所能及。若謂其有功聖學，羽翼六經，則即此書所載，無非以心、性、理、氣四字，紛紜顛倒，使聖賢大義微言，破碎淆亂，不知其統，卮言日出，莫知其紀，不得不歸俑於《大中》之章句，太極之圓圈，示人以性與天通，不難家自爲説。於是粗識方圓，便移河洛之位；能調這麽，可成語録之編。争辨狺狺，鼠鬥牛角，至死而不悟。自謂異於禪而愈入於禪。轉不如黄花翠竹，指點較真；明鏡菩提，轉移即是也。

陽明之徒，若薛中離之貶，徐波石樾之死，已爲可笑；方西樵獻夫、霍渭厓韜功過亦不能相抵；至黄久庵綰、陸元静澄，更何爲乎？梨洲頗爲之掩護。而聶雙江豹，尤王門之高坐也，故於楊忠愍疏參分宜冒功兵部議覆一事，力辨其誣。然徐存齊階，一時名相，其表章陽明，力興講會，可謂有大功於王氏者矣，而梨洲詆其田連阡陌，鄉論雌黄，立朝大節，亦絶無儒者氣象。又徐珊者，梨洲之同邑先達也，嘉靖癸未赴會試，以策問譏心學，不對而出，王氏以爲干城，而梨洲直書其爲辰州同知，侵餉縊死，時人有『君子學道則害人，小人學道則縊死』之謡。然則謂梨洲此書純是門户鄉曲之見者，非篤論也。

東林之於陽明，離多而合少。梨洲列其父白安於東林，而其師蕺山，雖别爲學案，要是東林同氣，故梨洲於此，不免調停同異，出入其辭。究而論之，陽明之事功，足冠有明，其講學可也，其倡宗旨而務攻新安，植氣類，則不必也。東林之氣節，足風千古，其講學亦可也，其處山林而務持朝局，議公卿，則不必也。蓋有明一代，士夫不好學而好名，其始也借朝廷以合聲氣，其繼也藉聲氣以傾朝廷。故朝廷之黨可離，而山林之局不可破，身退而權益盛，官黜而體愈尊，不可謂非姚江肇其端，而涇陽成其禍也。觀是書所載，如緒山以削籍郎官，丁憂出都，而開講粤東，皂蓋呵導。李見羅材出獄遣戍，而仍用督撫威儀，赫奕道路。然則東林六君子之獄，閹党劾繆西谿繡衣黄蓋，開館招賓，焉得謂之盡誣乎？

自康成氏殁後，三國分崩，經學衰而清談出，王、韓之《易》，經學之旁門也。清談盛而佛教行，達磨渡江，直提心印，禪學者，佛教之旁門也。禪學盛而道學興，陳、王嗣派，益標宗旨，心學者，道學之旁門也；心學盛而天主教出，今英、法各夷之禮拜，粤、捻各賊之懺祝，天主教之旁門也。原流遠近，一綫可尋。國家之所以不亡，而中夏之所以不胥化爲夷者，正以高宗皇帝昌明正學，大闡群經，士子服教畏神，弦誦仡仡，老死相守，故一切新奇蔓衍、荒忽杳冥之説，不能徧浹於人心。而世之妄人，尚謂近日之亂，由漢學太盛，不講心性之故，何其愚而無忌憚哉！君子追原禍始，王、何之罪，浮於桀、紂，雖舉宋以後語録諸書，盡投之烈火可也。

夜雨有聲。

初十日壬子　巳初三刻二分小滿，四月中。晴暖。撰六世祖《天山府君傳》。下午詣鄭氏妹，晚歸。

十一日癸丑　晴暖。撰《天山府君傳》成。夜月甚佳。

閲三月初七日至二十日京報：

上諭：左宗棠奏提督被害，懇請賜恤一節。甘肅提督高連陞自咸豐初年從軍在廣西、湖南，嗣後轉戰浙江、福建、廣東等省，迭克城池，殄滅李世賢、汪海洋巨股，迨經左宗棠調赴陝西，由廣東陸路提督調任甘肅提督，追剿回、捻，身先士卒，所向有功，實屬忠勇性成。乃因查拏叛勇，倉猝被害，殊堪憫惻。高連陞著交部照陣亡例議恤，並加恩予謚，其從前戰績，宣付史館立傳，並准於廣西、浙江、福建、廣東、陝西等省立功處建立專祠，以慰忠魂。三月初八日。以馬德昭爲甘肅提督。初八日。前陝西巡撫瑛棨賞加員外郎銜。初八日。泰寧鎮總兵兼總管内務府大臣鍾岱奏病難速痊，請開缺調理。許之。初八日。

以盛京禮部侍郎清安爲泰寧鎮總兵兼總管内務府大臣。以内閣學士麟書爲盛京禮部侍郎。初九日。貴州巡撫曾璧光奏黔省軍務稍鬆，請於本年簡放考官，補行己未科，帶補辛酉、壬戌兩科文闈鄉試，並補行丁卯、乙卯、戊午三科武闈。從之。初九日。署安徽巡撫布政使吴坤修請設局修輯《安徽省志》。從之。初九日。

上諭：本月十三日，再親詣大高殿祈雨，時應宫等處仍分遣諸王。初十日。

張樹聲調補山西按察使，史念祖調補直隸按察使。十三日。上諭：英翰現已百日服滿，著即仍回安徽巡撫署任。十三日。

英翰奏葬父事未完竣，請留京當差。詔：賞假兩個月，經理葬事，假滿後仍即迅赴署任。十四日。湖北學政張之洞奏請令新進文童覆試經文改作經解。詔：禮部議奏。十四日。文盛奏已革山西巡撫趙長齡在軍臺捐輸駐劄官兵經費銀三千兩。詔：趙長齡加恩釋回。十四日。

上諭：金順寧夏副都統。請將功績昭著之陣亡副都統優恤建祠等語。上年十二月間，甘省回匪數百騎突撲磴口，記名副都統烏勒西布率駐防官兵數十名與賊巷戰，力竭捐軀。該副都統自咸豐三年由甲兵征調河南，轉戰直、東、皖、豫諸省，身經百戰，兹因寡不敵衆，力竭陣亡，殊堪憫惻。著照都統陣亡例從優議恤，入祀京師及原籍昭忠祠，並於寧夏府城建立專祠。其生平事蹟，宣付史館加恩予謚，以彰忠藎。十六日。

以光禄寺少卿張澐卿爲通政司參議。十七日。

上諭：前因山西按察使史念祖於召對時見其年歲甚輕，恐於地方事務未能諳練，當降旨與直隸按察使張樹聲對調，並諭令曾國藩察看。兹據曾國藩奏稱，直隸刑案積壓甚多，現與臬司力籌清釐，甫有端緒，若張樹聲能留畿輔，計一年之内可將積案全清等語。曾國藩到任以後，辦事認真，於吏治民風實心整頓，力挽敝習，自應俯如所請，俾收指臂之效。張樹聲著准其暫留直隸按察使本任。該督奏稱史念祖初入仕途，縱有過人才智，而欲究諳刑律，熟悉地方，非數月期年不能，所籌亦屬實情。史念祖年力正强，人亦明白，著仍赴直隸，將刑名案件悉心學習，暫緩接印任事，候張樹聲清釐積案完竣後，再由曾國藩奏明，請旨辦理。山西按察使著李慶翱署理。二十日。蘇廷魁奏前署北岸祥河廳同知王仁福於同治六年八月間黄河斗漲時搶掃溺死，業經奏請賞恤建祠在案。去年伏秋大汛，祥河盛漲，較之六年尤險，忽有蛇匝溜登掃，官吏因請入神栅供奉五十餘日，工程漸臻平穩，衆疑爲王仁福化身，設立該同知神位致祭，祭畢神即不見，萬目共瞻，咸欽神異，可否敕加將軍封號，以順輿情。詔：禮部議奏。附二十日。

十二日甲寅　晴熱。族妹適後梅沈氏者來。上午詣西郭，會族人議祠田立券事。夜二更踏月歸。

十三日乙卯　上午陰，午雨瀟瀟入夜，凉甚。閱《明儒學案》。

十四日丙辰　晴和。爲單孝廉文楷撰其曾叔祖岑一翁九十壽詩兩律，不存稿。臨汪退谷楷書先天山府君《鑑湖垂釣圖記》。魯綬昌叔容遺舟從送馬氏孤女來，予之妻姪也，經亂流落數年矣。其族母託魯收養，今數請於魯而致之。作書爲謝。孫生子宜來。

十五日丁巳　晴暖。陳鳳樓之子是寅赴歸德，來辭行，爲作書致其從叔蓮峰。胡梅卿來。剃頭。夜洗足。

十六日戊午　陰，上午薄晴，下午陰，晚小雨。詣西郭宗人家，公立祠田券付葆亭。夜歸。三更後大雨。

十七日己未　陰晴餖飣，地氣蒸潤。爲人書壽聯兩副。後梅村沈氏從妹來，五弟來，季弟來。

十八日庚申　晴。丁幼香之母七十壽辰，偕季弟、五弟合送酒兩罎，鯗脯兩肩，饅頭、糕麵、壽聯、燭等，丁氏返鯗脯及燭。張妹夫之父純甫來，沈氏從妹來。遣人至澄港，送陳表姪行，贈青蚨四百。

十九日辛酉　晴和，有風翛然。臨汪退谷楷書《題鑑湖垂釣圖》七古一首。作書致秦澹如都轉，乞所購退谷爲先天山府君書直幀。作書致陳藍洲。下午買舟出西郭門，欲赴竹樓小雲栖之齋，未至會龍匽而回。詣藥皇廟觀劇，傍晚還寓。

二十日壬戌　雨。舊傭徐愛爲購紫洪山茶葉四斤來，付以一番金，又錢二百文。買舟詣王妹夫家閑話。作書致竹樓。徐國安饋茭白一束。沈氏從妹來。夜止宿王氏齋。

二十一日癸亥　雨，至下午稍止，夜又大雨。上午坐舟還寓。

閱三月二十一日至三十日京報：

上諭：曾國藩奏查明屬員優劣分別開單呈覽一摺。直隸大名府知府李朝儀、順德府知府任道鎔、真定府知府王啓曾、天津府知府李文敏、深州知州劉秉琳、易州知州夏子齡、蔚州知州李秉衡、磁州知州玉簡、保定府同知陳崇砥、東光縣知縣陳錫麒等，才具、政績均有可觀，實爲直隸出色人員，深堪嘉獎，著曾國藩飭令該員等益加策勵，勉爲循良，毋得始勤終怠。玉田縣知縣許春田性情卑鄙，操守不潔；前署遷安縣知縣胡如川貌似有才，心實貪酷，均著革職，永不敘用。灤州知州嚴祖全擅作威福，物議沸騰；署廣平知府德成品行卑污，輿情不協；元氏縣知縣陳鳳藻舉動輕浮，操守平常；前任吳橋縣知縣王恩照辦公廢弛，事多荒謬；代理安平縣知縣孫作霖專事夤緣，貪而多詐；靜海縣知縣胡桂芬浮徵勒派，民怨尤甚；代理吴橋縣王謌品行卑鄙，嗜好甚重；曲陽縣知縣萬方泰性情乖僻，才亦平庸，均著即行革職。武强縣知縣劉振中身體軟弱，嗜好太重，著革職永不敍用，以肅吏治。三月廿一日。原奏稱：直隸吏治惡習，曾於陛辭時言之。及抵省後，接見僚屬，則賢員尚不乏人，竊熹所見勝於所聞。因臚舉若而人不必即予保舉，亦不必送部引見。漢世循良之吏，或璽書褒奬，或增秩視事。近日各省保舉轉濫，不足爲榮，而該員等雖未即邀恩，得以循聲上達天聽，所獲已多。當益加策勵，以觀其終始。至參劾各員，據藩、臬兩司查明開列，與臣所訪聞者無異，足見直道自在人心。今先臚劾若而人，尚有十餘員訪查未確，俟再詳覈。重者仍予嚴參，輕者訓飭令改云云。

上諭：京師雨未深透，節逾立夏，農田望澤尤殷。著遴選光明殿道衆在大高殿祈禱，遴選僧衆在覺生寺諷經，均於四月初二日開壇，朕於是日親詣大高殿拈香，派廣毓在彼住宿，貝勒溥莊、載鋼、阿那洪、阿穆隆阿分爲兩班，輪班住宿，上香行禮。覺生寺派禮親王世鐸拈香，毓清住宿，貝勒奕劻、桂豐、承志、瑞興分爲兩班，輪班住宿，上香行禮。時應宫派惇親王奕誴，昭顯廟派恭親王奕訢，宣仁廟派醇郡王奕譞，凝和廟派孚郡王奕譓拈香，並派克勤郡王晉祺詣黑龍潭拈香，順承郡王慶恩詣白龍潭拈香。二十七日。

上諭：朕奉慈安皇太后、慈禧皇太后懿旨，本日據倭仁奏『大婚典禮宜崇節儉，以光聖德』一摺，皇帝大婚禮儀，前曾諭令各衙門先期敬謹豫備，又恐應辦事宜或至踵事增華，稍涉糜費，特派恭親王寶鋆會同各衙門堂官，詳稽典章，以示限制。大婚典禮攸關，自不能不籌款辦理，惟現在民生未裕，軍務未平，物力艱難，正宜倍加愛惜。前據該王大臣等奏稱，乾清門外一切工程浩大，業經諭令概行停止，宫内止令稍加修葺，以示撙節。倭仁所奏與朝廷愛民節用之心正相吻合，著該王大臣及總管内務府大臣，並承辦各衙門於一切應辦事宜，凡有可以節省之處，隨時會商奏明，請旨酌量裁減，用副敦崇節儉至意。二十八日。原奏稱：近日江、浙、河南、山東、直隸等省民氣未蘇，陝、甘、雲、貴等省苗回未靖，正朝廷憂深慮危之日，非豐亨豫大之時，而宮中用度漸繁，去年內務府借部款至百餘萬。

二十二日甲子　上午薄陰，下午嫩晴。詣西郭舍弟家，午飲胙俗作柞。於竹樓許，日昳時還寓。季弟來，不值。

二十三日乙丑　晨清和，上午晴，下午密雨數作。得陳藍洲書，并局寄四月分薪水來。剃頭。

讀《道德經》。夜雨稍止。

二十四日丙寅　晨大雨，旋止，上午薄陰，下午雨，蒸潤作黴。鍾慎齋來。王杏泉饋鳧脯、新茶，受茶返脯，作片謝之。梅卿來，不晤。作書致陳邁夫揚州，并德夫墓志送去。沈瘦生來，五弟偕孫溥泉來。付屋租錢五千。夜雨，五更大雨。

二十五日丁卯　陰雨作黴。杏泉再送脯來，受之。終日小極多卧，閲梁氏章鉅《文選旁證》，考覈精博，多存古義，誠《選》學之淵藪也。閩人言此書出其鄉之一老儒，而梁氏購得之；或云是陳恭甫氏稿本，梁氏集衆手稍爲增益者。其詳雖不能知，要以中丞它所著書觀之，恐不能辦此。竹樓來。

二十六日戊辰　丑初一刻六分芒種，五月節。晝夜淫霖不止，内外水氣蒸溢，床皆穿漏。身熱不食，卧閲《文選旁證》。

二十七日己巳　上午晴雨不定，有風，黴氣漸收，下午雨涼。病熱不食。作書致仲弟、季弟。卧閲《文選旁證》。

二十八日庚午　晴雨不定，下午薄陰。作書致藍洲。胡梅卿來。三弟、季弟來。

二十九日辛未　晴暖。先本生王父忌日，午供饋，有桃菹、蒸筍，以生時所嗜也。作片致竹樓。

季弟來。孫仿雲來。族弟穎堂來。是日未明即起，曙風扇清，讀書甚樂。午後遂疲倦暫卧。傍晚客去，涼飀颯然。

閲《皇明大政紀》。《大政紀》載弘治十年七月禮部尚書徐瓊劾太常寺卿崔玄端疏，言太常寺乃祠部之一事，與光禄寺爲膳部之一事，太僕寺爲駕部之一事相同，但以此三事乃事之大者，所以又設此三等衙門專之。今太僕寺既屬兵部，光禄寺既屬禮部，獨太常寺與禮部齊，可乎？朝廷每大事會議，該六部、都察院、通政司、大理寺，未聞有太常寺也。時以玄端疏請不屬禮部，故瓊論之如此。

五月壬申朔　晴熱。上午詣倉橋閲市，午飯於大妹家，餔後歸。作書致孫子宜。沈氏從妹來，饋兗脯、枇杷。付味經堂書直三番金。爲《劉子全書》及《毛氏四書》改錯也。家人裹角黍。

初二日癸酉　上午晴，熱甚，下午雨。仲弟寄十番金來完國賦，即輸之縣官。

閲明劉廷元《國朝名臣言行略》，共四卷，自洪武訖嘉靖初，以劉青田始，張永嘉終，又附以革除間節義諸臣鐵鉉、方孝孺等十二人，理學名臣陳遇、吴與弼、胡居敬、陳獻章四人。文筆蕪拙，而所紀多覈。廷元，平湖人，名麗魏忠賢逆案。梃擊之事，發於廷元巡城時，其始持議未爲不是，而争者持之太過，天啓初，至目爲邪黨而斥之。而王之寀迹近要功，以一察處主事，遽列卿貳，其輕重失平，殊爲已甚。及魏閹竊政，遂録廷元爲首功，互相批引。而王之寀以首難考死詔獄。廷元以一罷退御史，驟至尚書，彼此之間，所謂物我相形，亦更相笑也。然冰消日出，廷元列名贊導，定罪坐徒，蓋亦非其初意，而所託披猖，遂至瓦裂，亦可謂廷元之不幸矣。是書爲其萬曆末巡按北直時所刻，前有魏廣微序。廣微，與廷元同年進士，時尚官贊善，上公死黨，臭味早同，令人失笑。序文亦甚鄙劣，肖其爲人。廷元字方瀛，亦見於序，同時若霍維華字鍾西，徐大化字熙寰，孫杰字萬我，皆世所僅知者也。宣德時都御史顧佐謚端肅，天順時刑部尚書軒輗謚介肅，正德時南刑部尚書陳壽謚簡襄，皆《明史》所不載，幸是書見之。

以角黍、舒凫、燖脯、燖肉、枇杷、糕餅等饋王氏妹端陽。

閲四月初一日至初十日京報：

上諭：前因都察院奏，編修朱福基等呈稱，前任廣西巡撫鄒鳴鶴在江寧殉難，與御史朱鎮所奏情形迥殊，當經諭令馬新貽、丁日昌查明具奏。兹據奏稱，遍訪當時在城紳耆，僉稱鄒鳴鶴協同防守，事有條理，及城垂破，誓以身殉，旋因駡賊不屈被戕，並無避匿民居之説，朱鎮所奏係傳聞之誤，仍請優恤予謚等語。朝廷褒忠之典，綱紀攸關。鄒鳴鶴殉難情形，既據訪查確實，著仍照曾國藩原請，照巡撫例從優議恤予謚，以彰忠烈。御史原許風聞言事，惟事關人之名節，亦豈得冒昧瀆陳？朱鎮於鄒鳴鶴死事情形並未詳查，經曾國藩查訪明確奏准賜恤予謚後，輒以傳聞無據之詞遽請撤銷，實屬不勝言官之任，著回原衙門行走，以示薄懲。四月初一日。

上諭：劉嶽昭奏請將不勝表率之知府降補等語。雲南府知府王楷性情褊急，不知檢束，著開缺，以通判仍留雲南降補。初三日。

上諭：福濟、錫綸奏大員遇事推諉，辦理掣肘，據實直陳請旨一摺。前因杜爾伯特旗未能安插額魯特人衆，諭令烏里雅蘇台將軍麟興於喀爾喀四愛曼内分置，乃該將軍奏稱，喀爾喀並無隙地，咨明福濟等另行酌議。朝廷已疑其畏難，復諭令妥商安插。兹據福濟等奏稱，喀爾喀幅員較廣，可以分安。麟興並未向各盟勸導，率行推諉，且所奏各情前後自相矛盾。該將軍身膺重寄，安插額魯特一事關系北路大局，乃堅執己見，藉詞搪塞，實屬居心巧滑，溺職辜恩。 麟興著革去烏里雅蘇台將軍及鑲紅旗蒙古都統，加恩仍留公爵，回旗當差，以示懲儆。初四日。 以布倫托海辦事大臣福濟爲烏里雅蘇台將軍，以鴻臚寺卿文碩爲頭等侍衛布倫托海辦事大臣。初四日。

以睿親王德長爲鑲紅旗蒙古都統。初五日。

左宗棠、劉典奏二月間陝西綏德州營勇勾結游匪叛踞州城，提督劉松山會合各部馳抵清澗，殺斃百餘人，被脅守城之勇乘勢反正，縛獻匪首謝永青、唐太春，叛將羅忠貴、湯惠能等，收復州城。詔：劉松山加恩免其治罪，交部議處。初八日。

左宗棠奏道員黃鼎等追剿逆回，奪燬董志原老巢，收復慶陽府城；雷正綰等軍追賊三沙河至洪河川，共計殺賊三萬人，奪獲贏馬二萬餘匹，拔出難民萬餘人，慶涇各屬一律肅清。詔：提督雷正綰賞換達春巴圖魯名號，總兵馬德順賞換博啓巴圖魯名號，道員黃鼎交軍機處存記録用，餘升賞有差。初九日。

上諭：前因甘肅提督高連升軍變被害，迭諭左宗棠等詳查究辦，兹據該大臣等將全案審明具奏，此案副將鄧玉魁駐營宜君縣城，於哨長蔣宏高等結拜哥老會時，既無覺察，復與副將楊玉魁均被叛卒劫赴大營，回攻宜君，迨經官軍剿敗，始同楊玉魁投營自首補用，總兵唐畢賢駐營楊店所管三哨，一時同變，事敗始投劉典軍營。據叛卒所供，亦係會內香長，現均逐款訊明，押解乾州監禁。該犯等情罪重大，未便稍事稽誅，鄧玉魁、楊玉魁、唐畢賢均著即行正法，以伸國憲。同時遇害之提督銜湖南總兵黃毓馥、總兵銜補用副將賀茂林等十員遭禍最慘，深堪憫惻，均交部照原階原資議恤，並准其祔祀高連升專祠。初十日。 詔：十一日，仍親詣大高殿祈雨，昭顯廟改派孚郡王奕譓，宣仁廟改派惠郡王奕詳，凝和廟改派貝勒載治。初十日。詔：刑部步軍統領衙門順天府清釐各案，待質者迅速訊結，不得積壓拖累，以迓和甘。初十日。

初三日甲戌　雨。以角黍、舒凫、燖脯、燖肉、枇杷、糕餅等饋鄭氏妹、張氏妹。姚十饋黄瓜、茭白。得澹如都轉書，以汪退谷字幅見惠。得陳藍洲書。五弟來。夜雨徹旦。

初四日乙亥　晨至午密雨如綆，下午少稀。撰王秀才繼本暨其妻孫烈婦墓表。僧隱松饋節物，受茶葉一包，枇杷兩籃。以枇杷饋王杏泉。

初五日丙子　終日密雨，下午尤甚，黴氣溽蒸，内外皆濕。書老君入山五符及端陽勝語，黏梁柱門屏間。夜雨。閲昌黎文。

初六日丁丑　晝夜霪雨如注，湖水驟長四五尺，黴濕浸淫，無容足處。作書致王芝仙孝廉，并其兄根仙墓表。閲《兩朝剥復録校證》。是日郡守以雨斷屠，學使試山、會文童。

初七日戊寅　上午霪霖毒黴，毒，厚也。水漫衢巷，下午晴，有風西來，頗爽熯。得藍洲書，言東城講舍山長高君病殁，杭守欲延予及歸安張舍人應昌，未決也。舍人謀之頗力，屬予亦出書要之。藍洲知予貧，爲予謀，甚感其意。但舍人老矣，且素有文學名，羔雁之區，宜以禮讓。近世士風日下，至以名山主講爲苞苴下流之歸，勢脅計傾，甚於賤儈，故師道不立，益爲有司所輕。予前主蕺山，忌者横起，一二地方不齒之贓吏，鼓劫頑童遍播流言，鬼蜮百出。予因力辭於大府。而攘敚之徒，終不能得。有馬編修者，遂乘間自媒，起而收漁父之利。證人片席，變爲穿窬，既玷先賢，彌慚名教，嘗深耻之。今閉門有年，豈當復與八十老翁競？因作書復藍洲，略云：『辱惠書，甚荷拳拳。以弟之頑鈍，得居會城，廁講坐之末，日與諸君子相齵差，甚樂。顧事有不可者。太守既未相知，特以它人言，齒及於弟，而復以張舍人相衡量，彼此猶豫，其意已不誠。舍人著作等身，其居此宜也，本不應擠而取之；又聞其老而嗜利，則尤不宜相校。夫貧者士之常，弟年已過四十矣，奇窮非止一日，然終未至餓死。晚世士大夫之所以日輕，而吾道之所以日絀者，皆由不耐飢寒，公行請託，夤緣暮夜，計較錙銖，以文字爲梯媒，以羔雁爲壟斷，至皋比一席，日尋干戈，豪奪巧偷，不顧親串。而其乞哀當路，婢膝奴顔，有呼蹴所不止者，廉耻喪盡，師道奚言？僕雖不才，寧忍出此？且不佞昔歲蕺山之事，諸君子所深知也。爾時撫軍傾到方至，高太守之敦請，不可謂不誠，弟之引分固辭，亦不可謂不力。其覬覦之者，若童編修、章御史，齮齕之者，若羅贊善。三人之穢鄙無賴，名節掃地，不可謂不衆著。而士友見愛者，争相勸勉，以爲越俗久偷而學廢，有心世道者，當思振教以興來學，不宜自潔以爲名高。即鄉里稍有識者，亦頗欣欣向慕，憙於得師。弟固自知無行能以加人，而竊悲閔後進，習染浮薄，多陷匪人。故不自量，載胥及溺，冀以拯救，始徐徐出受其聘。是其審擇自處，不可謂不至慎且嚴，然猶衆呴漂山，群蜮競起，合沙集矢於一老兵之耳，幾以它事爲所佹中，今豈可以再辱乎？階級不寸進，學行不加修，蟠屈憂患之餘，與京華久絶，聲望益闇。大吏之推分，遠不如昔，主人又非素交。會城之地，冠蓋輻湊，其主講之望，以此曹心目中論之，較越中亦似有簡劇之分。而况都講高坐，則如兄等之辭章舉業，元同、鳳洲之經學，均甫之詩古文，皆非弟所能及。是其傾敗，尤可立睹，幸諸君勿復言之。溽暑想力學，惟自愛護，不宣。』

剃頭。閲夏炘《聞見一隅録》，其中頗有學究無稽之言，而大恉醇實，可爲觀法。其載吾鄉馬漁山太守知徽州誤撻生員事，可采入郡縣志太守傳中，觀過知仁，益見其盛德耳。王杏泉、芝仙喬梓來謝，顧春園表叔偕來。晡時閑步至倉橋而回。夜有月，西南風狂甚，四更後又雨，至曉滴歷有聲。

初八日己卯　晨雨旋止，上午晴，下午陰，小雨，晚晴，黴氣畢收。下午步至試院前，觀發山、會童生案，便詣倉橋閲市，晚歸。

初九日庚辰　薄晴。上午步至西郭，旋歸。作書致平景蓀。孫生子宜來。

初十日辛巳　晨晴，上午晴陰相間，下午晴。會龍匽人徐國安來，上稭五十二稛，計一千四百十五斤。作片致莫蕘樓，屬寄景蓀書。下午至倉橋閲市，傍晚歸。

閲宋人《何博士備論》。何名去非，字正通，浦城人。由特奏名除右班官武學博士，换文資出爲徐州教授。所論自六國至五代，共二十六篇，元祐中蘇文忠所奏進者。其文大率言兵，文忠亟稱之。《四庫提要》亦稱其雄快踔厲，去蘇氏爲近。然氣弱而辭枝，時病回冗，蓋較文潛、少游爲劣。其論晁錯、漢武、李廣、鄧艾、符堅，及《晉論》《魏論》《吴論》諸篇，折衷情事，頗得肯綮，不同空泛之談。其《霍去病論》，言用兵非古法所能盡：歸師勿追，曹公所以敗張繡也，皇甫嵩犯之而破王國；窮寇勿迫，趙充國所以緩先零也，唐太宗犯之而降薛仁杲；百里而争利者蹶上將，孫臏所以殺龎涓也，趙奢犯之而破秦軍，賈詡犯之而破叛羌；强而避之，周亞夫所以不擊吴軍之鋭也，光武犯之而破尋邑，石勒犯之而敗箕澹；兵少而勢分者敗，黥布所以覆楚軍也，曹公用之拒袁紹而斬顔良；臨敵而易將者危，騎劫所以喪燕師也，秦君用之將白起而破趙括。可謂扼要之論。

作書致藍洲，再屬以弗言講席事。

十一日壬午　晴。鄭妹夫來。有縣役來徵去年税，因作書致仲弟及三弟，屬其按數措錢。季弟來。

閲四月十一日至二十日京報：

上諭：免山東東昌府所屬州、縣、衛同治六年以前民欠錢糧。從巡撫丁寶楨請也。十二日。以太僕寺卿王映斗爲太常寺卿，以候補四品京堂王家璧爲太常寺少卿。十二日。以左贊善楊慶麟爲司經局洗馬。十二日。

以編修郭懷仁、許振禕充貴州正副考官。十六日。

穆圖善奏甘肅布政使林之望因病呈請開缺。許之。十七日。

李鶴年奏河南布政使李宗燾因病懇請開缺。許之。十八日。

以甘肅西寧道崇保爲甘肅布政使，以浙江按察使劉齊銜爲河南布政使。十九日。李鴻章奏直隸提督劉銘傳患病未痊，懇請開缺。許之。以傅振邦爲直隸提督。十九日。郭松林調補湖北提督，江長貴調補福建陸路提督。十九日。詔：以京師久旱，屢禱不雨，於二十二日再親詣大高殿虔申祈禱，分遣惇親王奕誴祀天神壇，恭親王奕訢祀地祇壇，孚郡王奕譓祀太歲壇，禮親王世鐸詣覺生寺，克勤郡王晉祺詣黑龍潭，惠郡王奕詳詣時應宮，貝勒載治詣昭顯廟，奕詢詣宣仁廟，奕謨詣凝和廟，鄭親王承志詣白龍潭。十九日。

以山西歸綏兵備道覺羅興奎爲浙江按察使。二十日。崇實、吴棠奏四川援黔各軍連破苗寨，克復清平縣城。詔：道員唐炯、提督劉鶴齡督軍深入，迭著戰功，深堪嘉尚，均賞給白玉翎管般指及大小荷包，餘升賞有差。二十日。

十二日癸未　晴熱，酉正一刻六分夏至，五月中。祀高祖考妣、曾祖考妣、祖考妣、考妣。

十三日甲申　晴熱，有風。

十四日乙酉　晴，有風翛然。剃頭。下午至倉橋閱市，借得汲版《晉書》《宋書》及《埤雅》《通藝録》等數種而歸。順路入司衖，循資福庵鍾磬聲，遡晚風，過司馬池橋返寓。買蕉扇數柄，分詒家人。

十五日丙戌　陰晴相間，有風。傍午坐舟詣西郭。午飯後詣王杏泉、芝仙橋梓，晤芝仙。詣觀音橋孫氏從姊家，見二伯母及二姊、三弟，以一番金爲三弟四十壽。傍晚詣張純甫姻長，晤純甫及二妹，晚歸。

十六日丁亥　上午薄晴，下午陰，傍晚溦雨。身熱不快，買舟欲游柯巖，且訪沈曉湖於壽勝山，先作書約鍾慎齋，疾作不果。卧閲《晉書》。季弟購得周璕墨繪《九歌圖》，自東皇太一至屈子共十二幅。夜密雨有聲。

十七日戊子　晨雨，終日陰曀。身熱病甚，卧閲《晉書》，食枇杷及稀粥。

十八日己丑　陰雨黴濕。病不愈，卧閲《晉書》。得陳藍洲書，并是月薪水二十番金。夜雨有聲。

十九日庚寅　上午晴陰，下午至夜大雨數作。甥起梳我頭。作書復藍洲。

時吾浙及江寧、江蘇、湖北四省書局議合刻《二十四史》，以舊、新兩《唐書》及《宋史》屬之浙。而主者擬仿汲古閣版樣，少荃協揆業以入奏。然汲本止《十七史》，其訛錯實較南、北監本尤甚，又不知刻書體例。如《漢書》則去其卷首之小顔《敘例》及宋慶元間所列校刊諸本；《後漢書》則没司馬彪續志之名，概題『范蔚宗撰』；《三國志》則以裴注雙行細書，等之它注；《晉書》則不附刻何超《音義》；至於《隋書》則不分別其《志》爲『五代史志』此以梁、陳、北齊、周、隋爲五代，以諸書皆唐初一時所修，而總其志入於《隋書》也。而混稱『隋志』；歐陽《新五代史》則不知其名本爲『五代史記』，歐公意以儗司馬氏。而但題『五代史』。此雖監本已誤，亦足見毛氏父子絶不加考覈，於目録之學尚屬茫然。就中惟兩《漢》之注，較監本爲完。世人以其行密字精，故愛重之，其實非也。《舊唐》及《宋》既非汲本所有，《舊唐》聞人本已不可得，今殿本、楊本、吴本及沈東甫合訂本，亦互有出入。《宋史》則殿本出於監本，監本出於粤本，其誤尤甚，且非廣集群書爲之考證，不足爲功。因告藍洲，屬其與俞蔭甫編修等，合詞請之大吏，開單購書，羅列諸本，各作校勘記附於後，則不朽盛事也。但聚書既難，審斷尤非易易。時俗因陋就簡，斯事重繁，恐終不能行耳。

以酒兩罎，鯗脯兩肩，五品羅冠一頂，緞靴一雙，饋魯叔容，謝其收養馬氏孤女也。又以番金兩餅犒其僕媪。夜雨，徹旦有聲。咳嗽大發。

二十日辛卯　終日密雨，比日蒸溽毒熕，黴氣極盛。咳嗽不快，卧閲《晋書》。夜，密雨徹旦，咳疾不成寐。

二十一日壬辰　晨，雨止日出，上午薄陰，下午晴，黴稍減。閲《晋書》。

二十二日癸巳　上午薄晴，下午陰，夜雨。魯叔容來。竹樓來。季弟來。閲《晋書》。

二十三日甲午　終日密雨，凉如深秋。剃頭。王元饋楊梅。閲《晋書》。

閲四月廿一日至廿九日京報：

上諭：已革山西按察使陳湜暫免發往新疆，帶勇赴左宗棠軍營戴罪立功自贖。以鄭敦謹奏其留辦山西防務奮勉出力也。二十一日。

以太常寺卿慶陞爲内閣學士兼禮部侍郎。二十二日。

詔：慶陞兼管太常寺事務，仍充贊引差使。二十三日。

詔：五月初三日，仍親詣大高殿祈雨，三壇及覺生寺、黑龍潭、時應宫、昭顯廟、宣仁廟、凝和廟、關帝廟、城隍廟、清漪、静明兩園、龍神祠、白龍潭等處，分遣諸王貝勒公有差。二十九日。

二十四日乙未　薄陰微雨，黴氣復來，傍晚雨稍密，終夜有聲。

二十五日丙申　晨雨不絶，上午微雨，午後晴。合戚族十一人，祀關帝，散胙，當作肱。分祭餘錢三千七百五十文於各房。湖塘人送楊梅四籃來，色紫而味甘，佳産也。以楊梅及胙餘肉分餽鄭、張兩妹。

二十六日丁酉　晨日出，旋陰，上午微雨，下午雨。竹樓來。上午買舟出西郭，泝霞川入梅市橋，至柯山普照寺，偕竹樓疏飯。陳鳳樓同僧慧來。下午至壽勝山訪曉湖兄弟，留宿。閲曉湖近詩。

二十七日戊戌　雨。共曉湖閑話。下午以舟出沈釀村，由青田湖入城還寓。

舟中閲《晉志》。《晉書》之舛駁蕪累，多采小説，前人指摘之者不一。其尤繆者，如海西公之廢，紀言桓温誣帝在藩夙有痿疾，嬖人相龍、志作向龍。計好、朱靈寶等參侍内寢，而二美人田氏、孟氏生三男，長欲封樹，時人惑之。又云桓温有不臣之心，潛謀廢立，以長威權。然憚帝守道，恐招時議，以宫闈重閟，床笫易誣，乃言帝爲閹，遂行廢辱。又云帝徙居吴縣，深慮横禍，乃杜塞聰明，無思無慮，終日酣暢，耽於内寵，有子不育，庶保天年。是海西不男之語，明出於誣，而《五行志》詩妖中，乃載海西公太和中百姓歌曰：『青青御路楊，白馬紫遊韁。汝非皇太子，那得甘露漿。』識者曰：『白者金行，馬者國族，紫爲奪正之色。』海西公尋廢，其三子並非海西公之子，縊以馬韁死之。明日南方獻甘露焉。又云海西公初生皇子，百姓歌云：『鳳皇生一雛，天下莫不喜。本言是馬駒，今定成龍子。』其歌甚美，其旨甚微。海西公不男，使左右向龍與内侍接，生子以爲己子，則又以温之言爲實。

自魏武崇尚權詐，流品不立，繼以文明，點飾浮華。由是風教陵遲，人不知有禮義。晉初佐命者，皆卑污無耻之徒，視篡盗爲固有。故一傳而後，世臣華胄，人有問鼎之心。王浚、華軼、苟晞，皆擁兵方隅，自圖專制；牽秀、李含、劉輿之屬，反覆行險，不識名分；王敦、沈充、祖約、蘇峻，遂顯行叛逆。它若索綝臨危而賣君，周勰失志而謀亂。其寒人得志者，若張方、郭默、王彌、陳敏、杜曾、杜弢等，亂臣賊子，不絶於書。立國基淺而禮教不興，此干令升所以深歎也。

《晉書》以舊有《八王故事》一書，故立《八王傳》。竹汀錢氏深譏其賢奸溷合，失勸懲之旨。謂汝南王無大過，齊王有討逆之功，長沙不失臣節，趙倫當入《逆臣傳》，其説是也。予謂八王之分合，若但以樹兵相圖爲義，則汝南未嘗有是，亦當去亮，而以淮南王允補之。

庾亮執權召亂，史多貶辭，然其徵蘇峻，未爲非也。其出鎮後，規復中原，遣將分據邾城、沔中，而欲自鎮石城，今傳作石頭城，誤。方略布置，最爲扼要。蔡謨駁之，不過拘墟自守之論。功不克終，惜哉！至屢欲率衆入廢王導，亦可謂不惑名實。導之庸鄙懷奸，實爲晉室罪人，故陶侃與亮同志，史乃以此爲其深罪。許敬宗輩之無識，可謂甚矣。

人才莫衰於晉，其始佐命者，若鄭冲、何曾、石苞、陳騫、王沈、荀顗、荀勖、賈充輩，皆人奴耳。所稱元德耆舊，若王祥、李憙、鄭袤、魯芝，並浮沉無耻，庸鄙取容。自後王、謝繼興，殷、庾並盛，大率驕淫很戾，絶無才能。就中論之，若羊祜之厚重，杜預之練習，劉毅之勁直，王濬之武鋭，劉弘之識量，江統之志操，周處之忠挺，周訪之勇果，卞壼之風檢，陶侃之幹局，温嶠之智節，祖逖之忼慨，郭璞之博審，賀循之儒素，劉超之貞烈，蔡謨之檢正，謝安之器度，王坦之風格，孔愉之清正，王羲之之高簡，皆庸中佼佼，足稱晉世第一流者，蓋二十人盡之矣。餘輩紛紜，皆爲録録。或一長片技，無當於人才；或立僞盜名，難欺夫識者。而浮華相扇，標榜爲高，私傳飾其美稱，舊史沿其虚譽。於是高門子弟，悉號清才；世禄衣冠，盡名博學。穎悟絶人之語，接簡無虚；經通濟物之稱，連篇競出。少年萎化，皆曰聖童；一語驕人，便爲名士。甚至匈奴之劉，氐羌之苻、姚，皆才悟超群，文辭繼軌。迹其行事，乃桀、跖之不如；按其品題，則顔、卜之復出。今舉其眉目，揚榷而言。七賢、八達無論矣，若王湛之風流，劉惔之簡貴，雅稱領袖，未有殊能。衛玠、杜乂之倫，人物雖佳，何與人事？劉疇、附見劉波傳。韓伯、王濛、殷融，雅俗所宗，寂乎無述。降而王濟之傲縱，王澄之狂暴，殷浩之虚闇，謝萬之佻率，郗超之奸諂，王忱之輕很，皆亂世無賴，蠹國敗家，而士類相矜，以爲標準。至於末造，王珣、王謐，以仍世盛名，爲風流宰輔，而一則呈身於桓氏，一則奉璽於宋朝。王孝伯名譽冠時，身爲戎首；殷仲堪文章著代，甘結叛人。使處平治之朝，不過厮養之列，而史家無識，莫究其誣。誇六代之多才，詒千古之笑柄，晉之不競，良可識矣。然宋儒王應麟謂僭號之國十六，而晉敗其一，滅其三，不可以清談議晉，蓋深慨南宋之不振也。道學盛而事功絶，忠義明而武略衰，不又貽浮華者以口實哉！東晉三復洛陽，再克庸蜀，斬李特，殺苻丕。燕廆、姚襄，皆先委摯；李暠、蒙遜，累見通箋。李壽有降號之謀，冉閔有送璽之舉，蓋其國勢猶爲强也。

二十八日己亥　午初三刻十四分小暑，六月節。上午晴雨不定，下午密雨，入夜有聲。比日黴潤，凉如秋中。二更後有雷雨，滂沱達旦。閲《宋書》。

二十九日庚子小盡　終日霪霖密注。焚香閲《宋書》。作書致藍洲。夜雨聲不絶。

六月辛丑朔　晨濕陰不雨，上午雨復作，下午密雨如晦，湖水驟長，街巷浸淫，内外潰膩。閲《宋書》。皋步屠姑夫之孫來謝吊。

初二日壬寅　終日陰。小病不食。閲《宋書》。作書約王氏妹歸寧。剃頭。是日郡守復斷屠。

初三日癸卯　晴，黴溽更甚。身熱，病卧不食。閲《宋書》。得陳藍洲書。是日熱甚，始换凉席。

初四日甲辰　晴，熱甚，晡後微陰，有風。病稍愈，小食，閱《宋書》。遣輿信迎王氏妹歸。夜小雨。

初五日乙巳　晨陰，上午密雨，下午陰，夜又密雨，是日黴氣漸收，復涼。高祖妣周太君忌日，供饋。孫生子宜來。

初六日丙午　晴熱，午後黴氣復來。鄭妹夫來，季弟來。傍晚小雨有雷，虹見，夜晴。

初七日丁未　上午晴陰餖飣，地氣蒸溽，下午大風驟起，壞西郭城樓及郭外民房頗多，有甚雨雷雹，晡後雨止，有日景。曉湖來，以近作意予過宿山房七古一章相示，旋去。王福來，饋楊梅一籃。是日煩熱，夜雨潺潺數作。

初八日戊申　晴，熱甚，黴氣始收。鄭氏妹來，沈氏從妹來，瘦生來，族長來。比羸頓殊甚，日食不過合米，至不能讀書作字，而戚族間尚多以公事苦相迫浼，令人拒絶不暇，可歎也。下午題《劉子全書》籤額數百十字，便已疲極。夜咳嗽不止。

初九日己酉　晴，熱甚，始衣絺。今年黴久而氣深，百物爛敗，予婁空無所有，料檢匧篋中書籍曬之。晡後坐舟詣西郭，與族人議鳩工建祠事，夜歸。是日炎暑驟劇，鬱悶異常。晚又不食，夜疾動。

初十日庚戌　初伏。酷熱。書《史記》籤題數百字。作書致藍洲。族叔石湖等來。

十一日辛亥　晴，酷熱。上午坐舟詣西郭上岸宗人家議祠事。晡後歸，渴甚不食。以緦羊裘付質庫，得錢二千五百文。

閱五月初一日至十二日京報：

上諭：阿克敦布年近八旬，加恩毋庸進武職班；奕山年近八旬，加恩免其進班，遇奕山進班之期，即著睿親王德長補進。五月初一日。

上諭：李鴻章、劉崐奏查明湖南布政使李榕被參各款，或查無實據，或事出有因。惟任用優伶翠喜數年，始終受其矇蔽，經劉崐面諭驅逐，始令出署。又將業經禁革之件任意批准，並於屬員安定陋規，罰錢不報等案，漫無覺察。其辦理米捐，雖無逼斃人命情事，而濫委官紳，租捐畸重，以致不協輿情，均屬咎有應得。著即革職以示懲儆。劉崐既查明李榕任用優人，即應據實參奏，乃僅令驅逐，亦有不合，著交部議處。初四日。王文韶實授湖南布政使，以張建基爲湖北按察使。初四日。

内務府奏出宫女子名數。初十日。詔：於本月十五日禱雨社稷壇，命恭親王奕訢恭代行禮。朕於是日仍親詣大高殿拈香，十二日先期齋戒，緯帽常服，不挂朝珠，文武百官均照此服色。初十日。詔：江蘇常鎮通海道蔡世俊、山東萊州府知府書紳均開缺送部引見。初十日。

十二日壬子　晴，酷暑。剃頭。

十三日癸丑　晴，酷暑。竹樓來。得鍾慎齋是月七日義烏書。

十四日甲寅　晴，酷暑。鄭妹夫來，以予久病肺咳嗽，贈五番金爲買燕窩，雖不受之，然亦見姻戚之誼，可誌也。

十五日乙卯　卯初一刻九分大暑，六月中。鄭妹夫來，邀赴戒珠寺水陸齋，不往。得魯訓導燮光片，爲慈谿令善化賀君烺乞瑞禾詩。晚浴。月食。

閲五月十三日至廿三日京報：

上諭：劉崐奏三月間記名按察使黄潤昌、提督榮維善等會同席寶田援黔各軍，由貴州鎮遠合兵進克施秉縣城，連破白洗等寨，乘勝進攻黄飄、白堡諸寨，苗逆包大壯糾合悍賊數萬設伏山谷，官軍失利。黄潤昌中礮陣亡，布政使銜道員鄧子恒等均力戰死之；榮維善被賊圍裹，忽失所在；其分攻九甫、九貂之戈鑑等軍進攻烏沙，提督劉長槐及都司李前壽等均中礮隕命，諸將憤恨齊進，立將烏沙攻破。此次援黔諸軍鋭進中伏，以致將士傷亡多人，殊堪痛恨，即著劉嶲督飭席寶田等激厲將士，奮力進剿。黄潤昌加恩照巡撫陣亡例從優議恤，鄧子垣照布政使陣亡例從優議恤，劉長槐照提督陣亡例從優議恤。以上三員均加恩予謚，宣付史館立傳，並於原籍及死事地方建立專祠。擬保道員知府羅萱、道銜即選知府鄒泗鍾均照按察使陣亡例從優議恤；總兵凌子龍、副將唐運珍、王得勝均照總兵陣亡例從優議恤；擬保知府羅巨鷂、副將蔣安旺、參將楊洪亮、游擊韓兆禄、榮得錦、都司沈凱、曾得標、擬保游擊滕代文、都司李前壽、文武斌、擬保都司李傳義、劉開元、守備夏忠亮、劉起元等均從優議恤有差；提督榮維善死事情形，著劉嶲迅速詳查具奏。十四日。

蘇鳳文奏遵查藩司江忠濬人甚明白，公事亦極思整頓，惟才欠開展，精神未周，不能措置裕如。詔：廣西布政使江忠濬著開缺來京，另候簡用。十六日。

以福建按察使康國器爲廣西布政使，以山東鹽運使潘霨爲福建按察使。十七日。

以直隸大順廣道范梁爲山東鹽運使，以直隸補用道錢鼎銘爲大順廣道。十九日。

以雲南鶴麗鎮總兵馬如龍爲雲南提督。廿一日。詔：以連日得雨深透，於二十六日親詣大高殿行禮，並命諸王貝勒公等分詣各壇廟報謝。二十一日。

十六日丙辰　晴，酷暑。先王父側室張節母生日，薦以疏食。

十七日丁巳　晴，酷暑，得藍洲書。

十八日戊午　晴，酷暑。

十九日己未　晴，酷暑如熾，晡後陰，有雷風，夜電光隱然，竟不雨。剃頭。季弟來。

二十日庚申　中伏。晨雲合復開，上午晴陰相間，下午晴，酷暑如故。

二十一日辛酉　晴，酷暑。

閱五月廿四日至廿九日京報：

上諭：以國子監司業黄鈺爲翰林院侍講。二十五日。

左宗棠奏甘肅按察使張岳齡以病懇請開缺。許之。以甘肅鞏秦階道崇福爲按察使。二十六日。以户科給事中潘斯濂爲光禄寺少卿。二十六日。

李瀚章奏浙江臨安縣已革廩生胡丙煊等藉名報仇，聚衆四五百人，焚殺擄掠，抗拒縣官。副將吴清亮率勇剿辦，擒獲首犯胡丙煊等，訊明正法。知府張鑑南等解散脅從，地方一律肅清。詔：辦理尚爲妥速，吴清亮、張鑑南均照所請交部議敘，以昭激勸。二十八日。馬新貽奏已故河督楊以增勤勞懋著，歷官播聲，清淮紳士、刑部員外郎吴昆田等援近日漕臣邵燦、河臣潘錫恩例，懇請轉奏賜謚。詔：原任南河河道總督楊以增於咸豐五年冬積勞病故，迭經照軍營例優恤，並入祀山東鄉賢、陝西名宦祠。兹據奏稱該故員籌防慎密，遺愛在民，著加恩予謚，以順輿情。二十八日。

以江寧布政使李宗羲爲山西巡撫。二十九日。詔：以陝西全境肅清，甘肅之慶涇各屬亦已安謐，准於本年特開一科，補行壬戌恩科及甲子正科鄉試。甘省軍務未竣，士子未能一律赴試，酌留中額以昭平允。從左宗棠等請也。二十九日。

二十二日壬戌　上午晴，下午陰，酷暑稍減，傍晚雨。閱陸氏《埤雅》。始食西瓜，今年瓜熟甚遲，而價貴，市中不多見。

二十三日癸亥　晨陰微凉，上午晴，下午陰，傍晚雨，較昨稍足，有雷。得藍洲書，并局寄本月薪水二十番金。魯瑶仙訓導來，不晤。竹樓來。得陳邁夫五月十七日泰州書。張氏妹來。五弟來。前庭産三瓜，其一最先，今日摘食之，味甚甘。

閲陸氏《埤雅》。左丞爲荆公高第弟子，前人多評此書爲不及羅氏《爾雅翼》，其中却有數病：引書不指出處，一也；多主王氏《字説》，往往穿鑿無理，二也；即物説《詩》，每失之迂曲，三也。然徵據晐洽，多存有宋以前舊聞僻義，又時參以目諭，故爲考古者所必資。左丞兼精禮學，著述宏富，爲宋世經儒之傑。前年在武林閲市，曾見其《爾雅新義》，惜未及購歸也。

二十四日甲子　上午晴，下午陰。詣鄭妹夫，還所詒五番金。是日見有邑人周曰庠所著《詩三家注疏》，其經文依《毛詩》，而注三家異同於下。其確知爲三家説者，直書曰『齊説』『魯説』『韓説』，升大字爲注。其足俑翊三家者，自周、秦訖國朝諸家之説皆采之。惟毛、鄭、孔、朱四家以人所盡讀，故不録，亦升大字爲集説。注與集説皆以小字各爲之疏。前有貴陽周起濱序，稱其書可與近時陳碩甫《毛詩疏》並傳。曰庠，號一峰，老於諸生。其自敘言群經皆有論撰，惟此書已有清本。今詢其子，言亂後所著盡亡矣。因假此以歸。傍晚溦雨即止。

二十五日乙丑　晴陰相間，酷暑，鬱煩。得沈蘅夫書。作片致朱厚齋，借章實齋《雜著》。致孫子宜，借《史記志疑》。致蘅夫。竹樓來。

二十六日丙寅　上午晴，下午陰有雷，酷暑如故。作書致三弟，催其料檢税賦之數。竹樓來。

二十七日丁卯　晨陰，上午晴，下午陰，晡後密雨有雷。剃頭。閲《養新録》。夜雨，凉。

二十八日戊辰　密雨，凉如秋中，傍晚晴。孫生子宜來，問經解數事，約略答之。

二十九日己巳　陰涼。坐小舟至觀音橋孫氏從姊家省二伯母。晡後，偕三弟、孫仿雲近游至花藏故庵小飲。此地十年前車馬如雲，箏琶燈火徹夜不絶，其廚饌之精爲一郡最。予亦間與蓮士、珊士、雪甌、葆意諸君來作文士飲。今亂後惟破屋兩三間，老尼傅脂粉，緇兒迎客，諸君亦皆爲古人，即一時狹邪少年若楊魚萍、何妍衫，新秦子弟若勞、張諸家，亦十九爲異物。歡日苦少，智愚同盡，豈不悲哉！傍晚，游趙氏廢園，危石喬柯，幽森虧蔽，草卉没徑，水荒不池，蟲鳥夕喧，悄然多思。夜止宿孫氏齋。

三十日庚午　末伏，陰雨微涼，亥初二刻十四分立秋，七月節。上午偕三弟坐舟還寓。

偶得叢書目録數葉，皆近出者，因録於此：

别下齋叢書目海寧蔣光煦生沐編，凡二十五種。

《龍氏易傳》八卷元龍仁夫　《詩氏族考》六卷李超孫　《三傳異文釋》十二卷李富孫　《禮記異文釋》八卷李富孫　《方舟經説》六卷宋李石　《經籍跋文》一卷陳鱣　《三吴水利録》四卷明歸有光　《靖海紀略》四卷明曹履泰　《西洋朝貢典録》三卷明黄省曾　《箕田考》一卷明韓百謙　《峽石山水志》一卷蔣宏任　《漢魏六朝墓銘纂例》四卷李富孫　《金石録補》二十七卷葉奕苞　《石門碑醳》一卷王森文　《得全居士詞》一卷宋趙鼎　《澹庵長短句》一卷宋胡銓　《茗齋詩餘》二卷明彭孫貽　《榮祭酒遺文》一卷元榮肇　《甌香館集》十二卷惲格　《瓊花集》四卷明曹璿　《七頌堂詞繹》一卷劉體仁　《金粟詞話》一卷彭孫遹　《古文緒論》一卷　《論書隨筆》一卷吴德旋　《曝書雜記》二卷錢泰吉

守山閣叢書目

金山錢熙祚錫之編，凡一百一十種，共六百五十二卷，刻成於道光辛丑。錫之又字雪枝，以捐助海塘石工保舉通判，入都謁選，以癸卯冬卒於京師，年四十有四，無子。此部即昭文張海鵬若雲《墨海金壺》本刊訂增益，南匯張文虎嘯山等爲之校勘。前有自序及儀徵阮文達、績谿胡竹村兩序，及吴興凌厚堂堃所作《錢雪枝小傳》。雪枝又別刻《式古居彙鈔》四十六種，又仿鮑氏《知不足齋叢書》例輯小集爲《指海》，先成十二集，未既而卒。

經部：《易説》四卷宋趙善譽　《易象鉤解》四卷明陳士元　《易圖明辨》十卷胡渭　《禹貢説斷》四卷宋傅寅　《三家詩拾遺》十卷范家相　《周禮疑義舉要》七卷江永　《儀禮釋宫》一卷宋李如圭　《儀禮釋例》一卷江永　《禮記訓義擇言》八卷江永　《春秋正旨》一卷明高拱　《左傳補注》六卷惠棟　《古微書》三十六卷明孫瑴　《尊孟辨》六卷宋余允文　《四書箋義纂要》十三卷宋趙德　《律吕新論》二卷江永　《經傳釋詞》十卷王引之　《唐韵考》五卷紀容舒　《古韵標準》四卷江永

史部：《三國志辨誤》一卷　《宋季三朝政要》六卷　《蜀鑑》十卷宋郭允蹈　《春秋别典》十五卷明薛虞畿　《咸淳遺事》二卷　《大金弔伐録》四卷　《平宋録》三卷元劉敏中　《至元征緬録》一卷　《招捕總録》一卷　《京口耆舊傳》九卷　《昭忠録》一卷　《九國志》十二卷宋路振，附拾遺　《越史略》三卷　《吴郡志》五十卷宋范成大，附校勘記　《嶺海輿圖》一卷明姚虞　《吴中水利書》一卷宋單鍔　《四明它山水利備覽》二卷宋魏峴　《河防通議》二卷元沙克什　《廬山記》三卷宋陳舜俞，附《廬山紀略》一卷，慧遠　《北道刊誤志》一卷宋王瓘　《河朔訪古記》三卷元納新　《大唐西域記》十二卷唐玄奘　《職方外記》五卷明艾儒略　《七國考》十四卷明董説　《歷代建元考》十卷鍾淵映　《荒政叢書》十卷俞森　《歷代兵制》八卷宋陳傅良　《籀史》一卷宋翟耆年。

子部：《少儀外傳》二卷宋呂祖謙　《辨惑編》四卷元謝應芳　《太白陰經》十卷唐李筌　《守城録》

四卷宋陳規　《練兵實紀》十五卷明戚繼光　《折獄龜鑑》八卷宋鄭克　《脉經》十卷晉王叔和　《難經集注》五卷明王九思等　《新儀象法要》三卷宋蘇頌　《簡平儀説》一卷明熊三拔　《渾蓋通憲圖説》二卷明李之藻　《圜容較義》一卷明李之藻　《曉菴新法》六卷王錫闡　《五星行度解》一卷王錫闡　《數學》九卷江永　《推步法解》五卷江永　《李虚中命書》三卷　《珞琭子三命消息賦注》二卷宋徐子平　又二卷宋曇瑩　《天步真原》三卷穆尼閣　《太清神鑑》六卷　《羯鼓録》一卷唐南卓　《樂府雜録》一卷唐段安節　《棋經》一卷宋張儗　《奇器圖説》三卷明鄧玉函，附《諸器圖説》一卷，王徵　《鬻子》一卷附校勘記、逸文　《尹文子》一卷附校勘記、逸文　《慎子》一卷附逸文　《公孫龍子》三卷　《人物志》三卷魏劉劭　《近事會元》五卷宋李上交，附校勘記　《靖康緗素雜記》十卷宋黄朝英　《能改齋漫録》十八卷宋吴曾　《緯略》十二卷宋高似孫　《坦齋通編》一卷宋邢凱　《潁川語小》二卷宋陳昉　《愛日齋叢鈔》五卷　《日損齋筆記》一卷元黄溍　《樵香小記》二卷何琇　《日聞録》一卷元李翀　《玉堂嘉話》八卷元王惲　《古今姓氏書辨證》四卷宋鄧名世　《明皇雜録》三卷唐鄭處誨，附校勘記、逸文　《大唐傳載》一卷　《賈氏談録》一卷宋張洎　《東齋記事》六卷宋范鎮　《續世説》十二卷宋孔平仲　《玉壺野史》十卷宋釋文瑩　《唐語林》八卷宋王讜，附校勘記　《萍洲可談》三卷宋朱彧，附校勘記　《高齋漫録》一卷宋曾慥　《張氏可書》一卷宋張知甫　《步里客談》二卷宋陳長方　《東南紀聞》三卷　《菽園雜記》十五卷明陸容　《漢武内傳》一卷附録外傳、逸文、校勘記　《華嚴經音義》四卷唐慧苑　《文子》二卷附校勘記　《文始真經言外經旨》三卷宋陳顯微　《參同契考異》一卷朱子

集部：《古文苑》二十一卷附校勘記　《觀林詩話》一卷宋吴聿　《餘師録》四卷宋王正德　《詞源》二卷宋張炎

指海書目

第一集：《禹貢山川地理圖》二卷宋程大昌　《詩説》一卷陶正靖　《春秋胡氏傳辨疑》二卷明陸粲　《孟子解》一卷宋蘇轍　《奉天録》四卷唐趙一元　《炎徼紀聞》四卷明田汝成　《譎觚》一卷顧炎武　《内閣小志》一卷附《内閣故事》葉鳳毛　《石經考》一卷顧炎武　《天步真原》一卷薛鳳祚　《震澤長語》二卷明王鏊

第二集：《易例》二卷惠棟　《六藝綱目》二卷元舒天民　《烈皇勤政記》一卷孫承澤　《襄陽守城録》一卷宋趙萬年　《兩垣奏議》一卷明逯中立　《條奏疏稿》一卷附《續刊》蔣伊　《紹熙州縣釋奠儀圖》一卷朱子　《義府》二卷黄生

第三集：《儀禮釋宮增注》一卷江永　《春秋説》一卷陶正靖　《論語意原》四卷宋鄭汝諧　《韵補正》一卷顧炎武　《音學辨微》一卷江永　《大業雜記》一卷唐杜寶　《西洋朝貢典録》三卷明黄省曾　《中西經星同異考》一卷梅文鼎　《東園叢説》三卷宋李如篪　《列朝盛事》一卷明王世貞

第四集：《詩説》三卷惠周惕　《瑟譜》六卷元熊朋來　《讀説文記》十五卷惠棟　《崑崙河源考》一卷萬斯同　《吕氏雜記》二卷宋吕希哲　《潄華隨筆》四卷嚴有禧

第五集：《易大義》一卷惠棟　《尚書地理今釋》一卷蔣廷錫　《字詁》一卷黄生　《革除逸史》二卷明朱睦㮮　《詔獄慘言附天變邸鈔》一卷明燕客　《出塞紀略》一卷錢良擇　《史糾》六卷明朱明鎬　《手臂録》四卷附二卷吴殳

第六集：《左傳杜解補正》三卷顧炎武　《論語拾遺》一卷宋蘇轍　《帝王世紀》一卷晉皇甫謐　《異域録》二卷圖理琛　《楓山語録》一卷明章懋　《何博士備論》一卷宋何去非　《識小編》二卷董豐垣

《紫微雜説》一卷宋吕本中　《文選敂音》一卷趙晉

第七集：《讀説文記》十五卷席世昌　《司馬法》三卷附逸文司馬穰苴　《救命書》一卷明吕坤　《鄧析子》一卷　《商子》五卷　《測量法義》一卷　《測量異同》一卷　《句股義》一卷明徐光啓

第八集：《李相國論事集》六卷唐蔣偕　《唐才子傳》十卷元辛文房　《吴乘竊筆》一卷明許元溥　《戲瑕》三卷明錢希言　《本語》六卷明高拱

第九集：《春秋日食質疑》一卷吴守一　《汝南遺事》四卷元王鶚　《乘軺録》一卷宋路振　《蜀碧》四卷彭遵泗　《南宋古蹟考》二卷朱彭　《淮南天文訓補注》二卷錢塘　《觚不觚録》一卷明王世貞　《筆記》一卷明彭時

第十集：《九經誤字》一卷顧炎武　《訥溪奏疏》一卷明周怡　《象臺首末》五卷附録一卷宋胡知柔　《于公德政記》一卷戴兆祚　《三魚堂日記》二卷陸隴其　《博物志》十卷附逸文晉張華

第十一集：《存是録》一卷明姚宗典　《辛巳泣蘄録》一卷宋趙與褰　《閩部疏》一卷明王世懋　《寧海將軍固山貝子功績録》一卷失名　《脉訣刊誤》二卷元戴啓宗　《鈍吟雜録》十卷馮班　《陰符經考異》一卷朱子　《修詞鑑衡》一卷元王構

第十二集：《漢書西域傳補注》二卷徐松　《坤輿圖説》二卷南懷仁　《金石文字記》六卷顧炎武　《明夷待訪録》一卷黄宗羲

惜陰軒書目 三原李錫齡孟熙編

第一函：《玩易意見》二卷明王恕，《石渠意見》四卷附　《學易記》五卷明金賁亨　《周易本義爻徵》二卷吴曰慎　《虚字説》一卷袁仁林

第二函、第三函：《戰國策校注》十卷吴師道　《雲南機務鈔黄》一卷明張紞　《東西洋考》十二卷明張燮

第四函：《會稽三賦注》四卷明南逢吉　《授經圖》二十卷明朱睦㮮　《京畿金石考》二卷孫星衍

第五函：《雍州金石記》十卷附《記餘》一卷朱楓　《北溪字義》二卷附《嚴陵講義》一卷宋陳淳

《正蒙會稿》四卷明劉璣

第六函：《宋四子鈔釋》廿一卷周子三卷，張子六卷，二程子十卷，朱子二卷，明吕楠

第七函、第八函：《陣紀》四卷明何良臣　《小兒藥證真訣》三卷宋錢乙　《衛生寶鑑》二十四卷附

《補遺》一卷元羅天益　《書法離鉤》十卷明潘之淙

第九函：《六如畫譜》三卷明唐寅　《新增格古要論》十三卷明王佐

第十函：《元城語録解》三卷附《行録解》一卷明王崇慶　《兩山墨談》十八卷明陳霆　《見物》五

卷明李蘇

第十一函：《事物紀原》十卷宋高承

第十二函：《書敘指南》二十卷宋任廣　《表異録》二十卷明王志堅

第十三函：《清異録》二卷宋陶穀　《唐語林》八卷宋王讜

第十四函：《世説新語》三卷　《老子集解》二卷附《考異》一卷明薛蕙

第十五函、第十六函：《古文周易參同契注》八卷袁仁林　《楚辭補注》十七卷宋洪興祖　《古文

苑注》二十一卷宋章樵

粤雅堂叢書目

南海伍崇曜編，同邑譚瑩玉生所校刻，成於咸豐甲寅，凡百廿六種，廿集。

第一集：《南部新書》十卷宋錢易　《中吴紀聞》六卷宋龔明之　《志雅堂雜鈔》二卷宋周密　《焦氏筆乘》六卷、《續》八卷明焦竑　《東城雜記》二卷厲鶚

第二集：《奉天録》四卷唐趙元一　《咸淳遺事》二卷宋無名氏　《昭忠録》一卷宋無名氏　《月泉吟社》一卷宋吴渭　《谷音》一卷元杜本　《河汾諸老詩集》八卷元房祺　《揭文安公文粹》二卷元揭傒斯　《玉笥集》十卷元張憲　《潞水客談》一卷明徐貞明　《陶庵夢憶》八卷明張岱　《天香閣隨筆》二卷、《集》一卷明李介

第三集：《芻蕘奥論》二卷宋張方平　《唐史論斷》三卷宋孫甫　《叔苴子内編》六卷　《外編》二卷明莊元臣　《西洋朝貢典録》三卷明黄省曾　《五代詩話》十卷王士禎原編，鄭方坤删補

第四集：《易圖明辨》十卷胡渭　《四書逸箋》六卷程大中　《古韵標準》四卷江永　《四聲切韵表》一卷江永　《緒言》三卷戴震　《聲類》四卷錢大昕　《宋遼金元四史朔閏考》二卷錢大昕

第五集：《國史經籍志》五卷明焦竑　《文史通義》八卷　《校讎通義》三卷章學誠

第六集：《經義考補正》十二卷翁方綱　《小石帆亭五言詩續鈔》八卷又　《蘇詩補注》八卷又　《石洲詩話》八卷又　《北江詩話》六卷洪亮吉　《玉山草堂續集》六卷錢林

第七集：《虎鈐經》二十卷宋許洞　《打馬圖經》一卷宋李清照　《敘古千文》一卷宋胡寅撰，黄灝注　《草廬經略》十二卷明無名氏　《字觸》六卷周亮工　《今世説》八卷王晫　《飲水詩集》二卷　《詞集》二卷性德

第八集：《雙溪集》十五卷宋蘇籀　《日湖漁唱》一卷宋陳允平　《瑟譜》六卷元熊朋來　《秋笳集》八卷吴兆騫　《燕樂考原》六卷凌廷堪

第九集：《絳雲樓書目》四卷錢謙益編，陳景雲注　《述古堂藏書目》四卷錢曾　《石柱記箋釋》五卷鄭元慶　《林屋唱酬録》一卷馬曰璐編　《焦山記游集》一卷馬曰璐　《沙河逸老小稿》六卷馬曰琯　《嶰谷詞》一卷馬曰琯　《南齋集》六卷、詞二卷馬曰璐

第十集：《九國志》十二卷宋路振撰，張唐英補　《胡子知言》六卷、《疑義》一卷、《附録》一卷宋胡宏　《蒿庵閑語》二卷張爾岐　《後漢書補注》二十四卷惠棟　《後漢書補表》八卷錢大昭

第十一集：《詩書古訓》六卷阮元　《十三經音略》十二卷周春　《説文聲系》十四卷姚文田

第十二集：《新校鄭志》三卷、《附録》一卷錢東垣等編　《文館詞林》四卷唐許敬宗　《兩京新記》一卷唐韋述　《華嚴經音義》四卷唐釋慧苑　《道德真經注》四卷元吴澄　《太上感應篇注》二卷惠棟　《歷代帝王年表》三卷齊召南編，阮福續　《紀元編》三卷李兆洛

第十三集：《中興禦侮録》二卷宋無名氏　《襄陽守城録》一卷宋趙萬年　《宋季三朝政要》五卷宋無名氏，又陳仲微《附録》一卷　《詞源》二卷宋張炎　《元草堂詩餘》三卷元鳳林書院編　《樓山堂集》二十七卷明吴應箕

第十四集：《朱子年譜》四卷、《考異》四卷、《附録》二卷王懋竑　《韓柳年譜》八卷馬曰璐合刻　《疑年録》四卷錢大昕　《疑年續録》四卷吴修　《米海岳年譜》一卷翁方綱　《元遺山先生年譜》三卷翁方綱

第十五集：《崇文總目輯釋》五卷、《補遺》一卷錢東垣等輯　《菉竹堂書目》六卷明葉盛　《菉竹堂

碑目》六卷明葉盛　《金石林時地考》二卷明趙均　《勝飲編》十八卷郎廷極　《采硫日記》三卷郁永河　《嵩洛訪碑日記》一卷黄易　《通志堂經解目録》一卷翁方綱　《蘇米齋蘭亭考》八卷翁方綱　《石渠隨筆》八卷阮元

第十六集：《周官新義》十六卷宋王安石　《爾雅新義》二十卷宋陸佃　《孫氏周易集解》十卷孫星衍　《春秋穀梁傳時月日書法釋例》一卷許桂林

第十七集：《群經音辨》七卷宋賈昌朝　《刊正九經三傳沿革例》一卷宋岳珂　《九經補韵》一卷宋楊伯喦，《附録》一卷，錢侗　《詞林韵釋》二卷宋菉斐軒刊本　《漢書地理志稽疑》六卷全祖望　《國策地名考》二十卷程恩澤撰，狄子奇箋

第十八集：《儀禮石經校勘記》四卷阮元　《隸經文》四卷江藩　《樂縣考》二卷江藩　《國朝漢學師承記》八卷附《國朝經師經義目録》一卷又　《國朝宋學淵源記》二卷、《附記》一卷又　《顧亭林先生年譜》四卷張穆　《閻潛丘先生年譜》四卷又

第十九集：《秋園雅佩》一卷明陳貞慧　《倪文正公年譜》四卷倪會鼎　《南雷文定》、《前集》十二卷、《後集》四卷、《三集》三卷。《詩歷》四卷黄宗羲　《程侍郎遺集》十卷程恩澤

第二十集：《李元賓集》六卷唐李觀　《呂衡州集》十卷唐呂温　《西崑酬唱集》二卷宋楊億等　《鄂州小集》六卷宋羅願　《樂府雅詞》六卷、《拾遺》二卷宋曾慥　《陽春白雪》八卷、《外集》一卷宋趙聞禮　《揅經室詩録》五卷阮元

嶺南遺書書目

南海伍崇曜原名元薇。同譚瑩玉生輯。

第一集：《雙槐歲鈔》十卷明黄瑜　《廣州人物傳》二十四卷明黄佐　《翰林記》二十卷又　《革除遺事節本》六卷又　《春秋别典》十五卷明薛虞畿　《百越先賢志》四卷明歐大任

第二集：《劉希仁文集》一卷唐劉軻　《理學簡言》一卷宋歐仕衡　《平定交南録》一卷明丘濬　《白沙語要》一卷明陳獻章　《甘泉新論》一卷明湛若水　《元祐黨籍碑考》一卷明海瑞　《疑耀》七卷明張萱　《海語》三卷明黄衷　《郭給諫疏稿》二卷明郭尚賓　《算迪》八卷國朝何夢瑶　《春秋詩話》五卷國朝勞孝輿

第三集：《崔清獻公集》五卷宋崔與之　《崔清獻公言行録》三卷宋李肖龍　《羅浮志》十卷明陳槤　《小學古訓》一卷明黄佐　《昭代經濟言》十四卷明陳子壯　《龐氏家訓》一卷明龐尚鵬　《周易爻物當名》二卷明黎遂球　《正學續》四卷國朝陳遇夫　《史見》二卷又　《迂言百則》一卷又

第四集：《周易本義注》六卷國朝胡方　《賡和録》二卷國朝何夢瑶　《救荒備覽》四卷國朝勞潼　《周易略解》八卷附《群經互解》一卷、《算略》一卷國朝馮經　《周髀算經述》一卷又　《粤臺徵雅録》一卷國朝羅元焕撰，陳仲鴻注　《重訂范氏家相三家詩拾遺》一卷葉鈞

第五集：《楊議郎著書》一卷漢楊孚撰，國朝曾釗輯　《異物志》一卷漢楊孚　《晉劉欣期交州記》二卷曾釗輯　《宋王韶之始興記》一卷曾釗輯　《司馬文正公潛虛述義》國朝蘇天木述　《五山志林》八卷國朝羅天尺　《測天約術》一卷國朝陳昌齊　《吕氏春秋正誤》一卷又　《楚詞辨韵》一卷又　《袁督師事蹟》一卷無名氏　《嶺南荔枝譜》六卷國朝吴應逵　《南漢紀》五卷、《南漢地理》一卷、《南漢金石志》二卷吴蘭修　《端溪硯史》三卷又　《粤詩蒐逸》四卷國朝黄子高　《春秋古經説》二卷國朝侯康　《穀梁禮證》二卷又　《補後漢書藝文志》四卷、《補三國藝文志》四卷又

第六集：《毛詩通考》三十卷國朝林伯桐　《毛詩識小》三十卷又　《虞書命義和章解》一卷曾釗　《蠡勺編》四十卷國朝凌揚藻　《紀夢編年》一卷附《續編》國朝釋成鷲

以上自道光辛卯至同治癸亥始刻至六集。

江都陳氏所著書目

《屈辭精義》六卷　《漢詩統箋》一卷　《急就探奇》一卷　《協律鈎玄》四卷　陳本禮著

《竹書紀年集證》五十卷　《敘略》一卷　《逸周書補注》二十四卷　《穆天子傳注補正》六卷　《讀騷樓詩》二卷　《二集》二卷　陳逢衡著本禮子，字穆堂。

音學十書歙江有誥晉三著

《詩經韵讀》　《群經韵讀》附《國語》《大戴禮》　《楚辭韵讀》附宋賦　《子史韵讀》　《廿一史韵譜》附《通韵譜》《合韵譜》　《漢韵讀》　《諧聲表》　《入聲表》　《唐韵再正》　《古音總論》附《説文彙聲》　《説文質疑》　《繫傳訂訛》　《等韵叢説》　《音學辨訛》

敷文閣叢鈔成都龍萬育編

《群經補義》五卷江永　《毛詩古音考》四卷明陳第　《春秋長曆》一卷晉杜預　《春秋隨筆》一卷顧奎光　《周禮疑義舉要》六卷江永　《讀史論略》一卷杜詔　《讀史管見》一卷龍爲霖　《鄧批四書》一卷鄧倫　《奉天録》一卷唐趙元一　《西域釋地》一卷祁韵士　《緝古算經》一卷唐王孝通，附《細草》一卷，《圖解》三卷，《音義》一卷，陳杰　《讀書録摘要》二卷、《居案録摘要》二卷、《弟子職選注》一卷任大鵬

岱南閣刻巾箱本四種孫淵如刻

《周易集解》十卷　《周易口訣義》六卷　《夏小正校本》三卷　《東皋子集》三卷

秋七月辛未朔　上午陰雨，午後晴，傍晚小雨，連日驟涼，地氣蒸潤，几席垢膩。今日又小極，而人事沓至，殊不可堪。五弟、竹樓弟來。夜，雨聲不絶。

初二日壬申　晨密雨，上午小雨數作，午後薄晴，蒸熱。上午坐肩輿出門，詣上望坊張純甫姻長家，賀其仲子娶婦，送禮一番金。又詣魯叔容、魯瑶仙而歸。胡梅卿來。孫生汝升來，得其翁子九四月十三日汀州書。傍晚偕梅卿步至西郭。夜偕三弟還寓。

初三日癸酉　陰晴餖飣，鬱悶垢溽，稍稍焚香辟之。作牒致山陰楊令，以征米事也。予無一畝田，而爲宿逋及弟姪所牽累。吾越自地丁錢糧外，又畝收白米二升有奇。去年省中忽議概改折錢，定價升錢五十，今市中米價升二十餘錢，而吏書勒收升至八九十錢。昨有役來催仲弟及僧慧家米，予與之論價升至六十四錢，而役必不受。我朝定制二十税一，今受田者既賃耕於佃，計歲所收，以中田中歲則之，畝不過米一石，糶之僅得錢二千五六百，而徵曬礱舂所需器用人力之費，又去其五六百，則畝得二千錢耳。而地漕征其四百，白米征其二百，則朝廷取之於民者，四之一有贏矣。大亂甫平，民困已極，吏貪殘而無紀，是豈天子所及知哉！有司與鄉之士大夫相容爲奸利，督撫不舉發，科道不昌言，謂寇禍其可弭乎？予窮居，久與守令絶，今日之言，誠有所不得已也。近日，西瓜市價始賤，食之漸甜。

初四日甲戌　晴，熱甚。族兄松皋來。朱厚齋來。張氏來謝賀。得孫生子宜書。喫西瓜頗飽而佳。

初五日乙亥　晴，酷熱。剃頭。

初六日丙子　上午微陰，下午晴。晨坐舟詣族叔梅坡家，爲族祖漢耕公、族祖母潘宜人寫主，上午歸。夜，酷熱不可當。

閲六月初一日至廿一日京報：

上諭：前任熱河都統麒慶由進士籤分工部，轉擢翰詹，迭晉卿貳升任都統，勤慎老成，克供厥職。因病開缺，回旗調理，遽聞溘逝，軫惜殊深。著加恩照都統例賜恤。六月初一日。以廣東按察使梅啓照爲江寧布政使。初一日。

以廣東鹽運使孫觀爲按察使。初二日。李鴻章奏山東布政使潘鼎新之母年届七旬，病勢益增，懇請續假，並先行開缺。詔：潘鼎新准其開缺，再賞假兩月，滿後即赴左宗棠軍營，以資差遣。初二日。

以山東按察使文彬爲布政使，調江蘇按察使李元華爲山東按察使，以蘇松太兵備道應寶時爲江蘇按察使。初四日。以江寧府知府涂宗瀛爲蘇松太道，以湖北漢陽府知府鍾謙鈞爲廣東鹽運使。初四日。以記名總兵張其光爲浙江衢州鎮總兵。初四日。以通政司副使劉有銘爲太僕寺卿。初四日。

御史王師曾奏軍務肅清省分，丁憂留營各員請飭查明，俱令補行守制。又佐雜人員所得功牌，概行銷繳，不得冒稱加銜。詔：吏部議奏。初五日。

雲南巡撫岑毓英奏雲南提督馬如龍前在小偏橋打仗受傷，尚未痊愈，復出城攻克羊神廟賊壘，乘勝進攻江右館，身中礮傷甚重。詔：内府發去如意拔毒散四劑，交岑毓英轉給調理。初六日。

正黄旗漢軍副都統温德勒克西以傷病未痊，許開缺調理。初七日。

右贊善李文田轉補左贊善，編修徐致祥補授右贊善，編修龔承鈞補授江南道御史。初八日。以博崇武爲正黄旗漢軍副都統。初八日。

李瀚章奏遵查浙江紹興府知府圖麟辦事遲鈍，難膺表率之任。詔：降爲同知，歸部銓選，以刑部郎中海霈爲紹興府知府。初九日。

詔：前江西九江鎮總兵馬濟美之祖千總馬立成、父雲騎尉馬文雄均於嘉慶年間出師遇害，累世忠貞，允堪嘉尚，將戰功事迹一併宣付史館，纂入該總兵列傳。從山東巡撫丁寶楨請也。十二日。

崇實、吴棠奏道員劉嶽曙等率軍援滇，五月初五日攻克尋甸州城。十三日。

曾國藩奏五月間直隸永定河水勢斗長，壞堤三十餘丈。十五日。曾國藩奏在籍記名提督前河南歸德鎮總兵朱南桂病故，懇請賜恤。詔：朱南桂轉戰數省，屢次立功，並隨同克復金陵，上年因傷病回籍調理，遽聞溘逝，軫惜殊深。著照提督例議恤，加恩予謚，並准於本籍捐建專祠。十五日。詔：兵部右侍郎伊精阿年逾六旬，步履維艱，著毋庸在弘德殿行走。遇有兵部引見，並免其帶領，以示體恤。十五日。

劉崐奏遵查提督榮維善陣亡情形，懇請優恤。詔：榮維善前在江西迭著戰功，上年進剿貴州荆竹園賊匪，每戰必先。黄飃之役，以救援黄潤昌等力竭陣亡，殊堪憫惻。著照提督陣亡例從優議恤，准其予謚，追贈三代及本身一品封典，立功死事各地方建立專祠，並將戰功宣付史館以彰忠烈。十九日。

武英殿火，延燒屋三十餘間。眉批：火自二十日夜子刻至次日辰時始息，計焚宫門五間，正殿五間，後殿五間，東配殿五間，東庫房五間，南庫房五間，浴德堂正殿六間。二十一日。李鴻章奏甄别庸劣不職荆州府知府榮光等九人。詔分别降革有差。二十一日。

初七日丁丑　晨陰，上午晴，酷熱如焚，晡後大雷雨，晚晴。先君子生日，早起，上午供饋。仲弟、季弟、大妹、大妹夫、阿僧、阿桂俱來。五弟來。是日郡中迎關侯出遊。午偕大妹夫、季弟及何、毛二君詣西郭觀之，負烈景往返，苦不可言，衰病中作此惡劇，亦可歎矣。

初八日戊寅　晴，酷熱，下午微陰，有雷，傍晚雨至半里外皆沾濡，而所寓山後僅零點一二而已。越諺云『夏秋間雨隔牛背』，諒哉！　夜雷，四更後雨有聲。

初九日己卯　晨薄陰，上午晴，酷熱，下午大雨如注，旋晴，晚又雨。　閲邑人周一峰秀才《詩三家注疏》，其清本僅存二卷，至《邶風》止，稿本至《豳風》止，頗研綜古訓，有裨經術。　而體例未妥，約有數病：采集三家之説，不標出處，一也；集説泛存異義，非主三家，二也；疏多游移出入，罕所發明，三也；諸家或稱名，或稱字，或僅標書名，時代先後夌雜無序，四也。　下午浴，又以雨沐，散髮晞之。　夜雨有聲。

初十日庚辰　晨陰，上午晴熱，下午微陰，晚大雨驟至，有雷。（此處塗抹）作書復藍洲。　夜雷電，雨數作，旋月出，三更後復大雨傾注，遂淋漓徹曉。

十一日辛巳　雨至上午稍止，午晴。

梁氏《史記志疑》，竹汀錢氏亟稱之。　其考訂訓詁固多可取，而頗多錮於學究識見，孱解三代以上之事。　最謬者，辨禹無葬會稽事一條，盡翻《國語》《管子》《墨子》《吴越春秋》《越絶書》《水經注》及本書之説，而獨據《論衡》之頗辭，杜注《左傳》『塗山』之孤解，謂禹時會稽在荒外，何由巡狩至此；又據《路史》言塗山亦有會稽之名，而并欲移會稽於濠州，且力辨舜葬蒼梧之誣。　豈知古聖王勤民憂物，不遺遐遠，桐棺薄葬，隨地而安，不必如後世營卜山陵，重煩人力。　《國語》《管》《墨》，皆出周時，三代所傳，章章如是。　許氏《説文》最稱謹慎，間引經傳，必致確且精，其山部『嶷』下云：『九嶷山也，舜所葬，在零陵營道。』系部『緥』下引《墨子》曰：『禹葬會稽，桐棺三寸，葛以緥之。』屾部『㠭』下云：『會稽山也。』可知舜、禹葬處，古無異説，而㠭山本在會稽，漢時經師已言之。　杜預謂在壽春，不過相傳别説，

《說文》『嵞』下云『一曰九江當塗也』。亦不得以酈氏之駁爲非。《漢書》劉向上疏，言堯葬濟陰，舜葬蒼梧，禹葬會稽，不改其列，殷湯無葬處。使禹葬稍有可疑，子政必不别白言之。王仲任漢之陋儒，所言多誕，羅長源所述尤無稽。曜北信所不當信，又雜引唐人柳宗元、鄭魴之説，以盡黜載籍徵信之言，是以溝猶瞀儒，不出方隅之見，而妄測古人，何其舛也。至謂勾踐非禹苗裔，閩越非句踐種族，又不知誰授以世系矣。嵞山與塗山是兩地，嵞山自在會稽，因此山而特制『嵞』字，塗山則在漢爲九江當塗，在晉爲淮南壽春，《晉志》淮南郡下亦有當塗縣，注云『古塗山國，而杜氏云在壽春東北』。案：壽春今爲壽州，當塗今爲懷遠縣，地界相接，非今江南太平府之當塗也。在唐爲濠州，乃古塗山氏之國，禹所娶者。『涂』『塗』古今字，後人牽合『嵞』『塗』而一之，致滋異説。《漢書·地理志》九江當塗下，應劭注曰『禹所娶塗山氏國也』，其文甚明。會稽禹陵，事無可疑。越爲少康少子無余之封，歷古汔今，更無異説。至以餘姚爲舜後支庶所封，而附會歷山、舜井、漁浦諸地，則妄矣。《漢地理志》《續漢郡國志》於餘姚下皆無注，蓋餘姚如餘暨、餘杭之比，皆越之方言，猶稱『於越』『句吴』也。姚、暨、虞、剡，亦不過以方言名縣，其義無得而詳，安可以『姚』『虞』之字有關於舜，遂謂重華居此耶？

季弟來。

十二日壬午　晨及上午微陰，頗凉，午後晴熱。感寒小病，腹痛暴下。得曉湖書，作書復藍洲。鄭妹夫來，夜飯後去。

十三日癸未　晨陰，上午雨，午晴。腹疾不已。梅坡族叔來，告明日嫁女，分果子合來。朱厚齋來，言山陰楊令判奪天章寺田事。

《說文》弓部：『𢏚，帝嚳射官，夏少康滅之。』又羽部：『羿，亦古諸侯也，一曰射師。』又邑部：『竆，夏后時諸侯夷羿國也。』案：『𢏚』『羿』自是一字，从『羽』猶从『弓』也。而帝嚳射官之𢏚，即堯時所謂射十日，殺窫窳，斬九嬰，射河伯者，《語論》所稱『羿善射』，《孟子》所稱『逄蒙學射於羿』，皆是人也。羿爲蒙所殺，故南宫适云『不得其死』。盪舟之『奡』，即《棄稷》所謂『無若丹朱傲』之『傲』。陸氏《釋文》於《益稷》文云：『傲，一作奡。』古人論人，必時地相值，南宫正以羿、奡、禹、稷同時，並爲堯臣，故取以衡量，必非夏相時之羿、澆也。注《論語》者，見羿名偶同，奡、澆亦音近，遂誤爲夏時之羿、澆。不知《左傳》所載有窮事甚詳，並無澆能盪舟之言。且羿爲寒浞與家衆所殺，非殺於逄蒙。羿、澆皆亂賊不容誅，豈得但云不得其死，尤不得以尚力不尚德蔽之。故許於『𢏚』下引《論語》曰『𢏚善射』，於『窮』下曰『夏后時諸侯夷羿國』，分别畫然。而『羿』下云『亦古諸侯』者，謂夏之有窮后羿；云『一曰射師』者，謂一説羿即帝嚳射官之𢏚。蓋許《自序》稱《論語》皆古文，則所見《論語》作『𢏚』爲古，而用『羿』亦可通。帝嚳及堯時之𢏚爲射官，未嘗爲諸侯；夏時之羿爲有窮國君，未嘗爲射官。凡《山海經》《歸藏》《楚辭》《莊子》《淮南子》所稱之羿，皆堯時之𢏚也。堯時之𢏚蓋如稷與共工之比，即以其官名之；夏時之羿乃名字偶同，而後人附會。自賈景伯言羿之先祖世爲先王射官，於是郭璞則以爲后羿慕羿射，故號此名。孔穎達則以爲『羿』是善射之號，非人名字，故嚳時、堯時及夏皆有羿，不知后羿名爲何。鄭樵則以爲羿必太康時人，以射得名，堯、嚳時亦有善射之人，世訛以爲羿。景純、冲遠皆望文爲説，羌無實據；漁仲直不學而妄言矣。其能析言之者，叔重而後，吴斗南辨之最明。或疑許於『𢏚』下云『夏少康滅之』，似亦從世爲虞夏射官之説。不知此五字蓋是後人羼入，既云帝嚳射官，則𢏚非諸侯國名，亦非氏族名，何得云『少康滅之』？且即如其説，夏羿乃寒浞所滅，少康惟滅澆豷，故《左傳》云『遂滅過戈，復禹之績』。寒浞已非少康所滅，何論羿耶？至奡之非澆，《説文》亦甚明。夰部『奡』下云：

『《虞書》曰「若丹朱奡」，讀若「傲」，《論語》「奡盪舟」。』此以證《論語》之奡與丹絑並時，非澆可知。金壇段氏注許書，最稱精覈，而於羿、羿，則以爲夏時夷羿乃帝嚳射官之裔，於奡、澆，《說文》『豷』下引《左傳》生敖及豷。則以爲一人，可謂明有所不瞭矣。眉批：《竹書》《楚辭》雖皆有『澆覆舟，滅斟灌』之言，然《楚辭》所述多誕，《竹書》出於晉時，蓋影合《論語》《楚辭》而撰此言，非事實也。且《論語》所云盪舟與善射比，蓋謂奡善用舟師，正以多力能出奇，雖少水處亦縱盪自如，故《書》以爲罔水行舟，非覆滅敵舟之謂。嘗謂古之羿、奡與蚩尤皆神力間出之才，始皆立功帝室，而自恃其勇，終取滅亡。故言五兵者本於蚩尤，言射者本於羿，言舟師者本於奡。蓋其時初制弧矢、舟楫，其用未廣，羿、奡以奇傑爲帝臣，能盡其利，故南宮以爲不如禹、稷之務躬務也。眉批：近人新化鄒叔績引《管子》『若敖之在堯也』，《莊子》『堯伐叢〈枝〉、胥敖』，又『堯攻宗膾、胥敖，國爲虛厲』，謂即《虞書》之『傲』，《論語》之『奡』，是也。

始食新栗。

十四日甲申　上午晴，酷熱，午後陰，小雨，晡後大雨，有震雷，入夜，滴歷不絕聲。腹疾未瘳，困極多卧，晡後至夜，考校古事，稍費心力，益覺勞勩。擬至族叔家送嫁女，以雨且病不果，致脂粉錢二百。

十五日乙酉　佛氏以爲中元節。先君子忌日。上午晴，酷熱。午後埃皚小雨，旋景見，晚大雨，雷震，入夜益怒，辟歷大作。上午薦先君、先恭人，午以素食祀高祖、曾祖中元。季弟來。剃頭，洗足。大雨歷三更，水滿庭户。

十六日丙戌　午正初刻十四分處暑，七月中，雨迨晨稍止，水驟長二三尺，上午漸晴，下午陰曀，微雨數作，晚小雨。以素食祀先祖考妣、先君、先恭人及地主外姻。得藍洲書，并局寄七月薪水二十番金。夜雨。

十七日丁亥　陰曀，微晴。遣人詣縣取南米票。夜，三弟來。

十八日戊子　上午晴，下午密雨，而景如故，旋復晴，溽暑毒煩。續增《熙朝宰輔録》數人。潘文恭先爲此書頗草草，既不載字號及師保等加銜，其出身亦不甚詳備。咸豐七年續刊，增入數人，添載師保加銜，其滿洲陳泰亦作辰泰。誤入漢録者改歸滿録。又補茶陵彭維新於漢録，餘亦間有所訂正。然多去其拜罷月數，又不補字號及封爵，終未爲完書也。付南米三番金，又昨還家人所借八番金，日出事生，何能爲繼耶？夜雨。

十九日己丑　晴暑鬱蒸。族弟穎堂來，季弟來。壽玉谿自粤西奉母喪歸，來訪，并饋猺桂、織席、茶碗、銅盆、藥石等物。受席、碗、猺桂。

二十日庚寅　晨陰合大雨，傍午漸晴，晡後又雨，晚晴。評點茹三樵、段懋堂、焦理堂、洪稚存、陸祁孫、沈沃田諸家文。茹有《竹香齋古文》，陸有《崇百藥齋文集》，兩家皆工敘事，故於誌、傳爲長。茹以雋逸，陸以簡潔，又各擅勝處也。茹所著《家傳》尤工於語言，如敘存䘏公兄弟之友愛，鄒節婦之癡篤，皆千載如生。陸所著如《管御史世銘墓表》、《方知州聯聚行狀》、吴知府堦及惲子居、趙味青墓志銘，皆嚴整有筆力。作片致沈蘅夫，得復。夜二更後密雨徹曉。

二十一日辛卯　晨大雨，上午陰晴不定，下午又雨。腹疾又作。評點朱梅崖、管韞山、李申耆諸家文。三家文，予前已論之。管尤非當家，然如朱之《與林穆庵論大學書》，李之《鳳臺食貨志》《祁鶴皋先生外藩蒙古要略序》，固爲一時名作。管之《春秋公羊傳説》，立論名通；馮玉圃《鶴半巢詩集序》，臚陳軍機，職掌始末，足資掌故，皆極有關系之文也。閲《姚端恪公文集》。端恪長於奏牘，指晝分明，令人意解，餘亦多關經世利病之文。其最佳者，《與查孟如兄弟書》言人之宜勤不宜閑，山林之中亦當惜福，皆鑿鑿有名理，宜人寫一通，勒之坐右也。族叔梅坡來謝書宔，並饋龍眼、骽脯。夜小雨。

閲六月廿二日至廿六日京報：

上諭：本月二十日夜間，西華門内武英殿不戒於火，延燒至三十餘間，所有管理武英殿事務孚郡王、惠郡王奕詳、明善均交該衙門嚴加議處；該處司員先行交部嚴加議處，仍聽候傳質；其值班之披甲人等即交慎刑司嚴行審訊。二十二日。户部尚書羅惇衍丁母憂，以兵部尚書董恂爲户部尚書，以工部尚書鄭敦謹爲兵部尚書，以都察院左都御史毛昶熙爲工部尚書，以吏部左侍郎沈桂芬爲都察院左都御史；吏部右侍郎胡肇智轉左侍郎，以户部左侍郎龐鍾璐爲吏部右侍郎，户部右侍郎潘祖蔭轉左侍郎，兼管三庫事務；以前侍郎李鴻藻爲户部右侍郎，兼管錢法堂事務。二十二日。以光禄寺卿阿昌阿爲太常寺卿。二十二日。

詔：救火之章京司員、文武各官均賞加一級。二十三日。詔：大學士朱鳳標充武英殿總裁。二十三日。

上諭：倭仁、徐桐、翁同龢奏請勤修聖德以弭灾變一摺。方今陝、甘、雲、貴軍務未平，各省民氣未復，餉需支絀，物力艱難，朝廷宵旰焦勞，惟恐政事或有闕失。兹者武英殿灾，上天示警，正宜警惕倍深，所有宫廷一切工程及應用物件，除必不可緩及例應備辦外，其餘一概停止，各該衙門即遵諭行。至政事或有未當之處，並著在廷臣工直言無隱，用副禦灾修省之意。二十四日。上諭：吴坤修奏遵查鳳潁六泗道劉毓楠性情輕躁，不諳政體，委查宿州河道復被委員矇蔽，請開缺另簡等語。劉毓楠著先行開缺，仍著該署撫查明該道辦理不善及委員余昌宇矇蔽之處，一併據實嚴參，所遺鳳潁六泗道員缺，著胡玉恒補授。二十四日。

鄭敦謹奏參聲名惡劣、辦公廢馳之山西沁州直隸州知州李棌丹等九人。詔：革職勒休有差。二十六日。吳坤修奏請賞假回籍，補行穿孝。詔：俟英翰到任後賞假百日，回籍穿孝，滿後即行來京陛見。二十六日。

二十二日壬辰　晨雨，上午薄晴靉靆，下午晴熱。三妹返婿家。

王山史《砥齋集》世不多見，僅見於朝邑李時齋《關中文鈔》。其文頗有佳者，如《劉文靖公從祀録》《書郃陽世系譜後》《艾千子罪王弇州論》《侯朝宗責于忠肅論》《水火論》《山來閣記》諸作，議論筆力皆足勝人。其《甲申之變論》詞意激烈，末一段云：順治初，山陰王思任寄書龍門解允樾，其詞悖慢，追咎神宗，追咎熹宗不已也。終之曰：『繼之以崇禎勀俗作『剋』，經典祇作『克』。剥自雄。』嗚呼！生勤宵旰，死殉社稷，此普天哀痛之時也！思任亦人臣，何其忍於刻責，而肆爲無禮之言以至此哉！思任有女曰端淑，能詩文，刻《映然子集》行世。中有言思任之死，嫌其數十日之生之多者，蓋謂其死非殉難，不能擇於泰山、鴻毛之辨也。嗚呼！臣而非君，女而非父，一何其報之之符也。案：季重卒於丙戌，在魯王航海之後。所云順治初者，蓋當甲申、乙酉間，時秦中已奉正朔也。季重之死，國論已定，惟鄉評尚在疑信間。觀此則知其女已有違言，無待清議矣。惜《映然子集》今亦不得見耳。

比日蒸溽鬱悶，感疾不快。

二十三日癸巳　上午晴，熱甚，下午陰，小雨旋止。腹疾成利，數下益痛，中惡困甚。延張春帆診脉，服藥。族弟穎堂、竹樓來。

二十四日甲午　晨陰，上午薄晴，下午陰。利漸止，傷風鼽涕，彊起飲食，仍服藥。王眉叔自浦江歸，來訪，傍晚去。

二十五日乙未　上午晴陰相間，下午雨，瀟瀟入夜。爲梅坡叔書聯，輓其姻家汪孺人。爲季弟題山水古畫，填《壺中天》詞一闋云：『谿藤小幅，認湖唇石罅，結就茅屋。屋下芭蕉三百本，養得一湖生緑。藥徑分苗，秫田賦采，閑聽松邊瀑。櫂船歸也，兩翁相對如鵠。　堪歎賃廡年年，漂流海燕，誰寄修椽宿。少日連床風雨夢，白首幾時重續。花裏馴鷗，葦間射鴨，此樂今生足。且留圖畫，湖山共證清福。』夜雨，凉不宜席，腹疾復作，仍服藥。

二十六日丙申　終日密雨，甚凉。剃頭。服藥。

閱大學士倭公等所上《修德弭灾疏》，其言簡要可録也。疏云：臣倭仁、臣徐桐、臣翁同龢跪奏，爲勤修聖德，以弭灾變事。本月二十日夜，武英殿不戒於火，書籍、版片焚燬殆盡。伏思武英殿爲收藏欽定諸書之所，列朝聖訓於此刊刻，深嚴重地，規制崇閎，一旦煨燼，實爲異常灾變。謹按魏青龍中，崇華殿灾，高堂隆對以爲『人君苟飾宫室，不知百姓空竭，故火從高殿起』；宋天聖中，玉清昭應宫灾，蘇舜欽上疏，亦以此爲言。蓋自古占驗之書，凡遇宫禁火灾，皆以臺榭宫室爲誡。今者隴西未靖，民困未蘇。黄河甫經合龍，北河又復漫決。八旗生計日蹙，部庫帑項不支，此誠民窮財盡之時也。比年以來，土木之工，未盡止息；天安、神武門樓，均加修飾；宫廷之内，屢有興作。灾變之來，未必不由於此。臣等以爲自今以後，皇上正宜刻厲修省，躬行節儉。凡一切大小工程，概行停止；傳辦諸物，並予罷除。並請飭諭廷臣，直言政事得失。庶灾變可弭，四方蒙福。臣等愚昧之見，是否有當，伏乞聖鑒，謹奏。

倭公近所陳《大婚典禮》及前《請徹同文館疏》，皆侃侃可傳。此疏與徐、翁二君同上，未知出誰手，皆一時之鳴鳳也。比日九卿臺省紛紛條奏，今日言捐班，明日論保舉，各挾私見，游移不根。其間及民生吏治者，又多摭拾陳言，毛舉細故，未嘗有一良策、一實事也。蘇撫丁君所言稍痛切，其論胥吏一事，尤有識見，然亦不可行。下此者，益無論矣。

夜，雨聲徹曉。

二十七日丁酉　晨雨，上午漸霽，下午晴熱。腹痛未愈，屬張醫改方，仍服藥。沈蘅夫來，言寬夫近權知靈川，爲桂林之望縣，而地爲水陸之衝，民猾多盜，錢糧數及二萬，率不可征。粤西、楚南，民間完税皆以錢抵銀，有一定之則。銀價或貴，而錢數不增，官此者往往致困。粤俗尤悍，以訐官爲常事。郡縣纖悉，即聞之院司，院司懲前亂，又習其俗，訟牒無弗受，受即罪郡縣官，十九罷斥，故民益負課。有一階半級者，即怙勢與官抗，官不敢言催科事。果如所言，粤禍未有艾也。寬夫文弱而貧，深爲憂之。夜四更時，大雨。

二十八日戊戌　上午陰，下午晴，旋陰。樵蘇絶矣，賒得亭山人茅草九百五十四斤，又可供一月爨也。下午行藥，獨行山下，至倉帝祠而回，烟景碧幽，漸入秋境，得五古一首。夜，雨聲不絶。

二十九日己亥小盡　終日密雨，凉甚。

閲六月廿七日至七月初七日京報：

上諭：劉典奏已革記名提督劉效忠因偷竊牲獸，輒將馬夫王麻子殺斃。據該撫查明，王麻子係從逆被擒，此次逞凶拒捕，罪本應死。劉效忠著照所擬，照擅殺應死罪人律，杖一百，業經革職，照例免議，仍著押回山東原籍，交地方官嚴加管束。二十七日。

宗人府副理事官載英補授内閣侍讀學士；前任給事中尋鑾煒補授户科給事中；掌京畿道御史周恒祺補授工科給事中。七月初三日。

吏部左侍郎胡肇智奏病難速痊，請開缺調理。詔賞假一月，毋庸開缺。初六日。

上諭：前據左宗棠奏，河東鹽務廢馳，解款積壓，並河東道李慶翱鄙詐成性，惟解鑽營等情，當經諭令鄭敦謹查明具奏。兹據奏稱，河東鹽課，向須陸續征收，至次年奏銷時始能全完，故歷届撥解甘餉，均在次年奏銷後解清，並非李慶翱任内有意積壓。道庫存款五十一萬餘兩，雖與左宗棠原奏相符，然已借動一半，且有匀撥京餉等款，實存並無此數，是以甘餉未能立即解清。至鹽引積滯，則因襄樊以北淮鹽侵佔，並陝、豫等省銷售不暢之故。李慶翱居官勤慎，現署臬篆，於公事均能講求，實無夸詐習氣等語。署山西按察使河東道李慶翱，既據鄭敦謹查明，並無廢弛鑽營情事，著毋庸議。初七日。

八月庚子朔　晨小雨，上午漸霽，下午晴陰相間。腹疾復作，小極多卧。得王眉叔書，屬寫紈扇。胡梅卿來，屬書紈扇。竹樓來。

初二日辛丑　晨密雨，上午漸疏，午稍止，下午又雨。補填《臺城路》《慶清朝》詞各一闋，皆昔構未成者。作片致王訪梅，送其明日浦江之行。夜子時白露，八月節，京師占以子初三刻十三分屬今日辛丑，浙江占以子正初刻十三分屬明日壬寅。

初三日壬寅　白露，八月節，自五更大雨，至日加巳稍止，傍午晴霽，旋陰。王氏來告，三妹晨舉一子。竹樓來。鄭妹夫來。

初四日癸卯　薄陰，晚色甚佳。閱《晉書》。爲三妹料理洗兒果物。夜三更時密雨。

初五日甲辰　終日陰，傍晚小雨。晨將起時，疾動。閱《晉書》。遣舟信詣王氏洗兒。夜，雨聲凄緊達旦，秋冬之際，此聲最難爲懷。

初六日乙巳　早晴，上午陰，下午晴。閲戴氏《聲韵考》及段氏《六書音韵表》。江、戴之言古音，由顧氏之旨，推求遞密，段氏尤多創解。然其所言合韵，殊不可信，往往有意過其通，求精反疏者。顧氏於此事首開篳路，後儒雖議其未盡，而其言包括晐通。最得古今秘要足相裨補者，惟孔氏《詩聲類》而已。剃頭。夜月出甚清綺，秋意可賞。未久忽雨。

初七日丙午　晴陰相間，下午有溦雨。上午詣鄭氏妹家，偕妹夫至市門閣小憩。郡中賽會包孝肅祠，導從甚盛。午詣開元寺方丈喫疏飯，晤莫蕙樓、何治鋒。下午至觀音橋孫氏姊家，見二伯母，復詣白雲庵前觀賽會儀仗，至東雙橋下覓賃廡。傍晚入華嚴寺小坐，由匯原橋渡還孫氏宅，共二伯母、二姊、三弟夜飯。初更後坐舟歸寓。夜黄昏時，小雨旋止，三更後又雨。

初八日丁未　上午陰，下午晴，有風。曾王父生日，供饋。陳鳳樓表兄來，季弟來。晡後，偕季弟詣大妹家，晚飲於酒家。初更歸。

初九日戊申　雨，下午更密，溽潤有黴氣，夜風雨達旦。

初十日己酉　晴燠蒸溽。夜雨。

十一日庚戌　薄晴多陰，上午有溦雨。坐小舟詣季弟家，同至觀音橋省二伯母。下午，偕三弟步詣半野堂看屋，即明湖廣參議商周初躍雷館也。祁忠惠《越中園亭記》云：『商羽川構堂於城東，曰「半野」，諶軒給諫市之爲居室，於室後鑿小池，構精舍於上，植梅數十本，與竹樹交錯，游者忘其城市矣。』諶軒給諫，即周初也。周初爲吏部尚書周祚之弟，以進士知河南商城縣。崇禎中入爲兵科給事中，以言事忤烏程，出爲廣東按察僉事，備兵瓊州，遷湖廣布政參議，備兵常鎮。丁母憂卒。行事詳倪文貞所作墓志，亦鄉先生之賢者。而府、縣志皆不爲立傳。蓋由冢宰晚節潦倒，遂墮家聲，并其先世若太僕廷試、大理爲正等，皆鄉論泯然。此國初吾越清議之嚴，固可畏也。然後之修志者，終當爲大理及參議補傳，以存是非之實，而於大理傳末，附冢宰事以見其略，則庶乎盡善耳。是館於道光末歸一部令史沈姓，頗增飾臺榭，而規制窄俗。咸豐間，有王某者賃居之，予嘗數往。今亂後大半傾圮矣。自會原橋偕季弟坐舟還寓。何鏡珊訓導來，朱厚齋來，皆不值。夜雨。

十二日辛亥　晴陰霎霴，鬱溽熱煩。上午曬書，閱孔氏《公羊通義》。下午稍整比書簏。傍晚詣大妹家，即歸。夜，密雨數作，有雷。

十三日壬子　上午晴熱，午雨，旋止，下午有風，淋雨達夜。小極多忤，卧閱魏氏《聖武記》。鄭妹夫來。

十四日癸丑　晴，熱甚。閱魏氏《聖武記》。昨借得番銀十圓，今日以還草債兩，書債兩，紙債一，酒食債一，日用債一，又買月餅、舒凫、梨柿之屬兩番有奇，分饋鄭、張、王三妹充節物，剩杖頭二陌錢矣。負債尚二十餘千，瓶無粒糧，壺無滴酒，拙者爲政，可笑如是。以雙凫、雙魚及猺桂一方饋鄭妹夫。剃頭。傍晚詣季弟家。夜歸，月色甚清綺，今秋第一宵也。

十五日甲寅　上午溽暑如夏，下午大風雨。午浴。今日中秋矣，杯著蕭然，室空如水，婢僕喪氣，鷄犬恬熙。終日焚香亂書，自案此中况味，豈能語黄面赤脚輩人耶？夜二更時月出。

十六日乙卯　上午陰，午雨，入夜不止。上午偕季弟坐舟至清電湖瀕王家村，吊族叔石湖生母之喪。下午歸。

十七日丙辰　上午溦雨，午後薄陰，晚雨。先妣三周忌日，延戒珠寺僧十三人，禮三日懺。大妹、二妹、季弟、五弟、九弟、季弟婦、鄭妹夫、阿僧及諸甥姪俱來。毛子兄、允升叔、穎堂弟、蘭如弟、鳳妹、余親家母、大妹夫、三妹夫、五弟、張純甫，俱送燭楮來。夜，密雨有聲。

十八日丁巳　巳初一刻一分秋分，八月中，雨至下午稍止。終日齋坐聽梵唄，閑讀《公羊春秋》。大妹回去。朱厚齋來，不晤。夜，月出，延僧五人，作瑜伽焰口道場，禮佛及先祖。

閱七月初八日至廿三日京報：

上諭：管理武英殿事務孚郡王、惠郡王奕詳，總管内務府大臣工部右侍郎明善，均照部議降二級留任，准其抵銷正監造員外郎；延齡等均降二級調用，罰俸一年，不准抵銷。十一日。以御史盧士杰爲陝西正考官，刑部員外郎周繼清爲副考官。十一日。

以京師安謐，詔裁撤外城練勇局。從致仕大學士賈楨等請也。十七日。以鴻臚寺卿程祖誥爲通政司副使。廿一日。

候補國子監司業孫詒經，仍在南書房行走。二十二日。

十九日戊午　薄晴，間陰。

近世釋氏勝於吾儒者有三事：古人讀書有諷誦，有詠歌，有琴瑟管籥以爲之音節，所以導揚情文，涵泳心性，今士不知樂，弦誦之事廢，讀書之法亡；而釋氏則贊和諷唄，鈴鐲之音悠然以長，此勝於儒一也。古人讀書必正席危坐，尊之甚至，故以晉人之放誕，尚有庚子日陳五經以拜者，至趙宋時，猶有束帶迎經之事，今士不知惜書，方尺之案，縱横自積，折角捲腦，任意塗點；而釋氏則崇奉梵筴，檀熏錦裹，頂禮跪誦，不敢稍褻，此勝於儒二也。古人事先聖、先師之禮甚嚴，釋菜奠爵，如臨師保，漢重家法，經師授受，遠而彌尊，六朝唐初，此事猶重，故陸氏於《經典釋文》之首，臚列各家姓氏官位，原流秩然，今士之隸學官者，入學舍采，視爲兒戲，春秋二丁，祭多不與，有司奉行故事，漫不加意，至七十二賢之名，十九不知，歷代從祀兩廡之儒，未有過而問者，飲水昧原，安能知學；而釋氏則於誦經之次，必列舉古佛之名，膜捧讚禮，此勝於儒三也。禮失而求諸野，靦然章逢，循俗固陋，睹此者，且以是爲宗門外法矣。

作書致藍洲。

二十日己未　晴陰相間，上午詣西郭宗人家，祭六世祖妣樊太君生日，晚歸。得藍洲書，并局寄是月薪水二十番金。孫生子宜來，不值。近日市中米價翔貴，石增千錢。聞江南、湖北各處大水。

二十一日庚申　至聖先師生日，清古用作晴雨之『晴』，亦通作『精』，漢以後作『暒』，六朝始有『晴』字。和。約族兄弟渭亭、蘭如、竹樓、品芳、穎堂、文川及季弟共八人，鳩資祀先師。

先師生日，《公羊》作襄公二十一年十月庚子，一本作十一月庚子，據陸氏《經典釋文》，今注疏本皆作十一月庚子，蓋徐彥所據本，即陸氏所云別一本也。近儒孔氏廣森《公羊通義》本，已據《釋文》改正作十月。《穀梁》作二十年十月庚子，《史記》作二十二年而無月日；漢儒注《左傳》者，若賈景伯、服子慎皆主二十一年；司馬貞《史記索隱》以爲《史記》作二十二年者，緣周正十一月屬明年，故誤遲一歲。然則先師生於襄公二十一年十月無疑矣。是月庚辰朔，日有食之，三傳之經皆同。然則庚子爲二十一日，又無疑矣。而近儒錢竹汀以《三統曆》推之，謂庚子當在二十二日。錢氏推算雖精，然三經稱朔，不應有誤。或以爲春秋日官之失，則非予所能知也。至先師之卒，《左氏》大書於哀公十六年夏四月己丑，而杜注言是年四月十八日爲乙丑，己丑是五月十二日，月日必有誤。元凱精於曆學，此以長曆推而知之者。然以隸書言之，乙、己固形近易訛，而《左氏傳》於兩漢皆稱古文，古文乙作『乁』，『己』作『𢀳』，絕不相溷。故『己』可訛爲『三』，不能訛爲『乁』。左氏特以存孔子卒日，續兩年之經，若何鄭重，而容致誤。賈景伯深通曆緯，而襄公三十一年《左傳正義》引賈説，亦作四月己丑，或杜氏所推亦不能無誤耶？嗚呼！三傳皆尊聖人而傳其經者也，或稱弟子，或爲門人，乃二傳則紀其生而不紀其卒，《左傳》則紀其卒而不記其生，且又年月乖違，日干疑誤，此好古之士所深慨也。以吾夫子之明並日月，垂法萬世，而生卒異聞，尚不相一，又何怪西域胡神，恒星夜隱，傳疑傳幻，世數等縣耶？《本起經》言佛以四月八日夜生，《因果經》言以日初出時生，《長阿含經》言以夜半明星出時生，《雙卷泥洹經》言以二月八日生。至其年，則《魏書·釋老志》據《春秋》莊公七年夏四月辛卯夜恒星不見，謂佛生於周莊王十年甲午。然杜氏《長曆》言辛卯是四月五日，且周正四月爲夏正二月，唐王起《五位圖》謂生於桓王十年甲子。沙門曇謨最等又誤據《竹書紀年》昭王十四年夏四月恒星不見之文，謂生於昭王二十六年甲寅，而昭王止十九年，並無二十六年，其謬尤不待辨。

作書復藍洲。聞張馧翁前日爲奔馬所踣，絶而復蘇，病甚，殆不能起。馧翁年垂八十，越中宿學惟此一人，遭此横蹶，深可憤恨。近日營弁不戢，游牧於城，又與無賴子弟相關通，白晝奇服，群騎而嬉，市巷縱横，不避老幼，非痛懲之不止也。午後熱甚，晚自西郭還寓。付屋錢三番金。

二十二日辛酉　雨，下午有風，凉甚。先王父敬之府君生日，供饋。鄭妹夫來。傍晚坐季弟舟至西郭，督傭僕掃舍宇，以所寓毛氏屋已屬田姓，故賃季弟東頭屋兩間，暫過今年也。夜宿季弟家，感寒不快。

二十三日壬戌　薄晴。上午，返寓理書籍及小物，敗床折几丁倒一船，先生家事盡於此矣。鍾慎齋來。竹樓來。夜移居西郭。

二十四日癸亥　終日陰，上午濈雨。兩日來，身熱小極，力疾位置書籍，自床及廡，桼几兩三，所庋無非書也。高下遠近皆有意，既取類求，又須便讀。高而不鋭防其傾，散而仍整防其亂。面必有緗，恐其致污；氏必有板，使其易探。其精本不常讀者藏之篋，其次貯之廚。皆有列可檢，此先生之經濟，亦可爲家墩之法。午後不食，夜喫粥。作書問碣翁疾。

二十五日甲子　秋陰黯然，溦雨數作。庭中桂花盛開，又鷄冠滿地，香色佳絶，受用多矣。胡梅卿來。魯叔容來。始煮菱食之。

二十六日乙丑　晨，小雨即止，上午薄晴，下午微陰。曾祖生妣之父傅成玉翁忌日，供饋於東箱。竹樓來。閲亭林顧氏《金石文字記》。剃頭。傍晚詣族叔梅坡小談。

二十七日丙寅　晨陰，上午晴，熱。閲《金石文字記》。沈氏族妹來。蘭如弟來。

二十八日丁卯　晨，溦雨，上午晴。爲人書扁、聯、屏幅等物，終日不得閑。予非能書，而受此役，枉耗楮翰，已爲奇冤，況所求者皆乳臭牙郎，乃以輾轉牽染，竟不能絶。即此不得行胸懷，何論它事。

二十九日戊辰小盡　晨陰，上午晴，午復陰，下午晴，熱。肩輿詣府衙，與署守李君壽榛言禁騎馬入市事。又至魯叔容家，賀其母孺人八十壽，詒以柱聯十六言，顔其居曰『燕喜之堂』，皆詰屈屏風意也。詣上望坊，吊張純甫妻之喪。答詣何鏡山，不值。午歸。夜偕竹樓詣蘭如家閑話。

閲七月廿四日至八月二十四日京報：

上諭：石贊清奏病難速痊，懇請開缺一摺。工部右侍郎石贊清著賞假一月調理，毋庸開缺。二十四日。

阿克敦布充崇文門正監督，明慶充副監督。二十六日。

以盛京刑部侍郎志和爲禮部右侍郎，盛京兵部侍郎瑞聯調補刑部侍郎，以禮部右侍郎綿宜爲盛京兵部侍郎。八月初二日。

吏部左侍郎胡肇智奏假期已滿，病仍未痊，懇請開缺。詔：再賞假兩月調理，毋庸開缺。以龐鍾璐兼署吏部左侍郎。初六日。

詔：直隸永定河道徐繼鏞開缺另補。以曾國藩劾其承辦永定河工因循致誤也。以大名府知府李朝儀爲永定河道。初十日。

上諭：曾國藩奏續查屬員優劣，分別開單呈覽一摺。署直隸正定府知府張光藻、南路廳同知蕭履中、候補直隸州知州成福、署冀州知州葉增慶、懷安縣知縣鄒振岳、大城縣知縣李璋、候補知縣李逢源、北河知縣王養壽、候補知縣張延緒等操履不苟，勤敬自持，當此整頓吏治之際，亟宜甄拔循良。著曾國藩仍飭該員等潔己愛民，始終一轍，仰副朝廷厚望。寧津縣知縣胡季煊貪酷衆著，民怨沸騰，即行革職，永不敘用。署永平縣知縣王庶曾根本澆薄，貪鄙近利；晉州知州陸邦煃性情疏懶，嗜好甚重，均即行革職。遷安縣知縣周培錦才識迂拘；新樂縣知縣劉福齡巧僞無能；冀州知州宋炳文性情疲緩。周培錦、宋炳文係進士出身，劉福齡係舉人出身，均改爲教職選用。保安州知州李作棠罷軟不職，著以縣丞降補。前懷安縣知縣谷洪德性情乖僻，治事顢頇，著勒令休致。十一日。

上諭：本月初三日，丁寶楨奏據德州知州趙新稟稱，有安姓太監乘坐大船，捏稱欽差，織辦龍衣，船旁插有龍鳳旗幟，携帶男女多人，沿途招摇煽惑，居民驚駭等情。當經諭令直隸、山東、江蘇各督撫派員查拏，即行正法。兹據丁寶楨奏，已於泰安縣地方將該犯安得海拏獲，遵旨正法；其隨從人等，本日已諭令丁寶楨分别嚴行懲辦。我朝家法相承，整飭宦寺，綱紀至嚴，每遇有在外招摇生事者，無不立治其罪。乃安得海竟敢如此膽大妄爲，種種不法，實屬罪有應得。仍著總管内務府大臣嚴飭總管太監等，嗣後務將所管太監嚴加約束，如有不安本分，出外滋事者，除將本犯照例治罪外，定將該管太監一併懲辦。並通諭直省各督撫嚴飭所屬，遇有太監冒稱奉差等事，無論已未犯法，立即鎖拏，奏明懲治，毋稍寬縱。十二日。

上諭：前因穆圖善奏，甘肅静寧州回目李得倉率衆投誠，當經諭令，妥爲安插。兹據奏稱派令道員張瑞珍等前往查辦。李得倉造册呈報南八營，大小男婦五萬餘人，除被脅漢民分別遣散外，其回衆三萬餘人，均安插於張家川等處。去冬陝回竄擾南路，該回衆等並能聯絡漢民協同守禦，實能改過自新，深明大義。署鞏秦階道張瑞珍協辦此事，始終妥協，著交軍機處存記，候旨録用，並賞加布政使銜。回目李得倉賞帶四品花翎，以昭激勸。該回衆等既經反正，即與良民無異，著左宗棠、穆圖善飭令該地方官妥爲撫綏，盡心化導，俾得力田敦睦，勉爲善良。此外，甘省回衆果有悔罪輸誠，真心向化者，朝廷即當貸其前罪，予以自新；儻或辦理不善，敷衍目前，致日後仍煩兵力，亦惟該督等自問。此旨著左宗棠、穆圖善刊刻謄黄，遍行曉諭，用示朝廷覆幬無私，咸與維新至意。十三日。

上諭：李瀚章奏查明杭、嘉、湖等府被灾大概情形一摺。本年浙江杭、嘉、湖三府屬地方，夏秋多雨，江流甚漲，塘堰漫溢，田畝被淹，居多補種不及，秋收難免減色，覽奏實深憫惻。該省歷年以來，農田雖逐漸墾荒，元氣猶未全復，此次復遭水患，小民困苦流離，亟應加意撫恤。著李瀚章督飭藩司，派員分赴各屬詳細履勘，分別被灾輕重，酌量調劑，毋令一夫失所，用副軫念民艱至意。十六日。散秩大臣鑲紅旗滿洲副都統侯刑部左侍郎恩齡革去散秩大臣，仍罰侯俸四年，並開副都統缺，其所兼之刑部左侍郎降二級調用。以醇郡王劾其内廷接班遲延，從兵部及吏部議奏也。兵部奏查定例，紫禁城内輪值六大班之王公文武大臣，如有曠誤夜班不到者，降三級調用。至接班遲延作何議處，例無明文。嘉慶十九年正月初五日上諭：嗣後紫禁城内值班王並内大臣、前鋒護軍統領，俱恪遵定制，各於辰刻至景運門内九卿朝房交替接班後，仍在景運門内外班房會集，毋許遠離。至申酉之間，始准各自散歸值宿處所。如有怠惰偷安不候交班先行散去者，著接班之人立時具摺參奏，無論王大臣即將爵職斥革。雖有勳績，概不原宥，言出法隨，各宜懔遵。至接班之人若有意延玩過辰刻尚不進内，亦著住班之人參奏等。因道光十九年五月間，值班王大臣永康等，出班進班不遵定例，任意遲早，奉諭旨：永康罰公俸六年；覺羅常善革去副都統並一切差使，仍罰世職俸四年；張淳革去散秩大臣，罰侯俸四年；慶郡王奕綵退去内廷行走，仍罰王俸六年；書桂革去散秩大臣，仍罰侯俸四年；常恒、全慶、溥治、連貴、中山，俱降二級調用；濟克默特降四級留任，不准抵銷。旋於五月十四日奉上諭：嗣後該班之王大臣，如曠誤不到，仍照嘉慶年間諭旨革去爵職，永不寬貸。嗣道光二十年十一月初七日，留京王大臣西喇杭阿接班遲誤，奉旨革去委散秩大臣，仍罰俸四年。今散秩大臣侯恩齡於紫禁城内值班遲至，巳刻始行入直，雖因挑選兵缺以致遲到，究屬不合，應請援照懲辦西喇杭阿諭旨，革去散秩大臣，仍罰俸四年云云。十六日。

以通政司副使成林爲光禄寺卿。十六日。

禮部右侍郎志和調補刑部左侍郎，理藩院右侍郎桂清調補禮部右侍郎，以内閣學士廣壽爲理藩院右侍郎。十七日。

英桂奏遵查福建興泉永道曾憲德遇事任性，不洽輿評，不勝道員之任。詔：曾憲德即行開缺，送部引見。以臺灣遺缺道定保爲興泉永道。十八日。

馬新貽、張之萬奏山東嶧縣福匪劉兆燦結黨肆擾，即派兵弁於安徽宿州地方拏獲，訊明正法。詔：總兵張保聖等優敘升賞有差。十九日。

詔：前任陝西漢中府知府林士班飭往左宗棠軍營差委。從左宗棠奏請也。二十日。

太僕寺少卿彭祖賢奏請開缺，扶其父故大學士彭蘊章柩回籍安葬。許之。廿一日。

崇實、吴棠奏七月初二日道員唐炯等進剿貴州下游苗疆，連捷於九龍山擦耳崖，陣斬僞牛王張老熊、僞趙天師、僞先鋒及逆酋顧阿送、王阿黨等，牛場、甕安、宣威營諸賊殲除净盡。詔：副將向長曙等升賞有差。廿三日。